Mario Candeias/Frank Deppe (Hrsg.)
Ein neuer Kapitalismus?

*Sabah Alnasseri* ist Promovend der Rosa Luxemburg Stiftung an der Universität Frankfurt/Main.

*Hans-Jürgen Bieling* ist wissenschaftlicher Mitarbeiter an der Universität Marburg.

*Joachim Bischoff* ist Redakteur der Zeitschrift *Sozialismus*, Hamburg.

*Erik Borg* ist Promovend an der Universität Gesamthochschule Kassel.

*Ariane Brenssell* ist wissenschaftliche Mitarbeiterin an der Fachhochschule Bielefeld.

*Christian Brütt* ist Redakteur der Zeitschrift Arranca der Organisation FelS (Für eine linke Strömung).

*Mario Candeias* ist Redakteur des Historisch-kritischen Wörterbuchs des Marxismus und der Zeitschrift *Das Argument*.

*Frank Deppe* ist Professor für Politikwissenschaften an der Philipps-Universität Marburg.

*Richard Detje* ist Redakteur der Zeitschrift *Sozialismus*, Hamburg.

*Klaus Dörre* ist Direktor des Forschungsinstituts für Arbeiterbildung an der Ruhr-Universität Bochum in Recklinghausen.

*Susan George* ist Direktorin des Transnational Institute in Amsterdam und Vizepräsidentin von ATTAC Frankreich. Ihr Beitrag wurde von Mario Candeias aus dem Englischen übersetzt.

*Friederike Habermann* ist ist Doktorandin der Rosa Luxemburg Stiftung an der Hochschule für Wirtschaft und Politik in Hamburg.

*Wolfgang Fritz Haug* ist Professor am Philosophischen Institut der Freien Universität Berlin und Herausgeber der Zeitschrift *Das Argument*.

*Bob Jessop* ist Professor für Soziologie an der Universität Lancaster. Sein Beitrag wurde von Mario Candeias aus dem Englischen übersetzt.

*Thomas Sablowski* ist wissenschaftlicher Mitarbeiter am Wissenschaftszentrum Berlin (WZB).

Mario Candeias/Frank Deppe (Hrsg.)
**Ein neuer Kapitalismus?**
Akkumulationsregime – Shareholder
Society – Neoliberalismus und Neue
Sozialdemokratie

VSA-Verlag

www.vsa-verlag.de

© VSA-Verlag 2001, St. Georgs Kirchhof 6, 20099 Hamburg
Alle Rechte vorbehalten
Druck- und Buchbindearbeiten: Druckerei Runge, Cloppenburg
ISBN 3-87975-810-7

# Inhalt

Vorwort:
Welcher Kapitalismus? ... 7

## Positionsbestimmungen im Postfordismus

Bob Jessop
**Kritischer Realismus, Marxismus und Regulation** ... 16
Zu den Grundlagen der Regulationstheorie

Joachim Hirsch
**Weshalb Periodisierung?** ... 41

Frank Deppe
**Neue Formation – neue Epoche – neue Politik?** ... 48
Anmerkungen zu einer offenen Debatte

Erik Borg
**Hegemonie der Globalisierung?** ... 67
Kritische Überlegungen zum Hegemoniebegriff
der Regulationstheorie

## Finanzregime und Betriebsweise

Klaus Dörre
**Gibt es ein nachfordistisches Produktionsmodell?** ... 83
Managementprinzipien, Firmenorganisation und Arbeitsbeziehungen
im flexiblen Kapitalismus

Joachim Bischoff/Richard Detje
**Finanzgetriebenes Akkumulationsregime
oder neue Ökonomie?** ... 108

Thomas Sablowski/Sabah Alnasseri
**Auf dem Weg zu einem finanzgetriebenen
Akkumulationsregime?** ... 131

Mario Candeias
**Arbeit, Hochtechnologie und Hegemonie im Neoliberalismus** ........... 150

Wolfgang Fritz Haug
**Warenästhetik im Zeitalter
des digitalisierten Scheins** .............................................................. 180

## ■ Kämpfe um Hegemonie

Susan George
**Den Krieg der Ideen gewinnen** ....................................................... 207
Lektionen der gramscianischen Rechten

Hans-Jürgen Bieling
**Transnationale Vergesellschaftung
und die »neue Sozialdemokratie«** ................................................... 218

Ariane Brenssell/Friederike Habermann
**Von Keksen und Kapitalismus** ....................................................... 241
Intervention gegen ›männlichen‹ Universalismus
in Theorien zum Neoliberalismus

Christian Brütt
**»Neoliberalismus plus«** ................................................................ 265
Re-Kommodifizierung im aktivierenden Sozialstaat

# Vorwort:
# Welcher Kapitalismus?

Postfordismus, postindustrielle Dienstleistungs-, Wissens- und Netzwerkgesellschaft, Informationsökonomie oder New Economy – die Etiketten für eine neue Phase oder Epoche gesellschaftlicher Entwicklung sind vielfältig, doch kein Begriff hat sich bislang als tragfähig genug erwiesen, den Kern »des Neuen« zu bestimmen. In welcher Gesellschaft leben wir?

Zur Beantwortung dieser Frage wurden – teilweise mit expliziter Bezugnahme auf marxistische Theorietraditionen – seit Mitte der 70er Jahre Ansätze einer Theorie der Regulation entwickelt. An Antonio Gramsci anknüpfend wurde die Epoche kapitalistischer Entwicklung der Nachkriegszeit als »Fordismus« analysiert. Entgegen einer Tendenz zur enthistorisierenden Theoretisierung der kapitalistischen Produktionsweise und ihrer »Gesetzmäßigkeiten« wird in regulationstheoretischen Ansätzen versucht, die Bedingungen für eine Transformation kapitalistischer Gesellschaftsformationen zu untersuchen und somit historische Brüche in der Entwicklung des Kapitalismus theoretisch zu fassen. Charakteristisch ist dabei ihr dynamisches Verständnis der sozialen und ökonomischen Verhältnisse. Im Unterschied zu anderen Entwicklungstheorien folgen die unterschiedlichen Phasen des Kapitalismus nicht linear stadienförmig aufeinander, sondern sind Ergebnisse (krisenhafter) historischer »Suchprozesse«, gesellschaftlicher Auseinandersetzungen und Kämpfe. »Der Regulationsbegriff soll es ermöglichen«, so Demirovic (1992, 135), »ein Ensemble sozialer Beziehungen als ein in sich widersprüchliches zu analysieren, das trotz und wegen seiner Widersprüchlichkeit konstituiert wird und einen spezifischen Typ von Regelmäßigkeiten etabliert. Aufgrund ihrer inneren, widersprüchlichen Dynamik aber treiben die sozialen Beziehungen dahin, das von ihnen konstituierte prekäre Gleichgewicht zu destabilisieren, führen schließlich zur Erschöpfung der Lösungsmöglichkeiten eines Akkumulationsregimes oder Regulationsmodus und schließlich zur Krise«. Damit richtet sich das Augenmerk nicht nur auf die Bewegungsgesetze des Kapitals im Allgemeinen, sondern ebenso auf ihre historisch konkreten, durch soziale Kräfteverhältnisse vermittelten Ausprägungen. Die Ansätze betonen somit die konstitutive Bedeutung der politischen, ideologischen und kulturellen Verhältnisse für die Reproduktion der kapitalistischen Herrschaftsverhältnisse (Deppe 1999, 19ff.). Die kapitalistische Produktionsweise kann also nie für sich stehen, sondern ist historisch immer in spezifisch strukturierte Gesellschaftsformationen, d.h. in ein Ensemble unterschiedlicher, auch nicht-kapitalistischer Produktionsverhältnisse (die allerdings kapitalistisch dominiert werden) eingebettet. Die inhärenten Widersprüche der kapitalistischen Produktionsweise lassen aber immer nur ein relatives, ein »prozessierendes Gleichgewicht im Ungleichgewicht« (Hirsch 1990, 35) zu – die Regulation der Widersprüche bleibt damit immer instabil.

Bereits zur Entstehungszeit der Theorie geriet die fordistische Entwicklungsweise in die Krise. Damit drohte auch die Regulationstheorie als Theorie des Fordismus in die Annalen der Geschichte verwiesen zu werden. Kritikern zufolge gelänge es regulationstheoretischen Arbeiten auch ein Vierteljahrhundert nach der Diagnostizierung der Fordismuskrise nur in den seltensten Fällen, veränderte Bedingungen und neuere Entwicklungen anders als fortgesetzt krisenhafte Umbruchprozesse der fordistischen Formation zu begreifen. Die Verschiebung der Kräfteverhältnisse, die Redistribution gesellschaftlicher Macht zugunsten des Kapitals erscheine nur »als Prozess der Destabilisierung des Kapitalismus, nicht aber als Kraft der Restrukturierung von Hegemonialbeziehungen« (Röttger 1997, 101). Die »Unklarheiten resultieren daraus, dass sich die alten Kategorien – und mit ihnen die Fragestellungen, Perspektiven und Analysekriterien –, anhand derer der Fordismus untersucht wurde, nicht ohne weiteres auf das neue Entwicklungsmodell übertragen lassen« (Bieling 2000, 205). Eine derart enge Kohärenz zwischen Kapitalverwertung und Reproduktion der Arbeiterklasse, zwischen Produktivitätsfortschritten und Lohnsteigerungen, wie sie im Fordismus gegeben war, ist eine in der historischen Entwicklung des Kapitalismus seltene Konstellation und doch bilde sie die Folie, vor der das Neue bislang kategorisiert wird.

Aus dieser Kritik heraus sind Ansätze zur Weiterentwicklung der Regulationstheorie bestrebt, die Neuformierung gesellschaftlicher und hegemonialer Blöcke und den Übergang zu einer neuen Gesellschaftsformation zu thematisieren. Dabei wäre Hegemonie als »das Umkämpfte *und* das Medium des Kampfes« selbst zu thematisieren (Haug 1985, 174). Elemente des Neuen sind u.a. die Vorherrschaft einer neoliberalen Ideologie der Deregulierung, Liberalisierung, Privatisierung, die die

Kräfte des Marktes freisetzt und Wettbewerbsfähigkeit zum obersten Prinzip erhebt, die Schaffung globaler Finanz- und Kapitalmärkte, die Entwicklung transnationaler Produktionsnetzwerke, neuer Formen der Arbeit auf Basis neuer Technologien, die weitergehende Durchkapitalisierung, Kommodifizierung und technologische Durchdringung weiter Bereiche der Arbeit, des Alltags, der Umwelt und letztlich auch des Körpers und der Psyche des Menschen, der Umbau des Wohlfahrts- zum Wettbewerbsstaat, die Reorganisation der Klassen- und Geschlechterverhältnisse sowie die Fragmentierung der Gesellschaft. Durch Einbeziehung größerer sozialer Gruppen in einen »Klassenkompromiss der ›neuen Mitte‹« (bei weiterer Marginalisierung schwächerer Gruppen) werde die Hegemonie eines »*embedded neo-liberalism*« (van Apeldoorn 2000) auf eine breitere gesellschaftliche Basis gestellt (Candeias 2000).

Eine Reihe von Autoren betont demgegenüber die fortbestehenden Inkohärenzen und Instabilitäten der neoliberalen Regulation. Sie interpretieren die Auseinandersetzung zwischen einem orthodoxen Neoliberalismus, dem Projekt einer neuen Sozialdemokratie, den Gewerkschaften und den verschiedenen Kräften der politischen Linken, schließlich auch einer globalen Bewegung, die in Seattle zum ersten Mal ihr Gesicht zeigte, als relativ offene Situation im Kampf um Hegemonie. Bislang sei es keiner Koalition gesellschaftlicher Gruppen gelungen, dem sich herausbildenden post-fordistischen Akkumulationsregime eine entsprechende Regulationsweise zur Seite zu stellen. Krisentendenzen konnten noch nicht kanalisiert, kontrolliert, Widersprüche noch nicht ausreichend bearbeitet werden. Insofern stellt sich die gegenwärtige Situation aus dieser Sicht als Fortsetzung der Krise des Fordismus dar, deren Regulationsmechanismen erodiert sind, ohne dass neue bereits etabliert werden konnten (Bischoff 1999, 49). Vor allem das Scheitern des neoliberalen Blocks, die fortgesetzten Finanzkrisen, die unterschiedlichen Modelle der Arbeitsorganisation, die Uneinheitlichkeit der Regulationsversuche, die Unklarheit über die primäre Ebene der Regulation (national, supranational, global), die geringere Profitabilität und geringeres Wachstum der Ökonomie werden als Belege angeführt. Demnach befinden wir uns noch immer in der Übergangsphase.

Die Beurteilung dieser Fragen hängt nicht nur von der »objektiven« Entwicklung der realen Verhältnisse ab, sondern von den unterschiedlichen theoretischen Ansätzen, ihren Kriterien und Analyseinstrumenten. Entscheidend ist dabei zum einen, welche Niveaus der »Abstraktion und Komplexität« gewählt werden: Auf einem sehr hohen Abstraktionsniveau scheint sich überhaupt nichts zu verändern – noch immer ist die kapitalistische Produktionsweise dominant, noch immer wirken ihre bereits von Marx analysierten Widersprüche fort. Je konkreter die Analyse gefasst wird, um so schwieriger wird es, aus den einzelnen empirischen Fällen übergeordnete Faktoren und zugrundeliegende Strukturen herauszufiltern. Im Extremfall kann dann jede Art von Periodisierung hinfällig werden, da niemals die Komplexität aller in der Realität vorkommenden Momente unter ein Analyseraster zu bringen ist – es wird immer empirische Fälle oder Zusammenhänge geben, die sich nicht damit erklären lassen, schon weil die Entwicklung relativer Kontinuität dynamisch, permanenter Veränderung unterworfen ist. Nur auf einer mittleren Abstraktionsebene lässt sich überhaupt eine Abfolge von unterschiedlichen Gesellschaftsformationen des Kapitalismus thematisieren.

Damit zusammenhängend ist auch entscheidend, ob Kontinuitäten oder Diskontinuitäten hervorgehoben werden. Die Übergänge von einer Phase in die nächste sind fließend. Eine Vielzahl von Momenten der fordistischen Entwicklung existiert fort: weder ist der Wohlfahrtsstaat noch das Fließband unwiderruflich Geschichte geworden. Was markiert nun die Zeitenwende? Wie werden bestimmte Entwicklungen eingeordnet: Ist z.B. die Krise des fordistischen Wohlfahrtsstaates ein Moment der Krise der Formation oder stellt der neoliberale Workfare State bereits einen entscheidenden Regulationsmodus einer neuen Formation dar? Wird die Kontinuität oder der Bruch in der gesellschaftlichen Entwicklung betont?

Ein dritter Punkt der Schwierigkeiten zur Bestimmung von Kriterien der Periodisierung ist die unterschiedliche Gewichtung bestimmter Phänomene. Welches sind die entscheidenden sozialen Verhältnisse, deren Regulationsformen einer bestimmten Phase gesellschaftlicher Entwicklung ihren Stempel aufdrücken? Steht das Verhältnis von Handels- und Produktivkapital im Mittelpunkt, oder jenes von Kapital und Arbeit, oder das von Finanz- und Produktivkapital? Gibt es in jedem Akkumulationsregime eine dominante Strukturform als eine Art Achse, um die herum ein umfassenderer Regulationsmodus organisiert wird (Petit 1999), und welche wäre das heute: das Lohn-, das Konkurrenz-, oder das Geldverhältnis? Während einige Ansätze weiter die Zentralität des Kapital-Arbeitsverhältnisses postulieren, sehen andere das Verhältnis von Finanz- und Produktivkapital als dominant an. Während die Bedeutung des letzteren bei einigen Ansätzen die neue Qualität einer postfordistischen Formation markiert, ist dies für andere gerade der Beleg für strukturelle Überakkumulation und fortgesetzte Krisentendenzen.

Schließlich: Wann ist ein Entsprechungsverhältnis von Akkumulationsregime und Regulationsweise kohärent und in welchem räumlichen Rahmen? Ist eine Kohärenz erst gegeben, wenn die strukturelle Erhöhung der Profitabilität des Kapitals global gewährleistet werden kann und damit seine Reproduktion ausreichend gesichert ist; oder genügt ein »angemessenes« Krisenmanagement, die Ausbildung einer Hierarchie der Profitraten und die Externalisierung von Krisentendenzen, um die Kapitalverwertung in den zentralen Bereichen der Metropolen zu sichern? Wann ist ein gesellschaftlicher Block in sich kohärent und hegemonial? Beispielsweise wenn es ihm gelingt, »sein Projekt als das der gesamten Gesellschaft darzustellen und durchzusetzen« (Lipietz 1998, 160)? Doch wie weit darf dieser gesellschaftliche Block in sich selbst widersprüchlich sein? Welche Rolle spielen dabei Klassenantagonismen und andere gesellschaftliche Widersprüche entlang der Kategorien Geschlecht, Ethnie, Nation etc.?

Jessop (2001) beantwortet die Frage der Kohärenz mit einem »strategisch-relationalen Ansatz«, der »prüft, welche Akteure, Identitäten, Strategien, räumlichen und zeitlichen Horizonte eine relativ invariante Struktur vor anderen privilegiert, und [...] untersucht, wie individuelle und/ oder kollektive Akteure diese Privilegierung in ihre strategischen Kontextanalysen aufnehmen [...] Sofern sich die Strukturgegebenheiten und Akteursstrategien *gemeinsam* entwickeln, um eine relativ invariante Ordnung hervorzubringen, können wir diese als strukturell kohärent beschreiben«. Diese sicherlich nützliche Bestimmung löst allerdings noch nicht das Problem, wann innerhalb eines dynamischen Prozesses bestimmte Grundstrukturen als relativ invariant bestimmt werden können und auf welcher Ebene der Abstraktion. Dann nutzt uns auch der Hinweis nichts, dass jede Kohärenz aus unterschiedlichen Gründen (z.B. aus den strukturellen Widersprüchen des Kapitals heraus, oder weil strategisches Handeln diskontinuierlich verläuft, sich auf veränderte Bedingungen einstellend)[1] immer nur *tendenziell* bestimmt werden kann.

---

[1] Alle Versuche, ein politisches Programm eins zu eins in ein politisches oder gar hegemoniales gesellschaftliches Projekt zu übersetzen, müssen von vornherein scheitern – es gibt keine gesellschaftliche Entwicklung nach vorab formulierten Blaupausen. Dies gilt auch für das Programm eines orthodox-akademischen Neoliberalismus. Dies wahrscheinlich schon nicht mehr für das weitere Existieren eines politischen oder besser »hegemonialen Projekts« des Neoliberalismus.

Die Frage der Periodisierung bzw. der Etablierung einer neuen Formation ist aber auch für die politische Praxis von Bedeutung. Wenn beispielsweise Jessop (2001) grundsätzlich das »Zusammenspiel von Struktur und Strategie« betont, um damit auszudrücken, dass die »kapitalistische Entwicklung innerhalb der weiten Grenzen, die die abstrakte Logik des Kapitalismus, seine strukturellen Widersprüche und strategischen Dilemmata setzen, nichtsdestotrotz offen ist«, so lassen sich u.E. aber doch Verschiebungen im Verhältnis von Struktur und Handlung erkennen: So sind die Möglichkeiten strategischen Handelns in historischen Übergangsphasen und offenen Situationen größer, als in hegemonial gefestigten Konstellationen, die dann ihre eigenen Rigiditäten und Zwänge ausbilden. Im letzteren Fall erscheinen Versuche zur grundlegenden gesellschaftlichen Veränderung kurz- bis mittelfristig illusorisch. Regierungsbeteiligungen linker Parteien beispielsweise münden dann in die zwangsvermittelte Angleichung ihrer politischen Strategien an die herrschenden Bedingungen. Sie können der Regulationsweise zwar ihren eigenen Stempel aufdrücken, entsprechende Modifikationen durchsetzen, die die gesellschaftliche Entwicklung vielleicht sogar tragfähiger gestalten, so wie es beispielsweise die sozialdemokratischen Parteien mit der Widerspruchsbearbeitung des Neoliberalismus vormachen, indem sie ihn über soziale Kompromisse auf eine breitere gesellschaftliche Basis stellen und Akzeptanz organisieren. Die herrschenden ökonomischen Strukturen und Logiken werden dabei allerdings nicht in Frage gestellt. Althusser betont zwar die Bedeutung einer Besetzung der »ideologischen Staatsapparate« zur Gewinnung der Hegemonie (1977, 122). Doch lange zuvor wies Gramsci darauf hin, dass die Bedingungen nicht allein in der »*societa politica*«, sondern v.a. in der »*societa civile*« gelegt werden müsse: »Es kann und muss eine ›politische Hegemonie‹ auch vor dem Regierungsantritt geben, und man darf nicht nur auf die durch ihn verliehene Macht und die materielle Stärke zählen« (1991ff., 102). Für gegenhegemoniale Kräfte sind in einer solchen Situation also weniger konkrete, umsetzbare Reform- oder Gesetzvorhaben von Nöten, als vielmehr die Mobilisierung und Organisation von Widerstand und Kritik. Dies setzt voraus die theoretische Analyse der Strukturen und Handlungsbedingungen und den Entwurf möglicher Alternativen in einem langfristigen Projekt, das eher auf eine Generation, als auf wenige Legislaturperioden ausgerichtet ist. Dabei gilt es bei der Suche nach neuen Subjekten und Ansätzen solidarischer Politik Widersprüche des Neoliberalismus so zu akzentuieren, dass langfristig wieder eine

Verschiebung von Kräfteverhältnissen möglich wird, um konkreten Maßnahmen eines »radikalen Reformismus« überhaupt erst wieder den notwendigen Rückhalt zu verleihen. Damit ist keine Strategie des Entweder-Oder gemeint – nicht jede Form von Regierungsbeteiligung ist per se abzulehnen, sie ist aber keineswegs ein Selbstzweck, sondern nur Mittel zum Zweck, über dessen Beschränktheit Klarheit bestehen muss – auch über die möglichen Dynamiken konformistischen Drucks des »Machbaren«, der Einrichtung in Posten und der Verteidigung von Besitzständen. Ohne eine breite soziale Bewegung wird jedes noch so gute Projekt und jede noch so wohlwollend agierende Partei an den hegemonialen Strukturen scheitern. Letztere gilt es in Frage zu stellen, ihnen von links den Boden zu entziehen, um wieder eine historisch offenere Situation herbeizuführen. Die geringere Kohärenz der neoliberalen Entwicklungsweise bietet dafür zahlreiche Anknüpfungspunkte: z.b. die Re-Regulierung der globalen Finanzmärkte und des Welthandels als Voraussetzung für die Reorganisation von Erwerbs- und Reproduktionsarbeit und mit inbegriffen der Geschlechterverhältnisse wie auch der gesellschaftlichen Naturverhältnisse. Hier zeigen sich Haarrisse oder Brüche in der hegemonialen Apparatur des Neoliberalismus. Gramsci versteht sie als Unvereinbarkeiten in den Kräfteverhältnissen, Frigga Haug verdeutlicht: »etwa wie wenn es schon zu einem Sprung im Porzellan gekommen ist, das noch hält, aber an dieser Stelle brechen muss« (1998, 86). Diese Brüche gilt es auszuweiten. Wenn es allerdings noch gar nicht zur Etablierung einer neuen Formation, einer neuen Entsprechung von Akkumulationsregime und Regulationsweise gekommen ist, die Hegemonie des Neoliberalismus nach wie vor brüchig, der Kampf um Hegemonie also nach wie vor offen ist, wie steht es dann mit den Eingriffsmöglichkeiten für eine emanzipative gesellschaftliche Praxis?

Mit dieser Publikation versuchen wir erstmals eine Verständigung über die unterschiedlichen Ansätze der Linken zur Analyse und Situationsbestimmung der gegenwärtigen Entwicklung im Lichte einer möglichen neuen Gesellschaftsformation des Kapitalismus zu präsentieren – eine Art Selbstverständigung über unsere theoretischen Instrumente und unsere politisch-praktische Position also. Obwohl in allen Beiträgen mit marxistischen Analyseansätzen gearbeitet wird, entsteht daraus noch lange keine einheitliche, »kohärente« theoretische Bearbeitung der unterschiedlichen Themen. Dies ist auch gar nicht beabsichtigt. Vielmehr sollen die eigenen Analyseinstrumente in der Auseinandersetzung mit »verwandten« Ansätzen geschärft werden.

Dabei konnten allerdings nicht alle entscheidenden Themen ausreichend berücksichtigt werden: vor allem Ansätze internationaler Regulation und transnationaler Hegemoniebildung, die Problematik der ökologischen Krise und gesellschaftlicher Naturverhältnisse, oder die Funktion ethnischer Differenzierungen und rassistischer Spaltungen. Auch die Analyse der Geschlechterverhältnisse oder das Verhältnis von Produktions- und Lebensweise konnten leider keiner eingehenderen Betrachtung unterworfen werden. Die Untersuchung dieser Themenbereiche ist um so dringlicher, als sie entscheidende Konstitutionsmomente, Widersprüche, Krisen- und Konfliktpotenziale neuer Regulationsweisen markieren.

Die Fragestellung und Konzeption des Buches ging hervor aus zwei Diskussionszusammenhängen: dem Projekt »Perspektiven einer sozialistischen Moderne« und einem Workshop zur Fragestellung »Neue Formation des Kapitalismus?«, der im Oktober 2000 an der Phillips-Universität Marburg stattfand. Für die Förderung beider Projekte durch die Rosa-Luxemburg-Stiftung danken die Herausgeber. Das vorliegende Buch soll dazu Anstoß geben, die Diskussions- und Verständigungsprozesse auf breiter Basis fortzusetzen.

*Mario Candeias/Frank Deppe*
Berlin/Marburg, im Sommer 2001

## Literatur

Althusser, Louis (1977): Ideologie und ideologische Staatsapparate, Hamburg.
Apeldoorn, Bastian van (2000): Transnationale Klassen und europäisches Regieren, in: Hans-Jürgen Bieling/Jochen Steinhilber, Die Konfiguration Europas, Münster.
Bieling, Hans Jürgen (1996): Wohlfahrtsstaat und europäische Integration, in: Michael Bruch/Hans Peter Krebs, Unternehmen Globus, Münster.
Bieling, Hans Jürgen (2000): Dynamiken sozialer Spaltung und Ausgrenzung, Münster.
Bischoff, Joachim (1999): Der Kapitalismus des 21. Jahrhunderts. Systemkrise oder Rückkehr zur Prosperität? Hamburg.
Candeias, Mario (2000): Der Neoliberalismus als neue Entwicklungsweise des Kapitalismus, in: Supplement der Zeitschrift Sozialismus, Heft 5/2000, 20-37.
Deppe, Frank (1999): Politisches Denken im 20. Jahrhundert. Die Anfänge, Hamburg.
Demirovic, Alex (1992): Regulation und Hegemonie, in: ders., Hans-Peter Krebs u. Thomas Sablowski (Hrsg.): Hegemonie und Staat. Kapitalistische Regulation als Projekt und Prozess, Münster 1992, 128-57.
Gramsci, Antonio (1991ff.): Gefängnishefte, Hamburg/Berlin.
Haug, Frigga (1998): Gramsci und die Produktion des Begehrens, in: Psychologie und Gesellschaftskritik, Nr. 86/87, 22. Jg., 75-92.
Haug, Wolfgang Fritz (1985): Pluraler Marxismus, Bd. 1, Berlin.
Hirsch, Joachim (1990): Kapitalismus ohne Alternative? Hamburg.
Jessop, Bob (2001): Nach dem Fordismus. Zum Zusammenspiel von Struktur und Strategie, in: Das Argument 239, 43. Jg., 9-22.
Lipietz, Alain (1998): Nach dem Ende des »Goldenen Zeitalters«, Hamburg/Berlin.
Petit, P., 1999: Structural Forms and Growth Regimes of the Post-Fordist Era, in: Review of Social Economy, 66 (2), 220-243.
Röttger, Bernd (1997): Neoliberale Globalisierung und eurokapitalistische Regulation, Münster.

# Bob Jessop
# Kritischer Realismus, Marxismus und Regulation
## Zu den Grundlagen der Regulationstheorie

Dies ist der Versuch, die Rolle eines kritischen Realismus im Regulationsansatz (im Folgenden RA) herauszuarbeiten. Dabei konzentriere ich mich auf die frühen Beiträge der Pariser »Schule« von Aglietta, Boyer und Lipietz. Zwar sind die wesentlichen regulationistischen Begriffe und Konzepte mittlerweile weithin anerkannt, doch geraten die ursprünglichen methodologischen Ansätze und Forschungsinteressen häufig in Vergessenheit. In den Pioniertexten hingegen sind die ontologischen, epistemologischen und methodologischen Schlüsselannahmen, die dem RA zugrunde liegen, klar herausgearbeitet worden. Insofern kann es von Nutzen sein, die klassischen Texte noch einmal zu untersuchen.

Der RA ist ein sich entwickelndes Forschungsprogramm,[1] das auf fruchtbare Weise die Analyse der Beziehungen zwischen institutionellen Formen und dynamischen Periodizitäten kapitalistischer Ökonomien ermöglicht.[2] Im Gegensatz zu orthodoxen, ökonomistischen Ansätzen, aber in Übereinstimmung mit Marx, zielt der RA nicht darauf ab, ein allgemeines, überhistorisches Konzept ökonomischer Bestimmungen zur Verfügung zu stellen. Noch sucht er den Kapitalismus zu naturalisieren, indem er seine anhaltende Reproduktion als im Wesentlichen unproblematischen Ausdruck des rationalen ökonomischen Verhaltens behandelt. Dagegen werden Konzepte entwickelt, die den historisch spezifischen Eigenschaften des Kapitalismus (sowohl in Bezug auf unterscheidende Spezifika gegenüber vor- wie nicht-kapitalistischen Produktionsweisen als auch, was unterschiedliche Stadien der kapitalistischen Entwicklung selbst betrifft) Rechnung tragen und zu erklä-

---

[1] Dies gilt im Besonderen auch für das marxistische Projekt. Bhaskar betont: »It is vital to explicitly conceptualise historical materialism as an ongoing research programme ... committed to a scientific realist ontology.« (Bhaskar 1986, 145 bzw. 51)

[2] Für eine umfassende Anthologie der regulationstheoretischen Arbeiten vgl. Jessop 2001b.

ren versuchen, warum anhaltende Kapitalakkumulation – obgleich angesichts ihrer inneren Eigenschaften unwahrscheinlich – nichtsdestotrotz für verhältnismäßig ausgedehnte Perioden ohne größere Krisen gelingt. Gleichzeitig wird der Anspruch erhoben, die allgemeinen und/oder historisch spezifischen Krisentendenzen des Kapitalismus sowie die wesentlichen Brüche und strukturellen Verschiebungen im Prozess der Kapitalakkumulation und seiner Regulation in und durch Klassenkämpfe zu erklären. Der RA konzentriert sich dabei auf die sich verändernden Kombinationen ökonomischer und außerökonomischer Institutionen und Praxen, die – wenn auch nur vorübergehend und immer in spezifischen ökonomischen Räumen – eine bestimmte Stabilität und Vorhersagbarkeit ökonomischer Entwicklung absichern, trotz der grundlegenden Widersprüche und Konflikte, die durch die Dynamik des Kapitalismus hervorgebracht werden. In diesem Sinne behandelt der RA ökonomische Aktivitäten als gesellschaftlich eingebettete und hebt hervor, dass Kapitalakkumulation nicht durch rein ökonomische Mechanismen – wie sie in den Marxschen Reproduktionsschemata analysiert werden – gesichert werden kann.

## Reproduktion und Regulation

Unterschiedliche Theoretiker und Schulen arbeiten mit dem RA (vgl. Jessop 1990b, 2001). Dennoch wird er meist mit jenen französischen Arbeiten seit den 1970er Jahren, speziell der dominierenden Pariser Schule identifiziert (vgl. v.a. Boyer und Saillard 1995a). Es wäre wichtig, andere Schulen und Richtungen mit einzuschließen, um den RA in seiner vollen Breite zu erfassen. Doch selbst der Pariser RA lässt sich kaum als einheitliche Schule mit einem fixen, kohärenten und zusammenhängenden Set an Konzepten beschreiben (ebd. 1995a, 1995b). Grundsätzlich definiert sich das regulationistische Forschungsprogramm durch vier prinzipielle Eigenschaften. Alle vier können auf das Marxsche Erbe zurück geführt werden – ein Erbe, das mit der Zeit weniger offensichtlich geworden ist, aber eine, meiner Ansicht nach, wichtige Gemeinsamkeit der frühen regulationistischen Arbeiten darstellt. Das bezieht sich v.a. auf die Marxsche Kapitalismuskritik und reflektiert sich in ihren institutionsorientierten, komparativen und historischen Analysen des Kapitalismus – allerdings ohne dabei über letzteren hinaus zu schauen und alternative, post-kapitalistische Produktions- und/oder Regulationsweisen zu entwickeln. Die Konzentration auf die konstitutiven Elemente des Kapitalismus, auf das Verhältnis von Krisen und relativ stabilen Perioden der Akkumulation hat dem RA – meist zu unrecht – Kritiken eingetragen, er würde sich mit der Unausweichlichkeit des Kapitalismus abfinden und den

## 18 ■ Kritischer Realismus, Marxismus und Regulation

Kampf um seine Überwindung bagatellisieren (vgl. Bonefeld/Holloway 1991, Gambino 1996). Erstens arbeiten Regulationisten für gewöhnlich mit einer kritisch-realistischen wissenschaftlichen Ontologie und Epistemologie. Zweitens lassen sich ihre substantiellen theoretischen Fragestellungen aus der marxistischen Tradition des historischen Materialismus und der Kritik der politischen Ökonomie ableiten, deren Grundgedanken auf einer konkreteren und komplexeren Ebene weiter entwickelt werden. Drittens befassen sie sich innerhalb dieses allgemeinen Untersuchungsfeldes im Besonderen mit den sich verändernden Formen und Elementen (Institutionen, Netzwerken, Verfahren, Erwartungsweisen und Normen), in und durch welche die erweiterte Reproduktion des Kapitals als gesellschaftliches Verhältnis zumindest vorübergehend gesichert wird. In Anbetracht der inhärenten ökonomischen Widersprüche und der sich verschärfenden konfliktiven Eigenschaften des Kapitalismus, wird diese erweiterte gesellschaftliche Reproduktion immer als nur partielle, temporäre und instabile dargestellt. Und viertens wenden sich Regulationisten gegen essentialistische Methoden der »Subsumtion« und einen Reduktionismus »logischer Ableitung«. Stattdessen favorisieren sie das Konzept der »Artikulationen«.

Ontologisch geht der kritische Realismus des RA auf Marx zurück, schärft sich jedoch an der Kritik des Strukturalismus. Althusser dachte bei Marx um 1847 einen »epistemologischen Bruch« zu erkennen, der es Marx erlaubte, eine wissenschaftliche Analyse des Kapitalismus zu entwickeln. In diesem Zusammenhang unterschied Althusser zwischen einem »dialektischen« und einem »historischen Materialismus«. Ersterer bezieht sich auf die generelle Ontologie und Epistemologie der Marxschen Analyse, letztere auf eine spezifische zur Untersuchung von Produktionsweisen und ihrer Transformationen durch Klassenkämpfe. Althusser weist dabei eine hegelianische Leseweise zurück, da sie fälschlicherweise eine »expressive Totalität« reproduziert, statt zu erkennen, dass die Marxsche Ontologie und Epistemologie mit einem dialektischen, »überdeterminierten Ganzen« verbunden sind. Entsprechend führt er das Konzept der »strukturellen Kausalität« ein, um die verborgene Struktur des Kapitalismus als konstituierende Elemente der Oberflächenerscheinungen, ihrer Formen und Bewegungen zu bestimmen. Er teilt mit Marx die Einsicht, »alle Wissenschaft wäre überflüssig, wenn die Erscheinungsform und das Wesen der Dinge unmittelbar zusammenfielen.« (MEW 25, 825) Althussers Leseweise des *Kapitals* sucht jene zugrundeliegenden Strukturen, Widersprüche, Tendenzen und Gegentendenzen zu identifizieren, die die tatsächlichen Bewegungen der Kapitalakkumulation bestimmen, und zu zeigen, wie Oberflächenphänomene häufig verzerrte, umgekehrte oder missverstandene Effekte dieser zugrundeliegenden gesellschaftlichen Verhältnisse sind (Althusser/Balibar 1972). Diese Leseweise wurde von Aglietta und Lipietz aufgenommen – gleichzeitig kritisierten sie, dass Althusser und Balibar das transformative Potenzial gesellschaftlicher Handlungen (v.a. von Klassenkämpfen) in der Dynamik von Produktionsweisen unterschätzten (vgl. explizit Lipietz 1993; implizit Aglietta 1979).[3]

Der Bruch mit den strukturalistischeren Elementen des Althusserschen Ansatzes, bei Bewahrung der Spezifik Marxscher Dialektik, hat Aglietta und Lipietz erlaubt, einen geeigneteren Ansatz zur Analyse des Kapitalismus zu entwickeln. Den Ausgangspunkt bilden: die grundlegenden Widersprüche der Ware und des Werts als Grundformen (MEW 13, 44) bzw. »strukturelle Formen« der kapitalistischen Produktionsweise; die Implikationen der Verallgemeinerung der Warenform zur Arbeitskraft (obwohl sie fiktive Ware bleibt, d.h. Ware, die nicht in formell rationalen, profit-orientierten kapitalistischen Unternehmen produziert wird); die historisch spezifische Natur des Kapitalismus als Produktionsweise (oder »Organisationsweise gesellschaftlicher Arbeit«, Aglietta 1979, 37) – basierend auf dem Verhältnis von Kapital und Arbeit und innerkapitalistischer Konkurrenz, auf der Zentralität des Lohnverhältnisses und den unterschiedlichen Formen von Kapitalismen sowohl im historischen wie geographischen Sinne. Im Zuge der weiteren Entwicklung des RA werden jedoch diese verhältnismäßig abstrakt-einfachen Ausgangspunkte in zunehmendem Maße als gegeben betrachtet und es wird mehr auf (konkret-komplexe) Aspekte mittlerer Reichweite fokussiert.[4] Dies führt zur Theoretisierung konkreterer Eigenschaften und ›Bewegungsgesetze‹. Zur Analyse spezifischer Phasen und variabler Formen des Kapitalismus werden intermediäre Kategorien eingeführt. Aglietta schreibt: »In order to achieve a precise analysis of the forms of regulation under capitalism, it is

---

[3] »Science identifies a phenomenon (or range of phenomena), constructs explanations for it and empirically tests its explanations, leading to the identification of the generative [causal] mechanism at work, which now becomes the phenomenon to be explained, and so on. In this continuing process, as deeper levels or strata of reality are successively unfolded, science must construct and test its explanations with the cognitive resources and physical tools at its disposal, which in this process are themselves progressively transformed, modified and refined.« (Bhaskar 1989, 12) Das Wesen der Wissenschaft aus der Sicht eines kritischen Realismus ist eine fortgesetzte, spiralförmige Bewegung der Erkenntnis von offensichtlichen (empirischen) Phänomenen zu den grundlegenden Stukturen und den ursächlichen Mechanismen, die sie hervorgebracht haben.

[4] Dieses Vorgehen neigt dazu, die kritisch-realistischen Grundlagen des RA unkenntlich zu machen und öffnet theoretischen Raum zur simplifizierenden Reformulierung seiner Schlüsselargumente in vielen neueren regulationstheoretischen Arbeiten.

necessary first to define an intermediate concept, less abstract than the principle of accumulation so far introduced.« (Aglietta 1979, 68) Dies lässt sich als Versuch interpretieren, das Marxsche Vorhaben einer umfassenden Kritik der Politischen Ökonomie zu aktualisieren und zu vervollständigen – seinen ursprünglichen Plan der sechs Bücher vermochte Marx nicht zu vollenden. Daher konnten wichtige Gesichtspunkte zur Lohnarbeit, zum Staat, dem Außenhandel, dem Weltmarkt und -krisen etc. nicht ausgearbeitet werden. In diesem Sinne baut der RA auf Konzepten und Argumenten des *Kapitals*[5] auf und re-spezifiziert sie, damit sie auf konkreteren, komplexeren Stufen der Analyse entfaltet werden können. Das allgemeinste dieser Konzepte ist ohne Zweifel jenes der »Regulation« als Komplement zur »Reproduktion«. Zunächst als vor-theoretischer (intuitiver) Begriff bei Aglietta (1974) eingeführt, wurde er erst später in der Marxschen Kritik der Politischen Ökonomie theoretisch fundiert (beginnend mit Aglietta 1979). Weitere intermediäre Konzepte sind industrielle Paradigmen, Akkumulationsregime, Regulationsweisen und Entwicklungsweisen. Zusammen ermöglichen sie die Bestimmung interner Strukturen spezifischer Perioden kapitalistischer Entwicklung oder spezifischer nationaler Varianten auf konkreterer und komplexer Ebene.[6]

Ein industrielles Paradigma stellt ein Modell zur Bestimmung der technischen und gesellschaftlichen Arbeitsteilung dar. Ein solches Paradigma wäre beispielsweise die Kombination von Taylorisierung und Mechanisierung in der Massenproduktion. Es beschränkt sich in erster Linie auf die mikroökonomische Ebene. Ein Akkumulationsregime wird definiert als komplementäres Verhältnis von Produktion und Konsumtion, das über eine längere Periode reproduziert werden kann. Zum Teil werden seine Reproduktionsbedingungen in relativ abstrakten Begriffen analysiert. Spezifiziert als [typischer- nicht notwendigerweise, D.Ü.] *nationale* Wachstumsmodelle sind sie aber im Verhältnis zur internationalen Arbeitsteilung zu untersuchen. Dieses Konzept ist weitgehend ein makroökonomisches. Eine Regulationsweise ist ein Ensemble von Normen, Institutionen, Organisationsformen, gesellschaftlichen Netzwerken und Handlungsmustern zur (möglichen) Stabilisierung eines Akkumulationsregimes. Es schließt sowohl ökonomische wie außerökonomische Faktoren auf eher mittlerer Ebene mit ein und wird im Allge-

---

[5] Die drei Bände des Kapitals entsprechen im Wesentlichen den geplanten Büchern über Kapital, Grundeigentum und – zumindest teilweise – über Lohnarbeit (vgl. Oakley 1983, 105-113; und Rosdolsky 1977, 40-62).

[6] Nichtsdestoweniger ist es notwendig, in der Analyse immer wieder zu den grundlegenden Widersprüchen zurückzugehen, um die Natur der Objekte der Regulation und die Grenzen der Regulation besser zu begreifen.

meinen in fünf Dimensionen untersucht: Lohnverhältnis (Arbeitsmärkte, Lohnverhandlungen, Reproduktion und Qualifikation der Arbeitskräfte, soziale Sicherheit, Lebensstile usw.), Unternehmensformen (z.B. interne Organisation, Konkurrenz- und Kooperationsformen, Verbindungen zum Finanzkapital), Geldverhältnis (dominante Formen, Bank- und Kreditwesen, Allokation von Geldkapital für produktive Zwecke etc.),[7] Staat (institutionalisierte Kompromisse zwischen Kapital und Arbeit, Formen der Staatsintervention u.a.), internationale Regime (Handels-, Investitionsabkommen, Finanzregime, politische Arrangements zur Verbindung von nationalen Ökonomien, Nationalstaaten und Weltsystem). Wenn industrielles Paradigma, Akkumulationsregime und Regulationsweise sich wechselseitig stützen, so dass die Bedingungen einer Langen Welle kapitalistischer Expansion eine Zeit lang gesichert werden können, wird der daraus resultierende Komplex als inklusives, umfassendes Entwicklungsmodell bestimmt – ein holistisches Konzept, mit dem versucht wird, die Ökonomie in einem möglichst integralen Sinne darzustellen. Es wird auch als meta-ökonomisches Konzept beschrieben (vgl. Ruigrok/van Tulder 1995, 33) und ist auf dieser konkreten Ebene sicher das komplexeste. Diese intermediären Konzepte wurden definiert, um der konfliktiven und antagonistischen Natur des Kapitalismus Rechnung zu tragen. Das erklärt, warum mehrere komplementäre Konzepte verwendet werden, warum der RA auf dem provisorischen, instabilen und widersprüchlichen Charakter insistiert und warum der Begriff der Regulation in erster Linie entwickelt wurde, um den der Reproduktion zu modifizieren und zu ergänzen.

Weit entfernt von einer Inkonsistenz mit dem Marxschen Ansatz, kann die Entwicklung des RA dazu beitragen, das Projekt einer kritischen Theorie kapitalistischer Gesellschaften zu verwirklichen. Marx hatte große Schwierigkeiten, die volle Komplexität der gesellschaftlichen Einbettung und Regulation des Kapitalkreislaufes auf einer abstrakten Stufe der Analyse darzustellen. Das wird deutlich in den vielfältigen Metaphern und Umschreibungen, die Marx verwandte, um simpel-funktionalistische oder ökonomistisch-reduktionistische Argumente zu vermeiden. Nur auf diese Weise konnte er über die Kritik der kapitalistischen Ökonomie im engen Sinne (von Selbstverwertung) hinaus fortfahren, die komplexe Anatomie der bürgerlichen Gesellschaft unter der Dominanz der kapitalistischen Produktionsweise im inklusiven Sinne (eines Akkumulationsregimes plus seiner gesellschaftlichen Struktur der Akkumulation) freizulegen. Sobald nun Konzepte und Argu-

---

[7] Eine herausragende regulationstheoretische Analyse der Geldform findet sich bei Aglietta 1986, Aglietta/Orléans 1982 und 1998, kommentierend Grahl 2000.

mente auf konkreteren und komplexeren Stufen der Analyse eingeführt werden, kann erwartet werden, dass Reduktionismus und bildliche Sprache verschwinden (vgl. Woodiwiss 1990). Die Aufmerksamkeit kann auf die Koppelung und die Co-Evolution unterschiedlicher struktureller Formen, gesellschaftlicher Praxen und ausgedehnter Systeme der Reproduktion-Regulation der Ökonomie in ihrem inklusivem Sinne gewendet werden. Die Entwicklung eines solchen Ansatzes würde auf den Marxschen Prinzipien aufbauen und seine Versuche, sich mit der Komplexität des Verhältnisses von Basis und Überbau bzw. Basis und Superstruktur auseinander zu setzen, abrunden.

Regulationisten interessiert das transformative Potential, wie Lange Wellen kapitalistischer Expansion und -kontraktion durch bestimmte Institutionen und gesellschaftliche Praxis, die die allgemeinen Gesetze und die Krisentendenzen des Kapitalismus modifizieren, vermittelt werden. Sie behaupten, dass Perioden verhältnismäßig stabiler kapitalistischer Expansion von spezifisch außerökonomischen (wie auch ökonomischen) Faktoren abhängen. Sie betonen, dass die Co-Existenz und die Kohärenz dieser Faktoren nicht als gegeben vorausgesetzt werden können, sondern abhängig sind von einer variablen Mischung von geschichtlichen Möglichkeiten, bewussten Klassenkämpfen und gesellschaftlicher Praxis, sowie von ökonomischen Tendenzen, die »hinter dem Rücken der Produzenten« operieren. Dementsprechend argumentieren Regulationisten, dass Kapitalreproduktion sowohl kontingent wie prekär ist: sie vollzieht sich (fluktuierend) nur solange ihre inhärenten Spannungen, Konflikte und Widersprüche durch einen adäquaten Modus der Regulation zumindest temporär beherrscht werden können. So wird jedes Stadium des Kapitalismus als Lange Welle ökonomischer Expansion und Kontraktion mit seinem jeweils spezifischen industriellen Paradigma, Akkumulationsregime und Regulationsweise analysiert, die zusammen das jeweils eigene zyklische Muster und die Formen struktureller Krise bestimmen. Als Lange Wellen kapitalistischer Dynamik behandelt der RA die Abfolge der Stadien als diskontinuierlich, als kreative Zerstörung und vermittelt durch Klassenkonflikte und institutionelle Veränderungen.

Epistemologisch impliziert der kritische Realismus des RA, dass Versuche zur Entwicklung wissenschaftlicher Erkenntnisse auf Basis konstanter Konjunkturen oder anderer empirischer Regelmäßigkeiten als inadäquat erscheinen. Dagegen konzentriert er sich auf die Bestimmung der notwendigen und hinreichenden Bedingungen eines gegebenen Explanandums, um auf diese Weise das Verständnis der ursächlichen Kräfte zu entwickeln. Ein Erklärungsversuch kann immer nur im Verhältnis zur gegebenen Definition des Explanandums adäquat sein. Eine Bewegung vom *Abstrakten* zum *Konkreten* wird notwendig, d.h. die zunehmende Konkretisierung eines Phänomens (z.b. von Waren im Allgemeinen, über Arbeitskraft als fiktiver Ware und die Natur des Lohnverhältnisses, zur Ermittlung des nominalen Geldlohnes bis zum Reallohn usw.). Notwendig wird auch eine Bewegung vom *Einfachen* zum *Komplexen*, d.h. die Einführung weiterer Dimensionen eines Phänomens (z.b. Staat, kapitalistischer Staat, patriarchal-kapitalistischer Staat, plurikultureller patriarchal-kapitalistischer Staat etc.). Die Doppelbewegung vom Abstrakten zum Konkreten und vom Einfachen zum Komplexen erfordert die Methode der *Artikulation*. In der Tat kann das Vorurteil, der RA sei nur eine Theorie mittlerer Reichweite, die nicht spezifisch marxistisch ist, nur vermieden werden, indem er in dieser Doppelbewegung verortet wird.[8]

## Realistische Methodologie

Ich möchte drei methodologische Punkte ansprechen: a) die ontologischen Annahmen; b) die komplexe Bewegung von Theorieaufbau und -explikation; und c) die Anordnung der Darstellung in regulationistischen Studien. In allen drei Punkten sind die Grundgedanken bereits in den klassischen Texten der Marxschen Politischen Ökonomie präsent und werden in den frühen Texten der Regulationisten systematischer ausgearbeitet. So überrascht es, dass neuere Kommentare zum RA selten kritisch seine methodologischen Grundlagen überprüfen. Dies kann vielleicht durch die zunehmende Reduktion des RA auf eine Analyse des Fordismus/Postfordismus erklärt werden, Themenstellungen »mittlerer Reichweite«, die in eine breite Vielfalt unterschiedlicher Analyseansätze integriert werden können. Soweit dies der Fall ist, wurden die charakteristischen methodologischen Ausgangsannahmen des RA abgeschwächt oder aufgegeben. Doch nur durch ihre kritische Re-Examinierung können wir sowohl den entscheidenden Beitrag als auch die Beschränkungen des RA für eine Analyse des Kapitalismus begreifen.

Sowohl die implizite realistische Ontologie des *Kapitals* und ihre dazugehörige Epistemologie, ausgeführt in der *Einleitung zur Kritik der Politischen Ökonomie* (als auch andernorts), werden von den frühen Pariser Regulationisten in Anspruch genommen. Marx analysiert die gesellschaftlichen Ver-

---

[8] Die Reproduktion des Real-Konkreten als *Konkret-im-Denken* bezieht sich sowohl auf die Bewegung vom *Abstrakten* zum *Konkreten* entlang einer einzelnen Dimension der Abstraktion wie auf die Kombination der Konzepte mit durchaus unterschiedlichen Dimensionen der Abstraktion. Es ist diese letzte Bewegung, auf die ich mich beziehe, wenn ich von der Bewegung vom *Einfachen* zum *Komplexen* spreche (vgl. Poulantzas 1973; Jessop 1982).

hältnisse in ihrer Dynamik als Tendenzen und Gegentendenzen, die zusammen die »Bewegungsgesetze« konstituieren. Ihr Ergebnis hängt ab von den spezifischen Ausgangsbedingungen und der Artikulation von Tendenzen und Gegentendenzen. Auf diese Weise beschreibt Marx nicht nur die abstrakten Bewegungsgesetze der kapitalistischen Produktionsweise, sondern auch ihre tatsächlichen Resultate in den spezifischen Konjunkturen – von Zeit zu Zeit untermauert mit empirischen Belegen. Arbeitskraft ist das offensichtlichste Beispiel einer realen Kraft; aber, wie Marx hervorhebt, ihre Nutzung ist abhängig vom Resultat des Kampfes zwischen Kapital und Arbeit in spezifischen Konjunkturen. Der tendenzielle Fall der Profitrate und die Mobilisierung von Gegentendenzen ist eine der bekanntesten (und zweifellos umstrittensten) Wirkungszusammenhänge: Ob die Profitrate fällt oder nicht, hängt von den Bedingungen ab, in denen die beiden gegensätzlichen Kräfte wirken. Diese realistische Ontologie soll verdeutlichen, dass Gesellschaften eine komplexe Einheit multipler Determinationen darstellen.

Auf Grundlage dieser ontologischen Annahmen stellt Marx fest, die entscheidende Aufgabe der Theorie sei das »*Reale und Konkrete*« als das »*Konkrete im Wege des Denkens*« (MEW 13, 631f.) anzueignen. Moderne Epistemologen könnten argumentieren, dass angesichts dessen realer Existenz jenseits des Denkens, das »*Reale und Konkrete*« nie vollständig erfasst werden kann. Obgleich Realisten das Bestehen der realen Welt voraussetzen, erheben sie keine harten epistemologischen Ansprüche darauf, im Besitz eines direkten Zugriffs zur Wirklichkeit zu sein. Aglietta merkt an, die Empirie sei der Theorie nichts äußerliches:

»Facts are not atoms of reality to be classified, linked and assembled. Facts must rather be treated as units in a process, or articulations between relations in motion, which interfere and fuse with one another. They can only be grasped by the collaboration of different modes of investigation, and this is why the concrete can be reached in thought only at the end of a globalizing procedure in which deductive and critical moments interact.« (Aglietta 1979, 66)

Unser Wissen über die reale Welt ist niemals neutral. Der Ausgangspunkt jeder Analyse wird diskursiv festgesetzt: es ist unmöglich, sich von einem theoriefreien *Real-Konkreten* zu einem theoriegeladenen *Konkreten-im-Denken* zu bewegen (vgl. Althusser 1975, Aglietta 1976, 15). In diesem Sinne ist die Bewegung vom *Real-Konkreten* zum *Konkreten-im-Denken* eine Bewegung von einer einfachen und oberflächlichen Kategorie zu einem komplexen (multiple Bestimmungen synthetisierenden) Ansatz mit ontologischer Tiefe (die zugrundeliegenden Kräfte identifizierend und mit den empirischen Aspekten des *Real-Konkreten* verbindend). Marx argumentiert in den *Grundrissen*: »Wenn wir hier von Kapital sprechen, so ist das hier nur noch ein

Name.« (MEW 42, 186) Er zeigt: »Das Kapital ist kein einfaches Verhältnis, sondern ein *Prozess*, in dessen verschiedenen Momenten es immer Kapital ist.« (183) Auch seine *Einleitung zur Kritik der Politischen Ökonomie* legt nahe, dass wissenschaftliche Analysen mit »chaotischen Vorstellungen eines Ganzen«, mit einfachsten Kategorien beginnen, z.b. »Ware«, um sie dann aber in ihre Elemente zu zerlegen und sie als »Zusammenfassung vieler Bestimmungen«, also als »Einheit des Mannigfaltigen«, wieder zu rekonstruieren, in der das »entwickeltere Konkrete« die einfachste Kategorie »als ein untergeordnetes Verhältnis« mit einschließt (MEW 13, 632f.).

Im Fortschreiten der Spirale wissenschaftlicher Erkenntnis werden die Elemente des *Realen und Konkreten* zunehmend komplexer und konkreter definiert; d.h. »Konzepte werden nicht ein für allemal auf einer einzelnen Stufe der Abstraktion« eingeführt, sondern werden in der Bewegung vom Abstrakten zum Konkreten fortwährend umdefiniert – neue Formen und das Überschreiten der Grenzen vorheriger Formulierungen erfordernd (Aglietta 1979, 15-16). In diesem Sinne »ist die Entwicklung von Konzepten und nicht die ›Verifikation‹ einer fertigen Theorie das Ziel« (66). Lipietz argumentiert, dass realistische Theoretiker »sich um größere Präzision ihrer Vorstellungen bemühen müssen und folglich immer mehr Konzepte produzieren, die dann miteinander artikuliert werden müssen« (1987, 5f.). Die Rolle empirischer Evidenzen bei Theorieaufbau und -evaluation ist nicht zu bestreiten. Doch sind sie immer vermitteltes Resultat realer Interventionen. Zu dieser vermittelten An-/Abwesenheit des Realen tritt hinzu, dass Form und Inhalt empirischer Beweise von den spezifischen theoretischen, technischen und experimentellen Bedingungen abhängen, welche die Natur des Messens oder der Beobachtungen, wie auch die zu überprüfende Theorie beeinflussen. Wenn wir also fortfahren, marxistische Epistemologie als Aneignung des *Realen und Konkreten* als das *Konkrete im Wege des Denkens* zu beschreiben, muss sich diese Aneignung auf die qualitative Transformation unseres Verständnisses der »realen Welt« beziehen. In einem komplexen, spiralförmigen Prozess werden theoretische mit empirischen Erkenntnissen in einer Weise konfrontiert, in der die einen die jeweils anderen modifizieren. Aglietta hebt hervor:

»The progression of thought cannot just consist in exposition of conclusions already implicitly contained in an axiomatic system; instead it should move between hypothetico-deductive and experimental phases so that there is a continual, dialectical transformation of concepts. Indeed it is the dialectical phases that are most important for scientific development and make theory something other than the exposition of conclusions already implicitly contained in an axiomatic system.« (Aglietta 1976, 15f.; vgl. Lipietz 1987, 26ff.; Marx, MEW 13, 633)

In diesem Sinne muss Theoriearbeit als offener Prozess, nicht als abgeschlossenes Produkt betrachtet werden. Wenn Theorien transformiert werden »durch eine experimentelle Prozedur, kann eine Verkettung von Konzepten zur Repräsentation einer geschichtlichen Bewegung werden.« (Aglietta 1979, 16) Kategorien bleiben gegenüber niedrigeren Stufen der Abstraktion unbestimmt und bestimmte Fragestellungen auf der gewählten Stufe des Vorgehens ungelöst; ihre Konkretisierung auf anderen Stufen der Abstraktion kann nicht vorweg genommen werden. Beispielsweise bedeuten die formalen Möglichkeiten einer Krise des Kapitalismus nicht, dass eine Krise tatsächlich auftreten und/oder eine gegebene Gestalt annehmen muss. Letztlich sollten Ergebnisse auf einer bestimmten Stufe der Abstraktion vereinbar sein mit Ergebnissen anderer.

Die Marxsche Methodologie impliziert wie gesagt die Bewegung vom Abstrakten zum Konkreten. In seiner Konzentration auf ökonomische Fragen der kapitalistischen Produktionsweise (mit ihren charakteristischen institutionellen Trennungen und relativer Autonomie der unterschiedlichen gesellschaftlichen Sphären) neigte Marx dazu zu übersehen, dass zwei Arten von Bewegung existieren: *abstrakt-konkret* und *einfach-komplex*. Die erste bezieht sich auf die Position, die eine bestimmte Kategorie in der spiralförmigen Bewegung vom Abstrakten zum Konkreten auf einer Ebene der Analyse einnimmt. Die zweite betrifft die Kombination der unterschiedlichen Ebenen der Analyse. Je größer die Zahl der Ebenen einer Analyse, die miteinander artikulieren, desto komplexer die Analyse. Diese zweite Bewegung ist für das Verständnis der Überdeterminierung von Ereignissen, Prozessen und Konjunkturen durch die Interaktion unterschiedlicher Sphären besonders relevant. Obgleich Marx selbst diese Unterscheidung zweier Arten der Theorieentwicklung nicht explizit getroffen hat, ist sie zweifellos in seinem weithin bekannten Hinweis, dass man darauf abzielen sollte, das *Reale und Konkrete* als »geistig Konkretes zu reproduzieren« d.h. als die konkrete »Zusammenfassung vieler Bestimmungen und Beziehungen«, implizit enthalten (MEW 13, 632).

Diesen Argumenten hat Lipietz ein weiteres hinzugefügt. Er schlägt vor, dass die originäre Marxsche Methode nicht nur eine Bewegung vom Abstrakten zum Konkreten darstellt – zur Analyse jener Bewegungsgesetze und Tendenzen, die in die Artikulation der objektiven gesellschaftlichen Verhältnisse eingeschrieben sind, sondern auch eine Bewegung vom »esoterischen« zum »exoterischen«, zur Analyse der Verbindungen zwischen den objektiven gesellschaftlichen Verhältnissen und der fetischisierten Welt gelebter Erfahrung sowie der Wirkung, die diese verzauberte Welt auf die allgemeine Bewegung des Kapitals ausübt (1986, 11f.). Entsprechend Lipietz enthält diese exoterische, verzauberte Welt alle jene Repräsentationen, die durch ökonomische Agenten in Zusammenhang mit ihrem eigenen Verhalten und den Umständen, denen sie gegenüberstehen, hervorgerufen werden. Obwohl ihr Verhalten und die Umstände in der esoterischen Welt wurzeln, leben Menschen ihr Leben vermittelt über Repräsentationen. Das Ignorieren dieser externen Formen würde folglich jedes Verständnis eines großen Teils der Realität behindern. Für Lipietz ist die Schlüsselkategorie zum Dechiffrieren der verzauberten Welt der gelebten Erfahrung der »Fetischismus«, mit jeweils spezifischen Formen von Fetischen für jedes der drei wesentlichen, widersprüchlichen gesellschaftlichen Verhältnisse des Kapitalismus sowie einer Anzahl von Sekundärformen (18-31, 45-52). Er fährt fort: Krisen seien sowohl in der exoterischen wie der esoterischen Welt verwurzelt. Voneinander verschiedene Verbindungen zwischen der esoterischen Welt der Werte und der exoterischen der Preise unterscheiden die konkurrentielle von der monopolistischen Regulationsweise und führen entsprechend zu unterschiedlichen Formen der Krise (102-3).

Ein abschließender Punkt zur Methodologie: »Regulation theory would not be a closed theory describing the functioning of an economic model; this is the theory of equilibrated growth in its many forms. It must be open, i.e., susceptible to continued elaboration; which means not only additions and refinements, but ruptures in the theory which must be made possible by the problematic adopted.« (Aglietta 1974: VI) Theoriebildung ist niemals abgeschlossen.

## Objekte und Modi der Regulation

Weshalb bedarf der Kapitalismus überhaupt der Regulation? Aglietta und Lipietz beantworten dies mit der unbestimmten, aber antagonistischen Natur des Kapitals als gesellschaftlichem Verhältnis. Doch dieser Anspruch wurde weitgehend als gegeben betrachtet. Daher möchte ich nun – in Anordnung steigender Konkretion und Komplexität – drei Schlüsselaspekte erläutern, die sowohl Marx als auch dem RA gerecht werden sollen: 1. die konstitutive Unvollkommenheit des Kapitalverhältnisses, kraft derer seine Reproduktion in instabiler und widersprüchlicher Weise von veränderlichen außerökonomischen Bedingungen abhängt; 2. die vielfältigen strukturellen Widersprüche und strategischen Dilemmata, die dem Kapitalverhältnis inhärent sind und ihre Erscheinungsformen in unterschiedlichen Akkumulationsregimen, Regulationsweisen und Konjunkturen; 3. Konflikte über Wege der Regulierung und Regulation, von Govern*ment* und Govern*ance* dieser Widersprüche und Dilemmata, wie sie sich sowohl im Kapitalkreislauf als auch in der weitergefassten Gesellschaftsformation ausdrücken.

Erstens, die konstitutive Unvollkommenheit des Kapitals bezieht sich auf die Unfähigkeit des Kapitalismus, als Produktionsweise ein in sich geschlossenes System zu bilden, d.h. sich selbst als Ganzes über die Wertform zu reproduzieren. Diese Unvollkommenheit ist eine den Kapitalismus definierende Eigenschaft. Auch auf dem höchsten Abstraktionsniveau, geschweige denn in real existierenden Kapitalismen, hängt Akkumulation ab von einer instabilen Balance zwischen ihren ökonomischen Stützen in den diversen Ausdrücken der Wertform und ihren außerökonomischen Stützen jenseits der Wertform. Eine vollständige Kommodifizierung von Allem und Jedem, erst recht eine *rein* kapitalistische Ökonomie ist ausgeschlossen. Der kapitalistischen Produktionsweise gelingt es nicht, sich über die Logik der Kommodifizierung zu reproduzieren. Sie ist abhängig von fiktiven Waren und außer-ökonomischen Bedingungen (vgl. Aglietta 1979, 32; Lipietz 1987, 30ff.). Dagegen lassen sich Wellen der Kommodifizierung, De-Kommodifizierung und Re-Kommodifizierung beobachten, wenn die Ausdehnung der Tauschwertrelationen auf reale, strukturelle Grenzen und/oder zunehmenden Widerstand trifft und neue Weisen suchen muss, sie zu überwinden. Darüber hinaus bezieht sich dies auch auf Wellen der Territorialisierung, De-Territorialisierung und Re-Territorialisierung (Brenner 1998).

Zweitens, die vielfältigen strukturellen Widersprüche und strategischen Dilemmata, die dem Kapitalverhältnis innewohnen, sind Ausdruck des grundlegenden Widerspruchs zwischen Tausch- und Gebrauchswert der Ware. Produktivkapital ist sowohl abstrakter Wert in Bewegung als auch konkretes Quantum raum-zeitlich fixen Kapitals in der Verwertung; der Arbeiter sowohl eine bestimmte Einheit abstrakter Arbeit, substituierbar durch andere Einheiten derselben Eigenschaft (oder durch andere Produktionsfaktoren), als auch ein konkretes Individuum mit spezifischen Fertigkeiten, Wissen und Kreativität; der Lohn stellt sowohl Produktionskosten als auch Nachfrage dar; das Geld ist sowohl internationale Währung (im Idealfall im staatenlosen Raum) wie auch nationales[9] Zahlungsmittel und Objekt staatlicher Kontrolle; das Land fungiert sowohl als Eigentumsform (auf der privaten Aneignung der Natur beruhend) gebunden an die Erwartungen entsprechender Renten, als auch als natürliche Ressource (umgestaltet durch vergangene Tätigkeiten). Ebenso muss der Staat nicht nur die Bedingungen zur Verwertung des Kapitals und die Reproduktion der Arbeitskraft als fiktiver Ware sicherstellen, sondern auch die politische Verantwortlichkeit für die Gewährleistung sozialer Kohäsion in einer gespaltenen, pluralistischen Gesellschaft übernehmen etc.

---

[9] Staatenübergreifende monetäre Blöcke müssten hier ebenfalls einbezogen werden (vgl. z.B. Altvater und Mahnkopf 1996).

Derartige strukturelle Widersprüche und strategische Dilemmata sind permanente Eigenschaften des Kapitalverhältnisses, aber nehmen in unterschiedlichen Kontexten verschiedene Formen und Bedeutsamkeiten an. Sie finden ihren Ausdruck in unterschiedlichen gesellschaftlichen Subjekten *(agents)*, Institutionen und Systemen. Sie können sich als mehr oder weniger kontrollierbar erweisen, abhängig von spezifischen raum-zeitlichen Fixierungen und institutionalisierten Klassenkompromissen. Insofern diese Kompromisse Kräfte marginalisieren, die funktional und unverzichtbar für die langfristige Akkumulation des Kapitals sind, tendiert das Hervortreten signifikanter Ungleichgewichte oder Disproportionalitäten dazu, diese marginalisierten Kräfte zu stärken und zu aktivieren, institutionalisierte Kompromisse, die mit einem bestimmten Akkumulationsregime, Regulationsweise, Staatsform und einer raum-zeitlichen Fixierung verbunden sind, zu zerrütten (vgl. Clarke 1977). Solche Krisen dienen gewöhnlich als Steuerungsmechanismus für eine immer provisorische, partielle und instabile Re-Equilibrierung der Kapitalakkumulation (vgl. Lindner 1973; Hirsch 1976, 1977).

Drittens ist eine erstaunliche Varianz des Kapitalismus zu beobachten. Dies hängt zusammen mit der konstitutiven Unvollkommenheit des Kapitalverhältnisses, seiner verschiedenen Erscheinungsformen und dem relativen Gewicht der unterschiedlichen Widersprüche. Es existieren ganz unterschiedliche Wege, den Kapitalkreislauf zu schließen und seine Mängel auszugleichen. Welcher davon dominant wird, hängt von spezifischen gesellschaftlichen und raum-zeitlichen Rahmenbedingungen ab. Ungeachtet der Tendenz der Kapitalakkumulation zu expandieren, bis ein einheitlicher Weltmarkt hergestellt ist, wirken wichtige Gegentendenzen und Grenzen der Globalisierung. Folglich werden spezifische Akkumulationsregime und Regulationsweisen typischerweise innerhalb spezifischer gesellschaftlicher Räume und raum-zeitlicher Matrizes produziert. Das erlaubt die Analyse unterschiedlicher Kapitalismen und ihrer Einbettung in spezifische Gesellschaftsformationen. Es gestattet auch die Erforschung der Pfadabhängigkeit unterschiedlicher ökonomischer und gesellschaftlicher Entwicklungstrajektorien.

Daraus folgen wichtige Implikationen für Regulationsweisen. Die ontologische und methodologische Schlüsselfrage ist, ob der Gegenstand der Regulation ihr selbst vorausgeht. Die Regulationisten antworten: »sowohl als auch«! Die Objekte der Regulation existieren bereits zuvor und werden doch erst in und durch Regulation in ihrer geschichtlich voll ausgebildeten Form konstituiert. Die Unvollkommenheit des Kapitalverhältnisses verweist darauf, dass die verschiedenen Aspekte der Wertform bereits als relativ unbestimmte ›Elemente‹ existieren, aber erst als Gegenstand der Regulation in vielfältige ›Momente‹ einer Regulationsweise mit relativer »struktureller Kohärenz« transformiert werden.

Sie artikulieren sich allerdings mit alternativen Regulationsweisen und können innerhalb einer einzigen Regulationsweise niemals völlig determiniert werden. So ist Regulation immer partiell und instabil und das Gleichgewicht zwischen *fix* und *flüssig* (bzw. zwischen Rigidität und Flexibilität) komplex und wandelbar. Sind die strukturellen Formen gesellschaftlicher Verhältnisse zu flexibel, gibt es keine feste Grundlage für die erweiterte Akkumulation des Kapitals; sind sie aber zu rigide, kommt die Reallokation von Investitionen nicht zustande und die Krisentendenzen des Kapitalismus schlagen durch. Dementsprechend müssen wir erklären, wie Aspekte der Regulation entstehen, zusammenwirken und kombiniert werden, um bestimmte Formen gesellschaftlicher Verhältnisse zu produzieren, und was daraus für die Krisendynamik des Kapitalismus folgt. Die Arbeit von Aglietta und Brender (1984) kann in dieser Weise re-interpretiert werden. Sie argumentieren, dass Regulation von einem Netz von Routinen und Institutionen abhängt, die gesellschaftliche Praktiken in einer Weise regeln, die mit der Akkumulation des Kapitals kompatibel ist. Krisen treten auf, wenn diese gesellschaftlichen Routinen und Konventionen ihre Bedeutung verlieren und Perioden radikaler Ungewissheit mit sich bringen, bis neue Muster hervorgebracht werden.

### Der Doppelcharakter kapitalistischer Tendenzen

»Die ökonomischen Kategorien sind nur die theoretischen Ausdrücke, die Abstraktionen der gesellschaftlichen Produktionsverhältnisse. [...] Somit sind diese Ideen, diese Kategorien, ebensowenig ewig wie die Verhältnisse, die sie ausdrücken. Sie sind historische, vergängliche, vorübergehende Produkte.« (MEW 4, 130) Wenn wir diese Kritik von Marx an Proudhon weiterführen, können wir feststellen, dass Tendenzen und Gegentendenzen ein Doppelcharakter inne ist. Erstens, weil die ursprünglichen Elemente, die sie hervorgebracht haben, nur in spezifischen Bedingungen existieren, welche gleichzeitig Tendenzen hervorbringen und die Effekte von Gegentendenzen begrenzen. In einem tieferen Sinne gilt zweitens, dass die ursprünglich konstituierenden Elemente selbst nur eine Tendenz, provisorisch und instabil sind. Wenn wir annehmen, dass gesellschaftliche Phänomene diskursiv konstituiert werden und nie in sich geschlossen sind, folgt, dass gesellschaftliche Notwendigkeiten oder Zwänge, die aus dem Innern dieser Phänomene resultieren, selbst nur Tendenz sind. Diese Tendenzen könnten nur vollständig realisiert werden, wenn die Phänomene selbst gänzlich determiniert und fortwährend durch rekursive gesellschaftliche Praktiken reproduziert würden, die sich aus solchen Phänomenen selbst ergeben. Doch die kapitalistische Produktionsweise existiert immer in Artikulation mit anderen Produktionsweisen und besitzt allenfalls eine Position relativer Dominanz innerhalb einer Gesellschaftsformation. Ihre Bewegungsgesetze werden durch die Funktionsweise anderer gesellschaftlicher Logiken immer wieder untergraben.

Dies gilt sogar auf den abstraktesten Stufen der Analyse, da die Reproduktion des Kapitalverhältnisses selbst von der unvereinbaren Artikulation von Warenförmigkeit und Nicht-Warenförmigkeit abhängt (vgl. Jessop 1983; 2000). Das impliziert, dass Kapitalakkumulation nie von selbst vor sich geht, sondern von einem fortwährenden Kampf geprägt ist, die Disartikulation des Kapitalverhältnisses zu verhindern – ein Kampf zur Aufrechterhaltung einer bestimmten [geschichtlichen, d.Ü.] Form des Kapitalverhältnisses, nicht des Kapitalismus im Allgemeinen. Dies hat zur Folge, dass stabile Regulationsweisen zwar ihre ›eigenen‹ Bewegungsgesetze ausbilden, welche aber selbstverständlich – entsprechend der Tendenzen und Gegentendenzen der kapitalistischen Produktionsweise – als doppelte Tendenzen wirken. Da weder eine kapitalistische Produktionsweise im Allgemeinen noch eine allgemeine kapitalistische Produktionsweise existieren, sondern nur bestimmte kapitalistische Produktionsweisen, die durch spezifische Regulationsweisen überdeterminiert werden, kann es keinen radikalen Bruch in der spiralförmigen Bewegung vom Abstrakten und Einfachen zum Konkreten und Komplexen – mit quasi ›natürlichen‹ Gesetzen auf der einen und kontingenten auf der anderen Seite – geben. Alle abstrakten Gesetze des Kapitalismus müssen rekursiv als Tendenzen durch gesellschaftliche Praxen reproduziert werden – gesellschaftliche Praxen, die immer (und unvermeidlich) *bestimmte* meinen, die sich mehr oder weniger eng als Momente einer spezifischen Regulationsweise artikulieren. In diesem Sinne sind abstrakte Gesetzmäßigkeiten rationale Abstraktionen: Es gibt keine Logik *des* Kapitals, sondern eine Vielzahl von Kapitallogiken entsprechend der unterschiedlichen Regulationsweisen und Akkumulationsstrategien. Der Fordismus beispielsweise entwickelt seine eigenen Bewegungsgesetze (welche die abstrakten Gesetze des Kapitalismus modifizieren), in der beständigen Artikulation zwischen den unveränderlichen Elementen des Kapitalismus und den spezifischen, veränderlichen Elementen des Fordismus: Die unveränderlichen Elemente werden als »Momente« innerhalb des Fordismus nichtsdestoweniger transformiert. Auf konkreterer Stufe könnten wir dann beispielsweise die Bewegungsgesetze des US-Fordismus vom »flexiblen« westdeutschen oder dem unvollständigen britischen Fordismus unterscheiden – gekennzeichnet durch eine jeweils spezifische Einheit von Tendenzen und Gegentendenzen (vgl. Jessop 1988b). Hier wäre darauf zu fokussieren, inwiefern die unveränderlichen Elemente des Fordismus im Allgemeinen in ihrer Artikulation mit jeweils spezifischen Elementen der unterschiedlichen Formen des Fordismus von diesen überdeterminiert werden. Die Unterschiede zwischen unveränderlichen und veränderlichen Elementen, abstrakten Gesetzen und kontingenten Bedingungen, Reproduktion und Regulation sind, in jedem Fall, abhängig vom jeweiligen Stand der analytischen Bewegung vom Abstrakten und Einfachen zum Konkreten und Komplexen.

## Struktur und Handlung im Regulationsansatz

Der RA weist eine einfache Dichotomie zwischen »Struktur und Strategie« zurück und betrachtet die in den Strukturen eingeschriebene »strategische Selektivität« und die »strukturellen Transformationen«, die durch strategische Interaktionen produziert werden. Regulation impliziert eine emergente, kontingente Korrespondenz zwischen der strategischen Selektivität einer gegebenen Regulationsweise und den Erwartungsweisen bzw. strategischen Handlungen, die von gesellschaftlichen Kräften unternommen werden, um sie zu reproduzieren. Krisen der Regulationsweise können durch Brüche dieses kontingenten Zusammenhangs, durch Veränderungen der Strukturen und/ oder der Handlungsstrategien erklärt werden (vgl. Boyer 1990; Lipietz 1985). Regulationisten lehnen es ab, Regulation in Begriffen eines strukturalistischen Modells der Reproduktion oder eines voluntaristischen Modells intentionaler Handlung zu untersuchen. Die Reproduktion kapitalistischer Gesellschaften ist weder schicksalhafte Notwendigkeit noch absichtsvolle Möglichkeit. Aglietta (1982) betrachtete die Entwicklung von Regulationsweisen als unwahrscheinlich; Lipietz beschrieb sie als »glückliche Fundsache« (1987).

Andere betonen, dass Akkumulationsregime und/oder Regulationsweisen auf kontingente, nicht-intentionale Weise entstehen. Wo strategische Handlungen beteiligt sind, geht es eher darum, einer bereits im Entstehen begriffenen Struktur mehr Kohärenz oder eine andere Richtung zu verleihen. Sie koexistieren mit anderen Versuchen zur Durchsetzung alternativer Formen von Kohärenz und Entwicklung. Akkumulationsregime und Regulationsweisen repräsentieren daher immer einen instabilen institutionalisierten Kompromiss. Damit werden eine Reihe von Fragen über das genaue Verhältnis von Struktur und Strategie aufgeworfen. In welcher Verbindung stehen eigentlich Akkumulationsregime und Akkumulationsstrategien oder Regulationsweisen und Strategien der Regulation, hegemoniale Strukturen und hegemoniale Projekte? Wenn der eine oder andere Ausdruck in jenen Begriffspaaren nicht redundant wirken soll, müssen zwei theoretische Irrtümer vermieden werden.

Der erste Irrtum ist voluntaristischer Art. Als Ergebnis einer bestimmten Strategie wird eine entsprechende Struktur erwartet. Das würde den Charakter aller Strukturen als Tendenzen vernachlässigen. Kein Akkumulationsregime beispielsweise kann jemals als das Produkt einer einzigen Akkumulationsstrategie analysiert werden. Jedem Regime liegen vielfältige, häufig unerkannte und unkontrollierbare Existenzbedingungen zugrunde; es entsteht aus dem Zusammentreffen multipler Strategien. Es weist nur eine relative Einheit auf und ist in diesem Sinne besser als strukturelles Ensemble (nicht als einfache Struktur) zu beschreiben. Innerhalb eines solchen Ensembles existiert eine Vielzahl residualer, marginaler, sekundärer und potenziell widersprüchlicher Elemente; und selbst die Einheit der zentraleren Elemente schließt typischerweise Lücken, Redundanzen, Spannungen und Widersprüche mit ein. Versäumnisse beim Erkennen dieser Probleme können zu einem »Begriffsrealismus« führen, den Lipietz (1987) beispielsweise den Theorien des Imperialismus vorwirft, der aber auch jüngeren Zweigen der Regulationstheorie unterstellt werden kann.

Der zweite Irrtum ist strukturalistischer Art. Beginnend mit einer gegebenen Struktur wird eine adäquate Strategie gesucht, welche die Struktur reproduziert. Angesichts des komplexen und überdeterminierten Charakters eines Akkumulationsregimes kann allerdings keine Strategie es sicher aufrechterhalten. Der relative Erfolg oder Misserfolg einer Strategie hängt von zugrundeliegenden materiellen Bedingungen des Handelns ab, die sich ändern können; als auch von sich verändernden Kräfteverhältnissen (einschließlich Veränderungen organisatorischer Kapazitäten und konkurrierender Strategien). Die tatsächliche Entwicklung der Akkumulation (in einem gegebenen ökonomischen Raum von der globalen bis zur lokalen Ebene) resultiert immer aus der Interaktion konkurrierender Strategien unter spezifischen Bedingungen auf einem bestimmten Terrain, das nicht nur durch das vorhandene Regime oder industrielle Profile, sondern auch durch bereits vorhandene Regulationsweisen konstituiert wird. Es kann also niemals eine *Eins-zu-eins*-Korrespondenz zwischen Struktur und Strategie geben. Anders zu argumentieren, könnte leicht wieder zum Funktionalismus einer notwendigen Korrespondenz zwischen Akkumulationsregimen und bestimmten Regulationsweisen führen. Allgemeiner: Ein *Eins-zu-eins*-Verhältnis bringt die Gefahr der Wiedereinführung eines transhistorischen Subjekts mit sich, dessen globale Strategie durchgesetzt wird, oder des strukturalistischen Konzepts der Reproduktion, welches konkrete Subjekte notwendig zu »Trägern« der dominierenden Struktur reduziert. Der RA wurde zum Teil entwickelt, um solche Fehler gerade zu vermeiden. Dieses erklärt das Beharren darauf, dass Akkumulationsregime und Regulationsweisen eher entdeckt, nicht geplant werden. Es existiert kein Subjekt, das in der Lage wäre, Akkumulationsstrategien, Regulationsmechanismen oder hegemoniale Projekte zu planen und ihre erfolgreiche Implementierung zu garantieren. Vielmehr lassen sich nur unterschiedliche Subjekte identifizieren, deren Aktivitäten mehr oder weniger koordiniert werden, auf größeren oder kleineren Widerstand anderer Kräfte treffen und deren Strategien sich innerhalb eines (gleichzeitig befördernden und begrenzenden) strukturellen Kontextes bewegen. Dies eröffnet gleichzeitig vielfältige Möglichkeiten für intentionale Eingriffe in die Funktionsweise und Reproduktionsfähigkeit eines gegebenen Regimes. Darüber hinaus erzeugt die Widersprüchlichkeit des Kapitalverhältnisses unentwegt Krisen und Konflikte, die die relative Stabilität eines Akkumulationsregimes und einer Regulationsweise gefährden.

## »Rethinking« Regulation und die Rolle von raum-zeitlichen Fixierungen

Marx argumentiert in seiner *Einleitung zur Kritik der Politischen Ökonomie*, dass keine Produktionsweise im allgemeinen oder eine allgemeine Produktionsweise existieren, nur bestimmte Produktionsweisen innerhalb der Gesamtheit der Produktionsweisen. Entsprechend existieren weder Regulation im Allgemeinen noch eine allgemeine Regulation. Auf diesen Argumenten aufbauend, schlage ich vor, dass die Reproduktion und Regulation des Kapitalismus einen »*social fix*« mit einbezieht, der die Unvollständigkeit einer rein kapitalistischen Produktionsweise zum Teil kompensiert und ihr eine spezifische Dynamik durch die Artikulation ihrer ökonomischen und außer-ökonomischen Elemente verleiht. Dies trägt dazu bei, ein verhältnismäßig stabiles Muster struktureller Kohärenz zur Bearbeitung der inhärenten Widersprüche und Dilemmata zu gewährleisten. Ein notwendiger Aspekt dieses *social fix* ist die Etablierung eines »*spatio-temporal fix*«. Dies wird erreicht durch räumliche und zeitliche Grenzen, innerhalb derer die relative strukturelle Kohärenz befestigt und bestimmte Kosten ihrer Sicherung über die Grenzen hinweg externalisiert werden. Für gewöhnlich werden einige Klassen, Klassenfraktionen und andere gesellschaftliche Kräfte, auch innerhalb dieser raum-zeitlichen Grenzen, marginalisiert, ausgeschlossen oder mit Zwang unterworfen.

Raum-zeitliche Fixierungen haben sowohl strategische wie strukturelle Dimensionen. In strategischer Hinsicht gilt, dass Widersprüche und Dilemmata bestenfalls partiell und provisorisch durch die Formierung bzw. Realisierung spezifischer Akkumulationsstrategien in spezifischen raum-zeitlichen Kontexten bearbeitet werden können. Versuche zur Lösung von Konflikten zwischen den Bedürfnissen des Kapitals »im Allgemeinen« und bestimmten

Kapitalien durch Konstruktion eines »imaginären« Allgemeininteresses (MEW 1, 248) marginalisieren notwendigerweise andere Kapitalinteressen. Interessen sind relational in Beziehung zu anderen Interessen und im Verhältnis zu unterschiedlichen räumlichen und zeitlichen Horizonten. Das »Allgemeine des besonderen Interesses« entgrenzt spezifische Interessen und Identitäten gegenüber anderen und begrenzt die räumlichen und zeitlichen Horizonte, innerhalb derer sie auftreten. Es beinhaltet ein spezifisches Verständnis darüber, welche Interessen und Identitäten mit dem »Allgemeinen« vereinbar sind, wie die intertemporale Artikulation unterschiedlicher Zeithorizonte (kurz-, mittel- und langfristig, Konjunkturzyklen, Legislaturperioden, Langwelle etc.) definiert wird und welche Bedeutung unterschiedlichen räumlichen Ebenen (lokal, regional, national, supranational etc.) zugewiesen wird.

So privilegiert die Konzeption eines allgemeinen Interesses bestimmte Identitäten, Interessen, raum-zeitliche Horizonte und marginalisiert oder sanktioniert andere. Sie strukturiert vor, was für die Sicherung eines institutionalisierten Klassenkompromisses und gesellschaftliche Kohäsion erforderlich ist. Deren wirksame Gewährleistung erfolgt durch ein *trial and error*-Verfahren, in dem sich die Bedürfnisse »des Kapitals im Allgemeinen« eher durch wiederholte Fehlschläge als durch anhaltende Erfolge offenbaren (Clarke 1977; Jessop 1983, 2000). Während der Herstellung eines allgemeinen Interesses und eines institutionalisierten Kompromisses innerhalb eines hegemonialen Projektes werden materielle und soziale Kosten für gewöhnlich jenseits der gesellschaftlichen, räumlichen und zeitlichen Grenzen dieses Kompromisses externalisiert. Dieses kann mit einschließen die Überausbeutung interner oder externer Räume jenseits des Kompromisses, von natürlichen und gesellschaftlichen Ressourcen, Verschiebung von Problemen in eine unbestimmte Zukunft und – selbstverständlich – die Ausbeutung und die Unterdrückung bestimmter Klassen oder anderer gesellschaftlicher Gruppen.

Unterschiedliche Handlungsebenen und zeitliche Horizonte können in einem gegebenen raum-zeitlichen *fix* genutzt werden, um verschiedene Aspekte struktureller Widersprüche oder der daraus resultierenden strategischen Dilemmata zu bearbeiten. Im atlantischen Fordismus z.B. stellte der Nationalstaat den makroökonomischen Rahmen, der lokale Staat diente als sein Relais und zwischenstaatliche Kooperation sicherte die Bedingungen für nationales Wirtschaftswachstum. In neoliberalen Akkumulationsregimen wird die relative Vernachlässigung substantieller (im Unterschied zu formalen) Angebotsbedingungen auf nationaler und internationaler Ebene zum Teil durch stärker interventionistische Politiken auf regionaler, städtischer und lokaler Ebene ausgeglichen (Gough und Eisenschitz 1996; Brenner 1998).

Darüber hinaus wird die Zurücknahme des Staates von Seiten des Kapitals auf allen Ebenen durch zunehmende Vernetzung und andere Formen des *public-private partnership* kompensiert, um seine eigene Reproduktion zu sichern. Ein weiteres Beispiel räumlich-skalarer Arbeitsteilungen ist die tendenzielle Auflösung der Unterscheidung zwischen den äußeren und inneren Verhältnissen. Staatliche Organisationen beruhen auf der Unterscheidung zwischen Nationalstaaten; in diesem Kontext spezialisieren sich Teile des Staatsapparates auf äußere, andere auf innere Verhältnisse. Mit den wachsenden Auswirkung der Globalisierung und neuen Formen und Bedingungen der Wettbewerbsfähigkeit hat sich die staatliche Arbeitsteilung allerdings verändert. Nicht nur wird die Unterscheidung zwischen Innen- und Außenpolitik verwischt, auch subnationale staatliche Ebenen bauen über grenzüberschreitende Kooperationen, Glokalisierung etc. spezifische Außenbeziehungen auf. Die Arbeitsteilung zwischen unterschiedlichen Institutionen, Apparaten oder Verbänden variiert entsprechend der zu bearbeitenden Widersprüche, Dilemmata und Paradoxien und ihrer unterschiedlichen Zeithorizonte. Während Finanzministerien z.b. jährliche Budgets verwalten, sind Industrieministerien für längerfristige Restrukturierungen verantwortlich; korporatistische Arrangements sollen in Anbetracht komplexer, wechselseitiger Abhängigkeiten langfristige Kooperationen absichern und relevante Politikbereiche damit den alltäglichen parlamentarischen Kämpfen entziehen. In allen Fällen existiert eine Ebene der Metasteuerung, die Beziehungen zwischen den verschiedenen Institutionen, Apparaten und gesellschaftlichen Gruppen durch differenzierte Ressourcenzuteilungen reguliert und einen Wettbewerb um Einfluss und Legitimität unter veränderten Bedingungen organisiert.

## Schluss

Das Potential des RA hängt maßgeblich davon ab, wie weit und ausdrücklich die methodologischen Voraussetzungen in zukünftige Studien integriert bleiben. Eine Vielzahl unterschiedlicher Eigenschaften des RA können der marxistischen Tradition zugeschrieben werden – diese können hier nicht in der verdienten Ausführlichkeit behandelt werden. Insbesondere ist zu betonen, dass der RA ein »strategisch-relationaler« ist. Er analysiert den Kapitalismus als komplexes System gesellschaftlicher Verhältnisse und er betrachtet diese Verhältnisse als durch gesellschaftliche Handlungen produzierte. Ein adäquates Verständnis der Regulation muss nicht nur die materiellen Bedingungen und Beschränkungen der Reproduktion in Betracht ziehen (wie beispielsweise in den Reproduktionsschemata), sondern auch die unterschiedlichen Erwartungsweisen und Orientierungen (von Lipietz im Anschluss an Bourdieu zusammengefasst als »Habitus«) der verschiedenen gesellschaftlichen Kräfte, die an der ökonomischen und gesellschaftlichen Regulation beteiligt sind.

Eine wichtige theoretische Entwicklung in diesem Kontext ist ein explizites Interesse für raum-zeitliche Fixierungen, innerhalb derer kapitalistische Reproduktion und Regulation erfolgen. Aufbauend auf dem RA habe ich versucht zu zeigen, dass die realen konstituierenden Elemente eine doppelte Tendenz aufweisen: nicht nur setzen sie Tendenzen und Gegentendenzen in Gang, sie sind selbst nur als Tendenz existent. Dies ist eine alternative Sichtweise der Auffassung von Bhaskar, dass während die ursprünglich zugrundeliegenden Elemente in den Naturwissenschaften unabhängig von ihrer Realisation existieren, sie in den Sozialwissenschaften nicht unabhängig von ihrer Reproduktion in und durch gesellschaftliche Handlungen vorkommen können und im Vergleich zu natürlich-physikalischen Welten nur kurzlebig und kontingent sind. Das Konzept der raum-zeitlichen Fixierung ist an dieser Stelle hilfreich, da es die spezifischen gesellschaftlichen Kontexte kennzeichnet, innerhalb derer diese spezifischen Elemente, Tendenzen und Gegentendenzen tendenziell reproduziert und reguliert werden.

Das Insistieren auf den Begriff der Regulation statt dem der Reproduktion verdeutlicht den transformativen Charakter gesellschaftlicher Verhältnisse. Regulationstheoretiker behandeln die Reproduktion des Kapitalverhältnisses als Prozess, der in und durch das Handeln gesellschaftlicher Subjekte gesichert wird (vgl. Bhaskar 1989, 76).

Darüber hinaus haben ihre Handlungen zur Reproduktion gesellschaftlicher Verhältnisse eine strategische Dimension (vgl. Jessop 1983, 1996). Die Herrschaft der Wertform (einschließlich ihrer verschiedenen Momente) weist nur eine formale Einheit auf: Jedes ihrer Momente hängt ab von der Dominanz und Konsistenz spezifischer Akkumulationsstrategien. Dies bestätigt eine weitere These Bhaskars: »Because social structures exist only in virtue of the activities they govern, they do not exist independently of the conceptions that the agents possess of what they are doing in their activity; that is, of some theory of these activities.« (Bhaskar 1989, 78) Aber der RA geht noch darüber hinaus, indem er sich weniger mit einer allgemeinen Ontologie gesellschaftlicher Strukturierung befasst, als vielmehr mit einer Ontologie spezifischer Gegenstände der Analyse (des Kapitalismus im inklusiven Sinne), die in sich selbst widersprüchlich ist und daher Zwänge bzw. Möglichkeiten für mehr oder weniger radikale Veränderungen mit sich bringt.

Meine Reformulierung des RA deutet eine Kritik der hegemonialen Pariser Schule an. Insbesondere habe ich versucht, die Objekte, Modi, Widersprüche, Dilemmata und Grenzen der Regulation zu respezifizieren. Konsistenter als die meisten Theoretiker der Pariser Schule[10] heute, bin ich dabei von der Marxschen Prämisse ausgegangen, dass der Begriff des Kapitals antagonistische und widersprüchliche gesellschaftliche Verhältnisse mit einschließt. Mein Ansatz betont die inhärenten Grenzen der Regulation der Kapitalakkumulation und sucht eine voreilige »Harmonisierung von Widersprüchen«[11] durch die Analyse kapitalistischer Gesellschaftsformationen zu vermeiden. Im Gegensatz zur Neigung anderer regulationstheoretischer Schulen, den Ansatz auf eine »weiche« Soziologie der Ökonomie zu reduzieren, teile ich die starke politisch-ökonomische Emphase der Pariser in Bezug auf die zentrale Rolle ökonomischer Elemente im Prozess der Kapitalakkumulation. Nur auf diese Weise kann eine kritisch-realistische Analyse der Reproduktion und Regulation des Kapitalismus entwickelt werden.

**Literatur**

Aglietta, M. (1974): Accumulation et régulation du capitalisme en longue periode. Exemple des Etats-Unis (1870-1970), Paris
Aglietta, M. (1979): A Theory of Capitalist Regulation: the U.S. Experience, London (first published in French 1976)
Aglietta, M. (1982): Avant-propos à la deuxième edition, Régulation et crises du capitalisme: l'expérience des Etats-Unis, Paris
Aglietta, M. (1986): La fin de devises clés, Paris
Aglietta, M. (2000): A Theory of Capitalist Regulation: the U.S. Experience, London (with extended postface)
Aglietta, M. and Orléan, A. (1982): La violence de la monnaie, Paris
Aglietta, M. and Orléan, A. (Hrsg.) (1998): La monnaie souveraine, Paris
Althusser, L./Balibar, E. (1972): Das Kapital lesen, Hamburg
Althusser, L. (1975): Reading Capital, London
Altvater, E./Mahnkopf, B. (1996): Grenzen der Globalisierung, Münster
Benassy, J.P. et al. (1977): Approches de l'inflation: L'Example français, Paris, CEPREMAP
Bhaskar, R. (1989): The Possibility of Naturalism, London
Bloch, E. (1986): The Principle of Hope, Cambridge
Bonefeld, W./Holloway, J. (Hrsg.) (1991): Post-Fordism and Social Form, Basingstoke
Boyer, R. (1986): La Théorie de la Régulation: une analyse critique, Paris
Boyer, R. (1990): Regulation Theory: A Critical Introduction, New York
Boyer, R. and Saillard, Y. (Hrsg.) (1995a): Théorie de la régulation. L'état des savoirs, Paris

---

[10] Die wesentliche Ausnahme ist Lipietz (vgl. z.B.1985, 1993).
[11] Dieser Begriff geht zurück auf Ernst Bloch (1986, zit.n. Panitch/Gildin 1999).

Boyer, R. and Saillard, Y. (1995b): Un précis de la régulation, in: dies. (Hrsg.), Théorie de la régulation. L'état des savoirs, Paris 58-68

Brenner, N. (1998): Global cities, glocal states: global city formation and state territorial restructuring in contemporary Europe, in: Review of International Political Economy, 5. Jg. Heft 1, 1-38

Clarke, S. (1977): Marxism, sociology, and Poulantzas' Theory of the capitalist state, in: Capital and Class 2, 1-31

Davis, M. (1978): Fordism in Crisis: a review of Michel Aglietta's Régulation et crises du capitalisme, in: Review, 2. Jg., Heft 2, 207-69

Esser, J., Görg, C., Hirsch, J. (1994): Politik, Institutionen und Staat. Zur Kritik der Regulationstheorie, Hamburg

Foster, J.B. (1988): The Fetish of Fordism, in: Monthly Review, March, 13-33

Gambino, F. (1996): A Critique of the Fordism of the regulation school, Common Sense 19, 42-63

Gerstein, I. (1987): A nonreductionist structural Marxist theory, unveröffentlichtes Manuskript, 22 November 1987

Gerstein, I. (1989): Restructuring structural marxism

Gough, J. and A. Eisenschitz (1996): The modernization of Britain and local economic policy: promise and contradictions, in: Local Government Studies, 14. Jg., Heft 2

Grahl, J. (2000): Money as sovereignty: the economics of Michel Aglietta, in: New Political Economy, 5. Jg., Heft 2, 291-316

Hirsch, J. (1976): Bemerkungen zum theoretischen Ansatz einer Analyse des bürgerlichen Staates, Frankfurt/Main

Hirsch, J. (1977): Kapitalreproduktion, Klassenauseinandersetzungen und Widersprüche im Staatsapparat, in: V. Brandes et al. (Hrsg.), Handbuch 5 (Staat), Frankfurt/Main

Hübner, K. (1989): Theorie der Regulation: eine kritische Rekonstruktion eines neuen Ansatzes der Politischen Ökonomie, Berlin

Jessop, B. (1982): The Capitalist State, Oxford

Jessop, B. (1983): Accumulation Strategies, State Forms, and Hegemonic Projects, in: Kapitalistate 10/11, 89-112

Jessop, B. (1985): Nicos Poulantzas: Marxist Theory and Political Strategy, London

Jessop, B. (1990a): State Theory: Putting Capitalist States in their Place, Cambridge

Jessop, B. (1990b): Regulation Theories in Retrospect and Prospect, in: Economy and Society, 19. Jg., Heft 2, 153-216

Jessop, B. (1997a): Twenty Years of the Regulation Approach: the paradox of success and failure at home and abroad, in: New Political Economy, 3. Jg., Heft 2, 499-522

Jessop, B. (2000): (Un)Logik der Globalisierung. Der Staat und die Reartikulation des ökonomischen Raumes, in: Das Argument 236, 42. Jg, 341-354

Jessop, B. (2001a): Nach dem Fordismus. Das Zusammenspiel von Struktur und Strategie, in: Das Argument 239, 43. Jg.

Jessop, B. (Hrsg.) (2001b): Regulation Theory and the Crisis of Capitalism, 5 volumes, Aldershot
Kotz, D., McDonough, T., Reich, M. (Hrsg.) (1993): Social Structures Of Accumulation: The Political Economy Of Growth And Crisis, Cambridge
Lindner, G. (1973): Die Krise als Steuerungsmittel, in: Leviathan, 3. Jg., Heft 4, 342-82
Lipietz, A. (1982): Imperialism or the Beast of the Apocalypse, in: Capital and Class 22, 81-110
Lipietz, A. (1986): The Enchanted World: Inflation, Credit, and the World Crisis, London
Lipietz, A. (1985a): Akkumulation, Krisen und Auswege aus der Krise: Einige methodische Überlegungen zum Begriff »Regulation«, in: Prokla 58, 109-137
Lipietz, A. (1986): Behind the Crisis: the exhaustion of a regime of accumulation, in: Review of Radical Political Economics.
Lipietz, A. (1987): Mirages and Miracles, London
Lipietz, A. (1993): From Althusserianism to »Regulation Theory«, in: E.A. Kaplan/M.Sprinker (Hrsg.), The Althusserian Legacy, London, 99-138
Oakley, A. (1983): The Making of Marx's Critical Theory: A Bibliographical Analysis, London
Panitch, L., Gindin, S. (1999): Transcending pessimism: rekindling socialist imagination, in: Socialist Register 2000, London
Poulantzas, N. (1973): Political Power and Social Classes, London
Rosdolsky, R. (1977): The Making of Marx's Capital, London
Ruigrok, W./van Tulder, R. (1995): The Logic of International Restructuring, London
Woodiwiss, A. (1990): Social Theory After Postmodernism: Rethinking Production, Law And Class, London

# Joachim Hirsch
# Weshalb Periodisierung?

Die Bemühungen um eine Periodisierung der Entwicklung des Kapitalismus sind fast so alt und ebenso umstritten wie die Anstrengungen, ihn theoretisch zu begreifen. Man denke nur an die verschiedenen Theorien »langer Wellen«, die Imperialismustheorien, die Unterscheidung zwischen »Konkurrenz-« und »Monopolkapitalismus«, zwischen »Früh-«, »Hoch-« und »Spätkapitalismus« und einige andere mehr. Dahinter steht die Tatsache, dass diese Gesellschaftsform auf Grund ihrer permanenten Selbstumwälzung unbeschadet einiger grundlegender und sich historisch durchhaltender Strukturmerkmale im Laufe der Geschichte sehr unterschiedliche Ausprägungen angenommen hat, beispielsweise, was die dominierenden Technologien, die Klassenstrukturen, die Organisation des Weltmarkts oder die Gestalt der politischen Herrschaftsverhältnisse und des Staates angeht. Daraus ergibt sich die Frage nach dem Verhältnis von Kontinuität und Diskontinuität, oder anders herum formuliert: Kann man überhaupt von »dem« Kapitalismus sprechen oder gibt es nicht viele und dabei höchst unterschiedliche Kapitalismen? Dies schließt das Problem des Zusammenhangs zwischen diesen verschiedenen Formationen ein. Oder konkreter formuliert: Gibt es eine Logik – z.B. eine sich durchhaltende Struktur des Weltsystems bzw. eine allgemeine Entwicklungs- und Krisengesetzmäßigkeit – , die sie in zeitlicher und räumlicher Hinsicht verbindet? Eine gewisse Übereinstimmung besteht darüber, dass die Geschichte des Kapitalismus durch eine Abfolge von Phasen relativer Stabilität und tiefgreifender Krisen gekennzeichnet ist und dass die periodisch auftretenden »säkularen« Krisen die Bruchstellen bezeichnen, aus denen sich neue kapitalistische Formationen entwickeln. Die Frage bleibt, was der Grund für diese Zyklizität der historischen Entwicklung ist.

Sind diese Krisen gesetzmäßig oder zufällig? Folgt die Herausbildung historisch neuer Gestalten dieser Gesellschaftsformation einer bestimmbaren Notwendigkeit oder ist dieser Prozess in der Weise offen, dass der Kapitalismus durch soziale und politische Kämpfe immer wieder neu gestaltet werden kann? Die Geschichte der Kapitalismustheorie ist in gewisser Weise durch einen immer wieder neu aufbrechenden Gegensatz zwischen linearen Entwicklungs- und damit verbundenen Zusammenbruchstheorien und solchen gekennzeichnet, die die Offenheit und Gestaltbarkeit dieses Prozesses betont haben. Für erstere – d.h. für die Annahme einer in den Grundstrukturen dieser Gesellschaft objektiv angelegten Tendenz zu ihrer krisenhaften Selbstaufhebung – lassen sich bereits bei Marx einschlägige, allerdings oft auch missverstandene Hinweise finden (z.b. ein sich zuspitzender Widerspruch zwischen der Entwicklung der Produktivkräfte und den Produktionsverhältnissen, die quasi gesetzmäßige Herausbildung des Proletariats als »Totengräber«, nicht zuletzt das »Gesetz vom tendenziellen Fall der Profitrate«). Darauf sich beziehende, im Kern objektivistische Krisen- und Zusammenbruchstheorien sind bis heute nicht ausgestorben. In der Regulationstheorie findet sich dagegen eine aktuelle Variante des Periodisierungsansatzes. Ausgehend von einer Analyse der Weltwirtschaftskrise der siebziger Jahre als Krise des »Fordismus« hat sie ein analytisches Instrumentarium entwickelt, das es erlauben soll, allgemeinere Aussagen über die Dynamik der kapitalistischen Entwicklung, das Verhältnis von Kontinuität und Bruch, von Krise und Restrukturierung zu machen. Diesem liegt im Kern die Annahme zugrunde, dass die kapitalistische Gesellschaft im Verlauf ihrer Entwicklung unterschiedliche Akkumulationsregimes als Modus einer verwertungskonformen Verbindung gesellschaftlicher Produktionssektoren und Klassenstrukturen herausbildet. Diese gewinnen dann eine gewisse Stabilität, wenn sich eine politisch-institutionelle Regulationsweise herausbildet, die es gestattet, die darin liegenden spezifischen Widersprüche mit den kapitalistischen Grundstrukturen vereinbar zu halten. Die historische Entwicklungsdynamik wird von einer grundlegenden Krisentendenz bestimmt, die jedoch historisch spezifische, vom existierenden Akkumulations- und Regulationsmodus abhängige Ausformungen annimmt. Jede kapitalistische Formation hat daher ihre eigene Krise, die zwar in den Widersprüchen dieser Vergesellschaftungsweise begründet ist, aber spezifische Erscheinungsformen und Dynamiken aufweist. In diesen »säkularen« Krisen einer Formation, d.h. wenn ein relativ stabiles Wachstums- und Entwicklungsmodell zusammenbricht, entbrennen die Kämpfe um die Neugestaltung der kapitalistischen Gesellschaft – sofern diese durch revolutionäre Bewegungen nicht überhaupt in Frage gestellt wird.

Das Problem der Periodisierung hat damit zunächst einmal einen *theoretisch-analytischen Aspekt*. Zur Debatte steht dabei vor allem der Stellenwert so genannter objektiver Gesetzmäßigkeiten. Nun ist es eines der grundlegenden Erkenntnisse der Kritik der politischen Ökonomie, dass im kapitalistischen Vergesellschaftungsmodus tatsächlich Strukturbedingungen angelegt sind, die das Handeln von Individuen, sozialen Gruppen und Klassen wesentlich bestimmen. Sie manifestieren sich in dem für eine privateigentums-, markt- und klassenförmig strukturierte Gesellschaft bestimmenden Wertgesetz, aus dem der Zwang zur Akkumulation, zur permanenten technologisch-organisatorischen Umwälzung des Produktions- und Arbeitsprozesses, zur fortschreitenden Unterwerfung immer weiterer gesellschaftlicher Bereiche unter das Kapitalverhältnis und zu dessen Expansion – die reale Herstellung des Weltmarkts – hervorgeht. Zugleich ist darin eine grundlegende Krisentendenz angelegt, die Marx im so genannten Gesetz vom tendenziellen Fall der Profitrate zusammengefasst hat. Dieses hat er als das »in jeder Beziehung ... wichtigste Gesetz der modernen politischen Ökonomie« bezeichnet (Grundrisse, 634). Allerdings hat er darauf verwiesen, dass sich dieses Gesetz nicht in Form einer linearen Logik durchsetzt, sondern durch »Gegentendenzen« relativiert wird, die ihre Basis in spezifischen gesellschaftlichen Kräfteverhältnissen und Strategien haben. Daraus folgt, dass prinzipiell nicht von einem »reinen« Wirken des Wertgesetzes und von eigenlogischen ökonomischen Prozessen ausgegangen werden kann, sondern dass diese immer in einer von sozialen Kräfteverhältnissen und Handlungen gesellschaftlicher Akteure bestimmten Weise zum Ausdruck kommen. Deshalb ist die Ökonomie des Kapitalismus eben eine »politische«, und genau dies ist es, was die Regulationstheorie zu fassen sucht.

Dies lässt sich in der Aussage zusammenfassen, dass in der kapitalistischen Gesellschaft durchaus »objektive«, in den Grundstrukturen dieses Vergesellschaftungszusammenhangs liegende Gesetzmäßigkeiten am Werk sind, die wirksam sind, solange dieser existiert und die nicht beliebig – was heißt ohne revolutionäre Umwälzung – außer Kraft gesetzt werden können. Gleichzeitig ist aber die Art und Weise, wie diese strukturellen Dynamiken historische Realität gewinnen und in welcher Weise sie sich durchsetzen, in wesentlichem Umfang politisch-sozial bestimmt. Demnach kann man zwar von einer – wenn auch niemals vollständig und gleichförmig – durchgesetzten kapitalistischen Grundstruktur mit den darin begründeten ökonomisch-sozialen Gesetzmäßigkeiten ausgehen, aber zugleich existieren sowohl in räumlicher wie auch zeitlicher Hinsicht durchaus verschiedene Kapitalismen. »Periodisierung« hat damit nicht nur eine zeitliche, sondern auch eine sozialräumliche Dimension.

Die Bemühungen um eine Periodisierung sind freilich mehr als theoretische Übungen. Entscheidend ist, dass die verschiedenen kapitalistischen Formationen sehr unterschiedliche soziale Strukturen, Kräfteverhältnisse, Akteurskonstellationen, Handlungsdimensionen und dominante Ordnungsvorstellungen aufweisen. Ihre Kenntnis ist die Voraussetzung für die Formulierung politischer Konzepte und Strategien. Verdeutlichen lässt sich dieser Zusammenhang mit der bekannten Tatsache, dass es bisweilen gerade die Kämpfe der Arbeiterklasse waren, die in ihren Folgewirkungen zur Stabilisierung des Kapitalismus, zur Überwindung seiner Krisen und zu seiner ökonomischen, sozialen und politischen Neustrukturierung beigetragen haben. So ist die Durchsetzung des Fordismus im Gefolge der Weltwirtschaftskrise

## Weshalb Periodisierung?

der dreißiger Jahre ohne die revolutionären Prozesse am Beginn des 20. Jahrhunderts und durch dem aus diesen folgenden Systemgegensatz zwischen Ost und West nicht zu verstehen. Dies verweist darauf, dass Periodisierungstheorien auf jeden Fall zu kurz greifen, wenn sie – wie in verschiedenen Varianten der Theorie langer Wellen – sich auf die Wirksamkeit technologischer Innovationen reduzieren und die Bedeutung sozialer Auseinandersetzungen und Strategien, innerhalb derer technologische Prozesse erst ihre Durchsetzungskraft und ihren Stellenwert erhalten, ausblenden.

Periodisierungsansätze, die mit den Kategorien der Kritik der politischen Ökonomie arbeiten, versuchen daher zwei theoretische und in deren Gefolge auch politische Fehlschlüsse zu vermeiden: Einmal die Unterstellung objektiv wirkender Gesetzmäßigkeiten, die für gestaltendes und veränderndes politisch-soziales Handeln keinen Raum lassen – außer vielleicht eines die vorgegebenen Widersprüche vorantreibendes und diese zuspitzendes –, und zum anderen die Annahme, die Entwicklung der kapitalistischen Gesellschaft sei wesentlich durch Zufall oder durch freies Handeln bestimmt. Die kapitalistische Gesellschaft kann tatsächlich gestaltet werden. Dies geschieht aber durch das konfliktorische Handeln antagonistischer Akteure im Rahmen struktureller Bedingungen, ist also prinzipiell weder ein geplanter noch bewusst gesteuerter Prozess. Und es bleibt, dass die Reichweite der Gestaltungsmöglichkeiten von den Grundstrukturen der herrschenden Vergesellschaftungsweise und den in ihr liegenden Gesetzmäßigkeiten bestimmt und begrenzt werden. Eine freie und selbstgestaltete Gesellschaft ist unter kapitalistischen Bedingungen nicht möglich. Deren Beseitigung ist indessen nicht so sehr eine Frage objektiver Entwicklungs- und Krisentendenzen, sondern eines gesellschaftlichen und politischen Handelns, das erst dann wirklich gesellschaftsverändernde Qualität erhält, wenn es den Zwang der vorhandenen gesellschaftlichen Strukturen und ihrer institutionellen Ausprägungen – von der bürgerlichen Familie bis zum Staat – überschreitet.

Um dies am aktuellen Beispiel deutlich zu machen: Die neoliberale Restrukturierung und »Globalisierung« des Kapitalismus nach der Krise der siebziger Jahre ist keinesfalls Ausdruck einer historischen Gesetzmäßigkeit, sondern Resultat konfligierender politisch-sozialer Strategien, bei denen die Interessen zunehmend bedeutungsvollerer multinationaler Konzerne, der im Gefolge der Krise der siebziger Jahre an die Macht gekommenen neoliberalen Regierungen, das Scheitern des sozialdemokratischen wie staatssozialistischen Gesellschaftsmodells mit der damit verbundenen Verschiebung der sozialen Kräfteverhältnisse und nicht zuletzt auch die im Zusammenhang der so genannten neuen sozialen Bewegungen artikulierte Kritik am fordistischen Kapitalismus eine wesentliche Rolle gespielt haben. Statt der neoliberalen Restrukturierung und Globalisierung wären andere Wege der Krisenlösung zumindest denkbar gewesen. So hatte die Weltwirtschaftskrise der dreißiger Jahre im Gegensatz dazu in einem Zusammenbruch des Welthandels und einem allgemeinen Protektionismus geendet. Dass sich in den siebziger Jahren die neoliberale Strategie durchgesetzt hat, resultierte aus den gegebenen historischen Kräfteverhältnissen. Insofern ist die Lipietz'sche Formulierung zutreffend, die Entstehung neuer kapitalistischer Formationen sei als »Fundsache« zu begreifen. Gleichzeitig ist diese Bezeichnung aber insofern zu relativieren, als von den grundlegenden kapitalistischen Strukturen, Gesetzmäßigkeiten und gesellschaftlichen Formen – der spezifisch bürgerlichen Form der politischen Herrschaft, dem Zwang zu Profitmaximierung und Akkumulation, zur technologisch-organisatorischen Umwälzung der Produktions- und Arbeitsverhältnisse, zur Expansion des Kapitalverhältnisses in Form sowohl innerer wie äußerer »Landnahmen« – bestimmt und begrenzt bleibt, worin diese »Fundsache« liegen kann.

Neben der theoretisch-analytischen hat die Periodisierung immer eine *strategisch-politische Dimension*. Beide sind, was die methodischen Vorgehensweisen angeht, nicht deckungsgleich. Analytische Periodisierungsansätze kommen bekanntlich zu höchst unterschiedlichen Ergebnissen, was zu konkurrierenden historischen Phasen- oder Weltordnungsmodellen führt. Ein Beispiel dafür ist die aktuelle Diskussion darüber, ob nach der Krise des Fordismus bereits ein »postfordistischer« Kapitalismus entstanden ist. Diese Frage ist in einer Periode, die immer noch stark von Übergangs- und Umbruchstendenzen bestimmt wird, empirisch-analytisch überhaupt nicht eindeutig entscheidbar. Der Kapitalismus ist als Folge der in dieser Vergesellschaftungsweise angelegten Widersprüche und Antagonismen niemals kohärent und stabil, sondern prinzipiell krisenhaft. Dadurch wird jeder Versuch, »stabile« Perioden analytisch zu identifizieren, von vorneherein problematisch. Auch der Fordismus war, weder auf nationaler noch auf internationaler Ebene, jemals eine völlig kohärente und krisenfreie Formation. Die Unterscheidung zwischen Krisen- und Stabilitätsphasen ist also immer relativ. Die einzelnen Phasen der kapitalistischen Entwicklung sind infolge des komplexen Zusammenhangs von Kontinuität und Diskontinuität nicht nach eindeutigen und objektiven Kriterien zu unterscheiden.

Die Identifizierung historischer Phasen hat deshalb prinzipiell den Charakter einer *Konstruktion*, bei der es darum geht, für *bestimmend* gehaltene Struktureigenschaften und Tendenzen pointierend herauszuarbeiten und von daher Rückschlüsse auf dominante Konfliktfelder und soziale Akteure zu ziehen. Das ist der Grund dafür, weshalb sich kapitalistische Formationen dann viel leichter identifizieren lassen, wenn sie historisch abgeschlossen sind. Dabei geht es jedoch keinesfalls um subjektive Einschätzungen. In die Konstruktion von historischen kapitalistischen Formationen fließen immer gesellschaftliche Wahrnehmungen ein, die dadurch Wirksamkeit im Sinne politisch-sozialer Situationsdeutungen und Orientierungen gewinnen, dass sie sich verallgemeinern. Oder etwas vereinfacht ausgedrückt: eine bestimmte Formation des Kapitalismus wird als »stabil« und »kohärent« erkannt, wenn sie im allgemeinen Bewusstsein als taugliches gesellschaftliches Entwicklungsmodell erscheint und eine Krise wird erst dann zur Krise, wenn sie als solche wahrgenommen und verstanden wird.

Damit sind wir bei dem Zusammenhang von Periodisierung und *Hegemonie*. Gesellschaftliche Wahrnehmungen werden von Intellektuellen und Theoretikern nicht nur vorgefunden und registriert, sondern auch produziert. Periodisierung hat es deshalb immer mit der Begründung, Legitimation und Kritik hegemonialer Projekte zu tun. Sie ist selbst ein Bestandteil hegemonialer Auseinandersetzungen und Kämpfe. Dass heute von Fordismus, seiner Krise und Neustrukturierung geredet wird, beruht ganz wesentlich auf den Arbeiten der RegulationstheoretikerInnen. Die Krise des Fordismus kann nicht einfach auf einen empirischen Fall der Kapitalprofitrate zurückgeführt werden. Ob und vor allem in welchem Umfang er tatsächlich stattgefunden hat, war immer umstritten. Entscheidend war vielmehr, dass einerseits die mit dem staatsreformistischen und sozialdemokratischen Projekt verbundenen politischen Strategien immer stärker an ökonomische Grenzen stießen, somit die sozialdemokratischen Regimes weltweit in die Krise gerieten und durch neokonservative und neoliberale Regierungen ersetzt wurden, und zugleich die während des Fordismus durchgesetzte Internationalisierung des Kapitals diesem neue Operationsspielräume eröffnete. Dazu kamen wachsende Kritiken an der fordistischen Vergesellschaftungsform, die vor allem im Zusammenhang der so genannten »neuen sozialen Bewegungen« formuliert wurden. Die Wahrnehmung einer Krise des Fordismus hängt damit wesentlich mit einer sich allgemeiner durchsetzenden Überzeugung zusammen, dass diese Form des Kapitalismus keine Entwicklungsperspektiven mehr habe. Die Behauptung, ein postfordistischer Kapitalismus habe sich als eine relativ stabile und dauerhafte Formation durchgesetzt, impliziert nicht nur die Schlußfolgerung, dass fordistische Akteurskonstellationen und -strategien – von staatsreformistischen Konzepten bis hin zur Politik nationaler Befreiungsbewegungen – keine gesellschaftliche Grundlage mehr haben, sondern dass die relative Offenheit, die einer gesellschaftlichen Krisensituation eigen ist, nicht mehr besteht. Dies ist nicht nur eine Frage theoretischer Meinungsverschiedenheiten, sondern eine der für notwendig gehaltenen grundlegenden politischen Orientierungen.

Periodisierungsansätze sind also immer auch – ob bewusst oder unbewusst – als eine politisch-theoretische Intervention zu verstehen. In den Auseinandersetzungen darum geht es nicht nur um empirisch-analytische Fragen, sondern um politische Diagnose, die Kritik an der herrschenden Hegemonie, die Bestimmung ihrer Widersprüche und Bruchstellen und auf das Aufzeigen neuer politischer Konfliktfronten, Akteure und Handlungsmöglichkeiten. Genau dies unterscheidet einen deskriptiven und positivistischen Periodisierungsansatz von einem kritischen.

# Frank Deppe
# Neue Formation – neue Epoche – neue Politik?
## Anmerkungen zu einer offenen Debatte

**1.**

Die Frage nach der Durchsetzung einer neuen Formation des Kapitalismus stößt immer wieder auf Erstaunen und Unverständnis. Scheint es doch dem – mehr oder weniger informierten – Alltagsverstand als geradezu selbstverständlich, dass wir seit geraumer Zeit in einer Epoche gewaltiger Umbrüche, Innovationen und Modernisierungsschübe leben. Der Übergang zum 21. Jahrhundert wurde so auch als Übergang in eine neue Zeit begriffen. Die Vorsilbe »post« erfreut sich einer inflationären Verwendung (postmodern, postindustriell, postfordistisch usw. usf.). Die herrschenden Diskurse zentrieren sich auf die Beschwörung des »Neuen«: von der »neuen Weltordnung« zur »New Economy«, vom Übergang der Industrie- in die Dienstleistungs- und Wissensgesellschaft, von der neuen Rolle des Staates im Zeitalter der »Globalisierung« bis hin zur Charakterisierung der herrschenden Ideologie als *Neo*liberalismus.

Eric Hobsbawm (1998, 503) hat im »Zeitalter der Extreme« die Entwicklung im letzten Viertel des 20. Jahrhunderts als »Erdrutsch« bezeichnet: »Die Geschichte des 20. Jahrhunderts war seit 1973 die Geschichte einer Welt, die ihre Orientierung verloren hat und in Instabilität und Krise geschlittert ist. Und doch war vor den 80er Jahren nicht klar geworden, wie unwiderruflich die Fundamente des Golden Age bereits zerstört waren. Erst nachdem ein Teil der Welt – die Sowjetunion und Osteuropa des ›real existierenden Sozialismus‹ – vollständig zusammengebrochen war, haben die entwickelten, nichtkommunistischen Regionen das globale Ausmaß der Krise erkannt oder zugegeben.«

Hobsbawm analysiert dann die Krisenprozesse im Westen, den Niedergang des Sozialismus in der Dritten Welt und seinen Zusammenbruch in Osteuropa. Der gesamte Abschnitt – damit auch der Blick auf die Gegenwart – endet ziemlich ratlos und pessimistisch: »das kurze 20. Jahrhundert endete (Anfang der 90er Jahre) mit Problemen, für die niemand eine Lösung hatte oder auch nur zu haben vorgab« (ebd., 688).

In seinem Ausblick auf das 21. Jahrhundert reagiert der Historiker Hobsbawm relativ vorsichtig auf die Frage, ob denn »die charakteristischen Merkmale einer neuen Ära bereits erkennbar« seien (2000, 10): Er konstatiert, dass die Weltwirtschaft schon seit 1973 »in eine neue Phase« eingetreten sei – und als Anhänger der Kondratieff'schen »langen Wellen« glaubt er, dass die dadurch eingeleitete »depressive« Welle »irgendwann in den 90er Jahren zu Ende gehen« müsste. Auf jeden Fall sind die historischen Zäsuren evident: »Im Hinblick auf die internationale Politik und die Ideologien steht außer Frage, dass die Auflösung der kommunistischen Regimes in Osteuropa einen echten historischen Bruch bedeutet hat, und die Welt von heute wird von den Auswirkungen dieser Ereignisse beherrscht« (ebd., 12). Die Entwicklungen des 21. Jahrhunderts werden durch den Druck des Bevölkerungswachstums in der Welt, durch die Gefahren ökologischer Katastrophen, durch die Zunahme des Risikos gewaltsamer, kriegerischer Auseinandersetzungen und durch die sozialen Konsequenzen der entgrenzten und entfesselten kapitalistischen Marktwirtschaft beherrscht. »Die Ungleichheit der Chancen auf der Erde wird in der Zukunft der Menschheit, des Kollektivs wie der einzelnen Individuen, eine Schlüsselrolle spielen: regionale Ungleichheiten, geographische Ungleichheiten innerhalb desselben Landes und soziale Ungleichheiten« (ebd., 191).

Die These vom »Ende der Geschichte«, die Francis Fukuyama vor über einem Jahrzehnt als Antwort auf den bevorstehenden Zusammenbruch der Sowjetunion vertreten hatte, ist vielfach kritisiert worden. Gleichwohl reflektierte seine zentrale These die welthistorische Dimension einer tiefen Zäsur im Übergang vom 20. zum 21. Jahrhundert: Die Menschheit hat mit dem Sieg der westlichen liberalen Demokratie und der kapitalistischen Marktwirtschaft über alle Konkurrenten das Ende ihrer ideologischen Entwicklung erreicht. Mit der Niederlage des Nazismus (im Jahre 1945) und dem Untergang des »Realsozialismus« (1989-91) hat der liberale Kapitalismus nicht allein in Europa, sondern auch auf den wichtigsten Schlachtfeldern Asiens (Japan, Korea, Taiwan, und jetzt auch China) gesiegt (Anderson 1993, 12). Die Zeit der »Blockkonfrontationen« – auf dem Felde der Welt- und der Innenpolitik, aber auch auf dem Felde der Ideologie – ist vorbei. Der Prozess der »Erschöpfung utopischer Energien«, den Jürgen Habermas schon Anfang der 80er Jahre zu entdecken glaubte, hat zumindest auf dem Felde der gesellschafts- und sozialpolitischen Debatten eine dominante Kultur der Alternativlosigkeit erzeugt und verfestigt: der Kapitalismus hat nicht nur zeitweilig, sondern ein für allemal in der Auseinandersetzung mit dem Sozialismus gesiegt – so verkünden es die Herolde aus den Managementetagen der transnationalen Konzerne selbst (vgl. u.a. Alfred-Herrhausen-Gesellschaft 1999). »Die kapitalistische Ökonomie scheint vor Lebenskraft zu strotzen.

Sie herrscht politisch uneingeschränkter denn je und wirft die zivilisatorisch-sozialen Fesseln mehr und mehr ab, die ihr die Arbeiterbewegung im 20. Jahrhundert auferlegt hat. Nach dem Zusammenbruch des Sowjetsozialismus geht sie ohne ernsthafte Alternative ins 21. Jahrhundert« (Schauer 2000, 16).

Daraus folgt die keineswegs einfach zu beantwortende Frage, ob es der Entwicklung des weltweiten Kapitalismus am Anfang des 21. Jahrhunderts eigen sei, dass die Entfaltung seiner inneren und äußeren Widerspruchspotenziale, von denen Hobsbawm spricht, nicht unbedingt mit einer entsprechenden Antwort von Widerstandsbewegungen einhergeht, die sich zugleich als Träger von wirtschafts- und gesellschaftspolitischen Alternativen zum Kapitalismus und Neoliberalismus begreifen. Insofern wäre der epochale Umbruch der Jahre 1989/91 auf einen weit übergreifenden historischen Zyklus zu beziehen, der mit der Aufklärung und der Französischen Revolution von 1789 begann und sich in den Kämpfen für Demokratie und Sozialismus im 19. und 20. Jahrhundert fortsetzte.»Die Ziele von Gleichheit, Freiheit und Solidarität reflektieren sich kaum noch im gesellschaftlichen Selbstbild und Problempfinden« (Bieling 1999, 235). Der gleichsam klassische Nexus von objektiven (sozialökonomischen und politischen) Widersprüchen einer Klassengesellschaft mit der Artikulation von Protest, Widerstand und Veränderungsprogrammen auf Seiten der »Subalternen« scheint aufgebrochen. Wäre dies der Fall, so würde sich in der Tat die negative Utopie einer zunehmenden Barbarisierung und Erstarrung der Welt (die ja auch als Möglichkeit in die These vom »Ende der Geschichte« eingeschrieben ist) realisieren.

## 2.

Die eher skeptische Frage nach dem Charakter einer neuen Formation des Kapitalismus (und ihre strategischen Implikationen für die politische und gewerkschaftliche Linke) zielt offenbar auf eine relativ spezifische Thematik, die von den älteren Debatten über die Unterscheidung und Abfolge ökonomischer Gesellschaftsformationen[1] weit entfernt ist. Sie schließt zunächst

---

[1] Im Vorwort zur »Kritik der Politischen Ökonomie« (1859) schrieb Marx u.a.: »In großen Umrissen können asiatische, antike, feudale und modern bürgerliche Produktionsweisen als progressive Epochen der ökonomischen Gesellschaftsformation bezeichnet werden. Die bürgerlichen Produktionsverhältnisse sind die letzte antagonistische Form des gesellschaftlichen Produktionsprozesses, antagonistisch nicht im Sinn von individuellem Antagonismus, sondern eines aus den gesellschaftlichen Lebensbedingungen der Individuen hervorwachsenden Antagonismus, aber die im Schoß der bürgerlichen Gesellschaft sich entwickelnden Produktivkräfte schaffen zugleich die materiellen Bedingungen zur Lösung dieses Antagonismus« (MEW 13, 9; vgl. auch Küttler 1999).

an die regulationstheoretische Bestimmung der Erosionskrise der »fordistischen Formation« des Kapitalismus der »Golden-Age-Periode« (Glyn u.a. 1991; Hirsch/Roth 1986) an und fragt, ob der »Postfordismus« schon als Übergang zu einer neuen »Formation« begriffen werden kann, oder ob wir uns – in einiger Entfernung von einem »postfordistischen Entwicklungsstadium des Kapitalismus« – »noch mitten in konfliktreichen Auseinandersetzungen (befinden), die über den Ausgang der Krise entscheiden« (Bischoff 1999, 49). Diese Argumentation konzentriert sich nicht allein auf die strukturellen Umbrüche in der Ökonomie, sondern geht von der Hypothese aus, dass die jeweils historisch konkreten Resultate dieser Umbrüche (vor allem die institutionellen und rechtlichen Regulationsformen der Klassenbeziehungen sowie die Verteilungsverhältnisse) durch die Kräfteverhältnisse zwischen den relevanten sozialen und politischen Akteuren mit bestimmt werden, dass also die unterschiedlichen Entwicklungspfade der Regulationsformen immer auch Ausdruck der Kräfteverhältnisse zwischen den Klassen und somit Ergebnis des Klassenkampfes sind.

Im Zentrum dieser Analyse steht eine krisentheoretische Argumentation. Das Ende des »Golden Age«, damit der Übergang in die Erosionskrise der fordistischen Formation des Nachkriegskapitalismus, wurde – in letzter Instanz – durch eine strukturelle Überakkumulationskrise des Kapitals ausgelöst und vorangetrieben. Die »mikroelektronische Revolution« (vom Typus der kapitalsparenden, technologischen Innovation), die neue Dynamik der Zentralisation des Kapitals und die neue Stufe der transnationalen Expansion der Konzerne, die wachsende Bedeutung des Dienstleistungssektors sowie der Finanzanlagen und der internationalen Finanzmärkte (Huffschmid 1999), die Flexibilisierung der Arbeitsmärkte unter dem Druck der Massenarbeitslosigkeit sowie schließlich die Transformation vom »nationalen keynesianischen Wohlfahrtsstaat« zum »nationalen Wettbewerbsstaat« (Hirsch 1995) – dies waren die wichtigsten strategischen Antworten der ökonomischen und politischen Akteure auf diese ökonomische Grundkonstellation, die den stagnativen und krisenhaften Charakter der »langen Welle« seit etwa 1973 bestimmte (und die erst mit dem Boom der US-Ökonomie in der zweiten Hälfte der 90er Jahre zu Ende gegangen zu sein schien).

Für den Charakter der Krise ist – dieser Position zufolge – entscheidend, dass diese Strategien die Konstellation der chronischen Überakkumulation von Kapital nicht auflösen, damit nicht in eine neue – sich selbst tragende – Wachstumskonstellation überleiten, und keine neue Kohärenz von Akkumulation und Regulation zustande bringen. Im Gegenteil, sie verfestigen und perpetuieren die Konstellation der chronischen Überakkumulation. Die spekulative Erweiterung des Finanzsektors wirkt sich negativ auf Erweiterungsinvestitionen in Industrie und Dienstleistungen aus; sie bremst die Wachstumspotenziale und erhöht – über die sich kumulierenden Finanzkrisen in der ganzen Welt – die Instabilität des »Casino« bzw. »Shareholder-Value«-Kapitalismus (Gowan 1999, 103ff.). Die Senkung der Lohnquote als Folge der Massenarbeitslosigkeit und der Schwächung der Gewerkschaften wirkt negativ auf die Nachfrage und damit auf das Wachstum und die Beschäftigung. Die angebotsorientierte Fiskal- und Geldpolitik der Regierungen zerstört die soziale Infrastruktur und heizt die Beschäftigungskrise noch an. Der krisenhafte Übergang zur »tertiären Zivilisation« fördert dann die allgemeinen stagnativen Tendenzen, wenn ein marktgesteuerter, »schlechter Strukturwandel« zu Lohnsenkungen sowie zur Vermehrung prekärer Beschäftigungsverhältnisse statt zu einem – durch die Politik gesteuerten – »guten Strukturwandel« führt, der auf Arbeitszeitverkürzung und Lohnerhöhungen setzt und der die Arbeitsplatzverluste im sekundären Sektor durch ein vermehrtes Angebot von qualifizierten und gut bezahlten Tätigkeiten im Bereich der Versorgung mit öffentlichen Gütern (Gesundheit, Altenpflege, Bildung, Ausbildung und Wissenschaft, Kultur, Kommunikation usw.) kompensiert (Zinn 1997).

**3.**

Die strategischen Implikationen dieser Argumentation zentrieren sich auf die Kritik des Neoliberalismus als eine »konservative Revolution neuen Typs« (Pierre Bourdieu). Dieser zielt – soweit er sich der Argumente der neoklassischen Ökonomie bedient – auf eine Anhebung der Unternehmensrenditen (als Voraussetzung für eine Revitalisierung der Akkumulationsdynamik) und verfolgt politisch bewusst eine »Verschärfung der Ungleichheit in den Verteilungsverhältnissen«, in deren Konsequenz sich »die Arbeits- und Lebensweise für einen Großteil der Menschen verändert« (Bischoff u.a. 1998, 11). Die neoliberale »Gegenrevolution« (gegen den Keynesianismus und den Sozialismus) erhebt die Zurückdrängung des Staates zugunsten der Freisetzung von Marktkräften und – auf diese Weise – die Wiederbelebung des Wirtschaftswachstums sowie die Senkung der Inflation und der Staatsverschuldung zum Programm.

Im Zentrum dieses Konzeptes steht die These vom Primat der kapitalistischen Wirtschaft gegenüber demokratischer Politik, die gelegentlich schon als tendenziell gefährlicher »Populismus« bezeichnet wird: »Die wettbewerbliche Wirtschaft ist die Kraft der Veränderung, die Politik, sei sie demokratisch oder nicht, ist die Kraft der Beharrung und Bewahrung. Die Weltprobleme werden dadurch gelöst, dass man der Wirtschaft die Führungsrolle vor der Politik überlässt. Wenn unter dem Primat der Politik eine weitgehende Politisierung des Wirtschaftsgeschehens verstanden sein soll, dann kann dies nur in Stagnation, also letztlich in der Katastrophe enden« (von Weizsäcker

1999, 123). In diesem Zusammenhang wird vor allem den liberalisierten, internationalen Finanzmärkten die Funktion zugeschrieben, a) die nationale Politik zur Anpassung zu zwingen, und b) angeblich unsinnige, eben »populistische« Entscheidungen nationaler Politik – vor allem Entscheidungen redistributiven Charakters – durch Kapitalflucht zu korrigieren. Für die Propagandisten des Neoliberalismus und des »amerikanischen Modells« hat sich glücklicherweise das Verhältnis zwischen Politik und Wirtschaft umgedreht; denn die Wirtschaft kann von der Politik fiskalische und sozialpolitische Disziplin erzwingen. Das ist der Kern der These von der Schwächung des Nationalstaates.[2]

Die politische und gewerkschaftliche Linke – so lautet deren Antwort – muss die programmatische und praktische Auseinandersetzung mit dem Neoliberalismus in den Mittelpunkt stellen. Über die Verteidigung sozialstaatlicher und demokratischer »Errungenschaften« hinaus sollten vor allem die Gewerkschaften eine konsequente Politik der Arbeitszeitverkürzung (als Antwort auf die gewaltigen einzelwirtschaftlichen Produktivitätssteigerungen und die damit verbundenen »Freisetzungen« von Arbeitskraft) sowie eine nachfragewirksame, durchaus harte lohnpolitische Linie (die auf die Umverteilung »nach oben« reagiert) verfolgen. Auf der staatlichen Ebene wäre eine Politik durchzusetzen, die vor allem auf Beschäftigungsförderung, Umverteilung (zu Lasten der Spitzeneinkommen) sowie auf eine koordinierte Kontrolle der internationalen Finanzmärkte sowie auf die Stärkung einer »Wirtschaftsregierung« im Rahmen der Europäischen Union (vgl. Euro-Memo 2001) gerichtet ist.

Ein solches Reformprogramm zielt auf ein Modell kapitalistischer Entwicklung, das im Unterschied zum »angelsächsischen Modell« stärker durch sozialpolitische Regulation sowie durch ein System von institutionell und rechtlich unterbauten »Klassenkompromissen« charakterisiert ist. Die Entwicklung in den skandinavischen Ländern, aber auch Debatten über den »rheinischen Kapitalismus« (Michel Albert) sowie über das »europäische Gesell-

---

[2] Wolfgang Streeck (1999, 46) charakterisierte in einem Vortrag vor Gewerkschaftern diese Umkehrung des Verhältnisses von Ökonomie und Politik im Rahmen der Europäischen Union wie folgt: »Die europäische Integration (ist) in ihrer gegenwärtigen Form als Moment eines Prozesses, nicht der Verteidigung oder Wiederherstellung, sondern des radikalen Umbaus des in der Nachkriegszeit etablierten Verhältnisses zwischen Ökonomie und Politik aufzufassen. In letzter Konsequenz läuft dieser, wenn nicht erfolgreich gegengesteuert wird, auf die Auflösung des europäischen Sozialstaats durch eine Konfiguration hinaus, die als Wettbewerbsstaat bezeichnet worden ist: einen Staat, der seine Hauptaufgabe darin sieht, seine frühere ›Volkswirtschaft‹ dem internationalen Wettbewerb zu öffnen und sie für diese ›fit‹ zu machen«.

schaftsmodell« bieten immer wieder Anknüpfungspunkte, um diese Strategie auf die realen Kräftekonstellationen in den europäischen Staaten zu beziehen.[3] Gleichwohl führen alle Vorschläge für eine Lösung der Beschäftigungsprobleme durch radikale Arbeitszeitverkürzung und Umverteilung sowie durch die gezielte Förderung eines »dekommodifizierten Sektors« (jenseits von Staat und Markt) mit qualifizierten Tätigkeiten über die Strukturen heutiger Entwicklungsmodelle eines europäischen Kapitalismus hinaus.

**4.**

Linkskeynesianische Alternativprogramme werden jedoch immer wieder mit dem Sachverhalt konfrontiert, dass die von ihnen angerufenen Subjekte eher passiv und stumm bleiben. Natürlich gibt es nach wie vor sozialistische Minderheiten im Parteienspektrum und in den Gewerkschaften; und diese machen sich auch die Positionen des alljährlich erscheinenden wirtschaftspolitischen Alternativgutachtens der Bremer »Memo-Gruppe« zu eigen oder sie applaudieren den mutigen Attacken des französischen Soziologen Pierre Bourdieu auf den Neoliberalismus und das »Einheitsdenken« (pensée unique), das sich dem Totalitarismus der Markteffizienz und des Profitdenkens unterworfen hat. Gleichwohl gehen solche Appelle an den Mehrheiten auch in den Organisationen der traditionellen sozialdemokratischen und gewerkschaftlichen Linken vorbei. Dort herrscht der Geist einer »neuen Sozialdemokratie«. Der »neue Revisionismus« (Sassoon 1997, 737) will den Kapitalismus nicht mehr abschaffen oder reformieren, sondern optimieren – seine Wettbewerbsfähigkeit soll u.a. durch eine qualifizierte Berufsausbildung und weitere Investitionen in das »Humankapital« verbessert werden.[4]

---

[3] Michael Krätke (2001, 32) fasst diese Position wie folgt zusammen: »Was die europäischen Kapitalismen brauchen, ist nicht nur mehr statt weniger, sondern auch eine andere Form von Wohlfahrtsstaat. Elemente davon gibt es heute noch in vielen europäischen Ländern, Formen der Grundsicherung für alle, soziale Bürgerrechte, die vom Arbeitsmarktstatus der einzelnen Bürger mehr oder weniger abgekoppelt sind, bewusste Begrenzungen von Märkten, dort, wo sie mehr Schaden anrichten als dem Gemeinwesen guttut (wie im Bildungs-, Gesundheits-, Transportwesen, in der Ernährung, in der Energieversorgung usw.). Daran gilt es in gut reformistischer Tradition anzuknüpfen, um dem gesellschaftlichen Verstand gegen den Terror der Ökonomie beziehungsweise gegen die herrschende ökonomische Ideologie wieder zu Einfluss und Macht zu verhelfen.«

[4] Leo Panitch kritisierte schon früh (1994, 82ff.) eine – auf die Sozialdemokratie setzende – »progressive competitive strategy«: »the core of the strategy ... is to support and guide both workers and capitalists towards high-tech/high-value wage production. The key to this is public policy promoting the widespread training of a highly skilled, highly flexible and highly motivated labor force, and encouraging

Für die Mehrheit der europäischen Gewerkschaften, von denen die meisten in den vergangenen 15 Jahren die Auszehrung ihrer Machtpositionen – im Betrieb, aber auch auf der überbetrieblichen tarif- und gesellschaftspolitischen Ebene – zu verarbeiten hatten, bedeutet schon die Einbeziehung in die nationalen »Sozialpakte« (in Deutschland z.B. das »Bündnis für Arbeit«, oder auf der europäischen Ebene durch ihre Anerkennung als Verhandlungspartner der EU-Kommission, vgl. Martin/Ross 1999) eine politische Aufwertung, die mit dem Verzicht auf den Einsatz für Gegenmacht, Konfrontation mit den Verbänden des Kapitals und radikale Alternativprogramme einhergeht.

Die Frage nach den Gründen für diese Neuorientierung, die wir am Anfang gestellt haben, muss zugleich zu einer erneuten Reflexion des Charakters der »neuen Epoche« führen. Offenbar sind die Strukturveränderungen, die den Prozess des Übergangs auszeichnen, tiefgreifender (und irreversibler), als es auf den ersten Blick erscheinen mochte. Der Siegeszug des Neoliberalismus, der in der zweiten Hälfte der 70er Jahre begann, war mit einer geradezu dramatischen Niederlage der politischen Linken sowie vor allem der Arbeiter- und Gewerkschaftsbewegung verbunden, die bereits (seit Ende der 70er Jahre) vor dem Zusammenbruch der staatssozialistischen Systeme Osteuropas einsetzte.[5] Unmittelbare politische Niederlagen – etwa im »Klassenkrieg« (M. Thatcher) der englischen Bergarbeiter 1984 – waren eher oberflächliche Symptome, denn die Veränderung der politischen Kräfteverhältnisse ging mit einem sozialen und kulturellen Wandel einher, in dem sich die

---

enterprises to take full advantage of recent technological developments in microelectronics, to the end of producing high quality commodities at high productivity levels through flexible production methods ... It is necessary to try to reorient strategic discussion on the Left towards the transformation of the state rather than towards transcending the state or trying to fashion a progressive competitive state. At the most general level this means envisaging a state whose functions are not tied to guaranteeing the economic res publica for capitalism.«

[5] »By 1982, governments of the radical or moderate Right had taken power across the whole of the North Atlantic world: in the United States, Canada, Britain, West Germany, the Low Countries and Scandinavia. Their overall mission was to change the relation of forces between capital and labour, where necessary – principally in Britain and America – after tough class struggles to crush resistance to a new order. Deregulation, tax reduction, de-unionization and privatization became the main engines of a sustained drive to install a neo-liberal economic framework. The pioneering regimes of this wave were Thatcher's government in Britain and Reagan's administration in the United States, which set the terms for the decade ... the original regimes of the radical Right in America and Britain ... reshaped the whole landscape of fin-de-siècle capitalism« (Anderson 2001, 5/7).

Erosion der traditionellen Klassenmilieus und ihrer kulturellen Ressourcen (Solidarität) beschleunigte. Die zivilgesellschaftliche Verortung der sozialistischen und kommunistischen Arbeiterbewegung des Westens geriet in eine tiefe »Krise der Repräsentanz« (Ingrao/Rossanda 1996, 41ff.).

Schließlich wurde auch die Macht der Staatsbürokratie nicht allein durch die neoliberale politische Führung geschwächt, sondern durch mangelnde Effektivität, Überschuldung und – in manchen Fällen – durch Korruption und andere Skandale diskreditiert. Die Wende zugunsten des Neoliberalismus hatte zunächst das Scheitern sozialdemokratischer (keynesianischer) Politik gegenüber der Massenarbeitslosigkeit, der Inflation und der Wachstumsschwäche der 70er Jahre zur Voraussetzung. Unter den Bedingungen der Angebots- und Austeritätspolitik verfällt freilich sukzessive die Qualität öffentlicher Güter und Dienstleistungen. Für die zahlungskräftigen »Kunden« – vor allem aus den Mittel- und Oberschichten – entsteht dann eine Situation, in der sie sich aus Qualitäts- und Kostengründen – z.B. bei der Ausbildung und beim Studium ihrer Kinder oder bei der ärztlichen Betreuung – für private Angebote entscheiden. Damit entziehen sie freilich in der Regel den staatlichen Institutionen ihre Unterstützung, die mit dem Ziel erkämpft wurden, dem *allgemeinen* Wohl sowie der gesamtgesellschaftlichen Solidarität – im Hinblick auf Grundsicherungen für alle und Chancengleichheit – zu dienen. Nunmehr werden die Linien der Inklusion und Exklusion – auf der Basis der Einkommenshierarchie, aber auch des Zugangs zum Wissen und zur Kommunikation – neu gezogen. »So entstehen zwei Welten, eine der Chancen, eine des Ausschlusses, zumindest im Sinne der herrschenden Werte« (Dahrendorf 2000, 1063).

### 5.

Alain Lipietz (1991: 2) verwandte ein Schema von drei zentralen, kategorialen Dimensionen, um das »Entwicklungsmodell« des Fordismus und seine Erosionskrise zu analysieren: ein »Modell des Arbeitsprozesses« (oder ein technologisches Paradigma), ein »Akkumulationsregime« und eine »Regulationsweise«. Vertreter der Regulationsschule sprachen in diesem Zusammenhang – in Anlehnung an Antonio Gramsci – auch von einem hegemonial strukturierten »historischen Block«. In diesem übernehmen diejenigen sozialen Kräfte die Führung, die das Akkumulationsregime und die Regulationsweise strategisch und politisch-ideologisch in ihrem Sinne gestalten und Bündnisse formieren. Die Art und Weise, in der sich damit Ideologien, soziale Identitäten und Interessen formieren, nennt Lipietz auch »soziales Paradigma« (Bieling/Deppe 1996, 484).

Die neue Herrschaftskonstellation zeichnet sich durch folgende charakteristische Merkmale »einer neuen Ära« aus:

- Eine *neue Stufe der Internationalisierung kapitalistischer Produktion* (»Globalisierung«). Vor allem mit der Expansion der transnationalen Konzerne und der Globalisierung der Finanzmärkte hat sich eine internationale Managerklasse herausgebildet, die ihrerseits direkten und indirekten Einfluss auf die Politik der Nationalstaaten wie der Internationalen Organisationen nimmt (van der Pijl 1998; van Apeldoorn 2000).
- Ein *finanzgestütztes »neues Akkumulationsregime«* (Aglietta 2000). Dieses zwingt das Management, seine Unternehmenspolitik am Aktienkurs und damit auch an den Interessen der »institutionellen Anleger« auszurichten (corporate governance) und eine kapitalmarktorientierte Restrukturierung der Unternehmen ebenso durchzuführen wie eine Reorganisation der Produktions- und Arbeitsprozesse (Rationalisierungsstrategien).
- *»New Economy«*. Die Finanz- und Aktienmärkte spielen zugleich eine wichtige Rolle für die Entwicklung neuer Märkte und die Finanzierung von neuen Programmen und Produkten im Bereich der Biotechnologie, von Software-Programmen, von Innovationen im Bereich der neuen Medien.

Die Führungsgruppen im heutigen Kapitalismus kommen überwiegend aus diesen Bereichen, die sich zudem Segmente des Wissenschaftssektors, der Medien und der »ideologischen Staatsapparate« zuordnen. Ein stabiler (und mehrheitsfähiger) Herrschaftsblock konstituiert sich freilich erst in dem Maße, wie breite Schichten der »Symbolanalytiker« (Robert Reich) bzw. jener Teile der Lohnabhängigen in den herrschenden Block integriert werden, die qualifizierte Dienstleistungen oder Facharbeitertätigkeiten verrichten. Diese genießen einerseits einen gewerkschaftlichen, d.h. auch tarifvertraglichen Schutz ihres Einkommens, anderseits können sie von der Teilprivatisierung sozialer Sicherungssysteme (Rentenversicherung und Gesundheitssicherung) und durch steuerliche Entlastungen eine relative Verbesserung ihres Lebensstandards erwarten. Es handelt sich also um eine Koalition derer, die sich – objektiv und subjektiv – den »Gewinnern« der Modernisierung zurechnen können.

In allen diesen Bereichen hat sich ein neuer Modus der Artikulation des Verhältnisses von Ökonomie und Politik, von Internationalisierung und Produktivkraftentwicklung, vollzogen. Michel Aglietta (2000, 89) charakterisiert die Auswirkungen auf die Arbeitsmärkte wie folgt: »In erster Linie werden durch die systematische Reduzierung der Lohnkosten, die Ungewissheit über die Ergebnisse der Innovationen und die Ansprüche der Aktionäre die ökonomischen Risiken auf die Lohnabhängigen abgewälzt. Die gewinnabhängigen Lohnbestandteile werden größer. In zweiter Linie führt die steigende Diversität zu verstärkter Unbeständigkeit der Nachfrage, und die Just-in-time-Lagerwirtschaft überträgt diese Schwankungen wiederum auf die Beschäftigung. Drittens bewirkt die Dezentralisierung von Unternehmen in multifunktionale Einheiten, die in Profit-Center umgewandelt werden, eine stärkere Differenzierung bei den Modalitäten der Einkommensverteilung. Die Lohnunterschiede verstärken sich, weil die Leistungen der Einheiten unterschiedlich sein können, und weil die Umverteilung innerhalb der Einheiten keiner einheitlichen Regel folgt.«

Zugleich setzen sich – vor allem im Rahmen der Europäischen Union (EU) – Logiken und Anforderungen durch, die die ökonomischen, sozialen und politischen Akteure in die Bahnen neoliberaler Anpassungsstrategien zwingen. Die Logik der »kompetitiven Deregulierung«, die auf die Deregulierung und Flexibilisierung der Güter-, Kapital-, Dienstleistungs- und Arbeitsmärkte hinwirkt, ist eng mit den Binnenmarktprojekt verbunden. Über die Wirtschafts- und Währungsunion (d.h. über die Konvergenzkriterien und die Europäische Zentralbank) setzt sich die Logik der »kompetitiven Austerität« durch, die die Regierungen und Zentralbanken dazu verpflichtet, eine monetaristische Politik – monetäre Stabilität und strikte Haushaltskonsolidierung – zu verfolgen (Bieling/Steinhilber 2000, 110). Stephen Gill (2000, 43) spricht in diesem Zusammenhang von einem »neuen Konstitutionalismus«, der für die »neue Politik der europäischen Transformation« von entscheidender Bedeutung sei: »Die Staatsformen verändern sich in die Richtung eines disziplinierenden Neoliberalismus, lassen also einen graduellen Abschied vom sozial regulierten Markt und gewissen Formen der Planung erkennen und gestatten die Konsolidierung oder Festschreibung beschränkter, aber immer mächtigerer neoliberaler Staatsformen, die sich einer popular-demokratischen Verantwortlichkeit entziehen.« Der Konstitutionalismus wirkt nicht nur über die Transformation der Politik, sondern durchdringt alle Bereiche der Gesellschaft: »Die Rekonfiguration der Zivilgesellschaft und anderer Kulturformen steht im Zusammenhang mit der Verallgemeinerung des Besitzindividualismus, der Privatisierung und der Ökonomisierung von Institutionen innerhalb einer entstehenden Kultur des Marktes. Hierdurch wird es möglich, über marktbestimmte Bedürfnisse einen Konsens erzeugen zu können« (ebd., 45).

Die Transformation der Staatstätigkeit zum »Wettbewerbsstaat« umfasst jedoch auch den gesamten Komplex der Beziehungen zwischen Kapital und Arbeit und ihrer Regulationsformen. Der »Abschied vom Keynesianismus« bedeutet den Übergang von der nachfrage- zur angebotsorientierten Wirtschafts-, Steuer- und Fiskalpolitik. Damit ist eine Senkung der Lohnquote und ein Angriff auf eine gewerkschaftliche Lohnpolitik verbunden, die vom Ausgleich der Preis- und Produktivitätssteigerungsrate und von einer Umverteilungskompente bei den Lohnforderungen ausgeht und dabei auf die wachstumsfördernden Impulse einer höheren Konsumentennachfrage verweist. Die tripartistischen »Sozialpakte«, die in den 90er Jahren in zahlreichen europäischen Staaten eingerichtet wurden, gehen daher in der Regel von der Prämisse aus, dass Vereinbarungen zwischen den »Sozialpartnern« – etwa im Hinblick auf Beschäftigungssicherung, Qualifikation, Mitbestimmung – nur möglich sind, wenn die Gewerkschaften auf eine »aggressive« Lohnpolitik verzichten und die Regierung bereit ist, die Unternehmenssteuern und die Lohnnebenkosten zu senken.

Außerdem steht – als Antwort auf die nunmehr seit mehr als einem Vierteljahrhundert fortbestehende Massenarbeitslosigkeit – das Ziel der Vollbeschäftigung schon lange nicht mehr auf der Agenda staatlicher Politik. Die Regierungen der EU-Staaten verfolgen zwar nach wie vor unterschiedliche »Pfade« (Bieling/Deppe 1997; Deppe/Tidow 2000). Gleichwohl hat sich auch über die europäische Beschäftigungspolitik eine »workfare«-Orientierung durchgesetzt, die über eine Flexibilisierung und Deregulierung der Arbeitsmärkte und durch einen »Umbau« der Sozialsysteme (Kürzung von Ansprüchen und Leistungen, Teilprivatisierung) den Beschäftigungsstand auf dem »ersten Arbeitsmarkt« (Privatwirtschaft) erhöhen will.

Eine weitere Folge dieser Transformation ist schließlich, dass die durch Tarifverträge und Sozialgesetze angestrebte universelle Wirkung der Regulationsformen im Bereich der Beziehung zwischen Kapital und Arbeit zunehmend »durchlöchert« wird. Diejenigen Bereiche der Wirtschaft, in denen keine Tarifverträge und keine sozialen Schutzgesetze wirken, in denen das Betriebsverfassungsgesetz nicht angewandt wird und in denen es kaum Gewerkschaftsmitglieder gibt, haben sich – als »weiße Flecken« auf der Tarif- und Gewerkschaftslandschaft – in den letzten beiden Jahrzehnten beständig ausgeweitet. Die Kultur der »Individualisierung«, die dem herrschenden Bewusstsein zufolge das Zeitalter des Kollektivismus abgelöst hat, findet in solchen materiellen Bedingungen und sozialen Konstellationen letztlich ihren Nährboden.

Alle diese Momente der »großen Transformation« lassen keinen Zweifel daran, dass die gewerkschaftlich hoch organisierte Lohnarbeiterschaft – mit dem Kern der Industriearbeiter in der fordistischen Massenproduktion – zu den großen Verlieren gehört. Die Hegemonie des Kapitals, die sowohl das Profil des neoliberalen »Herrschaftsblockes« als auch die gesamte Gesellschaft, Politik und Ideologie des heutigen Kapitalismus durchdringt, reflektiert sich daher nicht nur im Denken, in der Kultur und der Wissenschaft, in den Schönheits- und Erfolgsmaßstäben, wie sie von den Medien transportiert und vervielfältigt werden, sondern auch in einer tiefgreifenden Veränderung der politischen Kräfteverhältnisse zugunsten jener Kräfte, deren Klasseninteressen an der Optimierung der ökonomischen Wettbewerbsfähigkeit sowie an der Anpassung der Politik an die »Sachzwänge« des globalen Wettbewerbs fixiert sind. Der »Wettbewerbskorporatismus« (Urban 2000), der gelegentlich als letzte Rettung für die sozialdemokratischen »Errungenschaften« der fordistischen Periode bezeichnet wird, setzt daher auf eine »neue Friedensformel« zwischen Kapital und Arbeit, »that is gradually taking the place of the post-war formula of full employment and continuous income growth at constant distribution. In its stead it emphasises the sharing of economic risk and responsibility in a less predictable environment, and the joint search for ›win-win‹ strategies in competitive markets.« Es geht also letztlich um »adjusting the governance of the employment relationship to the imperatives of joint competitive success« (Streeck 1999, 170).

Der Wettbewerbskorporatismus findet vor allem bei Betriebsräten von Großunternehmen Anklang; denn er legitimiert zunächst einmal ihre traditionelle sozialpartnerschaftliche Politik der Interessenvertretung. Dort, wo Strukturen gewerkschaftlicher Interessenvertretung erst aufzubauen sind (z.B. im Osten der Republik), wird oftmals die Not einer subalternen Kooperation zur zivilgesellschaftlichen Tugend hypostasiert, wobei korporatistische Lösungen eher noch die Ausnahme gegenüber einer brutalen Durchsetzung des »Herr-im-Hause«-Standpunktes sind. Zugleich wird er – auf der Ebene der nationalen »Bündnisse für Arbeit« – von Gewerkschaftsführungen unterstützt, weil sie auf diese Weise eine politische Anerkennung und Aufwertung in der Öffentlichkeit erfahren, die ihnen in der Phase der Konfrontation mit den konservativ-liberalen Regierungen der 80er und frühen 90er Jahre versagt blieb. Gleichwohl bedeutet die Anerkennung der Funktionsbedingungen dieses Regimes einen grundlegenden Wandel des Selbstverständnisses gewerkschaftlicher Interessenvertretung, die sich stets nach Maßgabe ihres Beitrages zur Optimierung der Wettbewerbsfähigkeit des Unternehmens, der Region bzw. der Branche und der Nation auszurichten hat. Damit machen sie ihre Existenzfähigkeit von der Anerkennung durch Staat und Arbeitgeber abhängig. Die Funktion autonomer Gewerkschaften und der Mitbestimmung für die Stabilität der Demokratie könnte auf diese Weise grundsätzlich in Frage gestellt sein.[6]

---

[6] »Aus demokratietheoretischer Sicht ist es äußerst fragwürdig, die Institutionen der Mitbestimmung primär als ein Schmiermittel der Wirtschaft zu sehen. Tun wir dies, dann ist auch der Gedanke nicht mehr abwegig, die Demokratie als politische Staatsform zur Disposition zu stellen, wenn uns die Ökonomen nachwiesen, dass sie zu hohe Transaktionskosten verursacht und einem optimalen Wirtschaftswachstum weniger förderlich ist als autokratische Regierungsformen« (Müller-Jentsch 2001, 211).

## 6.

Wenn wir die Gesamtheit dieser Veränderungen – einschließlich der Veränderungen der Weltpolitik nach dem Ende der Systemkonkurrenz – vor dem Hintergrund der Schwächung der gewerkschaftlichen und politischen Linken in der Tradition der sozialistischen und kommunistischen Arbeiterbewegung betrachten, drängt sich in der Tat die Schlussfolgerung auf, dass wir in eine neue Epoche der Weltgeschichte längst eingetreten sind. Ein deutliches Merkmal dieser Epoche ist die scheinbar unumschränkte Herrschaft des Kapitalismus und seiner Funktionslogiken. Dem korrespondiert die Marginalität von sozialen und politischen Kräften, die nicht nur die Kritik des Kapitalismus als Eckpunkt und Identitätsmerkmal einer sozialistischen Programmatik vertreten, sondern auch an den Visionen von der Möglichkeit und Notwendigkeit einer humanen Gesellschaft jenseits des Kapitalismus festhalten.

Epochen- und Formationswechsel in der Geschichte der bürgerlich-kapitalistischen Gesellschaft zeichnen sich jedoch dadurch aus, dass es zum einen ein dominierendes Zentrum mit einem »Entwicklungsmodell« gibt, das sich nach Maßgabe der »passiven Revolution« (Gramsci) ausbreitet, andere Regionen und Nationen zur Anpassung und Übernahme zwingt. Dies galt zumindest für die Entwicklung Großbritanniens im 19. Jahrhundert[7] sowie für den US-amerikanischen »Fordismus« im frühen 20. Jahrhundert (Cox 1987, 111ff.). Zum anderen erzeugen diese Prozesse der Anpassung eine zunächst einmal verwirrende Formenvielfalt, in der die dominierenden Entwicklungstrends oftmals kaum noch zu erkennen sind. Dies resultiert zunächst aus den Vermittlungsformen zwischen den spezifisch-nationalen Traditionen (auch ihrer stofflich-natürlichen Dimensionen) und den allgemeinen Bestimmungsmerkmalen des hegemonialen Entwicklungsmodells. Zudem überlagern und durchdringen sich in solchen Phasen des Übergangs alte und neue Strukturen. Es gibt im konkreten historischen Prozess überhaupt keinen »sauberen Schnitt« zwischen den Epochen, deren Markierungen und Abschnitte in der Regel »post festum« von den Historikern fixiert werden, nachdem – wie Hegel (1955, 17) am Ende der Vorrede zur Rechts-

---

[7] Karl Marx schrieb im Vorwort zum Ersten Band des »Kapital«: »Was ich in diesem Werk zu erforschen habe, ist die kapitalistische Produktionsweise und die ihr entsprechenden Produktions- und Verkehrsverhältnisse. Ihre klassische Stätte ist jetzt England. Dies ist der Grund, warum es zur Hauptillustration meiner theoretischen Entwicklung dient. Sollte jedoch der deutsche Leser pharisäisch die Achseln zucken über die Zustände der englischen Industrie- und Ackerbauarbeiter, oder sich optimistisch dabei beruhigen, dass in Deutschland die Sachen noch lange nicht so schlimm stehen, so muss ich ihm zurufen: De te fabula narratur!« (MEW 23, 12).

philosophie bemerkt – »die Wirklichkeit ihren Bildungsprozess vollendet und fertig gemacht hat«. In der sozialen Wirklichkeit spiegelt sich die Überlagerung von alten und neuen Strukturen, von Elementen verschiedener Produktionsweisen und der ihnen korrespondierenden Arbeits- und Lebensverhältnisse in der für die Gegenwart charakteristischen Fragmentierung sozialer Erfahrung. Industriesoziologen z.b. konstatieren in Deutschland einen Anteil von »tayloristischen« Tätigkeiten von knapp 40 Prozent, der sich in den 90er Jahren sogar noch leicht erhöht hat. Dem entspricht freilich ein Anteil von ca. 60 Prozent »nicht-taylorisierter« Arbeitsplätze. Der dominierende Trend verweist gleichwohl auf die kontinuierliche Verlagerung zugunsten von qualifizierten Dienstleistungstätigkeiten – auch im »sekundären« (industriellen) Sektor (Deutschmann 2000: 60). Im Bereich der Staatstätigkeit z.b. stehen die Bemühungen um ein Zurückführen auf den »aktivierenden Staat« und auf das Modell einer »regulativen Politik«, d.h. eine »Korrektur von Marktversagen durch Regulierung« (Majone 1996: 229) in scharfem Kontrast zur nach wie vor – im Langfristvergleich – hohen Staatsquote (Deppe 1999, 54ff.), in der sich sowohl die Kosten der Massenarbeitslosigkeit und der »neuen Armut« als auch nach wie vor hohe Rüstungskosten und die Kosten für die Modernisierung und Wettbewerbsfähigkeit der nationalen Ökonomie manifestieren. In der internationalen Politik z.b. bestehen traditionale Formen des Hegemoniestrebens neben Formen einer Transnationalisierung der Politik jenseits der klassischen Formen nationaler Souveränität.

In der realen sozialökonomischen und politischen Entwicklung artikulieren sich permanent die Widersprüche der neoliberalen Herrschaftskonstellation – auch wenn sie auf der Ebene des Kampfes um politische Mehrheiten noch nicht zu einem relevanten Thema geworden sind. Die kritischen Analysen des neuen Akkumulationsregimes und des »transnationalen High-Tech-Kapitalismus« im 21. Jahrhundert lassen keinen Zweifel daran, dass sich die neue Formation durch soziale Polarisierungen im nationalen und internationalen Maßstab, durch sich häufende Finanz- und Wirtschaftskrisen, durch die fortschreitende Gefährdung der Natur und der Umwelt, durch wachsende Kriegsgefahr und eine Barbarisierung der Kultur (weil der Logik des Geldes, des Konsums und der Leistungsfähigkeit im Dienste der Kapitalverwertung unterworfen) auszeichnet. Solche Widersprüche erzeugen Widerstand, Konflikte; sie bereiten (wie Eric Hobsbawm richtig am Ende seines »Zeitalters der Extreme« prognostizierte) gewaltige Verteilungskonflikte in globalen Dimensionen vor.

Dennoch erfolgt die Politisierung solcher Konflikte nicht nur im Kontext der bestehenden hegemonialen Kräftekonstellation. Die Vermittlungsformen des Politischen werden zugleich in hohem Maße durch jene Überlagerungen und Durchmischungen kontrastierender Dimensionen des Transformationsprozesses »gefiltert«. Auf der einen Seite gibt es eine Vielfalt von eher traditionell geprägten sozialen und politischen Auseinandersetzungen über die Wirtschafts- und Lohnpolitik – auf der nationalen wie der transnationalen, z.b. europäischen – Ebene. Dabei steht der Kampf um eine alternative Wirtschafts- und Sozialpolitik im Mittelpunkt. Diese soll die Wachstumspotenziale, die Nachhaltigkeit und die »soziale Dimension« der bestehenden Wirtschaftsordnung verbessern – z.b. durch die Schaffung qualifizierter Tätigkeiten im so genannten dekommodifizierten Sektor, aber auch durch die Kontrolle der internationalen Finanzmärkte (Huffschmid 1999, 177ff.). Die Auseinandersetzung auch mit der Erosion der sozialen und kulturellen Voraussetzungen traditioneller, linker Politik und der Krise des Modells demokratischer (und wirtschaftsdemokratischer) Repräsentation impliziert die Anerkennung des hohen Stellenwertes der »Demokratiefrage« in jeder linken Programmatik. Die a priori-Anerkennung der »Sachzwänge« des Weltmarktes und der Wettbewerbsfähigkeit verändert fundamental das Verhältnis von Politik und Ökonomie, von Demokratie und Kapitalismus (Deppe 1997).[8] Sie blockiert eine »Entwicklung, in deren Rahmen das Wirtschaftssystem nicht länger der Gesellschaft die Gesetze vorschreibt und in dem der Vorrang der Gesellschaft vor diesem System gesichert ist« (Polanyi 1978, 332).

Auf der anderen Seite artikulieren sich Formen einer Fundamentalkritik des »globalen Kapitalismus« und des Neoliberalismus, die durch die Konfrontation mit den führenden Repräsentanten der »neuen Weltordnung« – sei es bei den G-7, den WTO-Gipfelkonferenzen oder beim Jahrestreffen der Reichsten und Mächtigsten in Davos – die Öffentlichkeit für die Kritik an den sozialen, ökologischen und politischen Katastrophenpotenzialen des »globalen Kapitalismus ohne Grenzen« sensibilisieren wollen, um auf diese Weise auch die Programmatik einer antikapitalistischen »Wende« zu stärken. Das Nebeneinander – gelegentlich auch das Gegeneinander – verschiedener Positionen einer linken Kapitalismuskritik ist einerseits Ausdruck der Schwäche der Linken. Zugleich zeichnen sich aber neue Formen einer internationalen Politik des Widerstandes (und der Kommunikation) sowie von Bündnissen ab – zwischen Gewerkschaften, Menschenrechtsaktivisten und

---

[8] Für Zürn (1998, 28) besteht das »zentrale Problem der Gegenwart ... darin, Formen der politischen Regelung zu finden, die den globalen Zusammenhängen gerecht werden. Daraus folgt die Notwendigkeit für ein Projekt komplexen Weltregierens, das mit Hilfe von internationalen und transnationalen Institutionen politische Regelungen ermöglicht, die die politische Handlungsfähigkeit zurückbringen und gleichzeitig demokratisch legitimiert sind.«

Naturschützern, zwischen Anhängern einer Fundamentalkritik des Kapitalismus (in der Tradition linkssozialistischer, kommunistischer und anarchistischer Strömungen der Arbeiterbewegung) und Anhängern einer Strategie, die zunächst die Überwindung des Neoliberalismus durch eine linkskeynesianische Reformpolitik für die vordringliche Aufgabe der Linken halten. In der Entwicklung solcher Bündnisse könnten sich zugleich die Konturen eines neuen, gegenhegemonialen »Blockes« abzeichnen.

## Literatur

Aglietta, Michel (2000), Ein neues Akkumulationsregime. Die Regulationstheorie auf dem Prüfstand, Hamburg.
Alfred-Herrhausen-Gesellschaft (1999), Hrsg., Der Kapitalismus im 21. Jahrhundert, München/Zürich.
Anderson, Perry (1993), Zum Ende der Geschichte, Berlin.
Anderson, Perry (2001), Testing Formula Two. Editorial, in: New Left Review, 8, March/April 2001, S. 5-22.
Apeldoorn, Bastian van (2000), Transnationale Klassen und europäisches Regieren: der European Round Table of Industrialists, in: Bieling/Steinhilber (2000), S. 189-221.
Bieling, Hans-Jürgen (2000), Dynamiken sozialer Spaltung und Ausgrenzung – Gesellschaftstheorien und Zeitdiagnosen, Münster.
Bieling, Hans-Jürgen/Deppe, Frank (1996), Internationalisierung, Integration und politische Regulierung, in: Jachtenfuchs, Markus/Kohler-Koch, Beate, Hrsg., Europäische Integration, Opladen, S. 481-511.
Bieling, Hans-Jürgen/Deppe, Frank (1997), Hrsg., Arbeitslosigkeit und Wohlfahrtsstaat in Westeuropa. Neun Länder im Vergleich, Opladen.
Bieling, Hans-Jürgen/Steinhilber, Jochen (2000), Hrsg., Die Konfiguration Europas. Dimensionen einer kritischen Integrationstheorie, Münster.
Bischoff, Joachim (1999), Der Kapitalismus des 21. Jahrhunderts. Systemkrise oder Rückkehr zur Prosperität? Hamburg.
Bischoff, Joachim/Deppe, Frank/Kisker, Klaus Peter (1998), Hrsg., Das Ende des Neoliberalismus? Hamburg.
Cox. Robert W. (1987), Production, Power and World Order. Social Forces in the Making of History, New York.
Dahrendorf, Ralf (2000), Die globale Klasse und die neue Ungleichheit, in: Merkur, 54. Jg., Heft 11, S. 1057-1068.
Deppe, Frank (1997), Kapitalismus und Demokratie, in: ders., Fin de Siècle. Am Übergang ins 21. Jahrhundert, Köln, S. 22-62.
Deppe, Frank (1999), Politisches Denken im 20. Jahrhundert. Die Anfänge, Hamburg.
Deppe, Frank/Tidow, Stefan (2000), Hrsg., Europäische Beschäftigungspolitik. Mit Beiträgen von Martin Beckmann u.a., FEG-Studie Nr. 15, Marburg.

Deutschmann, Christoph (2000), Die Gsellschaftskritik der Indsutriesoziologie – ein Anachronismus, in: Leviathan, Heft 1, S. 58-69.

Euro-Memo (2001), Vollbeschäftigung und eine starke Sozialverfassung. Alternativen für eine Neue Ökonomie in Europa. Erklärung und Memorandum europäischer WirtschaftswissenschafterInnen, in: Memo-Forum, Nr. 28, Bremen.

Gill, Stephen (2000), Theoretische Grundlegung einer neo-gramscianischen Analyse der europäischen Integration, in: Bieling/Steinhilber (2000), S. 23-50.

Glyn, Andrew u.a. (1991), The Rise and Fall of the Golden Age, in: Marglin, Stephen A. and Schor, Juliet B., Eds., The Golden Age of Capitalism, Oxford, S. 39-125.

Gowan, Peter (1999), The Global Gamble, London/New York.

Habermas, Jürgen (1985), Die Krise des Wohlfahrtsstaates und die Erschöpfung utopischer Energien, in: ders., Die neue Unübersichtlichkeit, Frankfurt/Main, S. 141ff.

Hegel, Georg Wilhelm Friedrich (1955), Grundlinien der Philosophie des Rechts (1821), Hamburg.

Hirsch, Joachim/Roth, Roland (1986), Das neue Gesicht des Kapitalismus. Vom Fordismus zum Postfordismus, Hamburg.

Hirsch, Joachim (1995), Der nationale Wettbewerbsstaat. Staat, Demokratie und Politik im globalen Kapitalismus, Berlin/Amsterdam.

Hobsbawm, Eric (1998), Das Zeitalter der Extreme. Weltgeschichte des 20. Jahrhunderts, München.

Hobsbawm, Eric (2000), Das Gesicht des 21. Jahrhunderts, München/Wien.

Huffschmid, Jörg (1999), Politische Ökonomie der Finanzmärkte, Hamburg.

Ingrao, Pietro/Rossanda, Rossana (1996), Verabredungen zum Jahrhundertende. Eine Debatte über die Entwicklung des Kapitalismus und die Aufgaben der Linken, Hamburg.

Krätke, Michael (2001), Europäischer Wohlfahrtskapitalismus, in: Widerspruch (Zürich), 21. Jg., Heft 1, Nr. 40, S. 25-32.

Küttler, Wolfgang (1999), Formationstheorie, in: W. F. Haug, Hrsg., Historisch-Kritisches Wörterbuch des Marxismus, Band 4, S. 669-680.

Lipietz, Alain (1992), Towards a New Economic Order. Postfordism, Ecology and Democracy, Cambridge.

Majone, Giandomenico (1996), Redistributive und sozialregulative Politik, in: Jachtenfuchs, Markus/Kohler-Koch, Beate, Europäische Integration, Opladen, S. 225-247.

Martin, Andrew/Ross, George (1999), The Europeanization of Labor Representation, in: dies., Eds., The Brave New World of European Labor. European Trade Unions at the Millenium, New York/London, S. 312-367.

Müller-Jentsch, Walter (2001), Mitbestimmung: Wirtschaftlicher Erfolgsfaktor oder Bürgerrecht?, in: Gewerkschaftliche Monatshefte, 52. Jg,. Heft 4, S. 202-211.

Panitch, Leo (1994), Globalisation and the State, in: R. Miliband/Leo Panitch,

Eds., Socialist Register, London, S. 60-93.
van der Pijl, Kees (1998), Transnational Classes and International Relations, London and New York.
Polanyi, Karl (1978), The Great Transformation. Politische und ökonomische Ursprünge von Gesellschaften und Wirtschaftssystemen (1944), Frankfurt/ Main.
Sassoon, Donald (1997), One Hundred Years of Socialism. The West European Left in the Twentieth Century, London.
Schauer, Helmut (2000), Die Revitalisierung des Kapitalismus und die Linke, in: Hinzer, Jürgen u.a., Perspektiven der Linken, Hamburg, S. 15-32.
Streeck, Wolfgang (1999), Korporatismus in Deutschland. Zwischen Nationalstaat und Europäischer Union, Frankfurt/New York.
Urban, Hans-Jürgen (2000), Hrsg., Beschäftigungsbündnis oder Standortpakt? Das »Bündnis für Arbeit« auf dem Prüfstand, Hamburg.
Zinn, Karl-Georg (1997), Von der tertiären Zivilisation in die tertiäre Krise, in: ders., Jenseits der Markt-Mythen. Wirtschaftskrisen: Ursachen und Auswege, Hamburg, S. 98-121.
Zürn, Michael (1998), Regieren jenseits des Nationalstaates. Globalisierung und Denationalisierung als Chance, Frankfurt/Main.

# Erik Borg
# Hegemonie der Globalisierung?
## Kritische Überlegungen zum Hegemoniebegriff der Regulationstheorie

In der Debatte um den Übergang zu einer postfordistischen Formation des Kapitalismus nimmt die neoliberale Globalisierung einen eigenartig ambivalenten Stellenwert ein: Mal werden die mit ihr einhergehenden Restrukturierungen als Paradigma einer sich abzeichnenden neuen Akkumulations- und Regulationsweise interpretiert; mal gilt sie aufgrund ihrer gesellschaftlich destabilisierenden Tendenzen als wesentliche Ursache dafür, dass ein kohärenter Zusammenhang von Akkumulation und Regulation gerade *nicht* zustande kommt. Letztere Perspektive gewinnt ihre Plausibilität dabei häufig durch den Bezug auf ein dichotomisches Deutungsmuster von Markt und Staat: Die »Logik der Politik«, im Sinne des gesellschaftlich Allgemeinen zu handeln, wird durch die für gesamtgesellschaftliche Belange blinde »Logik der Ökonomie« verdrängt (z.B. Altvater/Mahnkopf 1996; zur Kritik Röttger 1997, Borg 2001b). Dabei werden allerdings zwei wesentliche Aspekte vernachlässigt bzw. unterschätzt: zum einen die hegemonial stabilisierenden Wirkungen des Globalisierungsdiskurses selbst (»ideelle Vergesellschaftung«); zum anderen der intentionale Gehalt der Globalisierung als – auch und gerade – *politischem* Prozess.

Im Hinblick auf den zweitgenannten Punkt hat Joachim Hirsch mit großer Vehemenz eine Gegenposition formuliert: Globalisierung, so seine These, ist nur als »umfassende politische Strategie« angemessen zu begreifen, welche »auf eine grundlegende Erneuerung der Kapitalverwertungsbedingungen nach der Krise des Fordismus« abzielt (Hirsch 1998, 23; 1995, 104). Auf diese Weise schlägt allerdings die Kritik an der funktionalistischen Konzeption von Globalisierung tendenziell in ihr voluntaristisches Gegenteil um. Die sich logisch ergebende Frage nach dem Subjekt der Globalisierung beantwortet Hirsch dabei in letzter Zeit immer deutlicher mit dem Verweis auf »die USA« (z.B. Hirsch 2000, 330).[1]

---

[1] Zugleich hat sich Hirsch in dieser Hinsicht allerdings jüngst um eine gewisse Relativierung bemüht, indem er den Strategiebegriff im Hinblick auf eine artiku-

Im Folgenden soll auf der Basis einer kritischen Rekonstruktion des regulationstheoretischen Hegemoniebegriffs gezeigt werden, dass eine differenziertere Haltung zum intentionalen Gehalt der Globalisierung auch Möglichkeiten bietet, deren hegemoniale Effekte zu erfassen. Dabei werde ich *mit* Hirsch *gegen* Hirsch argumentieren: Der von ihm besonders schlüssig entwickelte Begriff des »hegemonialen Projekts«, so meine These, kann genutzt werden, um die regulationstheoretische Analyseperspektive stärker für die Dynamiken der nachfordistischen Entwicklung zu öffnen.

## Hegemoniale Projekte

Die Herausbildung einer neuen Hegemonie, so Lipietz (1985, 114), »ist das Ergebnis des Kampfes von Klassen und Gruppen, von sozialen Bewegungen, die auf dem Boden vorherexistierender Verhältnisse entstanden.« Da eine neue Hegemonie also nicht im historisch luftleeren Raum entsteht, ist sie von der »sozialen und institutionellen Konstellation des untergehenden Akkumulations- und Regulationsmodus« ebenso geprägt (Hirsch 1994, 203) wie von den gesellschaftlich dominanten Bewusstseinsformen, Alltagspraxen und -gewohnheiten: Vor allem auf diesem »schon bestellte[n] Feld der ›Selbstverständlichkeiten‹« findet das Ringen der sozialen Kräfte um eine neue Hegemonie statt (Hall 1989, 80). Auch Gramsci schildert die Krise einer hegemonialen Formation nicht als plötzlichen Zusammenbruch, sondern als einen »molekularen Prozess« der inneren Destabilisierung: »Was zuvor zweitrangig und untergeordnet war, [...] wird zum Ausgangspunkt eines neuen ideologischen und theoretischen Komplexes. In dem Maße, in dem die untergeordneten Elemente sich gesellschaftlich entwickeln, wird sich das alte Kollektiv in seine widersprüchlichen Bestandteile auflösen etc.« (vgl. Gramsci 1991ff., 1051).

Mit der Desartikulation des überkommenen hegemonialen Dispositivs von Praxen und Wissensformen geht die Destabilisierung bzw. Auflösung der dieses Dispositiv bisher stützenden Konstellation gesellschaftlicher Kräfte einher (vgl. Hirsch 1994, 206f.). Der Erfolg sozialer Gruppen und Klassen(fraktionen) im Kampf um die Hegemonie hängt daher wesentlich davon ab, inwieweit es ihnen gelingt, sich diskursiv in dieses nunmehr disparate Feld von Ideen und Praxen einzuklinken und es unter Einflechtung ›neuer‹ Aspekte

---

lierte *Pluralität* von Akteuren aufgefächert hat (Hirsch 1999: 694). Es bleibt damit jedoch bei einem problematischen Zweck-Mittel-Narrativ sowie bei einer zweifelhaften Chronologie von Fordismus-Krise und *darauf reagierender* Globalisierungsstrategie (vgl. hierzu ausführlich Borg 2001b).

zu einem kohärenten Zusammenhang zu reartikulieren. »Kohärent« heißt dabei keinesfalls »widerspruchsfrei«: »Hegemoniale Projekte«, so Hirsch (1995, 58f.), »entstehen [...] aus einer Kombination durchaus widersprüchlicher Diskurse«, und über ihre Tragfähigkeit entscheidet gerade, ob es in ihrem Rahmen möglich ist, diese unterschiedlichen Diskurse und Interessen in einer »allgemeine[n] Vorstellung von der Welt, ihrer richtigen Ordnung und der wünschbaren Entwicklung ihrer Verhältnisse« miteinander zu verbinden. Selbst grundlegende »geistig-moralische Wenden«, so kann Hall (1989, 84) am Beispiel des Thatcherismus deutlich machen, vollziehen sich »nicht durch die Ersetzung der alten Ideologie oder die Oktroyierung einer neuen, sondern eher durch die Verknüpfung und Trennung, durch die Artikulation und Desartikulation von Ideen.«

Vergleicht man diese hegemonietheoretischen Überlegungen mit sozialwissenschaftlichen Zugängen, die sich an der Polarität von Ökonomie und Politik orientieren, so fällt ihre dezentrale methodologische Struktur auf: Hegemonie bezeichnet ein umfassendes Feld von Führungs- und Herrschaftspraxen, welche sich zwar zu einem Großteil im Wirken von Markt und Staat *ausdrücken*, aber weder im »Primat« des einen noch des anderen *wurzeln*. Statt also den Versuch zu unternehmen, unter Zuhilfenahme essentialistischer Konstruktionen wie z.b. der »Logik der Politik« die »Frage nach der die Gesellschaft ›schaffenden Macht‹« (Röttger 1997, 195) eindeutig zu beantworten, verzichtet ein hegemonietheoretischer Ansatz bewusst auf einen archimedischen Punkt der gesellschaftlichen Entwicklung und versteht den Zusammenhang von strukturellen Zwängen der kapitalistischen Vergesellschaftungsweise, konkreten Akkumulations- und Regulationspraktiken sowie den bestehenden Interessenkonstellationen und sozialen Kräfteverhältnissen als eine »Bedingungskonstellation« (Hirsch 1994, 207), in deren Rahmen sich konkrete Dispositive von Praxis und Wissen, mithin hegemoniale Projekte, herausbilden und wandeln.

Während sich mit dem Begriff der Strategie letztlich die Vorstellung einer stringenten, in sich kohärenten Handlungsweise eines einheitlichen Akteurs verbindet, hat Hirsch sich in seiner Definition des hegemonialen Projekts gerade um eine Abgrenzung von einer solchen Sichtweise bemüht: Entgegen üblicher Gleichsetzungen der beiden Begriffe (z.B. Sablowski 1994, 154; ähnlich Jessop 1988) ist das hegemoniale Projekt bei ihm als »implizite Resultante« einer *Vielzahl* von Strategien zu verstehen und ist als solche gerade Ausdruck seiner Konzeption von gesellschaftlicher Entwicklung als »Prozess ohne Subjekt« (Hirsch 1990, 73ff.; 1994, 207ff.). Damit wird der strategische Gehalt des Wandels nicht geleugnet, findet seine Grenze aber im Moment der Artikulation. Entsprechend käme es darauf an, Globalisierung nicht instrumentalistisch als *Mittel* zur Durchsetzung eines neuen Zusammenhangs von Akkumulation, Regulation und Hegemonie zu konzeptualisieren, sondern als *Verlaufsform* dieser Durchsetzung selbst, welche sich im Rahmen der aus der Krise des Fordismus hervorgegangenen »Bedingungskonstellation« aus strukturellen Restriktionen, Regulations- und Bewusstseinsformen sowie Kräfteverhältnissen herausgebildet hat:

»Die Durchsetzung neoliberaler Globalisierung als Durchbruch zu einem neuen Vergesellschaftungstyp des Kapitalismus kann [...] ähnlich der Foucaultschen Bestimmung der Disziplinargesellschaft nicht als ›plötzliche Entdeckung‹ verstanden und analytisch verhandelt werden. Sie muss vielmehr begriffen werden ›als eine Vielfalt von oft geringfügigen, verschiedenartigen und verstreuten Prozessen, die sich überschneiden, wiederholen und nachahmen, sich aufeinander stützen, sich auf verschiedenen Gebieten durchsetzen, miteinander konvergieren – bis sich allmählich die Umrisse einer allgemeinen Methode abzeichnen.‹« (Röttger 1997, 144)

In diesem Sinne, so die hier vertretene These, kann Globalisierung als hegemoniales Projekt verstanden werden: Sie ist ein von einer spezifischen Konstellation sozialer Kräfte getragener Praxis-Wissen-Komplex, welcher soziales Handeln orientiert und der Austragung von politischen und sozialen Konflikten als zivilgesellschaftlich sanktionierter Deutungs- und Bezugsrahmen dient. Damit kann sich aber eine herrschaftskritische Analyse der Globalisierung auf eine empirisch-datenorientierte Untersuchung *allein* nicht stützen, denn sie muss das umfassende Feld von (zivil)gesellschaftlichen Praxen und Diskursen ins Auge fassen, das sich damit verknüpft: Die hegemoniale Position der »Globalisierung« besteht gerade darin, das sie – personifizierend gesprochen – ein solches Feld erzeugen und aufrechterhalten kann und damit auch gesellschaftlich »strukturbildend« wirkt (210).

## Nationaler Wettbewerbsstaat

Hirsch gebraucht im Zusammenhang der Globalisierung den Begriff des hegemonialen Projekts nur selten. Für ihn aber stellt nicht die Globalisierung selbst, sondern die mit ihr verbundene neue Form des Staates, der »nationale Wettbewerbsstaat«, den materiellen und ideologischen Gehalt eines solchen Projektes dar. Wenn auch zunächst nicht recht ersichtlich ist, wie sich diese Annahme mit seiner Vorstellung einer »Globalisierungsstrategie« verträgt – der Wettbewerbsstaat ist bei Hirsch nämlich *Teil* dieser Strategie –, so ist doch interessant, dass Hirsch hier selbst das Motiv der Artikulation wieder aufgreift:

»Ideologisch handelt es sich [beim hegemonialen Projekt des nationalen Wettbewerbsstaats] um eine Mixtur aus Neoliberalismus, Restbeständen des sozialdemokratischen Staatsinterventionismus und libertären Strömungen, die als Zerfallsprodukte der Nach-68er-Protestbewegungen intellektuellen Einfluss gewinnen konnten. Ohne deren eigenen Beitrag zur ›geistig-moralischen Wende‹ wäre das neue Hegemonieprojekt sehr viel schwerer durchzusetzen gewesen. Was dabei herauskommt, ist – nur scheinbar paradox – eine Art von marktliberalem Etatismus. Bestimmende gesellschaftliche Leitvorstellungen sind nicht mehr wie ehemals staatsbürokratisch garantierte Sicherheit, Gleichheit und allgemeine materielle Wohlfahrt im Rahmen einer egalitären Massenkonsumgesellschaft, sondern vor allem die Mobilisierung sämtlicher gesellschaftlicher Ressourcen im Kampf der Standorte [...und] individuelles Durchsetzungsvermögen.«

Dabei betont Hirsch zudem, dass diese Bewusstseins- und Vergesellschaftungsformen »der Gesellschaft nicht von außen aufgepfropft« werden, sondern »aus ihren innersten Strukturen heraus« entstehen (Hirsch 1995, 154ff.). Es taucht also auch bei ihm die gramscianische Vorstellung von Hegemonie als einem ›Produkt‹ molekularer, vor allem zivilgesellschaftlicher Prozesse auf.

In einem gewissen Gegensatz hierzu vermitteln Hirschs übrige Ausführungen zum hegemonialen Projekt tendenziell eher den Eindruck, als handelte es sich hierbei um einen zugleich bewusst installierten wie formbestimmten ideologischen Überbau, der die Ergebnisse der Globalisierungsstrategie (insbesondere den Wettbewerbsstaat) absichert. Die von ihm diagnostizierte, historisch neuartige Form des »zivilgesellschaftlichen Totalitarismus« bedarf der gewaltsamen Zwangsmaßnahmen einer »auf physische Gewalt und politischen Terror gestützte[n] Diktatur« gar nicht mehr, da sie sich auf ein zivilgesellschaftlich fundiertes, »radikal antiutopistisches Bewusstsein« der absoluten Alternativlosigkeit stützen kann (161ff.). Da die Zivilgesellschaft also in Gestalt des bewusstseinsindustriellen Herrschaftsapparates längst von der vereinheitlichenden Dynamik der global herrschenden Warenlogik eingeholt worden ist und somit das Aufkommen antikapitalistischer, emanzipatorischer Diskurse innerhalb zivilgesellschaftlicher Vermittlungsprozesse quasi per Definition ausgeschlossen scheint, könnte Hirsch im Grunde davon ausgehen, dass das »neue Gesicht des Kapitalismus« diesem eine bisher ungekannte Stabilität verleiht – die Betonung der Ambivalenz der Zivilgesellschaft, zum einen zur Stabilisierung kapitalistischer Herrschaftsverhältnisse beizutragen, zugleich aber auch Ausgangspunkt demokratischer und emanzipatorischer Bewegungen zu sein (54), würde sich so freilich weitgehend erübrigen: Der »›zivilgesellschaftliche Totalitarismus‹ [...] als Herrschaftsform des vollen und zu sich selbst gekommenen Kapitalismus«, in welchem die formbestimmten Zwänge der Kapitalverwertung mit den gesellschaftlichen Interessen identisch werden (167), wäre dann konsequenterweise nur noch durch die Zuhilfenahme zusammenbruchstheoretischer Annahmen als grundsätzlich überwindbar zu konzeptualisieren.[2] Allerdings tut sich hier ein weiterer Widerspruch auf: In deutlichem Gegensatz zu diesem implizit von Hirsch an die Wand gemalten, düster-hermetischen Szenario steht nämlich seine Annahme, das wettbewerbsstaatliche Hegemonialprojekt sei aufgrund des zentralen Stellenwerts individuellen Durchsetzungsvermögens und sozialer Ungleichheit als Stimulans bzw. der hierdurch hervorgebrachten Marginalisierungs- und Spaltungsdynamiken als grundsätzlich labil und krisenhaft anzusehen. Entsprechend spricht Hirsch (154f.) von den »gewiss noch vorläufigen Konturen« eines postfordistischen Hegemonialprojekts. Während die Rede vom zivilgesellschaftlichen Totalitarismus die Existenz eines gewissermaßen hyperstabilen, konsensualen Einbindungsmechanismus suggeriert, welcher die Hinnahme wachsender sozialer Polarisierung ideologisch massenwirksam vermittelt, erklärt er also an anderer Stelle genau diese Polarisierung zur Ursache dafür, dass eine umfassend stabile postfordistische Hegemonie bisher noch nicht etabliert werden konnte. Obwohl sich dieser Widerspruch innerhalb der von Hirsch gelieferten Analyse der Globalisierung sicherlich nicht auflösen lässt, deuten dessen beide Pole womöglich auf ein und dasselbe Problem hin: den stabilitätsfixierten Hegemoniebegriff der Regulationstheorie.

### Hegemonie als Ergebnis oder Prozess

Deren Forschungsinteresse, nämlich zu klären, wie es möglich ist, dass die kapitalistische Entwicklung trotz ihrer inhärenten Konflikte, Widersprüche und Antagonismen kein dauerhafter Krisenzustand ist, sondern immer wieder in Phasen relativer Stabilität übergeht, nimmt zwar von der theoretisch-analytischen Programmatik her gesehen eben diesen »konfliktorische[n] Charakter der sozialen Verhältnisse als Ausgangspunkt« (Lipietz 1985, 109). »Trotz dieses programmatischen Anspruchs«, schreibt Sablowski zu Recht, »werden [aber] in den Texten der Regulationisten meist nicht die sozialen Auseinandersetzungen selbst, sondern nur ihre Ergebnisse in geronnener Form zum Gegenstand gemacht.« Insofern ist auch der Begriff der »Fundsache« verräterisch: Am Beispiel der fordistischen Formation werden die Mechanismen untersucht, die zu gesellschaftlicher Stabilität trotz der sie durchziehenden Konflikte und Kämpfe führen. Die Konfliktualität des gesellschaft-

---

[2] Von solchen distanziert sich Hirsch aber vehement, wie seine gelegentliche Kritik an Kurz belegt: z.B. Hirsch 1996.

lichen Prozesses kann so weitgehend nur unter dem Blickwinkel ihrer gelungenen ›Bändigung‹ ins Auge gefasst werden. Die »Analyse der *Herausbildung* einer Regulationsweise oder eines Akkumulationsregimes« stellt demgegenüber in der Tat »einen Schwachpunkt des Regulationsansatzes« dar (Sablowski 1994, 144, meine Herv.).

Diese gewissermaßen rückblickende Perspektive hat u.a. Auswirkungen auf den Begriff der Hegemonie, da er auf diese Weise weitgehend vom Standpunkt (ehemals) bestehender Stabilität aus konzeptualisiert wird. Bei Hirsch führt dies beispielsweise dazu, dass er, wann immer er von der Entfaltung einer neuen Hegemonie spricht, von einem vorher bzw. zeitgleich entstehenden Zusammenhang von Akkumulationsregime und Regulationsweise auszugehen scheint, auf dessen Basis sie sich entwickelt und dessen Stabilisierung sie dann sicherstellt: »Eine neue, stabile Formation wächst aus der Krise der alten dann hervor, wenn es gelingt, den neu entstehenden Akkumulations- und Regulationsmodus in einem neuen hegemonialen Projekt zu verkitten« (Hirsch 1990, 77; vgl. Lipietz 1991, 678). Wird aber Hegemonie per Definition zum stabilitätsgarantierenden »Kitt« des regulativen Gesamtzusammenhangs erklärt, so geht dies gefährlich in Richtung jenes funktionalistischen Ableitungsverhältnisses, das mit der Konzeption eines »relativ kontingenten« Artikulationsverhältnisses zwischen Akkumulationsregime, Regulationsweise und hegemonialem Projekt (Hirsch 1990, 76) gerade vermieden werden soll. Hegemonie droht so in der Tat zu einer Art »Restgröße« (Sablowski 1994, 133) im Rahmen einer Betrachtung eines stabilen Entwicklungsmodells zu werden: Sie bildet gewissermaßen den krönenden Abschluss einer ›zur Ruhe kommenden‹, neuen kapitalistischen Formation.

Wenn Hegemonie auf diese Weise immer erst als etwas ›Fertiges‹, eine krisenhafte Phase von »Suchbewegungen, Experimenten, Konflikten und Kompromissen« *zu Ende* Bringendes (Hirsch 1990, 77) systematisch analysiert werden kann, muss der hegemoniale Gehalt des Wandels *selbst* tendenziell im Dunkeln bleiben: Es ist ja gerade davon auszugehen, dass der Ausgang der Kämpfe um die Gestalt einer neuen kapitalistischen Gesellschaftsformation wesentlich davon abhängt, welche sozialen Kräfte dominant in der Lage sind, die aufkeimenden Konflikte, Probleme und Lösungsansätze in einen plausiblen Zusammenhang zu bringen (Deutungsmacht) und dem Wandel somit eine bestimmte Richtung zu geben. Mit anderen Worten, Hegemonie ist nicht erst als das Endresultat sozialer Auseinandersetzungen, sondern als »das Umkämpfte *und* das Medium des Kampfes« selbst (Haug 1985, 174) zu thematisieren. Hegemoniale Projekte sind somit immer auch als der gesellschaftlichen Entwicklung vorausgreifende, artikulierte Zukunftsentwürfe zu betrachten, die nicht schon von vornherein mit einem kohärenten Ensemble von Akkumulationsregime und Regulationsweise verkoppelt sein müssen – auch in *diesem* Sinne, so haben Deppe und Bieling (1996, 735) vorgeschlagen, sei der »Projektcharakter von Hegemonie« zu verstehen.

Zur Illustration kann hier ein Beispiel aus dem Zusammenhang des hegemonialen Projekts Globalisierung selbst dienen: In dessen Rahmen, so lässt sich beobachten, kann ein wie immer definiertes »hohes Niveau« sozialer Sicherheit ebenso als negativer Kosten- und damit Standortfaktor (»hohe Lohnnebenkosten«) oder als Innovations- und Flexibilitätsbremse (»Vollkaskomentalität«) perhorresziert, wie als positiv zu bewertender »weicher« Standortfaktor (»sozialer Frieden«) gewürdigt werden. Interessant ist dabei vor allem, dass damit zwar offensichtlich konträre Positionen bezeichnet sind, die innerhalb sozialer Auseinandersetzungen aufeinanderprallen können, dass sich aber diese Positionen in Beziehung auf den gleichen – hegemonialen – diskursiven Rahmen definieren: Der Standort XY muss im Hinblick auf die Kapitalverwertungsinteressen optimiert bzw. »fit gemacht« werden. Das heißt aber, dass dieser Diskurs der Entwicklung der sozialen Kämpfe zwar eine Richtung gibt, deren Ausgang im Hinblick auf konkrete Akkumulations- und Regulationspraktiken aber keinesfalls vollständig determiniert. Entsprechend ließe sich behaupten, dass ein hegemoniales Projekt eine *notwendige*, aber nicht *hinreichende* Bedingung eines stabilen Entwicklungsmodells ist.

Die Beantwortung der Frage, ob eine Hegemonie besteht oder nicht, sollte daher nicht von dem Indiz einer existierenden kohärenten Gesellschaftsformation abhängig gemacht werden, sondern davon, ob sich ein dominanter Praxis-Wissen-Komplex identifizieren lässt, der die Prozesse des konfliktuellen Wandels in eine bestimmte Richtung zu lenken vermag, welche bestimmte Akkumulations- und Regulationspraktiken gegenüber anderen begünstigt. Dass dies im Falle der Globalisierung der Fall ist, wird auch von Hirsch kaum bezweifelt, wie etwa seine Rede von einer »neoliberalen Hegemonie« (z.B. Hirsch 1995, 131) zeigt.[3] Es lässt sich freilich durchaus argu-

---

[3] Nachdem angesichts vermehrter sozialdemokratischer Regierungsübernahmen in Europa kurzfristig spekuliert wurde, ob der »hegemoniale Neoliberalismus an seinem Ende angelangt« sei (Röttger 1998, 137), ist die Debatte inzwischen von recht widersprüchlichen Positionen geprägt: Während bspw. Gill (2000) den Neoliberalismus in Europa im Übergang zu einer dezidiert nicht-hegemonialen Phase seiner disziplinären Durchsetzung sieht, meinen etwa Candeias (1999) und Ryner (2000), dass die »Sozialdemokratisierung« des Neoliberalismus diesen im Gegenteil seiner hegemonialen Verallgemeinerung so nahe gebracht hat wie nie zuvor. Mir scheint Gills Perspektive einer »passiven Revolution« des Neoliberalismus in Europa eine Überbewertung der europäischen Ebene zu Grunde zu liegen, deren

mentieren, dass es gerade die inhaltlichen Aspekte des Hegemonialprojekts der Globalisierung selbst sind, die eine Stabilisierung im *fordistischen* Sinne eher unwahrscheinlich machen: Es dürfte kaum überraschen, dass ein Vergesellschaftungszusammenhang, der sich dominant um die Zuteilungseffekte des Marktes als anerkannt »optimalem« Allokations- und Gratifikationsmechanismus sowie die damit verbundenen sozialen Leitvorstellungen wie Flexibilität, Mobilität, Konkurrenz, Eigenverantwortung, Risikobereitschaft etc. herum formiert, einen weit dynamischeren, die Verhältnisse weit weniger ›zur Ruhe kommen lassenden‹ Charakter annimmt als der fordistische Vergesellschaftungszusammenhang, in welchem sich die dominante Vorstellung von der Verwirklichung gesellschaftlichen Wohlstandes gerade an die Möglichkeiten der Abfederung und des Ausgleichs marktmäßiger Zuteilungseffekte band.

Trotzdem sollte nicht vorschnell davon ausgegangen werden, dass eine solche postfordistische Hegemonie nicht im genannten Sinne zu stabilisieren wäre. Zum einen lässt sich genau genommen immer erst in der historischen Rückschau klären, inwieweit sich spezifische Akkumulations- und Regulationspraktiken zu einem kohärenten Ganzen gefügt haben und somit eine bestimmte Phase der kapitalistischen Entwicklung im Vergleich zu anderen als »stabil« einzuschätzen ist. Zum anderen ist durchaus denkbar, dass sich ein solcher Zusammenhang im Vergleich zum Fordismus auf der Basis ganz anderer Strukturprinzipien und räumlicher Bezüge herausbildet. Wie Röttger feststellt, ist nämlich für die Begriffsentwicklung der Regulationstheorie deren »nationalstaatlich-fixierte[r] Zugriff auf die sozio-ökonomischen und politischen Prozesse der kapitalistischen Weltgesellschaft« von besonderer Bedeutung: Die für den Fordismus typische nationalstaatliche Einhegung von Akkumulations- und Regulationsbeziehungen wird tendenziell zur Bedingung der Möglichkeit von Hegemonie überhaupt stilisiert (Röttger 1997, 100ff.).

---

Verknüpfung mit den übrigen Ebenen von Staatlichkeit im Hinblick auf Hegemoniebildungsprozesse unterbelichtet bleibt (siehe dazu die Überlegungen am Ende dieses Beitrags). So geht bspw. der tatsächlich immer wieder zu beobachtende Widerstand gegen durch die EU gesetzte Austeritätszwänge mitunter bestens mit deren weitgehend konsensualer Verarbeitung auf der Ebene »regionaler« bzw. »urbaner Regimes« (Candeias 2000) einher.

## Dominanz des Nationalen?

Hirschs Ausführungen zum Zusammenhang zwischen nationaler und internationaler Hegemonie bzw. Regulation können hier als symptomatisch gelten: Ausgehend von der »analytischen Priorität der nationalen Formationen« beschreibt er den internationalen kapitalistischen Regulations- und Hegemonialzusammenhang als ein Gefüge mehr oder weniger kohärenter, durch nationale Grenzen »voneinander getrennter Reproduktionsräume« und »Wachstumsmodelle«.[4] Der Zustand der Aufspaltung der Welt in Nationen ist zum einen die Bedingung für die Regulation der Klassenverhältnisse, welche »erst durch die Abgrenzung nach außen und die damit verbundene Schaffung klassenübergreifender Interessenwahrnehmungen möglich wird« (Hirsch 1993, 198ff.). Gesellschaftliche Hegemonie entfalte sich prädominant im Rahmen des Nationalstaates. Zum anderen ist die Existenz einer Pluralität von Nationen eine wesentliche Grundlage des globalen Akkumulationsprozesses, da dieser »an die Existenz unterschiedlicher und gleichzeitig aufeinander bezogener ›nationaler‹ Akkumulations- und Regulationsmodi gebunden ist«: »Das kapitalistische Weltsystem stellt sich somit als ein Komplex [...] nationaler Kapitalismen dar« (1993, 201; 1990, 92).

Entsprechend konzeptualisiert Hirsch – Aspekte der »historischen Entwicklung« in Gegenwart und Zukunft verlängernd – internationale Abhängigkeit als Hierarchie unterschiedlich erfolgreicher nationaler Kapitale bzw. Ökonomien: Die Kohärenz der nationalen Entwicklungsmodelle bestimmt über Dominanz oder Abhängigkeit im globalen Kapitalismus (1993, 199f.). Auch wenn er konzediert, dass die Prozesse der ökonomischen Globalisierung zunehmend die Annahme von »Nationalökonomien« obsolet werden lassen und somit auch »die Nationalstaaten tendenziell ihre Position als *Zentren* der Regulation« verlieren (1995, 98), mag sich Hirsch offensichtlich nicht von dem am Beispiel des Fordismus entwickelten Deutungsrahmen einer territorialen Identifikation von Kapital und Staat lösen – im Zweifelsfall wird noch die *Trans*nationalisierung des Kapitals als nationaler Akt beschrieben.[5] Diese theoretische Fundierung der Globalisierung im Nationalen findet ihren Höhepunkt in Hirschs apodiktischem Urteil, der »Kapitalis-

---

[4] Er beansprucht damit mit einem gewissen Recht, für die ganze Regulationstheorie zu sprechen: »In regulationstheoretischer Sicht ist das globale System als komplexe Verbindung nationaler Reproduktionszusammenhänge mit je eigenen Akkumulationsmodi und Regulationsweisen zu begreifen« (Hirsch 1993, 198).

[5] »Das Kapital eines dominanten Staates operiert sowohl innerhalb [als auch] außerhalb seiner Grenzen, während die ökonomischen Prozesse abhängiger Länder immer stärker dessen Bewegung unterworfen wird« (Hirsch 1993, 202).

mus im Weltmaßstab [sei] notwendig nationalstaatlich organisiert« (1990, 94), welches im Hinblick auf die von ihm angenommene, prinzipielle Offenheit des historischen Prozesses sicherlich problematisch ist.

Auch internationale Hegemonie, so verallgemeinert er die Erfahrungen der Pax Americana, hat ihre Wurzeln in auf der Ebene des Nationalen begründeten Dominanz- und Abhängigkeitsverhältnissen:

»Internationale Hegemonie gründet darauf, dass dominante nationale Formationen nicht nur ihr Wachstumsmodell als bestimmend durchsetzen und damit den internationalen Regulationszusammenhang prägen, sondern auch bereit und in der Lage sind, diesen mit ihren Ressourcen und Möglichkeiten zu stützen, was gegebenenfalls heißt, auf kurzfristige Vorteile zugunsten der längerfristigen Stabilität der von ihnen dominierten Weltmarktbeziehungen zu verzichten.« (1993, 205)

Die Entstehung eines globalen hegemonialen Projekts beruht somit auf der »Prägekraft der ökonomisch dominierenden nationalen Gesellschaft(en)«, welche es diesen erlaubt, die innerhalb ihrer Grenzen entstandene Hegemonie qua konkurrenzvermitteltem Anpassungsdruck zu verallgemeinern (1990, 76).[6] Auf diese Weise findet der regulationstheoretische Hegemoniebegriff sowohl seinen Ausgangs- als auch seinen Endpunkt im Konzept der nationalen kapitalistischen Formation: Die in ihren Grenzen herzustellende Kongruenz von Akkumulation und Regulation ist die Basis nationaler wie globaler Hegemonie.

Dieses Modell beruht freilich auf Annahmen, welche gerade im Zuge postfordistischer Restrukturierungsprozesse problematisch werden: Zum einen ist zwar nicht zu leugnen, dass der Nationalstaat – die gängige Rede vom »Standort Deutschland« macht dies deutlich – immer noch ein wichtiger ideologischer Ankerpunkt im Globalisierungsdiskurs ist. Doch wird zunehmend sichtbar, dass es sich, insofern mit der »Nation« ein gesamtgesellschaftlicher Zusammenhang angesprochen werden soll, hierbei zunehmend um rhetorische Beschwörungsformeln handelt, deren zugrundeliegende institutionelle Materialität immer mehr ausgehöhlt wird (Jessop 1994, 68ff.). Nationalistische Appelle können nicht verbergen, dass gerade der nationale Akkumulations- und Regulationszusammenhang im Zuge neoliberaler Glo-

---

[6] Röttger (1997, 97) weist darauf hin, dass die Regulationstheorie im Hinblick auf den Fordismus diesen Verallgemeinerungsprozess nicht als simple »Übertragung eines ›Modells‹« fasst – andernfalls würde sich Hirschs Betonung der Diversität der jeweiligen nationalen »Reproduktionsräume« ja auch erübrigen –, sondern als jeweils spezifischen und selektiven Endogenisierungsprozess »auf der Basis je unterschiedlicher innergesellschaftlicher Kräfteverhältnisse und spezifischer Stellungen in der Hierarchie internationaler Arbeitsteilung.«

balisierung fragmentiert und heterogenisiert wird: Unter dem Deckmantel des *nationalen* Standortdiskurses findet eine zunehmende Standortkonkurrenz vermehrt auch auf der lokalen und regionalen Ebene statt (Stichwort »kompetitiver Föderalismus«). Die damit einhergehende bzw. sich parallel hierzu vollziehende Reproduktion von Zentrum-Peripherie-Beziehungen *innerhalb* der kapitalistischen Zentren selbst (Neyer 1995; Wissen 2000) macht dabei die Annahme plausibel, dass es entgegen Hirschs Behauptung der Aufspaltung der Welt in Nationalstaaten tendenziell immer weniger bedarf, um den Verwertungsinteressen des Kapitals unterschiedlich strukturierte Reproduktionsräume und Ausbeutungsformen ›bieten‹ zu können – zumindest wird immer fraglicher, ob die Grenzen solcher Räume unbedingt mit nationalen Grenzziehungen zusammenfallen müssen.

Auch Hirsch (1995, 133ff.) konstatiert ein »verändertes Geflecht der Räume«, welches er allerdings fast ausschließlich aus der Perspektive der Desintegration von kohärenten Funktionszusammenhängen (nämlich den nationalen) analysiert. Dabei vernachlässigt er aber, dass sich auf anderen Ebenen – z.B. im Rahmen transnationaler Produktionsnetzwerke oder aber eben auf regionaler bzw. »Cluster«-Ebene – durchaus neue Kohärenzen herauszubilden beginnen, welche zwar im Vergleich zu den fordistisch-nationalen Strukturen sicherlich von wesentlich selektiveren sozialen Integrationsformen geprägt sind, aber womöglich trotzdem die Basis für die Entstehung eines kohärenten, postfordistischen Akkumulations- und Regulationszusammenhangs bilden können. Da sich aber Hirsch einer solchen, gewissermaßen offenen Perspektive augenscheinlich nicht anschließen mag, kann er den Postfordismus kaum anders als »das inzwischen recht lange anhaltende Fortdauern einer globalen kapitalistischen Krise« begreifen (178).[7] Weil aus seiner Sicht eine umfassende gesellschaftliche Hegemonie weiterhin ausschließlich im Nationalen wurzelt, fällt so auch aus dem Blick, dass sowohl regionale Cluster als auch transnationale Konzerne (trotz gelegentlich anderslautender Rhetorik) sich nicht mehr primär im Rahmen nationaler gesellschaftlicher Bezüge definieren, sondern ihr Selbstverständnis wie ihre Strategien vermehrt in Beziehung zu globalen bzw. transnationalen Zusammenhängen formulieren.

---

[7] Allerdings deutet sich bei Hirsch inzwischen ein Perspektivwechsel an, vgl. seinen Beitrag auf der Marburger Tagung vom 20./21. Oktober 2000 »Postfordismus – Dimensionen einer neuen kapitalistischen Formation«.

## Plädoyer für eine multidimensionale Perspektive

Um diesen dynamischen Verhältnissen gerecht zu werden, müsste sich die Regulationstheorie allerdings systematischer als bisher davon lösen, die im Nationalen wurzelnde »fordistische Bedingungskonstellation [...] zum Maßstab der Geschichte« zu machen, »an dem die Widersprüche des neoliberalen Kapitalismus und die politischen und sozialen Formen ihrer Bearbeitung vermessen werden« (Röttger 1997, 101). Wichtige Schritte werden in dieser Hinsicht von der neogramscianischen International Political Economy (IPE) unternommen, welche Gramscis Hegemoniebegriff auch auf der transnationalen Ebene in Ansatz bringt (vgl. Bieling/Deppe 1996). Zwar neigt die IPE ihrerseits dazu, Hegemonie zum alleinigen Ergebnis *top-down*-oktroyierter transnationaler Elitendiskurse zu stilisieren (vgl. Borg 2001a), doch könnte dieser Tendenz durch eine Auffächerung der Forschungsperspektive auf die verschiedenen räumlichen Ebenen (»scales«) von Staatlichkeit begegnet werden, wie sie wiederum in jüngeren Arbeiten aus dem Kontext der Regulationstheorie praktiziert wird.[8]

Aus der Sicht eines solchen integralen Erkenntnisprojekts ergibt sich gleich eine ganze Reihe von forschungsleitenden Fragen – ohne jeden Anspruch auf Originalität und Vollständigkeit seien folgende genannt: Wie greifen die hegemonialen Artikulationsprozesse auf den verschiedenen Ebenen (lokal, national, regional etc.) ineinander? Welche Hierarchien, welche Widersprüche bestehen zwischen den Ebenen, und wie verändern sich diese im Verlauf der hegemonialen Artikulation selbst? Wie verzahnen sich transnationale mit nationalen bzw. regionalen Eliten sowie mit ›ortsüblichen‹ Politikmustern bzw. politischen Kulturen? Welche Rolle spielen neben Kapital und Arbeit die diversen Arten von sozialen Bewegungen und Nichtregierungsorganisationen: Sind sie jeweils eher als Organe der hegemonialen Verallgemeinerung oder als Träger emanzipatorischer Gegenmacht zu beurteilen?[9] Welche Asymmetrien bestehen zwischen den verschiedenen sozialen Kräften im Hinblick auf die jeweiligen Reichweiten und Einflussmöglichkeiten ihres Handelns? Welches organisatorische und politische Eigengewicht bringen die

---

[8] Vgl. hierzu bspw. die Beiträge von Bob Jessop, Mario Candeias und Markus Wissen in *Argument 236/2000* sowie die Texte von Alex Demirovic, Patrick Ziltener, Hans-Jürgen Bieling/Jochen Steinhilber und Thorsten Schulten in Bieling/Steinhilber 2000.

[9] Dieses Thema wird freilich im Rahmen der linken Debatte, welche um die (Mode)begriffe »internationale Zivilgesellschaft« und »global governance« geführt wird, schon seit einigen Jahren heiß diskutiert: Vgl. z.B. iz3w 1997, Brand u.a. 2000 sowie die Kontroverse zwischen Stützle 1999 und Seibert 1999.

## Hegemonie der Globalisierung?

Nationalstaaten in die Prozesse der hegemonialen Artikulation ein; welche Rolle spielen die zwischen ihnen herrschenden Hierarchien? Wie steht es in dieser Hinsicht mit transnationalen Organisationen wie G7, WTO, IWF etc.; in welcher Beziehung stehen sie zu den verschiedenen Ebenen der Hegemoniebildung? – Erst durch ein systematisches ›Abarbeiten‹ dieser Fragenkomplexe und die sukzessive Verknüpfung der jeweiligen Analyseergebnisse kann letztlich dem theoretischen Anspruch, welcher implizit mit dem Begriff des »hegemonialen Projekts« formuliert ist, im Hinblick auf die Globalisierung Genüge getan werden – dem Anspruch nämlich, Hegemonie als Ergebnis der konflikthaften Artikulation verschiedener Strategien und Diskurse auf der Grundlage asymmetrischer Kräfteverhältnisse begreifbar zu machen. Dabei sind die Ergebnisse einer solchen multidimensional angelegten Forschung nicht zuletzt auch für eine emanzipatorische politische Praxis relevant, denn es ist durchaus fraglich, ob die Interpretation neoliberaler Globalisierung als »Durchsetzung des amerikanischen Modells« (Bourdieu 2000) nicht allzu einfache strategische Schlussfolgerungen zeitigt, welche nicht nur die Komplexität neoliberal-hegemonialer Durchdringung von Gesellschaft verkennen, sondern letztlich auch eurochauvinistischen Tendenzen Vorschub leisten.[10]

### Literatur

Altvater, Elmar/Mahnkopf, Birgit (1996): Grenzen der Globalisierung, Münster
(Das) Argument, 2000: Topographie des neoliberalen Staates, Das Argument 236, 42. Jg.
Bieling, Hans-Jürgen/Deppe, Frank (1996): Gramscianismus in der Internationalen Politischen Ökonomie. Eine Problemskizze, in: Das Argument 217, 38. Jg., 729-740
Bieling, Hans-Jürgen/Steinhilber, Jochen (Hrsg.) (2000): Die Konfiguration Europas. Dimensionen einer kritischen Integrationstheorie, Münster
Borg, Erik (2001a): Gramsci global? Transnationale Hegemoniebildung aus der Perspektive der Internationalen Politischen Ökonomie, in: Das Argument 239, 43. Jg., 67-78
Borg, Erik (2001b): Projekt Globalisierung. Soziale Kräfte im Konflikt um Hegemonie, Hannover
Bourdieu, Pierre (2000): Die Durchsetzung des amerikanischen Modells und die Folgen, in: Loccumer Initiative kritischer Wissenschaftlerinnen und Wissenschaftler (Hrsg.): Europa des Kapitals oder Europa der Arbeit? Perspekti-

---

[10] Es sollte vielleicht stutzig machen, dass vor gar nicht langer Zeit das »amerikanische Modell« bei Bourdieu noch als »Modell Tietmeyer« firmierte.

ven sozialer Gerechtigkeit, Hannover
Brand, Ulrich u.a. (2000): Global Governance. Alternative zur neoliberalen Globalisierung? Münster
Candeias, Mario (1999): 1989-1999 – Die Wende als Ausdruck neoliberaler Verallgemeinerung, in: Das Argument 232, 41. Jg., 645-655
Candeias, Mario (2000): Restrukturierung der räumlichen Organisation des Staates, in: Das Argument 236, 42. Jg., 355-373
Esser, Josef/Görg, Christoph/Hirsch, Joachim (Hrsg.) (1994): Politik, Institutionen und Staat. Zur Kritik der Regulationstheorie, Hamburg
Gill, Stephen (2000): Theoretische Grundlagen einer neo-gramscianischen Analyse der europäischen Integration, in: Bieling/Steinhilber 2000, 23-50
Gramsci, Antonio (1991ff.): Gefängnishefte, Hamburg
Hall, Stuart (1989): Ausgewählte Schriften. Ideologie, Kultur, Medien, Neue Rechte, Rassismus, Hamburg/Berlin
Haug, Wolfgang Fritz (1985): Pluraler Marxismus. Beiträge zur politischen Kultur, Bd. 1, Berlin
Hirsch, Joachim (1990): Kapitalismus ohne Alternative?, Hamburg
Hirsch, Joachim (1993): Internationale Regulation. Bedingungen von Dominanz, Abhängigkeit und Entwicklung im globalen Kapitalismus, in: Das Argument 198, 35. Jg., 195-221
Hirsch, Joachim (1994): Politische Form, politische Institutionen und Staat, in: Esser/Görg/Hirsch, 157-211
Hirsch, Joachim (1995): Der nationale Wettbewerbsstaat, Berlin/Amsterdam
Hirsch, Joachim (1996): »Globalisierung ist Klassenkampf.« Staat und Ökonomie im globalen Kapitalismus (Interview), in: iz3w Nr. 216, 20-23
Hirsch, Joachim (1998): Vom Sicherheits- zum nationalen Wettbewerbsstaat, Berlin
Hirsch, Joachim (1999): Was heißt eigentlich »Globalisierung«? Überlegungen zur »neuen Weltordnung« anlässlich des Kosovo-Kriegs, in: Das Argument 232, 41. Jg., 691-699
Hirsch, Joachim (2000): Die Internationalisierung des Staates, in: Das Argument 236, 42. Jg., 325-339
iz3w (1997): Schwerpunkt: Global Governance – Die neue Weltordnungspolitik?, in: iz3w Nr. 224 (1997), 18-36
Jessop, Bob (1988): Postfordismus. Zur Rezeption der Regulationstheorie bei Joachim Hirsch, in: Das Argument 169, 30. Jg., 380-390
Jessop, Bob (1990): State Theory. Putting the Capitalist State in its Place, Cambridge
Jessop, Bob (1994): Veränderte Staatlichkeit. Veränderungen von Staatlichkeit und Staatsprojekten, in: Dieter Grimm (Hrsg.), Staatsaufgaben, Baden-Baden
Lipietz, Alain (1985): Akkumulation, Krise und Auswege aus der Krise: Einige methodische Überlegungen zum Begriff der »Regulation«, in: Prokla 58, 15. Jg., 109-137
Lipietz, Alain (1991): Demokratie nach dem Fordismus, in: Das Argument 189,

33. Jg., 677-694

Neyer, Jürgen (1995): Das Ende von Metropole und Peripherie? Soziale Inklusion und Exklusion in der entgrenzten Weltwirtschaft, in: Peripherie Nr. 59/60, 15. Jg., 10-29

Röttger, Bernd (1997): Neoliberale Globalisierung und eurokapitalistische Regulation. Die politische Konstitution des Marktes, Münster

Röttger, Bernd (1998): Gramsci und die Kritik des hegemonialen Neoliberalismus. Politische Re-Konstitution des Marktes und neoliberale Erweiterung des Staates, in: Uwe Hirschfeld (Hrsg.): Gramsci-Perspektiven, Hamburg und Berlin

Ryner, Magnus (2000): Der neue Diskurs über den »Dritten Weg«: Zur Dynamik des sozialdemokratischen Neoliberalismus, in: Bieling/Steinhilber, 243-275

Sablowski, Thomas (1994): Zum Status des Hegemoniebegriffs in der Regulationstheorie, in: Esser/Görg/Hirsch, 133-156

Seibert, Thomas (1999): Komplizierte Macht. Die NGOs sind nicht nur ›erweiterte Staatsapparate‹, sondern immer auch ein Moment der sozialen Selbstorganisation, in: Jungle World Nr. 41, 6. Oktober 1999, 5

Stützle, Ingo (1999): Komplizen der Macht. Die NGOs ergänzen den nationalen Wettbewerbsstaat und sind integraler Teil der Neuen Weltordnung, in: Jungle World Nr. 41, 6. Oktober 1999, 5

Wissen, Markus (2000): Die Peripherie in der Metropole. Zur Regulation sozialräumlicher Polarisierung in Nordrhein-Westfalen, Münster

# Klaus Dörre
# Gibt es ein nachfordistisches Produktionsmodell?
## Managementprinzipien, Firmenorganisation und Arbeitsbeziehungen im flexiblen Kapitalismus

Nach Jahren der Stagnation ist wieder Bewegung in die regulations- und kapitalismustheoretische Debatte gekommen. Ausgelöst wird sie durch Autoren, die mit unterschiedlichen Begründungen von der Entstehung einer neuen kapitalistischen Formation oder eines nachfordistischen Akkumulationsregimes sprechen.[1] Ich selbst bin solchen Thesen lange mit Skepsis begegnet (Dörre 1996). Inzwischen neige ich zu einer Korrektur meiner früheren Argumentation. Zumindest auf der Ebene des Produktionsmodells scheint mir ein neuer Aggregatzustand erreicht. Der Nebel der »neuen Unübersichtlichkeit« (Schumann 2000) in der Arbeitspolitik lichtet sich zusehends. Die veränderte Arbeitsrealität lässt sich in der Terminologie einer Krise des Fordismus nicht mehr angemessen begreifen.

Anders als es Gramsci für die fordistische Formation behauptete, vollzieht sich die Revitalisierung des Kapitalismus jedoch *nicht* mittels eines überlegenen Rationalitätsprinzips, das vom kapitalistischen Betrieb auf die Gesellschaft ausgedehnt wird. Eher trifft die Umkehrung des Arguments zu. Die makroökonomische Konstellation presst die Unsicherheiten deregulierter (Finanz-)Märkte regelrecht in die Betriebe und Unternehmen hinein. Der strukturelle Triumph der Markt- über die Produktionsökonomie ist das herausragende Merkmal eines Regimes, das Managementprinzipien, Firmenorganisation und Arbeitsbeziehungen an die Bedingungen einer sich transnational organisierenden short-run-Ökonomie anpasst. Als Entsprechung zu unsicheren Märkten ist die flexible Produktionsweise durchaus produktiv. Genauer, sie wirkt produktivistisch. Ihr mangelt es jedoch an einer Regulationsweise, mit deren Hilfe sich betriebliche Effizienzsteigerungen in »sozialen Fortschritt« (Aglietta 2000) ummünzen ließen. Daraus folgt: Die Kämpfe um und für eine solche Regulationsweise müssen auf dem Terrain des

---

[1] Vgl. z.B. Aglietta 2000, Gorz 2000, Revelli 1999, Röttger 1997, Sennett 1998. Vgl. auch die Beiträge von Bieling, Candeias und Hirsch in diesem Band.

neuen Produktionsmodells ausgetragen werden, ansonsten bleiben sie wirkungslos.

## 1. Der Fordismus als Interpretationsfolie

Zunächst zur theoretischen Folie, die dieser Interpretation zugrunde liegt. Die nachfolgende Argumentation bewegt sich auf einer Ebene, die in der Regulationstheorie als technologisch-organisatorisches Paradigma oder als Produktionsmodell bezeichnet wird. Allgemein lässt sich ein Produktionsmodell als Netzwerk sozialer Verhältnisse begreifen, in denen spezifische Managementprinzipien mit der Regulation industrieller Beziehungen kombiniert werden. Jedes historisch identifizierbare Produktionsmodell stiftet halbwegs stabile Entsprechungen (»complementarities«) zwischen Firmenorganisation, Formen des Wettbewerbs, Arbeitsbeziehungen und Bildungssystem (Boyer/Durand 1997, 3). Analytisch zunächst auf die mikrosoziale Ebene (Arbeits- und Betriebsorganisation) gerichtet, lässt sich die Kategorie auch auf die Mesoebene, auf die Geschäftsstrategien und die Aushandlungsbeziehungen von Unternehmen sowie auf die Formen makroökonomischer Regulation beziehen.

Ihre Erklärungskraft hat die Regulationstheorie lange Zeit aus der retrospektiven Analyse des fordistischen Kapitalismus bezogen. Die Stabilität dieser Formation wurzelte in einem Produktionssystem, das im Wesentlichen auf vier Basisprinzipien beruhte: Es verfolgte (1) die Reduktion und Rationalisierung operativer Zeit durch die Aufspaltung von Arbeitsaufgaben und deren Technisierung; es umfasste (2) eine strikt hierarchische Organisation von Konstruktion, Entwicklung, Produktion und Vertrieb; es realisierte (3) den Primat der Produktions- über die Marktökonomie, wobei unterstellt wurde, dass niedrigpreisige Waren immer einen Käufer finden, und es nutzte (4) den Dualismus von Großindustrie und Kleinbetrieben, indem große Firmen stabile Massenbedürfnisse befriedigten, während kleinbetriebliche Produktion die variable Nachfrage bediente. Diese Basisprinzipien des fordistischen Produktionsmodells korrespondierten positiv mit keynesianischer Nachfragesteuerung, Beteiligung der Beschäftigten am Produktivitätsfortschritt und sozialstaatlicher Regulation (Boyer/Durand 1997, 7ff.). In der Ära des expandierenden Fordismus wurden sie innerhalb verschiedener nationaler Industriemodelle realisiert. In Westdeutschland waren die Unternehmenshierarchien traditionell weniger gestaffelt, die Kontrollpraktiken lockerer, die Herrschaftsfunktion des Managements wegen ihrer Bindung an die Profession sachlicher und die Ausstattung mit industriellen Rechten weiter vorangetrieben als in vergleichbaren Modellen (Sorge 1999). Die Kombination von diversifizierter Qualitätsproduktion und dualem System der Arbeitsbeziehungen, das sowohl Kompromissbildungen auf zentraler Ebene (regionale Vereinbarungen und deren nationale Koordinierung in der Arena der Tarifbeziehungen), als auch deren variable Umsetzung auf der Unternehmens- und Betriebsebene ermöglichte, ließ Boyer (1992) mit Recht von einem »flexiblen Fordismus« sprechen.

Die Krisenfaktoren dieser Formation sind in zahlreichen Studien diskutiert worden. Dagegen fällt auf, dass Aussagen über das nachfordistische Produktionsmodell bis in die Gegenwart merkwürdig blass geblieben sind. Viele regulationstheoretische Arbeiten operieren mit Begriffen, die bestenfalls Durchschnittswerte abbilden. So identifiziert Coriat (1995) das postfordistische Produktionssystem schlicht mit der Anwendung ohnistischer Managementprinzipien. Andere Autoren wie Lipietz (1993) sehen eher eine Konkurrenz unterschiedlicher Managementparadigmen. Die differenzierteste Argumentation stammt von Boyer (1992, 57ff.). Er beschreibt eigenständige Prinzipien eines nachfordistischen Managementstils, die im Sinne funktionaler Äquivalenz von unterschiedlichen Managementkonzepten (Toyotismus, Sonyismus, Volvoismus) realisiert werden können. Doch selbst diese Konstruktion leidet an einem konzeptionellen Mangel. Ohne empirisch abgesicherte Forschung am Gegenstand tendieren Regulationstheoretiker dazu, das postfordistische Produktionsmodell analog zu jenem der fordistischen Formation zu modellieren. Durchschnittsbegriffe wie Neo-Taylorismus, Toyotismus, Kalmarismus oder flexible Spezialisierung unterbieten jedoch die empirische Vielfalt postfordistischer Arbeits- und Organisationsformen. Und sie suggerieren eine Linearität des Managementhandelns, die in der Realität so nicht existiert.

## 2. Industrielle Restrukturierung in den 90ern: Das Pendel schwingt zurück

Das wird deutlich, wenn man den Verlauf industrieller Restrukturierung während der 90er Jahre betrachtet.[2] Industrielle Restrukturierung vollzieht sich während dieses Zeitraums in Gestalt eines arbeitspolitischen Pendelschwungs. Durch die Lean-Production-Rezeption (Womack u.a. 1991) angestoßen, kommt es in der ersten Hälfte der Dekade zu einer experimentellen Anwendung partizipativer Managementprinzipien. Der Fokus des Ratio-

---

[2] Die nachfolgende Argumentation basiert auf einer empirischen Studie in 36 Industrie- und Dienstleistungsbetrieben. Die empirischen Ergebnisse können in diesem Kontext nur in ihrer Essenz präsentiert werden. Ausführlich dazu: Dörre 2001.

nalisierungshandelns verschiebt sich von der Technikimplementation hin zur Betriebs- und Unternehmensorganisation. Auch die Regulationsmechanismen des »ausgehandelten Unternehmens« geraten ins Visier von Rationalisierungsbestrebungen. Stilprägend sind Bemühungen des Managements, zumindest Teile der Belegschaften aktiv in die Reorganisation ihrer Betriebe einzubinden. Aus ehemaligen Objekten tayloristischer Rationalisierung sollen – innerhalb fremdbestimmter Grenzen – Subjekte des Rationalisierungshandelns werden (Wolf 1994, Dörre u.a. 1993).

Schon während der ersten Hälfte der 90er Jahre unterscheiden sich die arbeitspolitischen Kompromisse, die eine Rationalisierung in begrenzter Eigenregie der Beschäftigten ermöglichen sollen, gravierend. Auf eine differenzierte Darstellung der Partizipationstypen (Dörre 2001, 23-181) muss an dieser Stelle verzichtet werden. Einige Hinweise mögen genügen, um die Richtung des betrieblichen Wandels anzudeuten. Nach einem groben Raster lassen sich zwei Wege zur Implementation partizipativer Managementprinzipien unterscheiden. Die *high road* industrieller Restrukturierung knüpft positiv an die Tradition von diversifizierter Qualitätsproduktion, qualifizierter Facharbeit und institutionalisierter Mitbestimmung an. Für diese Variante ist charakteristisch, dass sie direkte Beschäftigtenpartizipation auf vergleichsweise hohem Niveau realisiert.

Arbeitskollektive können über die Feinplanung des Arbeitstages selbst entscheiden. Direkte Partizipation ist in Gestalt von teilautonomen Gruppen und Mitarbeitergesprächen in den Arbeitsprozessen verankert. In den Montagebereichen zielen Partizipationsansätze auf eine Überwindung tayloristischer Arbeitsformen. Die Gruppen werden durch gewählte Sprecher vertreten, die vor Ort neben Betriebsräten und Gewerkschaften teilweise als »dritte Kraft der Interessenvertretung«, mitunter gar als »kleine Betriebsräte« agieren. In kleineren Betrieben sind demokratische Verfahren weniger verbreitet; dafür wird Konzeptpartizipation auf einem Niveau praktiziert, das Beschäftigte in die Planung von Prozessinnovationen einbezieht. Wenngleich direkte Partizipation auch in den high-road-Varianten primär an betrieblichen Effizienzkriterien ausgerichtet ist, lässt sie den Beschäftigten doch genügend Spielraum zur Korrektur von »Asymmetrien des kapitalistischen Arbeitsvertrages« (Baglioni 1999).

Starke Gruppen nutzen ihre Position, um sich die Arbeit zu erleichtern. Die Machtstellung der unmittelbaren Vorgesetzten wird deutlich relativiert. Produktionsarbeiter gewinnen an Selbstbewusstsein und Anerkennung. Zugleich halten in vielen Gruppen auch zivile Standards Einzug, die zuvor nicht üblich gewesen sind. Insofern kann man mit Blick auf die high-road-Varianten betrieblicher Reorganisation von wirklicher Arbeitnehmerpartizipation sprechen.

Bei den low-road-Varianten ist dies nicht oder nur sehr eingeschränkt der Fall. Zu diesem Weg gehören ausgesprochen repressive Formen industrieller Restrukturierung, die Scheinpartizipation vorwiegend zur Legitimation von Personalabbau nutzen. Andere Unternehmen vermeiden die Härten der repressiven Variante, ohne das Partizipationsniveau der high-road-Betriebe zu erreichen. Der Schwerpunkt der Restrukturierung liegt auf Veränderungen der Betriebsorganisation durch Geschäftssegmentierung und Centerbildung. Direkte Partizipation findet in solchen Fällen häufig neben den eigentlichen Arbeitsprozessen statt. Bei der Überwindung von Centeregoismen erfüllt sie eine kommunikative Steuerungsfunktion. Bevorzugte Organisationsformen sind Kaizen-Workshops, Qualitätszirkel, Lernstätten oder Problemlösungsgruppen. Die Produktionstätigkeit bleibt scheinbar unverändert; sie wird jedoch um Beteiligungselemente angereichert. Hierarchisch geführte Teams verkörpern die Normalität dieser gestrafften Firmenbürokratien. Demokratische Gruppensprecherwahlen sind bei den low-road-Varianten eher die Ausnahme. Wo es sie gibt, sind sie Bestandteil eines Produktionssystems, das in der Literatur als partizipativer Taylorismus bezeichnet wird (in Anlehnung an Adler: Gerst 2000).

Schon zu Beginn der Restrukturierung wird die aktive Beteiligung von Beschäftigten an betrieblichen Optimierungen mit einer marktgetriebenen Dezentralisierung der Unternehmens- und Betriebsorganisation kombiniert. Die »Internalisierung des Marktes« (Moldaschl/Sauer 2000) durch Werksteilungen, Ausgründungen und Auslagerungen (externe Flexibilisierung), Geschäftssegmentierung und Centerbildung (interne Flexibilisierung), setzt partizipative Arbeitsformen dem Druck erhöhter Marktrisiken aus. Vor allem bei den high-road-Varianten führt dies zu einem Spannungsverhältnis zwischen kurzfristigen Rationalisierungs- und Kostensenkungszielen des Managements einerseits und den zeit- wie ressourcenintensiven Lernprozessen, die zum Erlernen der neuen Arbeitsweise nötig sind, andererseits. Dieses Spannungsverhältnis wird in einer Reihe von Betrieben jedoch zunächst erfolgreich gemeistert. Das gilt selbst für Betriebe, in denen die Shareholder-Value-Steuerung bereits zu Beginn der Reorganisation eine Rolle spielt. Wo die Erprobung partizipativer Managementkonzepte einen Imagegewinn verheißt, wirkt der Shareholder Value in dieser Phase nicht als Hindernis, sondern geradezu als Treiber für Experimente mit partizipativen Arbeitsformen. In Hochzeiten der »Partizipationsmode« lassen sich auch in solchen Betrieben Minimalbedingungen für eine erfolgreiche Anwendung partizipativer Managementprinzipien realisieren. Zu diesen Minimalbedingungen gehören: starke Modernisierungsallianzen aus Firmenleitungen und Interessenvertretungen, die Widerstände überwinden und Rückschläge verkraften können; Manager mit Charisma und Bindungen an Betrieb und Region, die als integer gelten und die bei Schwierigkeiten persönlich Verantwortung für den eingeschlagenen Kurs übernehmen; Betriebsräte, die in der Lage sind, eine praktikable Synthese zwischen autonomer Interessen- und konzeptiv wirksamer Gestaltungspolitik zu finden; ausreichend qualifizierte und motivierte Belegschaften sowie eine Ausgestaltung partizipativer Arbeitsformen, die Management und Belegschaften tatsächlich eine Chance für Win-Win-Situationen eröffnet.

In der zweiten Hälfte der Dekade werden Win-Win-Situationen immer seltener. Vielfach kommt es zu arbeitspolitischem Rückschritt. Betroffen ist vor allem die high road betrieblicher Reorganisation. Ein zum Daimler-Chrysler-Konzern gehörendes Montagewerk, das zu Beginn der 90er Jahre als Aushängeschild für eine Re-Qualifizierung von Produktionsarbeit galt, steht symbolisch für den dominanten arbeitspolitischen Rückschritt. Dort hat eine faktische Re-Taylorisierung der Produktionsarbeit stattgefunden. Zwar sind Gruppenarbeit, Gruppengespräche und Sprecherwahlen erhalten geblieben, doch die bandentkoppelten Arbeitsbereiche (»Boxenfeld«) hat man aufgelöst. Die Bänder sind nun wieder nach dem Perlenkettenprinzip organisiert, die Arbeitstakte liegen bei ein bis zwei Minuten. Es gibt wieder Überkopfarbeit. Sämtliche Tätigkeiten sind einem strengen Standardisierungsprinzip unterworfen; selbst der Kehrbesen im Gruppenraum hat seinen vorgegebenen Platz. In diesem Produktionssystem sind die Partizipationsspielräume der Gruppen eng begrenzt. Sie beschränken sich weitgehend darauf, innerhalb vorgegebener Standards Leistungspensen auszuhandeln. Die gelenkte Beteiligung bewirkt mitunter, dass Gruppenmitglieder im Rahmen von KVP-Workshops die engen Arbeitstakte noch weiter reduzieren.

Mit einer positiven Optimierung der eigenen Arbeitsbedingungen hat diese Form der Rationalisierung in Eigenregie kaum etwas gemein. Und doch funktioniert die Fabrik nahezu reibungslos. Störungen des Produktionsflusses sind selten. Die im Umfeld des Werks ansässigen Zulieferer arbeiten bei großer Typenvielfalt »just-in-sequence«, und dennoch sind Qualitätsmängel eine Ausnahme. Von Absentismus und heimlicher Sabotage kann keine Rede sein. Kurzum: Die am toyotistischen Vorbild ausgerichtete Fabrik funktioniert nahezu reibungslos. Dagegen hat der Betriebsrat größte Schwierigkeiten, den Leistungskompromiss in der Fabrik überhaupt noch zu beeinflussen. Die Re-Taylorisierung eines ursprünglich am Vorbild Volvo/Uddevalla ausgerichteten Werks stellt in dieser Massivität sicher eine Ausnahme dar. In Betrieben und Bereichen mit qualifizierter Facharbeit und/oder hohem Technisierungsniveau wäre eine Re-Taylorisierungspolitik ohnehin dysfunktional. Doch auch hier finden sich Hebel, die eine selektive Steuerung von Beschäftigtenpartizipation ermöglichen. So gibt das Management bei einem Trafo-Produzenten des Siemens-Konzerns nur noch den Produktpreis vor.

Wie die Arbeiter ihre Trafos herstellen, bleibt ihnen weitgehend selbst überlassen. Unter dem Druck permanenter Standortkonkurrenzen sind die neuen Freiheiten freilich ein subtiles Mittel der Leistungsintensivierung. Denn die Verantwortung für den Produktpreis liegt nun bei den Arbeitern. Um den Preis und damit auch die Arbeitsplätze zu halten, nehmen die Gruppen wie selbstverständlich Mehr- und Zusatzarbeit in Kauf.

Beide Formen einer selektiven Nutzung von Beschäftigtenpartizipation stehen für einen arbeitspolitischen Trend. Viele Betriebe, die zunächst den high-road-Varianten zugerechnet werden konnten, nähern sich in der zweiten Hälfte der 90er dem Modell der gelenkten Partizipation in gestrafften Firmenbürokratien an. Selbst in den New-Economy-Betrieben geraten partizipative Arbeitskulturen unter Ökonomisierungsdruck. Es ist kein Zufall, dass arbeitspolitische Regression in großen Konzernen wie Siemens oder Daimler-Chrysler zeitlich mit der Einführung der Shareholder-Value-Steuerung zusammenfällt. Und doch wäre es zu einfach, die arbeitspolitische Entwicklung allein diesem Steuerungsprinzip anzulasten. Von Anfang an ist die Einführung partizipativer Arbeitsformen ein mühsamer, ständig von Rückschlägen und Revisionen begleiteter Prozess. Dafür gibt es eine Vielzahl von Gründen: die Schwerkraft sperriger Traditionen, die Komplexität des angestrebten Wandels sowie die »arbeitssparende« (Gorz 2000) Wirkung der Rationalisierung in Eigenregie. Entscheidend ist jedoch ein spezifisches Paradoxon partizipativen Managements. Produktionsgruppen, die ihr Tätigkeitsspektrum durch eine Integration von indirekten Tätigkeiten (Qualitätssicherung, Instandhaltung, Logistik) und Vorgesetztenfunktionen (Feinsteuerung der Arbeit, Urlaubsplanung, Koordination mit angelagerten Abteilungen, Auftragsakquisition und -gestaltung) ausdehnen, rütteln unweigerlich an den herausgehobenen Positionen von betrieblichen Spezialisten und Führungskräften. Das bedeutet: Je anspruchsvoller das Partizipationsniveau der Fertigungskollektive ist und je weiter die Tätigkeitsintegration voranschreitet, desto heftiger fallen die Erschütterungen in jener betrieblichen Mittelschicht aus, die dem Managerkapitalismus der fordistischen Ära ihr spezifisches Gesicht verliehen hat (Chandler 1977, 1990).

Die Erschütterung dieser mit tayloristischer Arbeitsorganisation und fordistischer Firmenbürokratie genetisch verbundenen Mittelschicht, erzeugt systematisch Gegenkräfte. Gruppen, in deren Selbstverständnis sich alle sozialen Probleme lösen lassen, sofern nur die eigene Schicht immer weiter wächst, werden alles daran setzen, ihren betrieblichen und damit auch gesellschaftlichen Sonderstatus zu verteidigen. Dies ist ein Grund für die strukturelle Widersprüchlichkeit partizipativen Managements, die sich nicht in das Raster linearer Modernisierungskonstruktionen fügt. Realitätsnäher als das Bild eines stetigen evolutionären Trends hin zu beteiligungsorientierten

Arbeitsformen ist die Vorstellung einer zyklischen Bewegung, welche die allmähliche Durchsetzung neuer Managementprinzipien immer wieder mit Gegenbewegungen konfrontiert, bis wiederum aktualisierte Partizipationstrends und -moden das Feld erobern. Solche Pendelbewegungen hat es in jeder Periode kapitalistischer Produktion gegeben. Sie sind Ausdruck einer begrenzten Steuerungsfähigkeit von Betrieben und Unternehmen, deren Leitungen permanent vor der Notwendigkeit stehen, faktisch unvereinbare Handlungsorientierungen und Kontrollerfordernisse in einem praxiswirksamen Managementstil zu bündeln (Hyman 1991).

## 3. Die zwiespältigen Wirkungen des neuen Akkumulationsregimes

Dass sich die strukturellen Widersprüche partizipativen Managements immer schwerer beherrschen lassen, hängt wesentlich mit makroökonomischen Veränderungen zusammen. Die empirisch beobachtbaren Reorganisationstrends fügen sich auffällig gut in Szenarien, die von der Entstehung eines kohärenten nachfordistischen Akkumulationsregimes ausgehen. Am weitesten vorgewagt hat sich in dieser Debatte der französische Ökonom Michel Aglietta. Für ihn wie auch für andere Autoren[3] ist das überraschende Wiedererstarken der US-Wirtschaft in den 90er Jahren der Ausgangspunkt seiner Argumentation. Den Aufstieg der neuen Formation identifiziert er mit der Internationalisierung von konstitutiven Elementen des neo-amerikanischen Kapitalismusmodells. Das neue Akkumulationsregime übernehme »vom angelsächsischen Kapitalismus die Vorherrschaft der Konkurrenz, die Unternehmenskontrolle durch die institutionellen Anleger, das bestimmende Kriterium des Profits und die Kapitalisierung an der Börse«.

Laut Aglietta neigen die Kernelemente des marktgetriebenen Akkumulationsregimes zur Selbstverstärkung. Das Herzstück ist die Globalisierung der Finanzmärkte. Sie bestimme zunehmend das Geschehen in den internationalen Beziehungen. Durch die Internationalisierung des Kredits reduzie-

---

[3] Albert 2000, Crouch/Streeck 1997, zusammenfassend Dörre 2000. Trotz scharfer sozialer Polarisierung und den daraus resultierenden Integrationsproblemen (Hollingsworth 1997) ist die lange Wachstumsphase der US-Ökonomie, die dynamische Entwicklung neuer Wirtschaftszweige und das damit verbundene Jobwachstum eine wesentliche Quelle postfordistischer Hegemonie. Wie Strange (1997) hervorhebt, sind die USA wegen ihrer privilegierten Position im internationalen Staatensystem in der Lage, auf eine Internationalisierung des eigenen Kapitalismusmodells zu drängen.

re sie Liquiditätsprobleme potenzieller Investoren. Zugleich ziehe sie, vor allem aufgrund der Unfähigkeit von Kreditgebern und -nehmern, Risiken adäquat einzuschätzen, finanzielle Unbeständigkeit nach sich. Intensivere Konkurrenz erhöhe den Druck auf die Produktpreise. Die relative Preiskontrolle der fordistischen Ära sei nicht mehr möglich. Das stimuliert einen Rationalisierungstyp, der rasche Einsparungen und Kostensenkungen zur obersten Handlungsmaxime mache. Wettbewerbsdruck und die Anforderungen der Aktionäre motivierten die Unternehmen, ihre Anpassungskosten auf die Löhne und Lohnbezieher »überzuwälzen«. Das ökonomische Wachstum werde von einer Kapitalwirtschaft »im Dienste der Maximierung des durch Aktien erzielten Profits« abhängig. Investitionen dienten wesentlich dazu, Produktionskosten zu verringern. Zugleich würden – etwa über Produktinnovationen, neue Unternehmen und Wirtschaftszweige – hohe Gewinne und auch hohe Dividenden möglich. Diese Dynamik kurbele die Börsenkurse an. Über Kapitalbeteiligungen der Arbeitnehmer erhöhe sich das Vermögen der Haushalte. Da Vermögensbesitz und Einkommen aus Vermögensbesitz mit Preissenkungen einher gingen, werde der Konsum angeregt. Auf diese Weise entstehe eine Profitspanne, die die von den Aktionären beanspruchte Eigenkapitalrendite legitimiere (Aglietta 2000, 140f.). Trotz seiner konvergierenden Kräfte bleibe das flexibel-finanzgetriebene Modell jedoch von den Besonderheiten der nationalen Arbeitsgesellschaften abhängig. Die Situation in Kontinentaleuropa sei von der in den USA insofern verschieden, als der Übergang zu einem neuen Akkumulationsregime bislang nicht durch »sozialen Fortschritt« legitimiert werde. Die »Logik des Marktkapitalismus« reibe sich an der »ungenügenden Regulation der sozialen Ungleichheiten« (Aglietta 2000, 66; kritisch: Boyer 2000).

Für den hier interessierenden thematischen Kontext ist nicht entscheidend, ob diese Überlegungen im Detail zutreffen. Wichtig ist vielmehr, dass sie Aussagen über die Beziehungen zwischen Akkumulationsregime und Produktionsmodell beinhalten, die zu einem besseren Verständnis der geschilderten Zyklizität des Managementhandelns verhelfen. Was bei einer ausschließlich auf Produktionserfordernisse gerichteten Analyse häufig als widersprüchlich, irrational und ineffizient erscheint, macht durchaus Sinn, wenn die Geschäftsstrategien der Unternehmen und deren Beziehungen zum Akkumulationsregime in den Blick genommen werden. Daher ist es kein Zufall, wenn der Rückschwung des arbeitspolitischen Pendels in den meisten erfassten Konzernen mit weitreichenden Veränderungen ihrer Geschäftsstrategie und ihrer Steuerungsformen zusammenfallen. Ungeachtet zahlreicher Besonderheiten[4] zeichnet sich dabei ein homologes Muster ab. Mit der In-

---

[4] Am Beispiel der Automobilindustrie Boyer/Feyssenet 2000.

ternationalisierung ihrer Wertschöpfungsketten reagieren fokale Unternehmen auf die Notwendigkeit, sich in unsicheren Märkten neu platzieren zu müssen. Die daraus resultierende Konkurrenz um Innovationen, Marktanteile, Kredite und qualifizierte Arbeitskräfte hat wenig mit der neoklassischen Vorstellung eines rationalen, auf der Basis vollständigen Wissens geführten Wettbewerbs gemein. Beim internationalen Restrukturierungswettlauf geht es vor allem um Marktbereinigung. Ausschlaggebend für das Verhalten der Wettbewerber ist die Beobachtung der market leaders. Letztere setzen mit ihre Aktivitäten verbindliche Orientierungsmarken. In einer Phase des Verdrängungswettbewerbs werden Renditen und verfügbares Kapital zur herausragenden Orientierungsgröße. Das liquide Kapital entscheidet über die Akquisitionsfähigkeit eines Unternehmens und schützt es ggf. vor feindlichen Übernahmen. Zur Konkurrenz um Marktanteile, Managementkonzepte und qualifizierte Arbeitskräfte gesellt sich der Wettbewerb um Kredite, die zur Finanzierung der internationalen Expansion benötigt werden. Aus der Perspektive internationaler Schlüsselunternehmen macht es deshalb Sinn, Steuerungsmechanismen an der Steigerung des Unternehmenswerts auszurichten. Aus diesem Grund orientieren sich stilbildende Konzerne wie Siemens oder Daimler-Chrysler inzwischen am Shareholder Value oder an vergleichbaren Steuergrößen (Geschäftswertbeitrag, Siemens). Entsprechende Ausrichtungen sind die Vollendung eines ganzen Maßnahmebündels, das zur Stärkung der Marktkoordination innerhalb der Unternehmen dient. Für die ausgehandelten Unternehmen des rheinischen Kapitalismus bedeutet ein solcher Steuerungsansatz einen *Kulturbruch*, einen *qualitativen Einschnitt in der Unternehmensgeschichte*.

So handelte es sich beim Siemens-Konzern noch bis in die jüngere Vergangenheit um ein vertikal integriertes Unternehmen, das vom Kabel über Mikrochips bis zum Kraftwerk alles produzierte, was sich mit Strom verbinden ließ. Die Unternehmenskultur wurde durch Ingenieursarbeit und fachliche Exzellenz geprägt. Investitionen und Akkumulationsverhalten des Konzerns waren an der »langen Frist« ausgerichtet; das Streben nach dem schnellen Profit galt als anstößig. Quersubventionierungen der Geschäftsbereiche waren üblich. All das stabilisierte die internen Arbeitsmärkte. Relativ abgeschottete innere Arbeitsmärkte waren die Basis für klar strukturierte Aufstiegswege und Berufskarrieren, mithin für sozial akzeptierte Ungleichheiten. Die Verteilung des Gewinns sorgte, nicht nur über den Lohn, sondern auch über eine unternehmensspezifische Sozialpolitik für die Integration der Stammbelegschaften. So fand der Familialismus, den die offizielle Firmenideologie propagierte, in der Geschäftspolitik eine reale Entsprechung. Das begünstigte eine kooperative, wirtschaftsfriedliche Ausrichtung der industriellen Beziehungen. Als vorläufiger Endpunkt eines seit Jahrzehnten anhaltenden strukturellen Wandels[5] signalisiert der Übergang zur unternehmenswertbasierten Steuerung nun eine historische Zäsur in der Unternehmensentwicklung. Die berufsständisch eingefärbte Ingenieurskultur verliert an Prägekraft. Auf der Vorstandsebene verdrängen nüchtern kalkulierende Finanzfachleute mit »Bankermentalität« den technologieorientierten Patriarchen. In den zum Konzern gehörenden Untersuchungsbetrieben ist die Garde der unteren und mittleren Vorgesetzten, die der Managerkontrolle über Jahrzehnte ihr unternehmensspezifisches Gesicht verlieh, faktisch beseitigt worden. Zwar hat die »marktgetriebene« Dezentralisierung eine besonders verkrustete Hierarchie aufgebrochen. Mit ihr verschwindet aber auch eine Organisation, die einer relativen Abkopplung der Arbeitskraft vom Marktrisiko Vorschub leistete. Dieser Wandel wird sich fortsetzen.[6] Stärker noch als in anderen Konzernen wird der Schraubstock der Internationalisierung genutzt, um die Kompromisse der fordistischen Ära aufzusprengen. Ausgliederungen, Verkäufe und Betriebsübergänge dienen regelmäßig dazu, Tarifbindungen abzustreifen und Betriebsratsstrukturen in Frage zu stellen.

Die geballte Wucht, mit der sich diese Entwicklung im Elektrokonzern vollzieht, unterscheidet ihn von anderen Schlüsselunternehmen. Beim Autohersteller VW finden sich z.B. Versuche, an der »langen Frist« orientierte Kompromissbildungen in einem veränderten ökonomischen Umfeld zu bewahren. Nicht so sehr die Stärkung der Marktkoordination, sondern deren Kombination mit neuen kollektiven Regelungsformen bestimmen hier die Unternehmenspolitik an der home base.[7] An der Vielfalt der Konzernpolitiken wird deutlich, dass sich die Schwerkraft eingespielter Kompromissgleichgewichte nicht von heute auf morgen außer Kraft setzen lässt. Die Leitungen mächtiger Schlüsselunternehmen müssen auf vielfältige Bindungen und Abhängigkeiten in ihren industriellen Komplexen[8] Rücksicht nehmen. In-

---

[5] So hat sich der Konzern binnen dreier Jahrzehnte kontinuierlich internationalisiert. Etwa 194.000 deutschen Beschäftigten standen 1999 bereits ca. 222.000 ausländische Arbeiter und Angestellte gegenüber. Auch die Beschäftigtenstruktur hat sich gravierend verändert. Entsprach die Relation zwischen Gewerblichen und Angestellten 1970 noch einem Verhältnis von drei zu eins, so hat sich dieses Größenverhältnis am Ende des Jahrhunderts umgekehrt.

[6] An der deutschen home base will die Konzernleitung bevorzugt Forschung, Entwicklung und qualifizierte Dienstleistungen konzentrieren. Produktionsbetriebe mit arbeitsintensiven, gering qualifizierten Tätigkeiten sollen ausgegründet und teilweise in ausländische Produktionsstätten verlagert werden. Die Beschäftigungsbilanz des Konzerns in Deutschland ist negativ.

[7] Vgl. D'Alessio u.a. 2000.

[8] Zur Theorie und Empire industrieller Komplexe, die sich als Bargaining-Konfigurationen analysieren lassen: Ruigrok/van Tulder 1995, Dörre u.a. 1997, Dörre

sofern ist es möglich, ja wahrscheinlich, dass sich unter dem Druck des Shareholder Value Praktiken, Kompromissformeln und Institutionen reproduzieren können, die auf Kontinuitäten des ausgehandelten Unternehmens hindeuten. Doch auch für diese Refugien des rheinischen Kapitalismus gilt, dass sie sukzessive in ein Spannungsverhältnis zu kurzfristigen Gewinninteressen geraten.

Die Dominanz der Markt- über die Produktionsökonomie, wie sie sich in stilprägenden Unternehmen abzeichnet, erhält auch gesellschaftlichen Rückhalt. Zeichnete sich Deutschland lange Zeit durch eine unterentwickelte Aktionärskultur aus, so hatte das Aktienfieber in der jüngeren Vergangenheit Ausmaße einer sozialen Bewegung angenommen. Das Spiel mit dem finanziellen Risiko, das Einkommen und Arbeitsleitung scheinbar entkoppelt, ist Triebkraft einer Subjektivität, die den Gegenwartsbezug über das Zukunftsdenken triumphieren lässt. Dieser Kulturbruch, der sich mit der Herausbildung des neuen Akkumulationsregimes in den Unternehmen wie in der Gesellschaft vollzieht, wirkt auf die Neustrukturierung des Produktionsmodells zurück. Das macht sich vor allem am veränderten Planungshorizont der Unternehmen bemerkbar. Im Kalkül des strategiefähigen Managements treten die Vorteile eines kooperativen, an der »langen Frist« orientierten, auf die institutionalisierte Produktion kollektiver Güter (Qualifikationen, sichere Planungshorizonte für Unternehmen, relativer sozialer Friede) ausgerichteten Wirtschaftsstils in den Hintergrund.

## 4. Die selektive Kraft des abstrakten Kontrollmodus

Dafür sorgt ein abstrakter Kontrollmodus,[9] der durch die *aktive Anpassung* betrieblicher Akteure an das finanzgetriebene Akkumulationsregime entsteht. Die »Internalisierung des Marktes« öffnet die Unternehmensorganisation für die Übertreibungen deregulierter Märkte. Diskrepanzen zwischen Realaktivitäten und Aktienkursen heizen den Kreislauf von spekulativen Blasen und

---

1997c. Zu Veränderungen der corporate governance und ihrer Besonderheiten im rheinischen Kapitalismus: Jürgens 2000, Vitols u.a. 1997, Froud u.a. 2000.

[9] Dessen wichtigste Elemente sind: Stärkung interner Marktmechanismen, Intensivierung der Konkurrenz, Benchmarking, Shareholder-Value-Orientierung, straffe Profitsteuerung mittels Gewinnvorgaben, Zielvereinbarungen und elektronischer Kontrolle, Anonymisierung von Herrschaft, Interessenparallelitäten von Betriebsräten und Firmenleitungen, Stärkung der vertikalen (betrieblichen) zu Lasten der horizontalen (Arbeitnehmer-)Solidarität.

problematischen Ad-hoc-Reaktionen des Managements immer wieder an.[10] Zur spekulationsfördernden Dynamik des Eigentümerkapitalismus gesellt sich dessen zwiespältige Wirkung auf die Innovationsfähigkeit der Unternehmen. Innovationsanreize weckt das neue Akkumulationsregime nur insofern, als es rasch Kapitalien für neue Produkte und Unternehmen und damit für den sektoralen Wandel bereitstellt. Dem quantifizierenden Steuerungsansatz fehlen jedoch qualitative Kriterien, nach denen z.b. Prozessinnovationen adäquat bewertet werden könnten. Als Folge seiner Abstraktionsleistungen geht der postfordistische Steuerungsmodus eine sich selbst verstärkende Synthese mit jener zyklischen Bewegungsform des Managementhandelns ein, die aus der immanenten Widersprüchlichkeit unternehmerischer Beteiligungsansätze resultiert. Mit seiner quantifizierenden Logik ist der neue Kontrollmodus wie geschaffen, um die Übertreibungen des Marktes für Managementwissen zu verstärken. Hat sich ein neues Rationalisierungsleitbild erst einmal etabliert, wird seine Anwendung selbst dann belohnt, wenn es sich um »Management by Potemkin« handelt. Gilt ein Leitbild hingegen als desavouiert, verliert es in den Betrieben um so rascher an praktischer Relevanz. Steuerungsformen, die mit der Öffnung der Betriebs- und Unternehmensorganisation für Marktsignale zugleich die bekannten Übertreibungen des Marktgeschehens übernehmen, können Negativerfahrung, wie sie mit der Erprobung partizipativen Managements unweigerlich verbunden sind, in eine Art unkontrollierte Naturgewalt verwandeln. Die Tendenz zur »Kurzfristreiterei« nimmt den betrieblichen Akteuren den Atem, der nötig wäre, um am »langen Zeithorizont« ausgerichtete arbeitspolitische

---

[10] Grob gesagt bemisst sich die Gesamtrentabilität eines Aktienkaufs an der Dividende und den realisierten Kurssteigerungen. Während der zurückliegenden Jahrzehnte hat sich im Aktionärsverhalten eine bemerkenswerte Verlagerung von der Dividende hin zur Kurssteigerung vollzogen. Aktionäre orientieren sich immer mehr an Erwartungen einer künftigen Wertsteigerung, als an der realen Dividende. Je unwichtiger die Dividende im Verhältnis zur Wertsteigerung der Aktie (capital gain) wird, »desto größer der Anreiz, an der Wertsteigerung der Aktie durch Verkauf zu partizipieren« (Hinterhuber 2000, 29). Die Schwerpunktverlagerung zu den capital gains reizt zur Spekulation. Das kann so lange gut gehen, wie Investitionen die Erwartung auf eine künftige Dividende hoch halten. Doch in einer Situation, in der »die komplette Abkoppelung zwischen der Antizipation kontinuierlich steigender Gewinne und dem tatsächlich realisierbaren Erfolgspotenzial stattfindet, erfüllt einzig ein Crash die Funktion des Abgleichs zwischen Erwartung und Realität«. Die Gefahren spekulativer Blasen vor Augen, werfen inzwischen selbst Praktiker aus dem Top-Management die – rhetorisch gemeinte – Frage auf, ob es sein kann, dass »Aktionäre, die ihre Anteile im Durchschnitt einige Monate halten, zum ultimativen Adressaten der Unternehmenspolitik werden« sollen (ebd.).

Kompromissbildungen zu stabilisieren. Mit der Einschränkung der Fähigkeit, asymmetrische Machtverhältnisse zugunsten der Beschäftigten zu korrigieren, gehen die Minimalvoraussetzungen für partizipative Lösungen, die der high road industrieller Restrukturierung entsprechen, mehr und mehr verloren. Ein auf den kurzfristigen Profit festgelegtes Management ohne regionale Bodenhaftung droht gegenüber den Wettbewerbsvorteilen lokaler Ökonomien zu erblinden. Wo die Devise »nichts Langfristiges« (Sennett 1998, 25) das Managementhandeln bestimmt, wird der Zusammenhalt anspruchsvoller betrieblicher Modernisierungsallianzen erschwert. Es fehlt an Ressourcen, die für ausreichend qualifizierte und motivierte Belegschaften sorgen könnten. Und wo solche Ressourcen noch vorhanden sind, scheut das betriebliche Management ihren Einsatz für arbeitspolitische Experimente mit ungewissem Ausgang.

### 5. Konturen der flexiblen Produktionsweise

Und dennoch wirkt der marktzentrierte Kontrollmodus *produktiv*. Das nicht nur, weil er die Spezialisierung von Unternehmen fördert, den sektoralen Wandel forciert und die Zeiträume verkürzt, in denen die erwarteten Renditen erwirtschaftet werden müssen (Aglietta 2000b, 89). Es gelingt ihm auch, die Partizipationsbereitschaft der Beschäftigten kurzfristig, selektiv und damit »produktivistisch« zu nutzen. Auf diese Weise fungiert er als Geburtshelfer einer flexibel-marktzentrierten Produktionsweise. Selbst dort, wo es zur scheinbaren Konservierung tayloristischer Arbeitssysteme kommt, entsteht etwas anderes, Neues. An die Stelle des »flexiblen Fordismus« deutscher Prägung tritt eine Flexibilität anderer Qualität. Dafür sprechen mehrere Argumente.

*Erstens* zeigt sich in vielen reorganisierten Betrieben, dass die Rationalisierungsblockaden, die zur Krise der fordistisch-tayloristischen Syndromatik geführt haben, vorerst überwunden sind. Am Verhältnis von Belegschaftsstärke und Output gemessen, gelingen in reorganisierten Betrieben beachtliche Produktivitätssteigerungen. Neben den Veränderungen der Arbeits- und Betriebsorganisation sind Leistungsintensivierungen der entscheidende Hebel. Diese Aussage gilt uneingeschränkt auch für Produktionsbetriebe, in denen es zur Konservierung oder zu einer Wiederherstellung tayloristischer Arbeitsteilung kommt. Dieses Faktum in Rechnung gestellt, muss man entweder die These vom erschöpften Rationalisierungspotenzial tayloristischer Arbeitsteilung falsifizieren oder sich eingestehen, dass gestraffte Firmenbürokratien mit toyotistischer Gruppen-, Team- oder angereicherter Einzelarbeit etwas qualitativ Neues darstellen.

Für eine neue Qualität industrieller Produktion spricht *zweitens*, dass auch tayloristische Arbeitsteilung in einer veränderten Fabrikorganisation realisiert wird. Es sind Marktmechanismen, mit deren Hilfe die ausdifferenzierten Firmenbürokratien der fordistischen Ära transformiert werden. Inszenierte Marktbeziehungen sorgen für eine Intensivierung der Konkurrenz im Inneren der Firmenorganisation. Die Verstetigung des Wettbewerbs ist der entscheidende Anreiz für immer neue Anstrengungen zur Rationalisierung und Kostensenkung. Auf diese Weise bewirkt die nachfordistische Firmenorganisation, dass Beschäftigte immer wieder aktiv in den ständigen Restrukturierungswettlauf einbezogen werden. Anders als im fordistischen Fabrikregime wird Rationalisierung in Eigenregie formalisiert, offiziell eingefordert, von Experten initiiert und in funktionale organisatorische Formen gegossen. Doch partizipative Rationalisierung setzt sich nicht auf der Grundlage eines relativen Gleichgewichts von Wirtschaftlichkeitszielen und organisierten Arbeitsinteressen durch. Wo das Marktrisiko zur eigentlichen Triebkraft der Restrukturierung wird, ist die aktive Rationalisierungsbeteiligung von Beschäftigten zum ermäßigten Preis des bloßen Arbeitsplatzerhalts zu haben. Die Stärkung wirtschaftlicher Leistungskraft wird zum absolut dominierenden Partizipationszweck. Andere Zielsetzungen, etwa die Verbesserung der Arbeitsbedingungen durch intelligente Organisationsformen, geraten demgegenüber immer weiter ins Hintertreffen.

*Drittens* besteht das betriebswirtschaftliche Geheimnis der flexiblen Arbeitsweise in einem break even point, der so fixiert ist, dass vergleichsweise große Konjunkturschwankungen aufgefangen werden können, ohne dass die Gewinnzone verlassen wird. In dieser Organisation stellt die Belegschaft das entscheidende Flexibilitätspotenzial dar, mit dessen Hilfe eine Betriebsorganisation mit knappen Zeit-, Material- und Personalpuffern funktionsfähig gehalten wird. Arbeitskräfte, die ihr Tätigkeitsspektrum über den eigentlichen Kompetenzkern hinaus ausweiten, sind ein Charakteristikum der flexiblen Betriebsorganisation. Selbst dort, wo es zur (Re-)Standardisierung von Arbeitsprozessen kommt, bleiben Ungewissheitszonen, die schon deshalb nicht vollständig beseitigt werden können, weil sonst der Antrieb zu aktiver Rationalisierungsbeteiligung verloren ginge. Die flexible Arbeitsweise beinhaltet in der Regel eine Umgestaltung des Leistungs- und Zeitregimes der Betriebe. Wochenendarbeit in variablen Schichtsystemen ist vielfach üblich geworden. In den Angestelltenbereichen der Produktionsbetriebe gibt es eine faktische Arbeitszeitverlängerung. Beim Entgelt zeichnet sich eine Tendenz zu schleichender Deregulierung ab. Ein wachsender Teil des individuellen Lohns bzw. Gehalts wird aus der tariflichen Regelung herausgenommen und an betriebliche Leistungsparameter angebunden. Schließlich werden auch die Beschäftigungsverhältnisse flexibilisiert. Je intensiver ein Betrieb das Flexibilitätspotenzial seines Stammpersonals nutzt, desto schwerer fällt eine aktive Beschäftigungspolitik. Produktionsspitzen werden mit befristet eingestellten Arbeitskräften abgefedert; selbst in Aufschwungphasen bleibt die Zahl der Neueinstellungen begrenzt.

Diese Wirkung der flexiblen Produktionsweise korrespondieren *viertens* mit einer neuartigen Subjektivität der Arbeitenden. In der Kombination mit Marktrisiken und flexiblen Arbeitsregimes begünstigt direkte Partizipation einen Modus der Selbstzuschreibung.[11] Die Maskierung hierarchischer durch Marktbeziehungen löscht die persönliche Verantwortung von Vorgesetzten, indem sie Abhängigkeiten und Zwang versachlicht. Direkte Partizipation an Managemententscheidungen und die arbeitsplatznahe Aushandlung von Zielvereinbarungen verlagern den Kampf um die »angemessene Arbeitsleistung« scheinbar in die Individuen hinein. Die Individualisierung der Leistungsproblematik betrifft nicht nur die unmittelbare Verausgabung von Arbeitskraft, sondern die gesamte Balance von Erwerbsarbeit und arbeitsfreier Zeit. Dass der Kopf auch nach getaner Arbeit noch »im Geschäft« ist, gilt nicht mehr nur für qualifizierte Spezialisten und Ingenieure. Man findet Ähnliches bei den Mitgliedern von Fertigungsinseln im Maschinenbau oder in den Montagebereichen kleiner Betriebe. Was in der fordistischen Ära durch ausdifferenzierte Hierarchien, strukturierte Laufbahnen und klar definierte Kompetenzbereiche von Außen auferlegt wurde und dem Alltagsleben einen Rhythmus gab, wird nun zumindest teilweise der Entscheidung von Individuen oder Kleingruppen überantwortet. Darin steckt unzweifelhaft etwas Befreiendes. Die flexible Arbeitsweise appelliert ununterbrochen an die Subjekthaftigkeit der Arbeitenden. Wo sie bürokratische Bevormundung zurückdrängt, kommunikativen Austausch und ganzheitliche Arbeitsaufgaben fördert, wo sie die Entscheidungsspielräume der Beschäftigten erweitert und Autonomiezonen öffnet, ist sie – durch leistungssteigernde Wirkung – Quelle eines positiven Individualismus, der auf Freiheitsgewinn im Arbeitsprozess beruht. Auf der andere Seite fördert sie jedoch die Metamorphose eines negativen Individualismus, der sich allgemein »in den Begriffen des Mangels – Mangel an Ansehen, Mangel an Sicherheit, Mangel an gesicherten Gütern und stabilen Beziehungen« (Castel 2000, 404) definieren lässt. Der negative Individualismus der Gegenwart entsteht als »Resultat des Schwächerwerdens bzw. des Verlusts der kollektiven Regulierungen« (ebd., 407),

---

[11] Es geht nicht einfach um Fremdbestimmung. In Anlehnung an Foucault könnte man eher von einer »Selbsttechnologie« der Individuen sprechen, mit der sie sich eigenverantwortlich an fremdbestimmte Umstände anpassen (Foucault 1999, Rose 1999).

und er nimmt den Subjekten jenen sicheren Rahmen, der notwendig wäre, um Marktrisiken als positive Handlungsanreize entschlüsseln zu können.

## 6. Wettbewerbspartnerschaften – die Transformation der Arbeitsbeziehungen

Das ist möglich, weil auch die Arbeitsbeziehungen in den Sog kompetitiver Restrukturierung geraten. Gewiss lassen sich in vielen Unternehmen noch immer zahlreiche Anhaltspunkte für institutionelle Stabilität finden. Die Kooperation zwischen Betriebsleitungen und Interessenvertretungen ist während der 90er Jahre aller Gegentendenzen zum Trotz eher intensiver geworden. Doch betriebliche Austauschbeziehungen, die dem Muster »kooperativer Problemverarbeitung« (Kotthoff 1994, Müller-Jentsch 1994) folgen, sind noch kein zureichender Indikator für institutionelle Stabilität. Die empirischen Fakten sprechen eher für einen tiefgreifenden Wandel, der sich *innerhalb* eines formal noch weitgehend intakten institutionellen Rahmens vollzieht. Entscheidender Indikator sind die Inhalte betriebspolitischer Kompromissbildungen. Hier gibt es gegenüber der fordistischen Ära gravierende Veränderungen. Kohäsionspolitik im fordistischen Kapitalismus bedeutete, in der sozialen Integration der Arbeiterschaft, in der Beteiligung der Arbeitnehmer am Produktivitätsfortschritt und dem so garantierten sozialen Frieden den entscheidenden Hebel zur Steigerung ökonomischer Leistungsfähigkeit zu sehen. In der Gegenwart rechtfertigen sich Sozialintegration und Arbeitnehmerbeteiligung nur noch in dem Maße, wie sie der Steigerung einzelwirtschaftlicher Wettbewerbsfähigkeit dienen (BS/HBS 1998, Streeck 1998). Diese Umkehrung der Prioritäten prägt nun die Tauschbeziehungen zwischen den industriellen Akteuren. In der Periode des expandierenden Fordismus verhandelte man im Grunde über die partielle *Abkoppelung der Lohnarbeit vom Marktrisiko*. Die Sozialfigur des Arbeitnehmers ist historisches Produkt dieser Tauschkonstellation. Der Arbeitnehmer verkörperte den vorwiegend männlichen, mit sozialen Rechten ausgestatteten, am Produktivitätszuwachs beteiligten und in – faktisch lebenslange – Normarbeitsverhältnisse integrierten Lohnabhängigen. Seine Interessen wurden durch Assoziationen repräsentiert, die zu weitreichenden Zentralisierungsleistungen fähig waren. Die zur Interessenwahrung nötigen Aushandlungsprozesse folgten einer klar definierten Hierarchie, in der ein Primat zentraler Regelungsebenen (Gesetz vor Tarif, Tarif vor Betriebsvereinbarung) festgeschrieben war. In der postfordistischen Ära wird hingegen über die *Rückkoppelung abhängiger Arbeit an Marktrisiken* verhandelt. Es geht – wie gerade befristete Beschäftigungsgarantien belegen – um den *Grad an Unsicherheit*, der den Arbeitskraftbesitzern zugemutet werden kann und soll (vgl. Kern 1996, 196ff.). Insofern bedeutet der postfordistische Tausch in gewissem Sinne den Abschied von der Sozialfigur des Arbeitnehmers. Jene schützende Hülle industrieller Rechte und sozialer Sicherungen, die im sozialstaatlich pazifizierten Kapitalismus eine partielle Abschottung gegenüber Marktrisiken erlaubte, wird durchlöchert und teilweise abgetragen. Damit verschwindet nicht die Abhängigkeit, in der die meisten Formen von Erwerbsarbeit verrichtet werden. Das Leitbild des »Arbeitskraftunternehmers« taugt allenfalls als ideologisch überhöhte Sammelbezeichnung für eine Vielzahl von Arbeitsformen, in denen sich die *Re-Kommodifizierung von Arbeitskraft* manifestiert.

Am weitesten fortgeschritten ist die Wiederankopplung lebendiger Arbeit an Marktrisiken bei der wachsenden Zahl der Leiharbeiter, der befristet Beschäftigten, abhängig Selbständigen, der Subunternehmer und geringfügig Beschäftigten, die zusammen mit – erwünschter – Teilzeitarbeit bereits annähernd zwei Fünftel der Beschäftigungsverhältnisse ausmachen. Von Re-Kommodifizierung bleiben jedoch auch die geschrumpften Stammbelegschaften der großen Betriebe nicht verschont. Standortpakte, die sich in der Grauzone von Tarifverträgen und Arbeitsgesetzgebung bewegen, sind längst zur *Normalform betrieblicher Regulation* geworden. Bei ihnen handelt es sich um die vertragliche Form, in der sich die Re-Kommodifizierung der Arbeitskraft vollzieht. Betriebliche Konzessionspolitiken, die dem Motto »Mehr Flexibilität bei Löhnen, Arbeitszeiten und Arbeitsbedingungen für die Betriebe im Tausch gegen befristete Beschäftigungsgarantien« folgen, haben ein Netz teils formeller, teils informeller Vereinbarungen geschaffen, das zu den tariflich vereinbarten Kompromissformeln zumindest in einem Spannungsverhältnis steht. Besonders bei der Leistungssteuerung und bei den Arbeitszeiten ist die Schutzfunktion der Tarifverträge bereits an vielen Stellen durchbrochen.[12] An der »ausgehandelten« oder »kontrollierten« Dezentralisierung der Vertragsbeziehungen, deren Grenzen zu »wilder« Deregulierung häufig fließend sind (Bispinck/Schulten 1999), zeigt sich, dass die formal noch immer intakte Hierarchie der Regelungsebenen im deutschen System industrieller Beziehungen unwiderruflich in Bewegung geraten ist. Heterogene Interessen erschweren Gewerkschaften und Industrieverbänden Zentralisierungsleistungen. Mit den teilrevidierten Kompromissgleichgewichten der fordistischen Ära geht die Stabilität des überkommenen Regulationsmodus verloren.

---

[12] Bergmann u.a. 1998, Lehndorff 2001.

Jene »neuen industriellen Beziehungen«, die sich *innerhalb* der bestehenden Institutionen herausbilden, sind in erster Linie das Produkt intensivierter Konkurrenz auch *zwischen* den abhängig Beschäftigten. Unter den Bedingungen kompetitiver Restrukturierung wäre die Annahme vermessen, vom Management gewährte Beteiligungsformen könnten das Regulationsdefizit ausgleichen, das die Erosion institutionalisierter industrieller Rechte geschaffen hat. Die Bindekraft produktionsorientierter Rationalisierungskompromisse ist zu schwach, als dass sie in der Lage wäre, ein entscheidendes Gegengewicht zur Verwertungslogik des flexiblen Kapitalismus zu schaffen. Der nachfordistische Kontrollmodus erlaubt es dem Management, die Produktionsintelligenz der Beschäftigten als Gratisressource zu betrachten. Unter diesen Bedingungen verpufft die emanzipatorische Wirkung betrieblicher Partizipation. Wo Positivsummenspiele zwischen Management und Beschäftigten zur Sache privilegierter Minderheiten werden, kann Beschäftigtenpartizipation aus sich heraus weder die Mitbestimmung stabilisieren, noch ein neues Stadium industrieller Demokratie einleiten. Für Hoffnungen, die Managementseite werde aus ureigensten Interessen einer partizipativen Erweiterung der Mitbestimmung Vorschub leisten, bietet die jüngste Restrukturierungsetappe keine Anhaltspunkte.

## 7. Ein vorläufiges Fazit

Gibt es das neue Produktionsmodell? Wahrscheinlich werden sich im Rückblick selbst die Historiker noch über diese Frage streiten. Immerhin lässt sich festhalten, dass die geschilderten Veränderungen in hohem Maße mit jenen Managementprinzipien übereinstimmen, die Boyer (1992, 99f.) zu Beginn des Jahrzehnts als mögliche Indikatoren eines nachfordistischen Produktionsmodells identifiziert hat: Der dominante Rationalisierungsansatz zielt auf die Optimierung international verflochtener Wertschöpfungsketten. Die Marktökonomie ist auf neue Weise in die Produktionsprozesse integriert. Produktionsentscheidungen fallen in kleineren, weniger hierarchischen Einheiten. Hohe Qualität zu vernünftigen Kosten bei Null-Fehlern auf jeder Produktionsstufe ist dem Anspruch nach zu einer selbstverständlichen Managementorientierung geworden. Auch die Integration von Forschung, Entwicklung, Konstruktion und Herstellung hat partiell stattgefunden, wenngleich sie nur in wenigen Betrieben perfektioniert werden konnte. Gemeinsam mit stützenden Maßnahmen des Personalmanagements zielen diverse Beteiligungsformen auf eine engere Bindung der Beschäftigten an ihre Betriebe. Und wenngleich noch immer unterentwickelt, ist über- und zwischenbetriebliche Vernetzung zu einer wichtigen Methode geworden, um Spezialisierungs- und Koordinierungserfolge zu erzielen. Von einer »konservativen Anwendung« der neuen Managementprinzipien, die Firmenorganisation, Arbeitsbeziehungen und Technikkonzeptionen weitgehend unverändert lässt (ebd., 93), kann am Ende des Jahrzehnts allerdings auch in Deutschland keine Rede mehr sein.

Die Basisinstitutionen des deutschen Industriemodells sind unter Veränderungsdruck geraten, weil sich der gesellschaftliche Kontext, in dem die Reorganisation erfolgt, gegenüber den frühen 90er Jahren radikal verändert hat. Boyer geht noch davon aus, dass das postfordistische Modell nur dann auf allgemeine Akzeptanz stößt, wenn es in langfristige Kompromisse zwischen Firmenleitungen und Lohnabhängigen eingebettet wird. Innere Bindung an Unternehmensziele und aktive Rationalisierungsbeteiligung von Beschäftigten scheinen nur im Tausch »gegen gute Arbeitsbedingungen und/ oder Arbeitsplatzsicherheit und/oder (angemessene) Beteiligung am Modernisierungsgewinn« möglich (ebd., 100). Doch genau diese Annahme hat sich – vorerst – als irrig erwiesen. Der Übergang zu einer short-run-Ökonomie schafft offenbar spezifische Bedingungen für eine kurzfristige Ausbeutung der Produktionsintelligenz von Beschäftigten. Bereits am Beginn der Restrukturierungsetappe spürbar, wird diese Tendenz im Verlauf der Reorganisation dominant.

Doch kollidiert dieser Befund nicht mit der Buntscheckigkeit der Arbeitslandschaft? Nein, meine ich. Zwar werden Betriebe und Center einer straffen ökonomischen und z.T. auch ideologischen Kontrolle unterworfen. Zugleich gewinnen sie jedoch an organisatorischer Eigenständigkeit, sofern nicht Kontrollbedürfnisse übergeordneter Instanzen eine Gegenbewegung einleiten. Die Ausweitung dezentraler Autonomiezonen ermöglicht noch in der Rückwärtsbewegung *relative arbeitspolitische Vielfalt*. Je konsequenter der marktzentrierte Kontrollmodus gehandhabt wird, desto indifferenter verhält er sich gegenüber den betrieblichen Produktionspolitiken. Nicht der in die dezentralen Einheiten durchgestellte Wettbewerbsdruck als solcher, sondern die Art und Weise, in der ihn die betrieblichen Akteure interpretieren und bewältigen, entscheidet über die konkrete arbeitspolitische Praxis. Wo betriebliche Interessenallianzen von Partizipationsbefürwortern stark genug sind, um Gegenbewegungen aufzufangen, können sich betriebsdemokratische Ansätze selbst bei straffer Profitsteuerung behaupten. Doch auch für diesen Fall gilt, dass sich die industriellen Akteure den Sogwirkungen des Gesamtfeldes nicht vollständig entziehen können. Sie verfügen jedoch über eine Zahl von Optionen, die sich u.a. in einer großen Bandbreite betrieblicher Arbeitspolitiken niederschlagen.

Produziert die marktgetriebene Produktionsweise nicht schreiende Widersprüche? Uneingeschränktes Ja. Das postfordistische Wettbewerbsregime erzeugt neue Spaltungslinien in der Erwerbsarbeit. Es verschärft soziale Ungleichheiten. Und es verfestigt eine »Zone der Prekarität« (Castel), in der existenzielle Unsicherheit wieder zu einer prägenden Lebenserfahrung wird. Erklärungsbedürftig ist, weshalb die marktgetriebene Produktion dennoch funktioniert. Um diese Fragen zu beantworten, muss die Kategorie des Produktionsmodells selbst reformuliert werden. Das nachfordistische Wettbewerbsregime radikalisiert die Zyklizität des Managementhandelns. Eine ähnlich dauerhafte Kombination von Managementprinzipien und regulierenden Arbeitsbeziehungen, wie sie die tayloristisch-fordistische Syndromatik zumindest in den industriellen Großbetrieben darstellte, ist nicht zu erwarten. Stattdessen wird der rasche Verschleiß immer neuer »bester Praktiken« zum Management-Programm.

Wichtiger als die konkrete Form der Arbeits- und Betriebsorganisation ist die *Bewegung als solche*. Der abstrakte Kontrollmodus der flexiblen Fabrik duldet keine längerfristigen arbeitspolitischen Festlegungen. Er reduziert die Halbwertzeit der jeweils neuesten Managementmethoden und beschleunigt deren Verfall. Für ihn wird – wie es Unternehmen aus der DV-Branche besonders anschaulich zeigen – die Veränderung zur Routine. Damit gerät er unweigerlich in Gegensatz zu regulierenden Institutionen und Organisationen des rheinischen Kapitalismus. Die »passive Revolution«, vor der Trentin (1999) warnt, ist in vielerlei Hinsicht bereits real. Der Kapitalismus revitalisiert sich, indem er die Produktionsstrukturen umwälzt, die Arbeitsbeziehungen transformiert und die institutionalisierte Arbeiterbewegung des fordistischen Kapitalismus zersetzt.

Ist diese Betrachtung nicht zu pessimistisch? Neigt sie nicht dazu, die aktuelle Demoralisierung der Arbeiterbewegung in analytischen Kategorien zu verewigen? Die Gefahr besteht. Das zeigt sich am zeitgenössischen Neo-Korporatismus. Ihm erscheinen nur noch jene Institutionen und Regulationsformen überlebensfähig, die sich dem neuen Wettbewerbsregime möglichst nahtlos unterwerfen. So argumentiert Wolfgang Streeck (1998, 45f.), von den alten wirtschaftsdemokratischen Vorstellungen bleibe nur noch der Status des Bürgers, definiert »als Vollmitgliedschaft in vom Markt disziplinierten, das heißt sozial verantwortlich gehaltenen Produktionsgemeinschaften«. Akzeptiert man diese Prämisse, verengen sich die arbeitspolitischen Optionen auf einen schmalen Korridor. Organisierte Arbeitsbeziehungen können dann nicht mehr als autonomes Korrektiv von Marktbeziehungen, sondern nur noch als integrale Funktion des neuen Wettbewerbsregimes Bestand haben. In dieser Argumentationslogik werden die Legitimationsprobleme des flexiblen Kapitalismus auf merkwürdige Weise verkehrt. Denn letztlich sind es die kapitalistischen Marktwirtschaften, die sich durch sozialökologischen Fortschritt legitimieren müssen. Ansonsten sind, wie Pola-

nyi (1995) in seiner klassischen Analyse der »reinen Marktwirtschaft« gezeigt hat, katastrophische Zuspitzungen vorprogrammiert.
Dazu muss es nicht kommen. Denn die These von der Herausbildung eines neuen Produktionsmodells läuft keineswegs automatisch auf politischen Fatalismus hinaus. Auch die neue Subjektivität der Arbeitenden bietet genügend Anknüpfungspunkte für die Suche nach einer Regulationsweise, die den flexiblen Kapitalismus auf »sozialen Fortschritt« programmieren könnte. Entscheidend ist jedoch, dass die Auseinandersetzungen um eine solche Regulationsweise auf dem Boden des neuen Produktionsmodells stattfinden. Nicht die bloße Abwehr von Marktflexibilität, sondern positive Flexibilisierung muss das Programm einer solche Strategie sein. Eine neue Arbeitsverfassung, die Perioden der Erwerbstätigkeit mit Lern-, Qualifizierungs- und Familienphasen verknüpft; ein soziales Sicherungssystem, das solchen Biographien einen stabilen Rahmen bietet; eine Demokratisierung der Geschlechterhierarchien, die Nachfrage nach hochwertigen Dienstleistungen und damit auch Arbeitsplätze schafft; eine zeitgenössische Definition »guter« Arbeit, verkoppelt mit einer neuen Generation industrieller Rechte, die individuelle Vertragssicherheit stiftet und die Partizipationschancen abhängig Arbeitender erhöht, gehören in das Zentrum einer solchen »Politik der Teilhaberechte« (Dörre, 2001, 383ff.). Die These von der Herausbildung eines neuen Produktionsmodells besagt im Grunde nur, dass die »Produktivkraft Management« nicht im Selbstlauf in sozialen Fortschritt einmündet. Letztlich wird die »Logik der Bürgerrechte« über die demokratischen und sozialen Qualitäten des neuen Arbeitsregimes entscheiden. Gut möglich, dass wir uns erst am Beginn eines politischen Zyklus befinden, in dessen Verlauf die bohrende Frage nach neuen Formen der Wirtschaftsdemokratie auftauchen wird. Das regulationstheoretische Kategoriengerüst ließe sich nutzen, um schon jetzt das Terrain für mögliche Antworten abzustecken.

### Literatur

Aglietta, M. (1997), Régulation et crises du capitalisme. Neuausgabe, ergänzt um ein Nachwort. Paris.

Aglietta, M. (2000), Ein neues Akkumulationsregime. Die Regulationstheorie auf dem Prüfstand. Hamburg.

Albert, M. (2000), Der europäische Kapitalismus im Rahmen der Globalisierung: Konvergenzen und Differenzen. In: Albert, M., Bischoff, J., Candeias u.a. (2000): Ein neuer Akkumulationstyp? In: Supplement der Zeitschrift Sozialismus 5/2000, S. 5-19, Hamburg.

Baglioni, G. (1999), Ist Demokratie möglich? Arbeitnehmerbeteiligung im Unternehmen: Der schwierige Weg zwischen Demokratie und Effizienz. Baden-

Baden.
Bergmann, J.; Brückmann, E.; Dabrowski, H. (1998), »Reform des Flächentarifvertrages«? In: Supplement der Zeitschrift Sozialismus 1/1998, Hamburg.
Bertelsmann Stiftung; Hans-Böckler-Stiftung, Hrsg. (1998), Mitbestimmung und neue Unternehmenskulturen – Bilanzen und Perspektiven. Gütersloh.
Bispinck, R.; Schulten, Th. (1999), Flächentarifvertrag und betriebliche Interessenvertretung. In: Müller-Jentsch (1999), S. 185-212.
Boyer, R.; Durand, J. P. (1997), After Fordism. Basingstoke.
Boyer, R. (1992), Neue Richtungen von Managementpraktiken und Arbeitsorganisation. Allgemeine Prinzipien und nationale Entwicklungspfade. In: Demirovic u.a., S. 55-103.
Boyer, R. (2000), Is a finance led growth regime a viable alternative to Fordism? A preliminary analysis'. In: Economy and Society 1/2000, S. 14-45.
Boyer, R.; Freyssenet, M. (2000), A New Approach of Productive Models. The World that Changed the Machine. In: Industrielle Beziehungen 4/2000, S. 385-412.
Bröckling, U.; Krasmann, S.; Lemke, Th., Hrsg., (2000), Gouvernementalität der Gegenwart. Studien zur Ökonomisierung des Sozialen. Frankfurt/M.
Castel, R. (2000), Die Metamorphosen der sozialen Frage. Eine Chronik der Lohnarbeit. Konstanz.
Chandler, A. D. (1990), Scale and Scope: The Dynamics of Industrial Capitalism.Harvard.
Chandler, A. D. (1977), The Visible Hand. The Managerial Revolution in American Business. Harvard.
Coriat, B. (1995), Taylor, Ford und Ohno: Neue Entwicklungen in der Analyse des Ohnismus.
Crouch, C./Streeck, W., Ed. (1997), Political Economy of Modern Capitalism. Mapping Convergence & Diversity. London.
D'Alessio, N.; Oberbeck, H., Seitz, D. (2000), »Rationalisierung in Eigenregie«. Ansatzpunkte für den Bruch mit dem Taylorismus bei VW. Hamburg.
Dörre, K. (1996), Am Ende der Sozialpartnerschaft? In: Ingrao, P.; Rossanda, R. (1996): Verabredungen zum Jahrhundertende. Hamburg.
Dörre, K. (2001), Kampf um Beteiligung. Arbeit, Partizipation und industrielle Beziehungen im flexiblen Kapitalismus. Im Erscheinen.
Dörre, K. (2001b): Globalisierung – Ende des rheinischen Kapitalismus? In: Heitmeyer, W.; Loch, D., Hrsg. (2001), Schattenseiten der Globalisierung. Frankfurt/M.
Dörre, K.; Neubert, J.; Wolf, H. (1993), »New Deal« im Betrieb? In: SOFI-Mitteilungen, Nr. 20.
Foucault, M. (2000), Die Gouvernementalität. In: Bröckling u.a. (2000), a.a.O., S. 41-67.
Froud, J.; Haslam, C.; Sukhdev, J.; Williams, K. (2000), Shareholder value and financialization: consultancy promises, management moves. In: Economy and Society 1/2000, S. 80-100
Gorz, A. (2000), Arbeit zwischen Misere und Utopie. Frankfurt/M.

Hinterhuber, A. (2000), Der Shareholder Value und seine Grenzen. In: FAZ vom 31.7.2000, S. 29.
Hollingsworth, J. R. (1997), The Institutional Embededness of American Capitalism. In: Crouch/Streeck, Ed., a.a.O.: 133-147.
Hyman, R. (1991), Strategie oder Struktur? In: Müller-Jentsch, W., Hrsg., Konfliktpartnerschaft. Akteure und Institutionen der industriellen Beziehungen. München.
Jürgens, U.; Naumann, K.; Rupp, J. (2000), Shareholder value in an adverse environment: the german case. In: Economy and Society 1/200, S. 54-79.
Kern, H. (1996), Das vertrackte Problem der Sicherheit – Innovationen im Spannungsfeld zwischen Ressourcenmobilisierung und Risikoaversion. In: Jahrbuch Arbeit und Technik, S. 196-208.
Kotthoff, H. (1994), Betriebsräte und Bürgerstatus. Wandel und Kontinuität betrieblicher Mitbestimmung. München.
Lehndorff, S. (2001), Weniger ist mehr. Arbeitszeitverkürzung als Gesellschaftspolitik. Hamburg.
Lipietz, A. (1993), Towards a New Economic Order. Postfordism, Ecology and Democracy. Cambridge.
Moldaschl, M.; Sauer, D. (2000), Internalisierung des Marktes – Zur Dialektik von Kooperation und Herrschaft. In: Minssen, H., Hrsg., a.a.O., S. 205-225.
Minssen, H., Hrsg. (2000), Begrenzte Entgrenzungen. Wandlungen von Organisation und Arbeit, Berlin.
Müller-Jentsch, W. (1994), Über Produktivkräfte und Bürgerrechte. In: Beckenbach, N.; Treeck, W. van, Hrsg., Umbrüche gesellschaftlicher Arbeit. Soziale Welt. Sonderband 9, S. 643-661.
Müller-Jentsch, W., Hrsg. (1999), Konfliktpartnerschaft. 3. Auflage. München.
Polanyi, K. (1978/95), The Great Transformation. Politische und ökonomische Ursprünge von Gesellschaften und Wirtschaftssystemen. Frankfurt/M.. 3. Aufl.
Pongratz, H. J.; Voß, G. G. (2000), Vom Arbeitnehmer zum Arbeitskraftunternehmer – Zur Entgrenzung der Ware Arbeitskraft. In: Minssen, H., Hrsg., a.a.O., S. 225-247.
Revelli, M. (1999), Die gesellschaftliche Linke. Jenseits der Zivilisation der Arbeit. Münster.
Ruigrok, W.; van Tulder, R. (1995), The Logic of international Restructuring. London/New York.
Rose, N. (2000), Tod des Sozialen? Eine Neubestimmung der Grenzen des Regierens. In: Bröckling u.a., a.a.O., S. 72-109.
Röttger, B. (1995), Neoliberale Globalisierung und eurokapitalistische Regulation. Münster.
Schumann, M. (2000), Industriearbeit zwischen Entfremdung und Entfaltung. In: SOFI-Mitteilungen Nr. 28/2000, Göttingen, S. 103-112.
Sennett, R. (1998), Der flexible Mensch. Die Kultur des neuen Kapitalismus. Berlin.
Sorge, A. (1999), Mitbestimmung, Arbeitsorgansiation und Technikanwendung. In: Streeck, W.; Kluge, N., Mitbestimmung in Deutschland. Tradition und

Effizienz. Frankfurt/M.
Springer, R. (1998), Rückkehr zum Taylorismus? Arbeitspolitik in der Automobilindustrie am Scheideweg. Frankfurt/M.
Strange, S. (1997), The Future of Global Capitalism; or, Will Divergence Persist Forever? In: Crouch/Streeck, Ed., a.a.O., S. 182-192.
Streeck, W. (1998 c), Einleitung. In: Internationale Wirtschaft, nationale Demokratie. Herausforderungen für die Demokratietheorie., S. 11-58, Frankfurt/M.
Trentin, B. (1999), Befreiung der Arbeit. Die Gewerkschaften, die Linke und die Krise des Fordismus. Hamburg.
Vitols, S. u.a. (1997), Corporate Governance in Large British and German Companies: Comparative Institutional Advantage or Competing for Best Practice. London.
Wolf, H. (1994), Rationalisierung und Partizipation. In: Leviathan 22/2, S. 243-259.
Womack, J.P.; Jones, D.T.; Roos, D. (1991), Die zweite Revolution in der Autoindustrie. Frankfurt/M.

# Joachim Bischoff/Richard Detje
# Finanzgetriebenes Akkumulationsregime oder neue Ökonomie?

## 1. Kapitalismus contra Kapitalismus

Die Erkenntnis, dass sich geschichtliche Entwicklungsphasen gleichsam retrospektiv entschlüsseln,[1] gilt nicht nur für die Abfolge der Produktionsweisen, sondern auch für die Periodisierung von ökonomisch-gesellschaftlichen Formationen im Kapitalismus. Gerade die jüngere Geschichte ist reich an Beispielen. Der Untergang der staatssozialistisch verfassten Gesellschaften in Osteuropa und das Ende der Systemkonkurrenz schärfte – so Michel Albert im Jahre 1991 – den Blick auf die inneren Verhältnisse, damit die Unterscheidung unterschiedlicher Kapitalismus»modelle«. »Der Zusammenbruch des Kommunismus macht die Unterschiedlichkeit zwischen zwei Modellen des Kapitalismus deutlich. Das *neo-amerikanische* basiert auf dem individuellen Erfolg und dem schnellen finanziellen Gewinn. Das *rheinische* hat sein Zentrum in Deutschland und ist dem japanischen sehr ähnlich. Wie dieses auch favorisiert es den gemeinschaftlichen Erfolg, den Konsens und das langfristige Vorausdenken.« (Albert 1991, 25) Dem Einschnitt von 1989-91 unterliegt also eine politische Zäsur, die rund ein Jahrzehnt zuvor die ökonomisch-soziale Entwicklung in den kapitalistischen Metropolen in verschiedene Bahnen lenkte. »Nirgendwo in Kontinentaleuropa hat sich irgend etwas ereignet, was auch nur im geringsten der Reagan-Revolution in den Vereinigten Staaten gleichkäme. Ein neues Wirtschaftsmodell entstand, die

---

[1] »Weil«, wie Marx im Vorwort zum ersten Band des Kapital schreibt, »der ausgebildete Körper leichter zu studieren ist als die Körperzelle.« (MEW 23, 12) Im Vorwort zur Kritik der Politischen Ökonomie führt er weiter aus: »Eine Gesellschaftsformation geht nie unter, bevor alle Produktivkräfte entwickelt sind, für die sie weit genug ist, und neue höhere Produktionsverhältnisse treten nie an die Stelle, bevor die materiellen Existenzbedingungen derselben im Schoß der alten Gesellschaft selbst ausgebrütet worden sind. Daher stellt sich die Menschheit immer nur Aufgaben, die sie lösen kann, denn genauer betrachtet wird sich stets finden, dass die Aufgabe selbst nur entspringt, wo die materiellen Bedingungen ihrer Lösung schon vorhanden oder wenigstens im Prozess ihres Werdens begriffen sind.« (MEW 13, 9)

*Reaganomics*. ... Es ist dieses komplexe Phänomen..., das ich das *neo-amerikanische Modell* nenne« (ebd, 23f.), ein Modell, das »seit zehn bis fünfzehn Jahren ... in einigen Bereichen immer mehr zum Vorschein (kommt)... Der Spekulant gewinnt gegenüber dem Industrieunternehmer Oberhand, die leicht zu erzielenden kurzfristigen Gewinne unterminieren die kollektiven Reichtümer der langfristigen Investition.« (ebd, 104) Die Verschärfung der Konkurrenz zwischen den kapitalistischen Blöcken und die veränderten hegemonialen Strukturen in der Ökonomie zwischen Finanz- und Realkapital beenden eine lange Entwicklungsphase, in der nach »der Wirtschaftskrise der 30er Jahre ... die wachsende Rolle des Staates im wirtschaftlichen und sozialen Bereich die beiden Formen des Kapitalismus diesseits und jenseits des Atlantiks einander angenähert (hatte).« (ebd, 23) Dass eine konvergente Entwicklung in einem Gegensatz unterschiedlicher Kapitalismus-Modelle mündet, ist dem Ende des vielzitierten »golden age« geschuldet.

Ausgehend von der Beobachtung unterschiedlicher Kapitalismustypen lassen sich folgende Entwicklungsabschnitte unterscheiden:

■ Nach dem Sieg über die Faschismen setzte sich ein regulierter Kapitalismus durch, bei dem zwar nicht – wie Keynes nach den Erfahrungen der Weltwirtschaftskrise und Depression angedacht hatte – eine umfassende Sozialisierung der Investitionsfunktionen zustande kam. Aber der Staat nahm durch erweiterte öffentliche Investitionen, den Ausbau sozialer Sicherungssysteme und eine auf Expansion orientierte Fiskal- und Geldpolitik eine größere Verantwortung bei der Organisation des kapitalistischen Akkumulationsprozesses wahr. »Nach dem Krieg stellten ... alle großen westlichen Staaten Experimente mit verschiedenen Formen eines gemischten Wirtschaftssystems an. Und trotz der negativen Erfahrungen mit staatlicher Intervention während des Krieges und des stark gehobenen Ansehens der Kapitalisten und des Kapitalismus selbst machte Amerika dabei keine Ausnahme... Doch während Amerika den Marktkräften stärker nachgab als seine Alliierten, blieb der Regulierungsrahmen des New Deals erhalten. In der gesamten Regierungszeit Trumans und Eisenhowers kam es nur zu wenigen Konflikten um die Regulierung. Amerika fand sich mitten in seinen eigenen dreißig glanzvollen Jahren, und der wachsende Wohlstand verwässerte den Regulierungseifer im Stile des New Deals. Der Geist war vom Wirtschaftswachstum geprägt.« (Yergin/Stanislaw 1999, 74f.)

■ Die Grundlage der von den 50er Jahren bis Anfang der 70er Jahre währenden Phase beschleunigter Kapitalakkumulation waren (a) die Produktivitätsfortschritte der fordistischen Betriebsweise, (b) eine Ausgestaltung der Verteilungsverhältnisse, die die Entwicklung von Massenkonsumtion ermöglichte, (c) die internationale Regulierung des Kredit-, Finanz- und Währungssystems (Bretton Woods) sowie der Handelsbeziehungen (GATT), und (d)

## Finanzgetriebenes Akkumulationsregime oder neue Ökonomie?

die Effekte der Systemkonkurrenz zwischen einem wohlfahrtsstaatlich zivilisierten Kapitalismus und einem Staatssozialismus. Auch dogmatische Neoliberale gestehen ein, dass die sozialstaatliche Regulierung der Akkumulation den Ökonomien nicht geschadet hat.»Im Gegenteil: Es waren die Jahre von Wirtschaftswunder, Vollbeschäftigung, Arbeitszeitverkürzung und Steigerung der Realeinkommen in der Bundesrepublik, genauso wie es die Zeiten hohen Wachstums und Wohlstandsgewinns in den Vereinigten Staaten gewesen sind.« (Hank 2000, 43)

■ Im Verlauf der 70er Jahre waren die aus standardisierter Massenproduktion und tayloristisch organisierter Arbeit resultierenden Produktivitätseffekte erschöpft. Die unter »fordistischen« Bedingungen realisierte, sozialstaatlich abgesicherte Individualitätsentwicklung setzte zudem eine Entwicklung des Eigensinns von Lebenssphären – Geschlechterbeziehungen, Sexualität, Bildung etc. – in Gang, die über die Wertorientierungen des Alltagslebens die Krise der fordistischen Entwicklungsphase beschleunigten und vertieften. Die beschleunigte Akkumulation kam im sechsten Nachkriegs-Konjunkturzyklus (1971-74) zum Erliegen, da der Fall der Profitrate nicht mehr durch das Wachstum der Profitmasse kompensiert wird (vgl. Krüger 1998). Es bildet sich eine die nachfolgenden Konjunkturzyklen übergreifende strukturelle Überakkumulation von Kapital heraus.

■ Die aufgetürmten Widersprüche innerhalb der gesellschaftlichen Betriebs- und Akkumulationsweise des Fordismus führten ab der zweiten Hälfte der 70er Jahre zu einem fundamentalen Paradigmenwechsel. Dabei gilt: »Die ideologischen Veränderungen sind Korrelat der realgeschichtlichen Prozesse. Die weltweite Expansion des Kapitalismus verdankt sich nicht dem Einfluss der neoliberalistischen Ideologie, die in Bezug auf die kapitalistischen Produktionsverhältnisse instrumentellen Charakter hat, sondern umgekehrt sind es die realwirtschaftlichen Entwicklungen, die dem Neoliberalismus seine ideologische Durchsetzungskraft verschaffen. Deshalb ist die ›globale‹ Wirksamkeit‹ des Neoliberalismus der ausgreifenden Expansionsdynamik des gegenwärtigen Kapitalismus geschuldet.« (Zinn 2001, 14) Der schrittweise Übergang zum Laissez-faire-Prinzip erweist sich rückblickend als entscheidende Zäsur des metropolitanen Nachkriegskapitalismus.»Weniger der Einschnitt von 1989 (er ist wichtig für die politische Geschichte und die Transformationsgeschichte der ehemals kommunistischen Staaten) als vielmehr die Wende von 1979 (der konservative Wahlsieg in England) markieren den Wandel. Damals wurden genau fünfzig Jahre einer gemischten Ökonomie abgelöst, die die Märkte unter die Aufsicht der Staaten stellen wollten. Von dieser Aufsicht wurden sie jetzt befreit.« (Hank 2000, 46f.)

■ Eine Zäsur erfolgte in doppelter Hinsicht: zum einen aufgrund der Aufkündigung des wohlfahrtsstaatlichen Klassenkompromisses; zum zweiten durch die zunehmende Verselbständigung der Entwicklung des Finanzkapitals. Der neokonservative Block war zunächst unter der Zielsetzung angetreten, durch Stärkung der realwirtschaftlichen Basis die Kapitalakkumulation zu revitalisieren – deshalb Umverteilung des gesellschaftlichen Reichtums zugunsten des Kapitals und Schwächung der sozialstaatlichen Umverteilungssysteme. »Bereichert euch, damit ihr investiert!«, war die Losung. Doch der Kapitalismus veränderte sich in eine andere Richtung. Die Deregulierung der Finanzmärkte beschleunigte die durch die Überakkumulation der Realwirtschaft bereits eingeleitete und durch die wachsende private und öffentliche Kreditnachfrage angestoßene Akkumulation des Geldkapitals. Die Renditen von Finanzanlagen wurden mehr und mehr zum Maßstab für Kapitalanlagen jeder Art, was auf eine Schwächung der produktiven Basis hinausläuft. Wenn man der begrifflichen Unterscheidung von Neokonservatismus und Neoliberalismus einen Sinn geben will, dann liegt er in dieser Entwicklung (vgl. Bischoff/Deppe/Kisker 1998).

■ Mit dem Übergang zu einer Deregulierungspolitik und dem Umbau der kapitalistischen Gesellschaft in Richtung auf eine stärkere Konkurrenzsteuerung setzte sich auch in den staatssozialistischen Gesellschaften eine Art »passive Revolution« durch, »d.h. eine Selbsttransformation der Eliten, die schließlich 1989 zum Zusammenbruch des Sowjetsystems führte. Das Ergebnis war das Ende der bipolaren Weltordnung... Die Fordismus-Krise, die gleichzeitig eine Hegemoniekrise der USA war, erwies sich damit als Ausgangspunkt nicht nur einer kapitalistischen Restrukturierungsoffensive im Allgemeinen, sondern zugleich einer erfolgreichen Wiederherstellung der US-Vorherrschaft auf einer neuen ökonomischen Basis.« (Hirsch 1999, 694)

Damit löst sich in gewisser Hinsicht das von Michel Albert beschriebene Paradoxon, dass nicht der ökonomisch wie sozial überlegene rheinische Kapitalismus, sondern das neo-amerikanische Modell triumphiert. Denn die schrittweise Durchsetzung der Hegemonie des Finanzkapitals ist Element der strukturellen Überakkumulation des Kapitals. Das gilt nicht nur in der Hinsicht, dass es ab Mitte der 70er Jahre zu einer zunehmenden Verselbständigung der Geld- gegenüber der Realakkumulation kommt, sondern gleichsam rückwirkend wird die Überakkumulation vertieft und verlängert, wenn Finanzmarktrenditen von 15-20% zur Messlatte für Realinvestitionen und zur Orientierungsgröße für die Restrukturierung von Unternehmen und Branchen werden. Die Durchsetzung eines durch Markt- und Wettbewerbsdominanz sowie einer neuen Machtstruktur in den Unternehmen – Hegemonie der Aktionäre – geprägten neo-amerikanischen Modells ist insofern Ausdruck eines krisenhaften Strukturwandels des Kapitalismus.

## 2. Shareholder Kapitalismus – Ende des rheinischen Kapitalismus

Der Kernpunkt der Restrukturierung der Kapitalakkumulation ist die über die Liberalisierung des Kapitalverkehrs Ende der 70er Jahre herausgebildete neue Qualität der Finanzmärkte. Unter dem Regime flexibler Wechselkurse und deregulierter Finanzmärkte vollzieht sich eine Expansion der Weltwirtschaft und eine Verschärfung der Konkurrenzsituation. In der Folge vertieft sich die Kluft zwischen den kapitalistischen Hauptländern und der Peripherie des Weltsystems.

Das Sprengen aller der Mobilität des Kapitals entgegenstehenden nationalen Schranken gewinnt im Konkurrenzkampf um optimale Verwertungsraten (Unternehmensrenditen) immer mehr an Bedeutung. Die enge Kopplung zwischen der stärkeren Dominanz des Finanzkapitals im kapitalistischen Reproduktionsprozess und der Globalisierung der Finanzmärkte führt nicht nur zur Verselbständigung der internationalen Finanzmärkte gegenüber dem Welthandel, sondern auch zu ihrer Abhebung gegenüber den nationalen Finanz- und Geldmärkten. Die internationalen Finanzmärkte üben heute einen weit größeren Einfluss auf die gesamte nationale Wirtschaftspolitik aus. »Es wird gewöhnlich zugegeben, dass es das Gebiet der Finanzbeziehungen ist, auf dem die Globalisierung unser Leben am stärksten beeinflusst. Die Finanzmärkte haben sich zu einem großen Teil miteinander integriert, was für die am besten geführten Volkswirtschaften mit unbestreitbaren Vorteilen verbunden ist. Und doch waren die anfälligeren Volkswirtschaften zweimal einer schweren Krise (Mexiko 1994 und Asienkrise 1997f.) ausgesetzt, was dramatische Folgen im finanziellen und menschlichen Bereich hatte.« (Camdessus 1999, 11)

Die Vorherrschaft der Finanzmärkte setzt sich einzelwirtschaftlich in eine Hegemonie des Shareholder value um, was zu einem beschleunigten Umbau der Unternehmenslandschaft und zu einer Ausweitung der Finanztransaktionen führt. Innerhalb der Unternehmen verändert sich die Machtstruktur (corporate governance), das Management wird gedrängt, das Unternehmensziel von der substanzwert- auf eine ertragswertorientierte Unternehmensbewertung auszurichten. Hierbei geht es weniger um den Übergang auf kurzfristige Profitsteigerung, als vielmehr darum, die Wertschöpfungskette kontinuierlich zu verschlanken, Quersubventionierungen zwischen Geschäftsfeldern drastisch einzuschränken, den Prozess der Marktreife von neuen Produkten zu verkürzen, Innovationen durch Zukauf von Unternehmen zu optimieren. Gemäß der Konzentration auf das Kerngeschäft erfolgt eine Neuorganisation der Unternehmensnetze. Allerdings kann auch der Vorrang dieser Unternehmensstrategie den Wertschöpfungsprozess nicht dauerhaft auf die Entwicklungsdynamik der Finanzmärkte ausrichten.

Der Transformationsprozess von einer sozial regulierten Kapitalakkumulation zu einem Shareholder-Kapitalismus vollzieht sich in allen kapitalistischen Hauptländern. Für den Großteil der Länder Westeuropas (und demnächst auch Mitteleuropas) kommt ein Umbau der Kapitale mit ihren nationalen Ausgleichungs- und Profitsteuerungssystemen auf einen europäischen Wertschöpfungs- und Verwertungszusammenhang hinzu. Für die Bundesrepublik existiert zudem noch die Notwendigkeit, mit der Integration Ostdeutschlands fertig zu werden, wodurch eine langwierige Sonderkonstellation geschaffen wurde.[2]

In diesem Treibhausklima haben die politischen Parteien der linken Mitte eine bedeutsame Positionsveränderung vorgenommen. Noch in der zweiten Hälfte der 90er Jahre kreiste die Auseinandersetzung mit den Wirtschaftsverbänden und den Parteien mit einer neoliberalen Deregulierungskonzeption (CDU/CSU, FDP) um die Verteidigung des rheinischen Kapitalismus durch eine Politik, die eine Balance von Modernisierung und der Betonung sozialer Gerechtigkeit anstrebte. Doch zu Beginn des 21. Jahrhunderts hat sich die Hauptströmung der europäischen Sozialdemokratie mit dem Shareholder-Kapitalismus abgefunden. Der Begründungszusammenhang ist recht simpel: In Zeiten der Globalisierung, d.h. der internationalen Mobilität des Kapitals, ist nationale Wirtschaftspolitik nur noch als Angebotspolitik im Sinne exquisiter Standortbedingungen möglich. Je besser man im internationalen Benchmarking abschneidet, umso mehr Ressourcen stehen nicht nur zur Standortpflege, sondern auch für soziale Inklusionsprogramme zur Verfügung, die Marktrisiken (Arbeitslosigkeit, Dequalifizierung, Armut usw.) abmildern sollen. Diese Politik ist zugleich eine prinzipielle Absage an den traditionellen Sozialstaat: Nicht mehr kollektive Lösungen für die gesellschaftlichen Probleme kapitalistischer Produktion sind der Kern sozialde-

---

[2] »In den rund vier Jahrzehnten zwischen dem Ende des Zweiten Weltkrieges und der deutschen Einigung brachte die westdeutsche Gesellschaft eine bestimmte Form einer durch gesellschaftliche Institutionen geregelten kapitalistischen Wirtschaft hervor, die für eine hohe internationale Wettbewerbsfähigkeit bei hohen Löhnen und gleichzeitiger geringer Ungleichheit von Einkommen und Lebensstandard sorgte. Bereits Ende der achtziger Jahre, als die Unterschiede in der Leistungsfähigkeit und der gesellschaftlichen Organisation zwischen der westdeutschen Wirtschaft und ihren Hauptkonkurrenten allgemein deutlich wurden, erschien vielen die weitere wirtschaftliche Lebensfähigkeit des ›deutschen Modells‹ zweifelhaft. Kurz darauf verknüpfte sich das Überleben der deutschen Version des Kapitalismus mit seiner erfolgreichen Ausdehnung in das ehemalige Ostdeutschland. Mit der Herstellung des europäischen Binnenmarktes im Jahre 1992 wurde sie außerdem von der Vereinbarkeit der deutschen Wirtschaftsinstitutionen mit dem sich entwickelnden System einer integrierten europäischen Wirtschaft abhängig« (Streeck 1995, 33).

mokratischer Politik – »keine Rechte ohne Verpflichtungen« lautet das neue Motto. »Die Sozialdemokratie alten Stils neigte ... dazu, Rechte als unbedingte Ansprüche zu behandeln. Mit der zunehmenden Individualisierung sollte eine Zunahme der Verpflichtungen des einzelnen einhergehen.« (Giddens 1999, 81) Wettbewerbspolitik statt Wirtschaftssteuerung – aktivierender Staat statt Wohlfahrtsstaat sind die Eckpunkte der Modernisierung der Sozialdemokratie.[3]

In einer solchen Konstellation tendieren die Überlebenschancen des rheinischen Kapitalismus gen Null. Mit vermeintlichen Sachzwängen aufgrund von Globalisierungsprozessen hat das nichts zu tun. Die gesellschaftliche Willensbildung über die Notwendigkeit politischer Intervention und Steuerung von Akkumulationsprozessen vollzieht sich weiterhin auf der Ebene des Nationalstaats; insofern sind im Rahmen des nationalstaatlich entwickelten politischen Systems die Bedingungen für einen Umbau der gesellschaftlichen Betriebs- und Akkumulationsweise des Kapitals zu schaffen. Mit Blick auf die real existierenden gesellschaftlich-politischen Kräfteverhältnisse geht es bei der Frage der Steuerung des Transformationsprozesses darum, ob die langjährige Sozialpartnerschaft und das korporative Grundverständnis des Großteils der um den sozialen Antagonismus von Lohnarbeit und Kapital gruppierten sozialen Organisationen für den Systemwechsel vom rheinischen zum Shareholder-Kapitalismus mobilisiert werden können. Die Vertreter eines korporatistischen Umbaus von Wirtschaft und Gesellschaft spitzen ihre Position dahingehend zu, dass eine solche Veränderung nur in Kooperation zu bewältigen ist: »Anders als in Großbritannien, wo in den achtziger Jahren eine aggressive Regierung einen starken Staat nutzen konnte, eine nur schwach organisierte Zivilgesellschaft politisch zu überwältigen, hängt politisch gestalteter Wandel in Deutschland davon ab, dass zwischen der staatlichen Politik und den organisierten gesellschaftlichen Gruppen Einverständnis erzielt wird. Die deutsche Alternative zu ausgehan-

---

[3] »Mit dem Ableben des Sozialismus als einer Theorie der Wirtschaftssteuerung ist zumindest für die absehbare Zukunft eine der wichtigsten Scheidelinien zwischen Links und Rechts verschwunden. Die marxistische Linke wollte den Kapitalismus überwinden und durch ein anderes System ersetzen. Auch viele Sozialdemokraten glaubten, der Kapitalismus könnte und sollte nach und nach so verändert werden, dass er eine andere Form annehme. Heute hat niemand mehr eine Alternative zum Kapitalismus zu bieten – zur Debatte steht nun nur noch, in welchem Maße und auf welche Weise der Kapitalismus gebremst und gezähmt werden sollte.« (Giddens 1999, 57) Das ist allerdings noch ein Euphemismus für die neue Sozialdemokratie, war doch die Zähmung oder Zivilisierung des Kapitalismus bereits das Programm der heute als traditionalistisch und antiquiert eingeordneten »alten« Sozialdemokratie.

delten Reformen sind nicht staatlich aufgezwungene Reformen, sondern Stagnation – und in einer Welt, die sich ändert, ist Stagnation nichts anderes als langsames Verfaulen.« (Streeck 1999, 4)

Aglietta ordnet den politischen Strategiewechsel der Kräfte der linken Mitte ein in die Herausbildung einer neuen Formation kapitalistischer Entwicklung, eines neuen Akkumulationstyps, der eine neue Regulationsweise erforderlich macht. Er wirbt dafür, dass sich eine europäische Linke für eine soziale Variante des neuen Typus stark macht, den er als »Regime des Vermögensbesitzes« bezeichnet. »Das heißt, eine Konzeption des sozialen Fortschritts zu erarbeiten, die mit dem Regime des Vermögensbesitzes zusammenpasst, vor allem aber mit der Globalisierung und der Ausrichtung des technischen Fortschrittes auf die Dienstleistungen.« (Aglietta 2000a, 107) Denn mit der Integration des deutschen Finanzmarktes in den vom US-Finanzkapital beherrschten internationalen Markt für Vermögens- und Eigentumstitel und dem Prozess der Einbettung des bundesdeutschen Unternehmensbereiches in einen europäischen Regulierungs- und Ausgleichungszusammenhang habe ein national organisiertes Gesamtkapital keine Chance mehr.

In Europa und in der Bundesrepublik kämpfen zwei große Blöcke gesellschaftlicher Kräfte um das Erbe des rheinischen Kapitalismus: Während die neoliberal, neokonservativ-bürgerlichen Organisationen in einer konsequenten Fortsetzung der Deregulierungspolitik der 80er und 90er Jahre die einzige Chance zur Behauptung der Wettbewerbsposition des bundesdeutschen Nationalkapitals auf den Weltmärkten sehen, plädieren die sozialdemokratisch-ökologischen Modernisierungsanhänger für einen korporatistisch gestalteten Umbau (»Bündnis für Arbeit und Wettbewerbfähigkeit«) (vgl. Urban 2000). Beide Lager sagen für das Scheitern ihres Ansatzes jeweils den Absturz in die Zweitklassigkeit, also das Ausscheiden aus dem kleinen Kreis der kapitalistischen Führungskräfte, voraus. Beide Blöcke unterstellen, dass sich im Zuge der Auflösung des sozial regulierten Kapitalismus ein Übergang in einen neuen finanzgetriebene Akkumulationstypus des Kapital abzeichnet, wenn nicht bereits vollzogen hat.

## 3. Finanzgetriebenes Akkumulationsregime?

Die Feststellung, dass die fordistisch-tayloristische Betriebsweise im Laufe der 70er Jahre des 20. Jahrhunderts ihre Gestaltungskraft verloren hat, ist längst zu einem Gemeinplatz geworden. Durch diesen Umbruch veränderten sich die Arbeitsorganisation, die Struktur des gesellschaftlichen Gesamtarbeiters, aber auch die Akkumulationsstrukturen und die politisch bestimmten Regulationsformen. Die mixed economy des wohlfahrtsstaatlich regulierten Kapitalismus wird durch neoliberale Deregulierungspolitik aufgelöst, Marktsteuerung erfasst immer mehr gesellschaftliche Bereiche. Strittig ist jedoch die These, dass sich nach einer längeren Krisen- und Übergangsphase in den hochentwickelten kapitalistischen Ländern ein neuer Typus der Akkumulation herausgebildet habe, dem ein neuer Modus der Regulation, der Verteilung, der Individualitätsentwicklung und zivilgesellschaftlicher wie politischer Strukturen entspricht. Für diese These werden folgende Begründungselemente angeführt:

■ In den 80er Jahren sei es gelungen, »den Kapitalismus derart grundlegend zu restrukturieren, dass nach der Krise der 70er Jahre wieder eine strukturelle Erhöhung der Profitrate durchgesetzt wurde. Daran ist die Existenz einer neuen und relativ stabilen Formation vor allem zu messen.« (Hirsch 2000) Für die Wiederherstellung der Profitabilität des Kapitals war die Re-Etablierung der US-Hegemonie eine wesentliche Grundlage. Denn damit war ein neuer Schub der Internationalisierung der Produktion durch Liberalisierung der Waren-, Finanz- und Kapitalmärkte sowie durch die Nutzung der modernen Kommunikations- und Transporttechnologien verbunden.

■ Dörre (2000) spricht von einem »flexibel-finanzgetriebenen Akkumulationstypus«. Hirsch (2000) unterstreicht, dass die relative Verselbständigung des Finanzkapitalsektors ein Strukturmerkmal des neuen Akkumulationsregimes sei. Sie befinden sich damit in Übereinstimmung mit neueren Positionen aus dem Kreis der Regulationstheorie (Boyer 2000, Aglietta 2000b).

■ Es entsteht ein neues Wettbewerbsregime. An die Stelle der für den Fordismus typischen, sehr stark auf nationale Märkte orientierte Unternehmenskonglomerate treten auf IuK-Technologien und neue Marktsegmente spezialisierte und international vernetzte Global Player.

■ IuK-Technologien wälzen nicht nur die Produktion um, sondern lassen neue Konsumformen entstehen. Auf dieser Grundlage kommt es zu einer Ausweitung des kapitalistischen Verwertungsprozesses, zu einer neuen Stufe innerer Landnahme.

■ Die Zusammensetzung der Lohnarbeit verändert sich. Neben einer Re-Qualifizierung kommt es zu einer Ausweitung tendenziell prekärer Beschäftigungsverhältnisse. Während einige in der Figur des Arbeitskraft-Unternehmers den »neuen gesellschaftlichen Leittypus für Arbeitskraft überhaupt« sehen (Pongratz/Voß 2000, 229; zur Kritik Kühl 2000), setzt Dörre einen anderen Akzent: Es entstehen neue Zonen kontrollierter Autonomie, weil sich Selbstaktivierung, Kreativität, ständige Innovationsbereitschaft und zielkonformes Verhalten nicht durch hierarchische Kontrolle erzwingen lassen.

Während sich einige Vertreter der These von der Herausbildung eines neuen Akkumulationsregime des Vermögensbesitzes bei der Bestimmung der gesellschaftlichen Betriebsweise des Kapitals zurückhalten (Aglietta, Boyer, Hirsch u.a.), gibt es die Positionsbestimmung, dass der High-Tech-Kapitalismus in der New Economy seine neue Basis gefunden habe. Die New Economy wird als entwickeltere gesellschaftliche Betriebsweise, als eine neue Formation kapitalistischer Entwicklung gewertet.

### 3.1 High-Tech Kapitalismus – eine neue gesellschaftliche Betriebsweise?

»Der ›Kasinokapitalismus‹ war nur der finanzielle Überbau ihres Aufstiegs. Die Zeit, in der noch mit dem Anschein intellektueller Aktualität von ›Postfordismus‹ oder ›Superfordismus‹ gesprochen werden konnte, ist vorbei. Die neue Formation ist weiter in den Jahren fortgeschritten als die fordistische es war, als Antonio Gramsci sie unter diesem Namen – und nicht etwa unter irgendeinem leeren Post-Bindestrichnamen – analysierte. Die ›Betriebsweise gesellschaftlicher Arbeit‹ (Marx/Engels) gestaltet sich in den herrschenden Sektoren auf Basis der Mikroelektronik und hinsichtlich der räumlich-politischen Reichweite transnational; allgemein sind die Produktivkräfte in Auswirkung der Leittechnologie des Computers ›hochtechnologisch‹ geworden und es werden täglich mehr. Daher kann man vom transnationalen High-Tech-Kapitalismus sprechen. Im Internet hat er sein Medium gefunden.« (Haug 2000, 621)

Die These von der gesellschaftlichen Betriebsweise ist tatsächlich der zentrale Bezugspunkt.[4] Doch folgende Argumente sprechen aus unserer Sicht gegen die These von der Durchsetzung einer neuen Formation des High-Tech-Kapitalismus:

(1) Unhaltbar ist die These, dass die Erscheinungsform des Kasinokapitalismus nur der finanzielle Überbau in der Phase des Aufstiegs der neuen

---

[4] Mit der gesellschaftlichen Betriebsweise der Großen Industrie bildet sich die mehr oder minder regelmäßige Bewegungsform der Konjunktur heraus. Zyklenübergreifend kann sie eine Veränderung der gesellschaftlichen Betriebsweise durchsetzen: »Die allgemeinen Grundlagen des kapitalistischen Systems einmal gegeben, tritt im Verlauf der Akkumulation jedesmal ein Punkt ein, wo die Entwicklung der Produktivität der gesellschaftlichen Arbeit der mächtigste Hebel der Akkumulation wird... Wenn also ein gewisser Grad der Kapitalakkumulation als Bedingung der spezifischen kapitalistischen Produktionsweise erscheint, verursacht die letztere rückschlagend eine beschleunigte Akkumulation des Kapitals. Mit der Akkumulation des Kapitals entwickelt sich daher die spezifische kapitalistische Produktionsweise und mit der spezifisch kapitalistischen Produktionsweise die Akkumulation des Kapitals. Diese beiden ökonomischen Faktoren erzeugen, nach dem zusammengesetzten Verhältnis des Anstoßes, den sie sich gegenseitig erteilen, den Wechsel in der technischen Zusammensetzung des Kapitals, durch welchen der variable Bestandteil immer kleiner und kleiner wird verglichen mit dem konstanten.« (MEW 23, 650f.)

## 118 ■ Finanzgetriebenes Akkumulationsregime oder neue Ökonomie?

Betriebsweise ist. Die relative Verselbständigung von kapitalistischer Realökonomie und Geldkapital setzt mit dem Zusammenbruch des der fordistischen Entwicklungsphase entsprechenden Finanzregimes ein, steigert sich unter den Bedingungen der Deregulierung und produziert schließlich unter den Bedingungen der Globalisierung jenen irrationalen Überschwang, der in den »Crash auf Raten« und den Periodenwechsel zum 12. Nachkriegskonjunkturzyklus umschlägt.

Die Steigerung des Wirtschaftswachstums in den USA auf 3,5% im Jahresdurchschnitt nach der Rezession von 1991 bis 2000, die Verbesserung der Produktivität, der Übergang zu ausgeglichenen öffentlichen Haushalten und die Absenkung der Arbeitslosenrate begeisterten Politiker und Publizisten, doch vor allem anderen wurde die Phantasie einer neuen Prosperitätskonstellation durch den Aktienboom befördert. Auf die vermeintlichen Traumgewinne, die durch die Börsenkapitalisierung des Großteils der einstigen Unternehmen des öffentlichen Sektors (Telekommunikation, Energie, Transport) und durch die dot.com-Unternehmen möglich wurden, reagierten viele Privathaushalte mit finanziellem Engagement auf den Börsenplätzen. Mit dem Crash auf Raten, der vor allem im Bereich der Technologie- und Medienwerte im Jahre 2000 eine massive Korrektur der Aktiennotierungen brachte, und dem Übergang der USA in eine Krisen- und Stagnationsphase des Konjunkturzyklus hat sich die Euphorie über den neuen Entwicklungsabschnitt gelegt.

(2) Kennzeichnend für den Übergang in eine neue gesellschaftliche Betriebsweise sei, dass das für den Fordismus prägende Lohnverhältnis durch ein postfordistisches Finanzregime überlagert wird. Lohnbasierte Massennachfrage und sozialstaatliche Umverteilung sind zu Recht als »eingebaute Stabilisatoren« des Fordismus bezeichnet worden, die den industriellen Zyklus dämpften und steuerbar machten. Einkommen aus Wertpapieren – Merkmal des Shareholder- Kapitalismus – verstärken hingegen die zyklischen Schwankungen und erhöhen die systemische Instabilität und Krisenhaftigkeit.

Für die Länder des rheinischen Kapitalismus ist sehr zweifelhaft, ob der massive Fall der Lohnquote in den letzten zwei Jahrzehnten – der wiederum Motor der exportgetriebenen Modernisierung war – durch Einkommen, die auf den Finanzmärkten erzielt werden, auch nur annähernd kompensiert werden kann. Aktuelle Vermögensberichte zeigen das Gegenteil: Die Hälfte der privaten Haushalte ist gänzlich ohne Vermögen; die Vorstellung von einem Volk der Teilhaber ist eine Schimäre. In den USA hat der Fall der Lohnquote zu keiner Zeit »kontinentale« Ausmaße gehabt.

Unter dem Druck der Shareholder müssen sich realwirtschaftliche Investitionen als hochprofitabel erweisen. Was bei start ups funktionieren mag, kann sich für große Bereiche der Ökonomie als entscheidende Bremse für Produkt- wie für Prozessinnovationen erweisen, damit als Bremse bei der Herausbildung einer neuen Betriebsweise oder eines neuen Produktionsmodells. Die künftige Rolle des Staates – im Fordismus ein dynamischer Sektor – ist vollkommen unklar. Gehört etwa zum finanzgetriebenen Akkumulationsregime der säkulare Verfall staatlicher Interventionsfähigkeit durch fortschreitende Entsteuerung der Vermögenseinkommen, während die Besteuerung der zunehmend unergiebigen Lohneinkommen schnell eine Grenze erreicht?

(3) Mit dem Schlagwort von der New Economy werden verschiedene Dimensionen angesprochen: die Prosperität der US-Ökonomie bis 2000; das Kursfeuerwerk bei den Aktien von Technologie-, Telekommunikations- und Medienwerten, die als Träger des neuen Zeitalters gelten; die Konsumwelle; der Umbau der Unternehmenslandschaft etc. Im Zentrum der vermeintlichen Revolutionierung von Ökonomie und Gesellschaft steht die These eines neuen Produktivitätsschubs durch die rasche Ausbreitung des Computers. Genauere Untersuchung lassen aber Zweifel an der Plausibilität dieser These aufkommen. Zum einen, weil der Anteil von Computern am us-amerikanischen Kapitalstock marginal (unter 1%) ist. Zweitens haben eine Reihe von empirischen Untersuchungen ergeben, dass die hohen Produktivitätszuwächse im Wesentlichen auf den – eher kleinen – informationstechnologischen Sektor in der zweiten Hälfte der 90er Jahre beschränkt waren, während die absolut dominierenden Bereiche der investitions- und konsumgüterproduzierenden Industrie Zuwachsraten in der Produktivität von unter zwei Prozent aufweisen. »Für Dienstleistungsbranchen, die zwischen 1990 und 1997 im besonderen Maße Informationstechnologien eingesetzt haben, ergab eine Untersuchung des Wirtschaftsministeriums sogar, dass die Arbeitsproduktivität um 0,3% zurückging.« (Scherrer 2001, 19).

(4) Die Erwartung einer Reihe von AutorInnen, dass der Siegeszug des Internet zu einer neuen Transparenz der Märkte, damit zu einer »vollkommenen« Konkurrenz in dem Sinne führe, dass Käufer und Verkäufer aufeinander abgestimmt handeln, so dass die neue Formation des Kapitalismus den Konjunkturzyklus überwunden habe, ist ein Trugschluss. Eine neue Betriebsweise bringt keine neuen ökonomischen Gesetze hervor.[5] Die Märkte werden auch im Zeitalter des Internet nicht »vollkommen« sein; sinkende Transaktionskosten schaffen noch keine Konkurrenzsituation, die Käufe und Verkäufe just in time in Übereinstimmung bringt. Die Widersprüche des

---

[5] Von einzelnen Vertretern wird selbst die werttheoretische Grundlage der kapitalistischen Ökonomie in Zweifel gezogen und damit vom Ende der traditionellen Wirtschaftstheorie gesprochen.

kapitalistischen Akkumulationsprozesses bleiben erhalten. Viel spricht sogar dafür, dass der Konjunkturzyklus sich verstärken wird, da die »eingebauten Stabilisatoren« des sozialstaatlich gebändigten Kapitalismus bereits erheblich geschwächt sind. Davon zeugt auch die Zunahme der Verteilungskonflikte über den Anteil der Arbeitseinkommen am gesellschaftlichen Reichtum und die Verteilung der gesellschaftlichen Arbeitszeit. Die Ökonomie des digitalen Kapitalismus beseitigt schließlich auch nicht den Widerspruch, dass die Produktivitätsfortschritte mit einem immer höheren Kapitaleinsatz auf gesellschaftlicher Stufenleiter erkauft werden müssen.

Bei genauerer Betrachtung zeigt sich zudem, dass die These vom Übergang in ein neues Zeitalter der New Economy erst im Gefolge von Aktienboom und spekulativer Finanzblase Karriere machte. Die Proklamation eines neuen Entwicklungsabschnittes ist das Produkt der späten 90er Jahre. »Der Terminus ›Neues Zeitalter‹ wurde auf die Wirtschaft angewendet, nachdem der Börsenboom der 90er Jahre ein Ausmaß erreicht hatte, das die Öffentlichkeit verblüfft zur Kenntnis nahm; und im Zentrum aller Neue-Ära-Geschichten stand der Aktienmarkt... Die Neue-Ära-Theorie entstand im Wesentlichen als Interpretation post festum.« (Shiller 2000, 117f.) Insofern gilt für die Gesellschaftstheorie, was Hegel (1970, 28) für die Philosophie sagte. »Wenn die Philosophie ihr Grau in Grau malt, dann ist eine Gestalt des Lebens alt geworden, und mit Grau in Grau lässt sie sich nicht verjüngen, sondern nur erkennen; die Eule der Minerva beginnt erst mit der einbrechenden Dämmerung ihren Flug.« Dieses Grau in Grau wird nicht durch den kurzzeitigen Höhenflug auf den Aktienmärkten in ein Verjüngungsmittel verwandelt.

### 3.2 Eine flexible Fabrikorganisation jenseits des Taylorismus/Fordismus?

Gibt es ein postfordistisches Modell der Betriebs- und Unternehmensorganisation, der Arbeitspolitik, der Managementprinzipien und der industriellen Beziehungen?

Folgende Beobachtungen dürften unstrittig sein: In den 90er Jahren haben sich verstärkt dezentralisierte, marktgesteuerte Formen der Fabrikorganisation herausgebildet, die den Triumph der Markt- über die Produktionsökonomie reflektieren. Die Internalisierung der Märkte in den Unternehmen, damit verbunden die Intensivierung der Konkurrenz, steuern Rationalisierungs- und Kostensenkungsprozesse, die nicht mehr auf einzelne Unternehmensbereiche, sondern auf die gesamte Wertschöpfungskette gerichtet sind, einschließlich der Organisationsstrukturen. Es entsteht eine »flexible Arbeitsweise«, die sich gleich mehrfach der tayloristischen Massenproduktion überlegen erweist: Flexible Beschäftigungsverhältnisse garantieren Profitabilität auch bei wechselnden Konjunkturlagen; es bildet sich ein neues Zeit- und Leistungsregime heraus, ebenso wie neue Formen ertragsabhängiger Entlohnung (obgleich die Euphorie einer »neuen Aktienkultur« auch für Arbeitnehmer einen massiven Dämpfer erhalten hat). Es kommt zu einer erheblichen Differenzierung und z.T. Polarisierung der Arbeitsbedingungen und zu einer Fragmentierung der Belegschaften, was die Möglichkeiten solidarischer Politik enorm verschlechtert. Strittig ist jedoch die These, dass sich aus diesen Puzzle-Teilen ein postfordistisches Produktionsmodell zusammensetzen lässt.

Die Grenzen des Fordismus zeigten sich in den gesellschaftlichen Arbeitsprozessen darin, dass mit dem tayloristischen Zugriff auf die Arbeitskraft wichtige Produktivitätspotenziale verschenkt wurden; dass das fachliche Können der Arbeitskräfte äußerst ineffektiv genutzt wurde; dass rigide Arbeitsteilung, parzellierte Arbeitszuschnitte und die systematische Trennung von direkten und indirekten Produktionsbereichen sich mehr und mehr als Schranken für die Weiterentwicklung der Produktivität erwiesen. Könnte nun unter Beweis gestellt werden, dass im Shop floor die Produktivitätsschranken geöffnet sind, würde die These von der Überwindung der Krise des Fordismus und der Herausbildung eines neuen Akkumulationstypus an Überzeugungskraft gewinnen.

Doch folgende Befunde sprechen gegen diese Schlussfolgerung:
■ Sicherlich gelingt es einer großen Zahl von Unternehmen, Produktivität zu steigern durch kürzere Durchlaufzeiten dank rationellerer Betriebsorganisation und flacherer Hierarchien; ebenso gelingt es, durch interne Wettbewerbsausscheidungen und Benchmarking die Arbeit zu intensivieren. Ein »flexibilisierter Taylorismus« – Dörre (2001) spricht von »gestrafften Firmenbürokratien mit toyotistischer Gruppen-, Team- und angereicherter Einzelarbeit« – verändert die Art der Arbeitsverausgabung und die Arbeitsgänge aber nur wenig. Damit fehlen jedoch letztlich die Voraussetzungen, um das viel beschworene informelle Produzentenwissen zu mobilisieren.
■ Kommt es zur Integration dispositiver Arbeitsbereiche in die Produktionsarbeit, so wird dies im Rahmen eines flexibilisierten Taylorismus von einem größeren Teil der Betroffenen als steigende Leistungsanforderungen und Zunahme von Kontrolle erfahren. Das ist »ein zentraler Widerspruch der neuen Arbeitsweise... Um informelles Produzentenwissen zu mobilisieren, appelliert die Managementseite beständig an die Subjekthaftigkeit der Beschäftigten. Damit fördert sie Erwartungshaltungen, die im Arbeitsalltag der Partizipanten uneingelöst bleiben. Die Gruppenorganisation schafft repetitive Teilarbeit nicht ab, sondern reichert sie mit zusätzlichen Tätigkeiten an... Während die tayloristische Arbeitsorganisation zur Routinisierung und Habitualisierung des Arbeitshandelns drängt, zielt die flexible Gruppenorganisation auf das Gegenteil. Sie will Routinen aufstören, Leistungsreser-

ven erschließen, permanente Innovationsbereitschaft fördern. Aber sie bietet dafür kein intrinsisches, in den Arbeitsprozessen selbst verankertes Motiv.« (ebd., 84)

■ Die Innovationsfähigkeit des Restrukturierungsmodells »gestraffte Firmenbürokratie«, das nach Dörres Untersuchung die »Normalität der Reorganisation« verkörpert, ist begrenzt. Das hängt mit der bürokratischen Reorganisation auf die Widersprüche unternehmensinterner Marktorganisation zusammen: »Die gestraffte Hierarchie präsentiert sich als notwendiges Pendant zur Centerstruktur. Sie entspringt dem Versuch, die Risiken marktförmiger Koordination durch eine enger verzahnte, effizienter funktionierende Top-down-Steuerung zu minimieren« (ebd., 80). Ein Mechanismus zur Steuerung von Produktinnovationen ist nicht erkenntlich.

■ Zu den Schranken des Fordismus gehört, dass die Potenziale höherer Individualitätsentwicklung abgeblockt und nicht integriert werden konnten. Dies setzt sich aber in den neotoyotistischen Modellen eines »flexiblen Kapitalismus« fort. Selbst Ansätze der Förderung von Produktionsintelligenz stehen durch die Reetablierung konventioneller Organisationsgestaltung und Einschränkung der Aus- und Weiterbildungsaktivitäten unter Druck. Ein Durchbruch zu einem neuen nicht-fordistischen Produktionsmodell wird aber solange nicht gelingen, wie Sicherheitsbedürfnisse der Beschäftigten durch kapitalgesteuerte Flexibilisierung, Prekarisierung der Arbeit, wachsenden Leistungsdruck sowie unter dem beständigen Druck drohender Arbeitslosigkeit offen und permanent verletzt werden.

Kurzum: Aus unserer Sicht weisen die Befunde nach wie vor darauf hin, dass die Rationalisierungsblockaden des Fordismus-Taylorismus noch nicht »aufgehoben« sind.

### 3.3 Die Bewegung der Profitrate

Auf den ersten Blick scheint die Entwicklung der gesellschaftlichen Profitrate tatsächlich auf die Durchsetzung einer neuen Formation kapitalistischer Entwicklung zu verweisen. Denn im Verlauf der 80er Jahre wird der Fall der Profitrate gebremst und nachfolgend kommt es zu einer nachweisbaren Niveauanhebung – am deutlichsten in den USA, aber auch in Westeuropa (vgl. dazu Abb. 1 und 2 auf der folgenden Seite). Allerdings wird der Anstieg der Kapital- und Vermögenseinkommen häufig überschätzt, weil der Anstieg des Anlagevermögens nicht berücksichtigt wird. Eine »strukturelle Erhöhung« (Hirsch 2000) der Profitrate des gesellschaftlichen Gesamtkapitals können wir in dem vorliegenden Datenmaterial nicht erkennen. Fakt ist hingegen: Es findet eine deutliche Korrektur der Kapitalrenditen unter den Unternehmen zugunsten der Kapitalgesellschaften und vor allem der Aktiengesellschaften statt. Von den 2,8 Millionen Unternehmen in Deutschland sind aber

## Abbildung 1: Internationaler Vergleich der Brutto-Kapitalrenditen (1971=100)

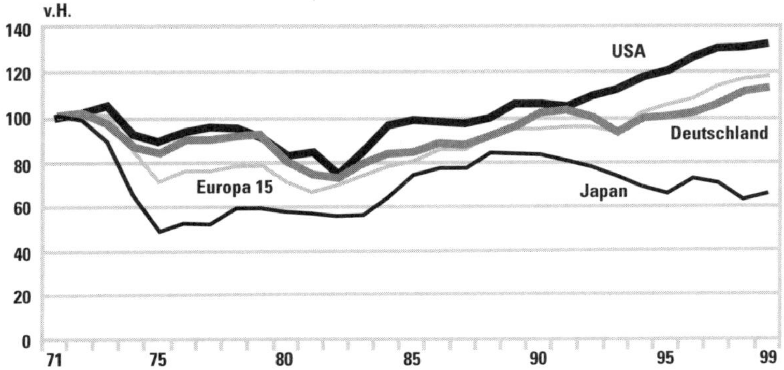

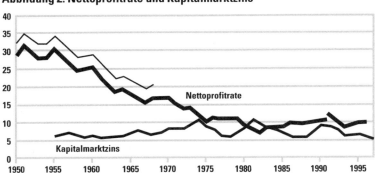

Quelle: DGB-Berechnungen nach Angaben der Kommission der EU

## Abbildung 2: Nettoprofitrate und Kapitalmarktzins

Quelle: Stefan Krüger, Konjunktur und Krise, Supplement der Zeitschrift Sozialismus, 7-8/1998

nur knapp 3.000 als Aktiengesellschaften organisiert. Außerdem ist unübersehbar, dass sich das Verhältnis von Eigenkapitalrenditen der Unternehmen und Vermögenseinkommen deutlich zugunsten der Zinseinkommen verschiebt.

Die gesellschaftliche Mehrwertrate steigt seit Mitte der 70er Jahre leicht an aufgrund der (wie sich auch hier zeigt nicht zu überschätzenden) Rationalisierungseffekte der IuK-Technologien und der enormen Steigerung der Arbeitsintensität (Abb. 3). Zwar bietet der kapitalistische Wertschöpfungsprozess immer ein widersprüchliches Bild, aber auch die Entwicklung der Mehrwertrate macht deutlich, dass sich noch kein neues hegemoniales Regime der Lohnarbeit herausgebildet hat: Moderne Produktionskonzepte ste-

## Finanzgetriebenes Akkumulationsregime oder neue Ökonomie?

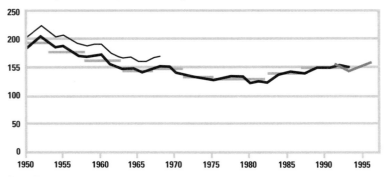

Abbildung 3: Mehrwertrate in %; Zyklendurchschnitte

Quelle: Stefan Krüger, Konjunktur und Krise, Supplement der Zeitschrift Sozialismus, 7-8/1998

hen neben der tayloristischen Arbeitsorganisation; prekäre Arbeitsverhältnisse koexistieren mit einer Wertschöpfung auf Basis teilautonomer Organisationskonzeptionen. Richtig ist, dass die Erwerbsquote tendenziell steigt, aber die stärkere Verallgemeinerung von Waren- und Lohnform stößt auch an Schranken.

Die Unternehmensstrukturen und die arbeitsteiligen Beziehungen in der Wertschöpfungskette werden im internationalen Maßstab flexibler gestaltet und den jeweils günstigsten Verwertungsbedingungen des Kapitals angepasst. Auf den verschiedenen Stufen des Wertschöpfungsprozesses entstehen selbständige Einheiten, die über mehrere Länder und Erdteile verteilt sein können und insofern an keine Ländergrenzen gebunden sind. Diese Entwicklung hat in den Unternehmen zu einer marktgesteuerten Dezentralisierung geführt: Rechtlich selbständige, unternehmerisch handlungsfähige Teilbereichsunternehmen führen die eigentlichen Geschäftätigkeiten durch, während die Holding für die Erzielung von Finanz-, Technologie- und Managementsynergien verantwortlich ist. Die Vermarktlichung innerhalb der Unternehmensnetze und die beschleunigte Zentralisation von Kapital sind mithin zusammengehörige Erscheinungen. Allerdings geht die Erweiterung des Aktionsradius der Unternehmen mit einer erheblichen Verkürzung von Produktzyklen einher; hohe Entwicklungskosten müssen durch Erschließung aller Märkte in kürzeren Zeiten hereingeholt werden.

Hintergrund für die stärkere Ausrichtung der Wertschöpfungsprozesse auf die internationale Arbeitsteilung ist die Liberalisierung und Integration der nationalen Finanzmärkte. Die Geld- und Finanzmärkte sind weltweit integriert und haben ihre Rolle im gesamten Verwertungsprozess des Kapitals erhöht. Das ändert jedoch nichts daran, dass die Realökonomie die Grundlage der kapitalistischen Reproduktion und Kapitalverwertung bleibt. »Wenn die globalen Geldvermögen allein 1999 um rund ein Viertel gewachsen sind, das Weltsozialprodukt aber bestenfalls um zwei bis drei Prozent gestiegen ist, dann können die monetären ›claims‹ (Zins- und Renditeforderungen) irgendwann nicht mehr bedient werden. Dann geht kein Weg daran vorbei, Forderungen abzuwerten.« (Altvater/Mahnkopf 2000, 9)

## 4. Vom Shareholder-Kapitalismus zum autoritären Kapitalismus?

Der Übergang zum Shareholder-Kapitalismus ist aus unserer Sicht ein Ausdruck der Auflösung der fordistischen gesellschaftlichen Betriebs- und Akkumulationsweise. Es handelt sich nach wie vor nicht um den zyklenübergreifenden Wertschöpfungs- und Verwertungsprozess eines neuen Typus von transnationalem High-Tech-Kapitalismus. Die Hegemonie des Finanzkapitals ist Ausdruck der anhaltenden Überakkumulation von Kapital und kein neuer Regulationsmodus (»Regime des Vermögensbesitzes«). Zweifellos haben sich in dem Vierteljahrhundert seit dem Erschöpfen der Entwicklungspotenziale der fordistischen Betriebsweise neue Formen der Organisation des Arbeits- und Verwertungsprozesses, des Zugriffs auf das Arbeitsvermögen, der Betriebs- und Unternehmensorganisation, der gesellschaftlichen Arbeitsteilung und selbstverständlich der Internationalisierung des Kapitals herausgebildet, aber sie verdichten sich nicht zu einem neuen Typus gesellschaftlicher Betriebsweise.

Gleichwohl meint die überwältigende Mehrheit der politischen Kräfte auf recht stabilen Entwicklungspfaden zu wandeln: Die Transformation des Kapitalismus scheint weitgehend abgeschlossen zu sein, so dass die politische Aufgabe sich darin erschöpft, die Gestaltung des Regimes des Vermögensbesitzes in Angriff zu nehmen. Erschöpft deshalb, weil das Gros der politischen Lager einig ist in der Auffassung, dass eine Politik der Wirtschaftssteuerung, die sich nicht mit den aktuellen Interessen des Kapitals in Übereinstimmung befindet, nicht mehr durchsetzbar ist. Erst jenseits dieses »Basiskonsenses« differenzieren sich die politischen Blöcke. Während die bürgerlichen Parteien und neoliberalen Verbände über den radikalen Abbau von korporatistischen Strukturen und einen minimalen Sozialstaat das Zeitalter eines dynamischen Kapitalismus begründen wollen, sehen die Kräfte der Neuen Sozialdemokratie und Teile der Gewerkschaften in der Neubegründung korporatistischer Klassenkompromisse die Chance für die soziale Gestaltung eines »verantwortungsvollen Kapitalismus«. (Giddens 2001, 169) Die Formel, »wir müssen neue Wege finden, die Arbeitnehmerinnen und Arbeitnehmer am gesellschaftlichen Reichtum zu beteiligen« (Schulte 2001,

68), wird eingeordnet in die Herstellung eines breiten, alle ökonomisch-sozialen Kräfte einbeziehenden Bündnisses. Teilhabe und Beteiligung sind die Schlüsselbegriffe; dafür wird eine Aktualisierung von Elementen des »rheinischen Kapitalismus« in einem wettbewerbskorporatistischen Kontext als durchaus sinnvoll angesehen.[6] Alle Kräfte – »neue Unternehmen, neue Formen der Arbeitsorganisation, neue Typen von Arbeitnehmern und Selbständigen, der Arbeitnehmer als Aktionär« (ebd., 69) – sollen in den Dienst einer hochgradig wettbewerbsfähigen »Teilhabegesellschaft« (Giddens 2001, 166f.) gestellt werden.

Das sind keine tragfähigen politischen Angebote zur Steuerung des ökonomischen und sozialen Strukturwandels in den hochentwickelten kapitalistischen Gesellschaften. Das Postulat einer Teilhabegesellschaft steht offenkundig quer zu den Resultaten der Einkommens- und Vermögensverteilung seit Anfang der 90er Jahre. Wenig weiterführend ist auch die Vorstellung einer stärker partizipativen Unternehmensverfassung, solange sie auf höherqualifizierte Teile der Lohnabhängigen beschränkt und dem Primat der Steuerung der Wettbewerbsfähigkeit des Unternehmens unterworfen ist, wie dies in neokorporatistischen Konzeptionen der Fall ist, die von der nicht mehr hinterfragbaren Hegemonie des Kapitals ausgehen (Deppe 2000, 179ff.). Für qualifizierte Schichten der »neuen Mitte« stellt die Politik der neuen Sozialdemokratie sicherlich eine Verlockung dar. Erkauft wird diese Inklusion durch eine doppelte Exklusion: der Arbeitnehmer in prekären, unsicheren und hochgradig flexibilisierten Arbeitsverhältnissen auf der einen, und der Reichen und Vermögenden auf der anderen Seite. Die Strategie der Verallgemeinerung des Shareholders beruht auf einem krassen Missverständnis der Umverteilungs- und Konzentrationsprozesse der kapitalistischen Ökonomie zu Beginn des 21. Jahrhunderts.

Das Scheitern der Politik gegenüber den Transformationsprozessen im Kapitalismus ist historisch keine Novum, sondern eher der Normalfall. Was Antonio Gramsci für die 20er Jahre des vergangenen Jahrhunderts als »politisches Vakuum« beschrieb, hatte Max Weber drei Jahrzehnte zuvor als das Unvermögen von Bürgertum wie Proletariat beklagt, als leitende Klasse zu agieren. »Das *Drohende* unserer Situation aber ist: dass die bürgerlichen

---

[6] »Die zum Rheinischen Kapitalismus gehörende Mitbestimmungstradition, die ursprünglich den Kapitaleignern abgerungen wurde und die bis heute von vielen mehr klassenkämpferisch orientierten Gewerkschaften in der ganzen Welt als Kooperativismus und als Co-Management abgelehnt wird, kann auf dem Wege in die neue Wirtschaft durchaus eine Brückenfunktion haben... Allerdings wird sich die Mitbestimmungskultur unterhalb des Aufsichtsrates ändern. Und das stellt die Gewerkschaften vor enorme neue Herausforderungen.« (Mosdorf 2001, 168)

Klassen als Träger von *Macht*interessen der Nation zu verwelken scheinen und noch keine Anzeichen dafür vorhanden sind, dass die Arbeiterschaft reif zu werden beginnt, an ihre Stelle zu treten. *Nicht* ... bei den *Massen* liegt die Gefahr. Nicht eine Frage nach der *ökonomischen* Lage der *Beherrschten*, sondern die vielmehr nach der *politischen* Qualifikation der *herrschenden und aufsteigenden* Klassen ist auch der letzte Inhalt des *sozial*politischen Problems.« (Weber 1895/1988, 23) Webers Aussicht bei anhaltender Hegemonieschwäche des Bürgertums: entweder gelingt es, eine »Arbeiteraristokratie« zu schaffen, um die politische Macht auf »breitere Schultern« zu legen, oder es droht die Gefahr einer neuen »Cäsarengestalt aus anderem als bürgerlichen Holze«.

Zweifellos: Konstellationen und Akteure sind heute andere als in der langen Inkubationszeit des Fordismus. Aber die Gefahr, dass die ökonomischen, sozialen und politischen Blockaden, die der Verallgemeinerung und Durchsetzung einer neuen gesellschaftlichen Betriebs- und Lebensweise im Wege stehen, in absehbarer Zeit nicht beiseite geräumt, sondern weiter aufgetürmt werden, sollte nicht gering geschätzt werden. In vielen europäischen Ländern nehmen Apathie, Politik- und Politikerverdrossenheit quer durch alle etablierten politischen Lager zu, gewinnen Rechtspopulisten und Rechtsextremisten Zulauf für ihre Konzeption, den Prozess der Internationalisierung und Öffnung von Ökonomie und Gesellschaft zu blockieren. Die Perspektive der Herausbildung eines »autoritären Kapitalismus« (Heitmeyer 2001, 497ff.) gewinnt zunehmend an Konturen.

Dagegen sollten jene Teile der Gewerkschaften und der politischen Linken unterstützt werden, die für eine neue gesellschaftliche Definition von Solidarität und sozialer Gerechtigkeit kämpfen, mit der Absicht, zu entwickelten Formen sozialer Steuerung und gesellschaftlicher Kontrolle des kapitalistischen Akkumulationsprozesses vorzustoßen. Die sozialen Auseinandersetzungen, in deren Verlauf erst über die Herausbildung einer neuen Formation kapitalistischer Entwicklung entschieden wird, erfolgen in einer Vielzahl von Arenen. Auch wenn die Intensität der Klassenkämpfe in den kapitalistischen Metropolen derzeit eher gering ist, sind doch die sozialen Spannungen und der soziale Druck enorm.

Drei Feldern kommt jedoch entscheidende Bedeutung zu. Zum einen den Auseinandersetzungen um eine neue Arbeitspolitik für die Durchsetzung einer neuen gesellschaftlichen Betriebsweise. Allein hier haben es gewerkschaftliche und betriebliche Interessenvertretungen mit einem Bündel neu zu bearbeitender Herausforderungen zu tun: Es geht um einen neuen Leistungskompromiss gegen die Maßlosigkeit des Kapitals in der Vernutzung der Ware Arbeitskraft und um garantierte Partizipationsrechte bei der Organisation, technologischen Ausstattung und Verteilung der Arbeit, bei der Aushandlung der Qualifikationsanforderungen und der Qualität der Arbeit sowie bei der Personalbemessung – in einem Wort: um eine neue Rolle der Arbeitssubjekte. Zweitens geht es in den kommenden Verteilungsauseinandersetzungen darum, den Zugriff der Finanzmärkte auf die Wertschöpfung in den Unternehmen im Rahmen des Shareholder Value-Managements aufzubrechen. Die Umverteilung zugunsten der Besitz- und Vermögenseinkommen muss durch eine Politik der Stärkung der Masseneinkommen (in der Primär- und Sekundärverteilung) abgelöst und der Widerspruch zwischen der nur für einen begrenzten Lebensabschnitt leistbaren Überarbeit vor allem qualifizierter Belegschaftsteile und der Unterbeschäftigung im Bereich prekärer Arbeit bzw. dem erzwungenen Müßiggang der Millionen Arbeitslosen aufgelöst werden. Schließlich geht es um ein neues Verständnis von Politik. Gramscis Befund, dass die Politik im Fordismus von der Fabrik ausgeht und nur weniger politischer und ideologischer Vermittlungsglieder bedarf, trifft für die Gegenwart nicht mehr zu. Damit soll nicht nur auf das enorm gesteigerte Gewicht der ideologischen Apparate, vor allem der visuellen Medien, verwiesen werden. Es geht entscheidend auch um politische Grenzüberschreitungen: um die Erweiterung des politischen Mandats der Gewerkschaften auf der einen, und um ein neues Verständnis von politischer Parteiarbeit jenseits von parlamentarisch fixierten Wahlmaschinerien auf der anderen Seite.

Das mag als zu voraussetzungsvoll erscheinen, nach zu vielen Bedingungen für den weiteren Entwicklungsgang der kapitalistischen Gesellschaft. Aber auch der »autoritäre Kapitalismus« wird keine »Komplexitätsreduktion« bringen – sondern das Gegenteil. Wenn Formationswechsel gerade nicht einer linearen Entwicklungslogik folgen, sondern Ergebnisse von sozialen Kämpfen sind, dürfen deren Inhalte nicht ausgespart werden.

## Literatur

Aglietta, Michel (2000a), Ein neues Akkumulationsregime. Die Regulationstheorie auf dem Prüfstand, Hamburg.
Aglietta, Michel (2000b), Shareholder value and corporate governance: some tricky questions, in: Economy and Society, Heft 1.
Albert, Michel (1991), Kapitalismus contra Kapitalismus, Frankfurt a.M.
Altvater, Elmar/Mahnkopf, Birgit (2000), New Economy – nichts Neues unter dem Mond?, in: WSI-Mitteilungen, Heft 1.
Bischoff, Joachim/Deppe, Frank/Kisker, Klaus-Peter (1998), Das Ende des Neoliberalismus? Wie die Republik verändert wurde, Hamburg.
Bischoff, Joachim (2001), Mythen der New Economy. Zur politischen Ökonomie der Wissensgesellschaft, Hamburg.
Boyer, Robert (2000), Is a finance-led groth regime a viable alternative to For-

dism? A preliminary analysis, in: Economy and Society, Heft 1
Camdessus, Michel (1999), Die tiefere Krise ist die Armut in der Welt, in: FAZ vom 13.10.1999.
Deppe, Frank (1999), Politisches Denken im 20. Jahrhundert. Die Anfänge, Hamburg.
Deppe, Frank (2000), Sozialpartnerschaft ohne Alternative? Anmerkungen zur neueren Debatte um die industriellen Beziehungen, in: Klitzke, Udo/Betz, Heinrich/Möreke, Mathias (Hrsg.), Vom Klassenkampf zum Co-Management? Perspektiven gewerkschaftlicher Betriebspolitik, Hamburg.
Dörre, Klaus (2000), Arbeit, Partizipation und Solidarität im Aktionärskapitalismus, in: Widerspruch, Heft 39.
Dörre, Klaus (2001), Kampf um Beteiligung. Arbeit, Partizipation und industrielle Beziehungen im flexiblen Kapitalismus. Eine empirische Studie über Transformationen des deutschen Industriemodells in den 90er Jahren, Ms., im Erscheinen, Göttingen.
Giddens, Anthony (1999), Der dritte Weg. Die Erneuerung der sozialen Demokratie, Frankfurt a.M.
Giddens, Anthony (2001), Die Frage der sozialen Ungleichheit, Frankfurt a.M.
Hank, Reiner (2000), Das Ende der Gleichheit, Frankfurt a.M.
Haug, Wolfgang Fritz (2000), Prolegomena zu einer Kritik der Neuen Ökonomie, in: Das Argument 238.
Heitmeyer, Wilhelm (2001), Autoritärer Kapitalismus, Demokratieentleerung und Rechtspopulismus, in: Loch, Dietmar/Heitmeyer, Wilhelm (Hrsg.), Schattenseiten der Globalisierung, Frankfurt a.M.
Hegel, Georg Wilhelm Friedrich (1970), Grundlinien der Philosophie des Rechts, Werkausgabe Bd. 7, Frankfurt a.M.
Hirsch, Joachim (1999), Was heißt eigentlich Globalisierung?, in: Das Argument 232.
Hirsch, Joachim (2000), Postfordismus: Dimensionen einer neuen kapitalistischen Formation, Ms., Frankfurt a.M.
Krüger, Stephan (1998), Konjunktur und Krise, Bundesrepublik 1950-1997: Kritik der volkswirtschaftlichen Gesamtrechnung. Supplement der Zeitschrift Sozialismus 7-8/1998, Hamburg.
Kühl, Stefan (2000), Grenzen der Vermarktlichung. Die Mythen um unternehmerisch handelnde Mitarbeiter, in: WSI-Mitteilungen, Heft 12.
Marx, Karl, Vorwort zur Kritik der Politischen Ökonomie, MEW 13.
Marx, Karl, Das Kapital. Kritik der politischen Ökonomie. Erster Band, MEW 23.
Mosdorf, Siegmar (2001), New Economy und Zivile Bürgergesellschaft, in: Neue Gesellschaft/Frankfurt Hefte, Heft 3.
Pongratz, Hans J./Voß, G. Günter (2000), Vom Arbeitnehmer zum Arbeitskraftunternehmer – Zur Entgrenzung der Ware Arbeitskraft, in: Minssen, Heiner, Hrsg., Begrenzte Entgrenzungen. Wandlungen von Organisation und Arbeit, Berlin.
Scherrer, Christoph (2001), New Economy: Wachstumsschub durch Produkti-

vitätsrevolution?, in: Prokla 122.

Schulte, Dieter (2001), Gewerkschaften und New Economy, in: Gewerkschaftliche Monatshefte, Heft 2.

Shiller, Robert J. (2000), Internationaler Überschwang, Frankfurt a.M.

Streeck, Wolfgang (1995), Der deutsche Kapitalismus: Gibt es ihn? Kann er überleben?, in: IG Metall, Interessenvertretung, Organisationsentwicklung und Gesellschaftsreform, Alsfeld.

Streeck, Wolfgang (1999), Verbände als soziales Kapital: Vom Nutzen des Korporatismus in einer Gesellschaft des Wandels, Ms, Köln.

Urban, Hans-Jürgen (2000), Hrsg., Beschäftigungsbündnis oder Standortpakt? Das »Bündnis für Arbeit« auf dem Prüfstand, Hamburg.

Weber, Max (1895/1988), Der Nationalstaat und die Volkswirtschaft, in: Gesammelte Politische Schriften, Tübingen.

Yergin, M./Stanislaw, D.J. (1999), Staat oder Markt, Frankfurt a.M.

Zinn, Karl Georg (2001), Die globale Wirksamkeit des Neoliberalismus, in: Sozialismus 1/2001, S. 14-15.

# Thomas Sablowski/Sabah Alnasseri
# Auf dem Weg zu einem finanzgetriebenen Akkumulationsregime?

In der kritischen sozialwissenschaftlichen und politischen Debatte über die Entwicklung des Kapitalismus besteht weitgehende Einigkeit darüber, dass zwischen dem Ende der 60er und dem Anfang der 80er Jahre ein tiefgreifender Strukturbruch eingetreten ist, der die Entwicklung der letzten Jahrzehnte von der fordistischen Phase, dem »goldenen Zeitalter« des Kapitalismus, trennt. Sehr umstritten ist jedoch, wie die gegenwärtige Entwicklung des Kapitalismus am besten zu charakterisieren ist:[1] Sind wir bereits mit einer neuen, relativ stabilen, hegemonialen Entwicklungsweise konfrontiert – oder handelt es sich eher um einen fortgesetzten Restrukturierungsprozess mit offenem Ausgang? Haben wir es mit wieder steigenden Produktivitätszuwächsen und einer dynamisch wachsenden Weltwirtschaft zu tun – oder mit einer anhaltenden Überakkumulation von Kapital und einer erhöhten systemischen Instabilität?

In der Diskussion über diese Fragen wird oft aneinander vorbeigeredet. Ein Grund für Missverständnisse liegt darin, dass vorschnell verallgemeinert wird, wo eine Berücksichtigung des räumlich und zeitlich spezifischen und begrenzten Gehalts empirischer Wahrnehmungen notwendig wäre. Ein anderer Grund besteht darin, dass es trotz oberflächlicher Übereinstimmung kein gemeinsames Verständnis relevanter theoretischer Konzepte wie Krise, Hegemonie, Akkumulationsregime oder Entwicklungsweise gibt. So kommt es, dass Phänomene, die ähnlich wahrgenommen werden, zu gegensätzlichen Interpretationen und Schlussfolgerungen führen. Regulationstheoretisch orientierten Analysen der gegenwärtigen Entwicklung wird oft vorgeworfen, sie liefen Gefahr, eine neue Entwicklungsweise zu verkennen, da sie in einer Art »fordistischer Nostalgie« verhaftet seien. Der Fordismus werde zum Maßstab eines kohärenten Entwicklungsmodells genommen, dabei werde jedoch übersehen, dass die kurze fordistische Periode in der gesamten Geschichte des Kapitalismus eher eine singuläre Erscheinung sei. Die Suche nach einem dem Fordismus vergleichbaren, neuen Entwicklungsmodell münde dann notwendigerweise in der Feststellung, dass die Krise des Fordismus weiter andauere, weil eben kein derart kohärentes Modell auszuma-

---

[1] Vgl. dazu auch Albritton u.a. 2001.

chen ist. Dabei müsse stutzig machen, dass die Krise des Fordismus nun schon länger währe als der Fordismus selbst. Das Denken in den Kategorien von Kohärenz und Krise sei unproduktiv, da es die Erkenntnis der gegenwärtigen Entwicklungsweise des Kapitalismus unmöglich mache (vgl. Röttger 1997; Candeias 2000).

Sicherlich gilt es, einen inflationären Gebrauch des Krisenbegriffs zu vermeiden. Insofern ist die oben skizzierte Kritik an der Regulationstheorie ernst zu nehmen. Kritische Theorie verliert dann an Unterscheidungsvermögen, wenn sie sozusagen immer und überall die Krise diagnostiziert. Umgekehrt müssen sich aber jene, die von einer Hegemonie des Neoliberalismus, einer neuen Formation oder Entwicklungsweise sprechen, auch fragen lassen, ob sie nicht vorschnell bestimmten Entwicklungen, die mehr oder weniger zutreffend beschrieben sein mögen, eine Kohärenz und Allgemeingültigkeit zusprechen, die so nicht besteht (vgl. Alnasseri u.a. 2001). Unseres Erachtens bleiben die Konzepte der Kohärenz und Krise jedenfalls notwendige Instrumente der Analyse – ansonsten werden »alle Katzen grau«.

Dass die genannte Kritik am Regulationsansatz nicht zwangsläufig zutrifft, zeigen gerade jüngere Arbeiten der französischen Regulationstheoretiker über Entwicklungstendenzen in Richtung eines »finanzgetriebenen Akkumulationsregimes«, die zum Teil mit weitreichenden Revisionen früherer regulationstheoretischer Annahmen verbunden sind (vgl. Boyer 1999, 2000; Aglietta 2000). Diese Arbeiten sind in Deutschland bisher kaum rezipiert worden. Problematisch ist es allerdings auch, wenn die Rezeption so aussieht, dass einfach von der Existenz eines finanzgetriebenen Akkumulationsregimes ausgegangen wird, ohne dessen besondere Stabilitätsbedingungen einer näheren Überprüfung zu unterziehen oder auf die Kautelen einzugehen, mit denen beispielsweise Boyer (2000) seine modelltheoretischen Überlegungen verbunden hat.

Der Begriff des »finanzgetriebenen Akkumulationsregimes« reiht sich ein in ein Ensemble ähnlicher Begriffe wie etwa »Aktionärskapitalismus« oder »Gesellschaft der Vermögensbesitzer« (Fiehler 2000). Der Börsenboom in der zweiten Hälfte der 90er Jahre, die Verbreitung der Shareholder-Value-Orientierung und der Umbau der Systeme der »Corporate Governance« in vielen Ländern haben dazu geführt, dass die Debatte über die Kandidaten für die Nachfolge des Fordismus um diese neue Variante bereichert wurde. Die genannten Begriffe sind natürlich nicht unproblematisch und werfen eine Reihe von Fragen auf. Beginnen wir mit dem Begriff des Aktionärs- oder Shareholder-Kapitalismus. Zunächst ist festzustellen, dass Aktiengesellschaften schon seit 100 Jahren die beherrschende Form des gesellschaftlichen Kapitals sind (vgl. Itoh/Lapavitsas 1999, Kap. 5). Unter dem Gesichtspunkt der Entwicklung der globalen Finanzmärkte ist die Fixierung auf das Aktienkapital auch zu einseitig. Sie wurde zwar durch den außergewöhnlichen Börsenboom in der zweiten Hälfte der 90er Jahre nahe gelegt, jedoch sind Aktien eben nur eine mögliche Anlageform von Geldvermögen. Wenn der seit einem Jahr zu beobachtende Verfall der Aktienkurse weiter anhält, kann sich der »Shareholder-Kapitalismus« z.B. schnell in einen »Bondholder-Kapitalismus« verwandeln. Plausibler wäre es, vom »Wertpapierkapitalismus« zu sprechen, denn alle Arten von Wertpapieren haben absolut und im Verhältnis zur Kreditfinanzierung an Bedeutung gewonnen.[2]

Der Begriff des finanzgetriebenen Akkumulationsregimes hat auf den ersten Blick gegenüber dem Begriff des Aktionärskapitalismus zwei Vorzüge: Einerseits ist er offener, insofern er die Problematik nicht auf die Dominanz der Aktionärsinteressen verkürzt und für die Thematisierung verschiedener Formen des Finanzkapitals Raum lässt,[3] andererseits ist er präziser, da er nicht vage Aussagen über die gesamte Gesellschaft impliziert, sondern lediglich bestimmte makroökonomische Relationen beschreibt. Gleichwohl gibt auch der Begriff des finanzgetriebenen Akkumulationsregimes zu grundsätzlichen Fragen Anlass: Ist der Kapitalismus nicht generell finanzgetrieben? Schließlich ist kapitalistische Produktion grundsätzlich vom Vorschuss von Geldkapital abhängig und zielt darauf ab, aus Geldkapital mehr Geldkapital zu machen. In welchem Sinne könnte dann also ein neues Akkumulationsregime finanzgetrieben sein? Nun kann man natürlich aus einer kreislauftheoretischen Betrachtung verschiedene Kapitalformen und Kapitalfraktionen ableiten und die These vertreten, dass es in deren Verhältnissen seit den 70er Jahren eine Verschiebung der Dominanz vom produktiven Kapital zum Geldkapital oder vom industriellen Kapital zum Finanzkapital gegeben hat. Diese These, die von verschiedenen Autoren mit unterschiedlichem theoretischen Hintergrund und unterschiedlichen Akzentuierungen vertreten wird (vgl. z.B. Overbeek/van der Pjil 1993, Guttmann 1996, Huffschmid 1999, Arrighi/Moore 2001), ist plausibel. Allerdings wurde die Dominanz des Finanzkapitals oder der Interessen der Geldvermögensbesitzer bisher in der Regel zugleich als Ursache oder als verstärkendes Moment ökonomischer Krisen angesehen. Die jüngsten Beiträge von Aglietta und Boyer unterscheiden sich davon insofern, als sie explizit danach fragen, inwieweit eine Dominanz des Finanzkapitals Element eines neuen Akkumulationsregimes bzw.

---

[2] Wichtige Momente sind in diesem Zusammenhang die zunehmende »Verbriefung« *(securitization)* von Krediten seit der Schuldenkrise der 80er Jahre und die allgemeine Verbreitung derivativer Finanzinstrumente.

[3] Allerdings steht auch bei Boyer (2000), der diesen Begriff bisher vor allem ausgearbeitet hat, der Aktienmarkt im Zentrum der Überlegungen.

## Auf dem Weg zu einem finanzgetriebenen Akkumulationsregime?

Wachstumsmodus sein kann, d.h. inwieweit derartige Verhältnisse makroökonomisch kohärent sein können. Ihre Antwort fällt zwiespältig aus: Ein finanzgetriebenes Akkumulationsregime ist möglich, aber nur unter besonderen Bedingungen – und es wird ein höheres Niveau systemischer Instabilität und Krisenhaftigkeit mit sich bringen. Das Modell des finanzgetriebenen Akkumulationsregimes, wie es von Boyer (2000) ausgearbeitet wurde, soll im Folgenden in seinen Grundzügen skizziert und auf seine Grenzen und seine empirische Relevanz hin überprüft werden.

### Das Modell des finanzgetriebenen Akkumulationsregimes

Im finanzgetriebenen Akkumulationsregime nimmt das Finanzsystem laut Boyer den zentralen Platz ein, der im Fordismus dem Lohnverhältnis zukam.[4] Im Finanzsystem würden finanzielle Normen wie die Privilegierung des Shareholder Value generiert, die zu einem erhöhten Rentabilitätsdruck führen. Das Management wäre gezwungen, alle Aspekte der Unternehmenspolitik im Lichte dieser Finanznormen zu betrachten. Der Grad an Spezialisierung oder die Formen des Kompromisses mit den Arbeitskräften würden im Hinblick auf die Renditeerfordernisse der Aktionäre neu justiert. Der Schwerpunkt der Konkurrenz würde sich vom Produktmarkt auf den Finanzmarkt verlagern, d.h. die branchenübergreifende Konkurrenz würde gegenüber der brancheninternen Konkurrenz an Bedeutung gewinnen. Der verschärfte Renditedruck würde sich in einer Flexibilisierung der Beschäftigungsverhältnisse niederschlagen. Die Flexibilisierung der Löhne, der Arbeitszeiten oder der Anzahl der Beschäftigten würde die Funktion übernehmen, kurzfristige Diskrepanzen zwischen den wirklichen und den von den Aktionären erwarteten Gewinnen zu reduzieren.

Die Auswirkungen der Dominanz der Finanzbeziehungen auf die effektive Nachfrage wären widersprüchlich. Betrachten wir zunächst die Haushal-

---

[4] Während in den marxistischen Varianten der Regulationstheorie das Lohnverhältnis das zentrale soziale Verhältnis ist, das die kapitalistische Produktionsweise definiert, stehen die institutionellen Formen des Lohnverhältnisses in der eher institutionalistischen Theorievariante von Boyer grundsätzlich gleichberechtigt mit anderen institutionellen Formen auf einer Ebene. Um eine Verschiebung in der Hierarchie der institutionellen Formen aus marxistischer Perspektive denken zu können, wäre es notwendig, ähnlich wie Althusser zwischen Determination und Dominanz zu unterscheiden: Das Lohnverhältnis bleibt unter kapitalistischen Bedingungen das determinierende soziale Verhältnis, aber dies schließt nicht aus, dass das Finanzkapital und die mit ihm einhergehenden Regulationsformen dominant werden.

te. Mit der Unterordnung der Lohn- und Beschäftigungsentwicklung unter die finanzielle Situation der Unternehmen bzw. die Entwicklung der Aktienkurse würde der Konsum der Haushalte volatiler werden. Die Stabilisierungsfunktion des Lohnes, die für das fordistische Akkumulationsregime ganz zentral war, würde tendenziell verloren gehen. Finanzielle Renditen würden jedoch auch für die Lohnempfänger eine größere Bedeutung gewinnen – sei es durch direkten Aktienbesitz oder durch die Altersvorsorge auf der Basis von Pensionsfonds. Die Aussicht auf Gewinne an den Finanzmärkten würde direkt die Entscheidungen, zu sparen oder zu konsumieren, beeinflussen. Boyer geht – unter Verweis auf die Konsumentwicklung in den USA der 90er Jahre – davon aus, dass Buchgewinne in den Wertpapierdepots die Konsumneigung fördern, zumal sie auch den Zugang zu Krediten erleichtern. Tatsächlich zeigt die Entwicklung in den USA, dass eine zunehmende Einkommensungleichheit – entgegen traditionellen linkskeynesianischen Annahmen – nicht notwendigerweise mit sinkender privater Konsumnachfrage einhergehen muss.

Notwendig wäre allerdings eine klassen- und schichtspezifische Analyse der Einkommensentwicklung und des Konsumverhaltens der Haushalte, die auch zwischen den rein aus der Entwicklung der Wertpapierpreise resultierenden Vermögenseffekten und den Effekten einer verstärkten Kreditaufnahme der Haushalte auf die Nachfrage unterscheidet. Denn zum einen ist es auch denkbar, dass steigende Wertpapierkurse bei knappem Einkommen in den mittleren Schichten einen Anreiz zu vermehrtem Sparen und zu verringertem Konsum darstellen. Zum anderen könnte die Stabilisierung oder gar Expansion der Konsumnachfrage mehr auf die Kreditausweitung als auf die Steigerung der Wertpapierpreise zurückzuführen sein. Letztere können, aber müssen nicht zusammenhängen. Lohnsteigerungen könnten im finanzgetriebenen Akkumulationsregime jedenfalls negative Auswirkungen auf die Konsumneigung haben, sofern dadurch die Wertpapierpreise sinken und damit gleichzeitig der Vermögenseffekt negativ wird. Entscheidend für die Frage nach den makroökonomischen Auswirkungen der Veränderung der Lohn- und Profitquote ist, ob die Wirtschaft und die Konsumweise von Lohnbeziehungen dominiert werden oder ob Vermögenseffekte dominieren. Im ersten Fall führen steigende Profite unter ansonsten gleichen Bedingungen zu relativ sinkender Konsumnachfrage, im zweiten Fall kann die Konsumnachfrage steigen. Die Auswirkungen der Finanzorientierung auf den Konsum der Haushalte können also nicht a priori bestimmt werden. Ebenso widersprüchlich wären die Auswirkungen der Dominanz der Finanzbeziehungen auf die produktiven Investitionen der Unternehmen. Einerseits dürfte sich der Shareholder Value-Druck auf die produktiven Investitionen negativ auswirken, da sie höheren Rentabilitätsmaßstäben genügen müssen. Andererseits ermöglichen steigende Aktienkurse auch einen leichteren Zugang zu Krediten und eine leichtere Kapitalbeschaffung am Kapitalmarkt. In der zweiten Hälfte der 90er Jahre war der Kapitalmarkt zumindest für die Unternehmen an den »neuen Märkten«, die »Start-ups« der »New Economy« ein entscheidender Expansionsmotor. Allerdings ist im finanzgetriebenen Akkumulationsregime auch die negative Auswirkung auf die Produktmärkte größer, wenn spekulative Blasen am Kapitalmarkt platzen.

Welche Rolle würde der Staat in einem finanzgetriebenen Akkumulationsregime spielen? Hier sollen Boyers Darstellung folgend nur zwei Punkte kurz angesprochen werden: Die Fiskalpolitik und die Geldpolitik. Die hohe Staatsverschuldung hat dazu geführt, dass die Staatsausgaben zunehmend von der Entwicklung der Zinsraten auf Staatsanleihen abhängig werden. Die Einkommen der Geldvermögensbesitzer, deren Interessen deutlich an Gewicht gewonnen haben, werden zwar zu einem erheblichen Teil aus den vom Staat zu leistenden Zinszahlungen gespeist, sie legen jedoch großen Wert auf eine Begrenzung der öffentlichen Kreditaufnahme, um eine Schuldenkrise zu vermeiden. Da gleichzeitig die Steuerbasis nicht mehr wie in früheren Jahrzehnten wächst, besteht ein starker Druck zur Eindämmung der Staatsausgaben. Die gewachsene Mobilität des Kapitals führt dazu, dass die Steuern zunehmend auf den Arbeitnehmern (und potenziell dem fixen Kapital) lasten. Der nachlassende Steuerdruck kommt den Unternehmen und damit potenziell der Investitionsnachfrage zugute. Anderseits wirkt sich die Tendenz zu einer restriktiven Fiskalpolitik negativ auf die effektive Nachfrage aus.

Zentrale Bedeutung für das finanzgetriebene Akkumulationsregime hätte der Funktionswandel der Geldpolitik. Durch den gewachsenen internationalen Konkurrenzdruck und das größere Gewicht der Interessen der Geldvermögensbesitzer bleiben die Inflationsraten niedrig – wenn die Wirtschaft nicht gar zu einer deflationären Entwicklung tendiert. Die Zentralbank kann somit die Preisstabilität leichter verteidigen, ihr Handlungsspielraum erweitert sich. Anderseits würde die Geldpolitik nun die Aufgabe bekommen, die Entwicklung des Kapitalmarktes zu steuern. Zum einen müsste eine Entwertung der Wertpapiere durch zu starke Zinserhöhungen vermieden werden, zum anderen müsste die Zentralbank geldpolitisch der Entstehung von spekulativen Blasen entgegenwirken. In einem finanzgetriebenen Akkumulationsregime wäre also die Stabilität des Kapitalmarktes von zentraler Bedeutung für die Geldpolitik – und nicht mehr nur die Preisstabilität.[5] Die

---

[5] Äußerungen des US-amerikanischen Zentralbankpräsidenten Alan Greenspan deuten an, dass die Bewegung der Aktienpreise für die Geldpolitik tatsächlich zunehmend relevant wird. So heißt es in einer Rede Greenspans vom 27. August 1999:

gesamte makroökonomische Dynamik würde somit von der Kompatibilität zwischen den Erwartungen der Akteure auf den Finanzmärkten, dem Gewinnwachstum in den Unternehmen und der Dynamik der Zinsrate, die die Zentralbank zu steuern versucht, abhängen.

## Der Boom der 90er Jahre in den USA

Boyers Modell des finanzgetriebenen Akkumulationsregimes kann als Annäherung an die Entwicklung der USA in der zweiten Hälfte der 90er Jahre verstanden werden. Nicht zufällig ist der Begriff des finanzgetriebenen Akkumulationsregimes im Kontext des außergewöhnlichen US-amerikanischen Wirtschafts- und Börsenbooms dieser Jahre aufgekommen und stellt eines der Erklärungsmodelle für die »New Economy« dar. Tatsächlich war die wirtschaftliche Entwicklung in den USA in den 90er Jahren durch ein hohes Wachstum gekennzeichnet, während sich in den anderen hochentwickelten kapitalistischen Ländern die seit den 70er Jahren zu beobachtende Abflachung der Wachstumsraten fortsetzte (vgl. Tabelle 1).

Der US-amerikanische Boom führte kurzzeitig zur Rückkehr des Traums immerwährender Prosperität, doch inzwischen hat der aktuelle Konjunktureinbruch den Spekulationen über die New Economy einen kräftigen Dämpfer versetzt. Gleichwohl sollte die Frage nach einem möglichen neuen Akkumulationsregime nicht einfach mit Verweis auf die konjunkturelle Krise beiseite gewischt werden. Nachdem die erste Phase der Geschichte der New Economy abgeschlossen ist, könnte eine zweite Phase bald folgen. Es stellt sich allerdings die Frage, ob die Entwicklung mit dem hier skizzierten Mo-

---

»We no longer have the luxury to look primarily to the flow of goods and services, as conventionally estimated, when evaluating the macroeconomic environment in which monetary policy must function. There are important – but extremely difficult questions surrounding the behaviour of asset prices and the implications of this behaviour for the decisions of households and businesses. Accordingly, we have little choice but to confront the challenges posed by these questions if we are to understand better the effect of changes in balance sheets on the economy and, hence, indirectly, on monetary policy.« Zur Zeit kann man beobachten, wie die »Wall Street-Community« Druck in Richtung weiterer Zinssenkungen entfaltet, um den Verfall der Aktienpreise zu stoppen. Nicht nur der Verfall der Aktienpreise, sondern auch der Rückgang des Wachstums spricht für weitere Zinssenkungen. Es dürfte jedoch interessant sein zu beobachten, wie die Zentralbank reagiert, falls es zu einem Verfall des Dollarkurses kommt und der internationale Zustrom von Kapital versiegt, der – wie noch auszuführen ist – so wesentlich zur Prosperitätsphase der vergangenen Jahre beigetragen hat.

## Tabelle 1: Entwicklung des realen Bruttoinlandsprodukts

|  | Durchschnittliches jährliches Wachstum (in %) | |
|---|---|---|
|  | 1982-91 | 1992-99 |
| Welt | 3,3 | 3,2 |
| Fortgeschrittene Länder | 3,1 | 2,7 |
| G 7 | 3,0 | 2,5 |
| USA | 2,9 | 4,0 |
| Japan | 4,1 | 1,0 |
| Deutschland | 2,7 | 1,4 |

Quelle: IWF, World Economic Outlook, Okt. 2000; eigene Berechnungen

dell des finanzgetriebenen Akkumulationsregimes erklärt werden kann und wie nachhaltig diese Entwicklung sein kann.

Wenn überhaupt, so sind die Bedingungen für ein finanzgetriebenes Akkumulationsregime gegenwärtig in den USA und eventuell noch in anderen angelsächsischen Ländern vorhanden. Auf Kontinentaleuropa und Japan passt das Modell relativ schlecht, wie Boyer selbst feststellt. Wie in der Debatte über die »varieties of capitalism« (vgl. z.B. Boyer/Drache 1996, Berger/ Dore 1996, Crouch/Streeck 1997, Cattero 1998) herausgearbeitet wurde, sind die nationalen Unterschiede in der Regulation des Lohnverhältnisses, in den Formen der Corporate Governance etc. nach wie vor erheblich, selbst wenn es überall Tendenzen in Richtung eines neoliberal geprägten Umbaus der institutionellen Formen der Regulation gibt. Die Unterordnung der Lohn- und Beschäftigungsentwicklung unter die Normen des Shareholder Value und die Renditeziele ist in Kontinentaleuropa und Japan bei weitem (noch) nicht so ausgeprägt wie im angelsächsischen Raum. Entsprechend unterschiedlich sind auch die Anteile der Wertpapiere am Gesamtvermögen der Haushalte, die Bedeutung des Aktienkapitals und der Kapitalgewinne im Verhältnis zum verfügbaren Einkommen etc. (vgl. Tabelle 2).

Nun könnte argumentiert werden, dass gerade die Korrelation zwischen Wachstumsraten, Gestalt des Finanzsektors und der Corporate Governance ein Indiz für die Relevanz der Überlegungen hinsichtlich des finanzgetriebenen Akkumulationsregimes ist. Weiterhin wäre zu berücksichtigen, dass in Deutschland und anderen europäischen Ländern gegenwärtig ein Umbau des Finanzsektors und der Corporate Governance vollzogen wird, der sich in vieler Hinsicht am US-amerikanischen Modell orientiert.[6] Man könnte die

---

[6] Vgl. zur Entwicklung in Deutschland Jürgens u.a. 2000 und Sablowski/Rupp 2001.

**Tabelle 2: Indikatoren für das Gewicht des Kapitalmarkts in verschiedenen Ländern**

|  | USA | Großbritannien | Kanada | Japan | Deutschland | Frankreich |
|---|---|---|---|---|---|---|
| Aktienkapital im Verhältnis zum verfügbaren Einkommen (1997) in % | 145 | 75 | 95 | 30 | 25 | 20 |
| Ausmaß der Kapitalgewinne im Verhältnis zum verfügbaren Einkommen in % | 35,5 | 15 | 11 | -7 | 7 | 5 |
| Anteil von Wertpapieren am finanziellen Vermögen der Haushalte in % | 28,4 | 52,4 | k.A. | 25,3 | 21,3 | 14,5 |

Quelle: Boyer 2000, 136. Die Zahlen beziehen sich auf September 1998, soweit nicht anders angegeben.

Konstellation insoweit mit dem aufkommenden Fordismus vergleichen, der sich ja auch von den USA ausgehend verbreitete. Vieles spricht für diese Sichtweise. Es stellt sich aber die Frage, in welchem Maße die von Boyer skizzierten kausalen Beziehungen auf die empirische Entwicklung der USA zutreffen und ob das bisher gezeichnete Bild nicht an einigen entscheidenden Punkten ergänzt bzw. modifiziert werden muss. Insbesondere die Frage der immanenten Widersprüche des finanzgetriebenen Akkumulationsregimes verdient eine genauere Analyse.

Boyer (2000: 122f., 134, 140f.) weist selbst auf die Grenzen seines Modells hin: Es konzentriert sich auf die Frage des kurzfristigen Gleichgewichts, ist also statisch angelegt. Im Mittelpunkt stehen die Faktoren, die die effektive Nachfrage beeinflussen. Die Entwicklung der Angebotsseite, d.h. des Produktionsprozesses bleibt in seinem Modell weitgehend ausgeblendet. Die Frage, inwieweit der säkulare Niedergang des Produktivitätswachstums durch die »New Economy« in den USA nachhaltig überwunden wurde, ist höchst umstritten, was nicht zuletzt mit empirischen Messproblemen zusammenhängt (vgl. Scherrer 2001). Eine genauere Analyse der Auswirkungen des von den Finanzinvestoren ausgehenden Renditedrucks und der Shareholder-

Value-Orientierung auf die Unternehmen und die Produktionsmodelle wäre ein eigenes Thema (vgl. dazu ausführlicher Sablowski/Rupp 2001). Wir möchten hier, was die Produktion angeht, nur zwei Probleme hervorheben:
1. Der Renditedruck kann zu einem Widerspruch zwischen langfristigen und kurzfristigen Orientierungen führen. Um kontinuierlich »Shareholder Value« zu generieren, können Unternehmen – wie von Boyer auch angedeutet – kurzfristig zu einer verstärkten Ausschüttung von Gewinnen, zur Investitionszurückhaltung und zu »Desinvestitionen« verleitet werden, die längerfristig zu einem Entzug notwendiger Ressourcen und zu einer Aushöhlung ihrer Kompetenzen führen (vgl. Sablowski/Rupp 2001).
2. Die Unterordnung der Lohnentwicklung und der Arbeitsbedingungen unter die Finanzziele der Investoren und die finanzielle Situation der Unternehmen kann dazu führen, dass prosperierende Unternehmen hohe Löhne – nicht zuletzt in Form von Aktien- und Gewinnbeteiligungen – zu zahlen haben, während unprofitable Unternehmen dadurch entlastet werden, dass sie geringere Löhne zahlen müssen und härtere Arbeitsbedingungen durchsetzen können. Schlechtes Management würde auf diese Weise belohnt werden. Ein solches Arrangement wäre das Gegenteil einer expansiven Lohnpolitik, die die Unternehmen durch einen einheitlich hohen Lohndruck zu Produktivitätssteigerungen zwingt und letztlich zu einer gesamtwirtschaftlichen Modernisierung führt. Die Flexibilisierung der Löhne und der Arbeitsbedingungen ist aus der Mikroperspektive zwar rational, aus der Makroperspektive aber problematisch (vgl. Priewe 2001).

Wenden wir uns nun wieder der Nachfrageseite zu. Zunächst ist festzustellen, dass die in den 80er Jahren in den USA zu beobachtende Investitionszurückhaltung im folgenden Jahrzehnt offensichtlich überwunden wurde (vgl. Tabelle 3).

Der US-amerikanische Boom in den 90er Jahren wurde zunächst durch das Wachstum der Exporte bestimmt, das – abgesehen vom Jahr 1993, dem letzten konjunkturellen Tiefpunkt in Europa – deutlich über dem Niveau der 80er Jahre lag. Ab 1998 ist es jedoch – auch bedingt durch die Dollaraufwertung in der zweiten Hälfte der 90er Jahre – zu einem starken Rückgang des Exportwachstums gekommen. Auf die internationale Dimension der Entwicklung kommen wir weiter unten noch einmal zurück. In den späten 90er Jahren wurde der Boom offenbar vor allem durch das beschleunigte Wachstum des privaten Konsums getragen (vgl. Godley 1999, Evans 2001). Da letzteres parallel zu dem enormen Anstieg der Aktienkurse erfolgte, stellt sich die Frage nach der möglichen Bedeutung der Vermögenseffekte für den Konsum der privaten Haushalte. Der Zusammenhang zwischen Aktienkurssteigerungen und Konsumwachstum ist ja, wie oben dargestellt, einer der Kernpunkte in Boyers Modell des finanzgetriebenen Akkumulationsregimes.

Tabelle 3: Indikatoren der ökonomischen Entwicklung in den USA (jährliche Veränderungen in %, soweit nicht anders angegeben)

|  | 1982-1991 | 1992 | 1993 | 1994 | 1995 | 1996 | 1997 | 1998 | 1999 |
|---|---|---|---|---|---|---|---|---|---|
| Privater Konsum | 3,3 | 2,9 | 3,4 | 3,8 | 3,0 | 3,2 | 3,6 | 4,7 | 5,3 |
| Öffentlicher Konsum | 2,7 | 0,4 | -0,4 | 0,2 | 0,0 | 0,5 | 1,8 | 1,5 | 2,1 |
| Bruttoanlageinvestitionen | 2,6 | 5,2 | 5,7 | 7,3 | 5,4 | 8,4 | 8,8 | 10,7 | 9,1 |
| Exporte | 6,1 | 6,2 | 3,3 | 8,9 | 10,3 | 8,2 | 12,3 | 2,3 | 2,9 |
| Produktivität | 3,0 | 5,1 | 2,2 | 3,1 | 3,9 | 4,0 | 5,0 | 5,3 | 6,4 |
| Leistungsbilanzdefizit (Mrd. Dollar) |  | 47,7 | 82,7 | 118,6 | 109,5 | 123,3 | 140,5 | 217,1 | 331,5 |

Quelle: IWF, World Economic Outlook, Okt. 2000.

Leider sind Vermögenseffekte bei der Konsumentwicklung schwierig zu erfassen, da es an eingehenderen Untersuchungen über das Verhalten der Haushalte fehlt. Schätzungen fallen dementsprechend unterschiedlich aus, bewegen sich aber in einem Spektrum von 1-4% zusätzlichem Konsum im Verhältnis zur Aktienwertsteigerung (Poterba 2000, 105ff.). Dieser Wert erscheint zunächst geringfügig, doch wenn man bedenkt, dass der Marktwert des Aktienvermögens der US-amerikanischen Haushalte real von 3.682,8 Mrd. Dollar im Dezember 1989 auf 13.331,5 Mrd. Dollar im Dezember 1999 gestiegen ist (ebd. 101), so ergibt sich schätzungsweise ein nicht unbeträchtlicher Konsumeffekt zwischen 96 und 385 Mrd. Dollar.

Uns interessiert jedoch die Frage, wie sich dieser Vermögenseffekt gesellschaftlich verteilt. Zunächst ist festzustellen, dass der Anteil der US-amerikanischen Haushalte, die direkt oder über Investment- und Pensionsfonds Aktien besitzen, von 31,6% im Jahr 1989 auf 48,8% im Jahr 1998 gestiegen ist (Federal Reserve 2000, 15). Der Aktienbesitz ist allerdings sehr ungleich verteilt. Tabelle 4 zeigt die Vermögensverteilung der Haushalte im Jahr 1998.

Dabei fällt ins Auge, dass gerade der Aktienbesitz extrem konzentriert ist: 1% der Haushalte an der Spitze der gesellschaftlichen Pyramide besitzen fast die Hälfte aller Aktien, während die unteren 80% der Haushalte nur 4,1% der Aktien besitzen. Daraus folgt, dass Aktienkurssteigerungen auf das Verhalten der meisten Haushalte nur geringe Auswirkungen haben können. Die Vermögenseffekte und die damit möglicherweise verbundenen Konsumsteigerungen fallen ganz überwiegend bei der kleinen Spitzengruppe sehr vermögender Haushalte an. Angeregt wird also vor allem der Luxuskonsum. Im Ergebnis kommt es zu einer weiteren Ausdifferenzierung der gesellschaft-

**Tabelle 4: Vermögensverteilung in den USA 1998 (Anteile in Prozent)**

| Haushalte nach Vermögen | Aktien ohne Pensionsfonds | Sämtliche Aktien | Andere Finanzanlagen | Immobilien | Nettovermögen |
|---|---|---|---|---|---|
| Obere 0,5% | 41,4 | 37,0 | 24,2 | 10,2 | 25,6 |
| Nächste 0,5% | 11,8 | 10,7 | 7,8 | 4,6 | 8,4 |
| Nächste 4% | 27,7 | 27,2 | 26,2 | 20,5 | 23,4 |
| Nächste 5% | 10,3 | 11,3 | 14,0 | 15,4 | 11,4 |
| Nächste 10% | 7,2 | 9,8 | 13,9 | 20,1 | 12,8 |
| Untere 80% | 1,2 | 4,1 | 14,0 | 29,3 | 18,5 |

Quelle: Poterba 2000, 102.

lichen Konsumnormen und zu einer Zunahme der gesellschaftlichen Ungleichheit.

Offen bleibt, wie bereits erwähnt, auch die Rolle der Kreditbeziehungen im finanzgetriebenen Akkumulationsregime. So wie der Anstieg der Aktienkurse auch durch den Aktienkauf auf Kredit gefördert werden kann, so hängen die makroökonomischen Konsequenzen eines Crashs der Aktienkurse vom Grad der Verschuldung von Haushalten und Unternehmen ab. Die privaten Konsumausgaben stiegen in den USA in den 90er Jahren nicht nur absolut, sondern auch relativ zum verfügbaren Einkommen an (vgl. Godley 1999). Ein Teil dieser Ausgaben mag durch die Vermögenseffekte, d.h. die steigenden Aktienkurse stimuliert worden sein. Buchgewinne mögen die Haushalte ermutigt haben, weniger zu sparen und mehr auszugeben. Allerdings generiert die Preissteigerung von Vermögenswerten selbst noch nicht die Zahlungsmittel, die für vermehrten Konsum notwendig sind. Preissteigerungen von Vermögenswerten wie Wertpapieren oder Immobilien können nur dann realisiert, d.h. in Einkommen verwandelt werden, wenn diese Vermögenswerte verkauft werden, und dabei handelt es sich im Prinzip um Einmaleffekte. Die Realisierung von Einkommen durch den Verkauf von Aktien mag eine gewisse Rolle gespielt haben, denn es gibt Anzeichen dafür, dass die großen Aktiengesellschaften eher als Nettoaufkäufer denn als Emittenten von Aktien aufgetreten sind. Nach Angaben von Shiller (2000, 40) kauften die 144 größten Unternehmen des S&P 500-Indexes zwischen 1994 und 1998 jährlich 1,9% ihrer umlaufenden Aktien zurück, während sie nur 0,9% ihrer Aktien neu ausgaben, d.h. per Saldo haben sie dem Markt Aktien entzogen. Aktienrückkäufe der Unternehmen sind in Mode gekommen, um kurzfristige Kurspflege zu betreiben, d.h. um den Shareholder Value zu steigern, feindliche Übernahmen abzuwehren und sich selbst die Mittel für Finanzierung von Übernahmen oder von Aktienoptionsprogrammen für das Management zu beschaffen (vgl. Sablowski/Rupp 2001).

Andererseits ist es offensichtlich, dass der Anstieg der Konsumausgaben in den USA vor allem durch wachsende private Verschuldung finanziert wurde. Die Nettokreditaufnahme des privaten Sektors (Haushalte und Unternehmen, ohne Finanzinstitutionen) stieg von etwa 1% des verfügbaren Einkommens Ende 1991 auf 15% im ersten Quartal 1999 (Godley 1999, Figure 10). Obwohl sich die Relation von Einnahmen und Ausgaben sowohl bei den Unternehmen als auch bei den Haushalten laufend verschlechterte, konnten die Unternehmen noch bis 1999 ihre Investitionen weitgehend intern finanzieren. Mitte 2000 lag die Verschuldung der Unternehmen jedoch höher als am Ende des Booms der 80er Jahre (Evans 2001). Die starke Zunahme der Nettoverschuldung betraf vor allem den Sektor der privaten Haushalte, der sich insgesamt zum Nettoschuldner entwickelte, d.h. es wurde mehr ausgegeben als gespart, die Sparquote wurde negativ. Was die Erklärung der zunehmenden Verschuldung der Haushalte angeht, so sind sehr unterschiedliche Hypothesen denkbar. Zum einen könnte die Verschuldung komplementär zu den steigenden Aktienkursen erfolgt sein. Buchgewinne könnten Haushalte der mittleren sozialen Schichten ermutigt haben, Ausgaben zu tätigen, die ihr Einkommen überstiegen, wie z.B. den Erwerb von Wohnungseigentum. Auch der Aktienkauf auf Kredit könnte ein Moment der Ausweitung der Verschuldung gewesen sein. Andererseits könnte – relativ unabhängig von der Entwicklung des Aktienmarktes – die Verschuldung der Haushalte der unteren sozialen Schichten als Resultat ihres starken Einkommensverlustes zugenommen haben.

Die Datenlage zur Beurteilung dieser Hypothesen ist nicht besonders gut. Eine Analyse der verschiedenen vorliegenden Untersuchungen der US-amerikanischen Zentralbank zur finanziellen Lage der Haushalte *(survey of consumer finances)*, deren Daten bis zum Jahr 1998 reichen, ergibt jedoch folgende grobe Resultate (vgl. Federal Reserve 1992, 12ff.; 1994, 874ff.; 1997, 16ff.; 2000, 20ff.): Der Anteil verschuldeter Haushalte ist in den unteren Einkommensgruppen (Jahreseinkommen < 25.000 Dollar) von 1983 bis 1995 gestiegen, von 1995 bis 1998 jedoch leicht gesunken. Dies dürfte darauf zurückzuführen sein, dass die in den 80er und frühen 90er Jahren zu beobachtende Absenkung der Realeinkommen in den unteren Einkommensgruppen während der zweiten Phase des Booms in den 90er Jahren bei gleichzeitig sinkender Arbeitslosigkeit abgebremst wurde. Der Anteil verschuldeter Haushalte in der obersten Einkommensgruppe (Jahreseinkommen > 100.000 Dollar) hat umgekehrt von 1989 bis 1995 abgenommen und von 1995 bis 1998 zugenommen. Betrachten wir die oberste Einkommensgruppe noch etwas näher. Die mittlere Verschuldung, gemessen am Medianwert, hat in dieser Gruppe von 1992 bis 1995 abgenommen, von 1995 bis 1998 dagegen zugenommen.

Aufschlussreich sind auch die Daten bezüglich des angegebenen Zwecks der Kreditaufnahme der Haushalte. Die größten Veränderungen zeigen sich bei der Kreditaufnahme zum Erwerb von Eigenheimen und bei der Kreditaufnahme für Investitionszwecke. Letztere schließt auch den Kauf von Aktien auf Kredit ein. Die Kreditaufnahme zum Erwerb von Eigenheimen, die besonders für die Mittelklasse typisch ist, hat von 1989 bis 1995 relativ zugenommen, von 1995 bis 1998 dagegen relativ abgenommen. Die Kreditaufnahme für Investitionszwecke, die besonders für die Haushalte der obersten Einkommens- und Vermögensgruppe typisch ist, hat umgekehrt von 1992 bis 1995 relativ abgenommen, von 1995 bis 1998 dagegen relativ zugenommen (Federal Reserve 2000, 23f.). Zusammengenommen zeigen diese Indizien, dass der Boom der 90er Jahre auch hinsichtlich der Kreditaufnahme der Haushalte aus zwei deutlich zu unterscheidenden Phasen besteht. In der zweiten Phase ab 1995, die durch die außergewöhnliche Beschleunigung des Anstiegs der Aktienkurse gekennzeichnet war, haben sich insbesondere die Haushalte an der Spitze der Einkommens- und Vermögenshierarchie verschuldet, und dies nicht zuletzt, um Aktien auf Kredit zu kaufen.

## Grenzen des finanzgetriebenen Akkumulationsregimes

Die Zunahme der privaten Nettoverschuldung kann auf Dauer nicht so fortgesetzt werden. Kredit kann nicht beliebig ausgedehnt werden. Das von den Kreditgebern zu tragende Risiko der Entwertung ihrer Forderungen steigt. Ihr Vermögenssicherungsmotiv wird sie schließlich zu einer restriktiveren Kreditvergabe oder zur Forderung höherer Zinsen treiben. Höhere Zinsen oder eine steigende Arbeitslosigkeit könnten viele Haushalte in eine Krise stürzen. Wenn sich der Sektor der US-amerikanischen Haushalte während der zweiten Phase des Booms insgesamt zum Nettoschuldner entwickelte, so stellt sich die Frage, wo die Kredite herkamen. Die Antwort liegt nahe: aus dem Ausland.

Boyers Modell des finanzgetriebenen Akkumulationsregimes geht von einer geschlossenen Wirtschaft aus und abstrahiert damit von den internationalen Kapitalflüssen. Ein elaborierteres Modell müsste auch die internationalen Verflechtungen, d.h. die Handelsströme und die Direkt- sowie Portfolioinvestitionen berücksichtigen. Es spricht vieles dafür, dass sich die Wachstumsdynamik in den USA in den 90er Jahren zum Teil auf Kosten anderer Regionen entfaltet hat. Das Plaza-Abkommen von 1985 und die darauf folgende Dollarabwertung haben zunächst ein exportgeleitetes Wachstum in den USA ermöglicht und die Erholung der Profitbilität der US-amerikanischen verarbeitenden Industrie begünstigt. Auf der Basis dieser wiedergewonnenen Stärke akzeptierten die USA nach 1995 unter dem Eindruck der Pesokrise in Mexiko und der andauernden japanischen Krise eine Aufwertung des Dollars, um dort eine weitere Zuspitzung zu vermeiden. Dadurch geriet zwar die US-amerikanische Exportindustrie wieder unter Druck, doch es kam gleichzeitig – auch angesichts der weiter anhaltenden Stagnation in Japan und der folgenden Krisen in den »emerging markets« – zu einem enormen Zufluss an Kapital in die USA, der die gewaltige Aufblähung der Aktienpreise ab 1995 mitbewirkt hat (vgl. Brenner 2000). Die nach wie vor existierende Weltgeld-Rolle des Dollar hat auch die umfangreiche Verschuldung der privaten Haushalte und Unternehmen in den USA erleichtert. Auf diese Weise haben die USA die Rolle eines globalen Konsumenten angenommen. Sie absorbieren die Handelsüberschüsse Japans und Deutschlands, die im Gegenzug in Kauf nehmen müssen, das strukturelle amerikanische Leistungsbilanzdefizit durch Kredite zu finanzieren. Die Außenverschuldung hat inzwischen den Punkt erreicht, wo Kredite aufgenommen werden müssen, um Zins- und Dividendenzahlungen an ausländische Investoren leisten zu können. Eine solche »Ponzi-Finanzierung« ist auf Dauer nicht nachhaltig.

Mit dem Zusammenbruch der Wertpapierpreise in den USA, der im Frühjahr 2000 einsetzte, sind die Grenzen der »New Economy« vorläufig deutlich geworden. Der Nasdaq-Index verlor von seinem Höchststand am 10. März 2000 bis Mitte März 2001 ca. 60% seines Werts; der Dow Jones-Index stand Mitte März 2001 14% niedriger als während des Höchststands Mitte Januar 2000. Der S&P 500-Index verlor innerhalb eines Jahres 24% seines Werts. Es könnte durchaus sein, dass die USA vor einer längeren Depressionsphase wie in Japan stehen (vgl. Brenner 2000). Offen wäre dann, ob Europa eher von dem aus den USA abfließenden Kapital profitiert oder aufgrund seiner Exportabhängigkeit mit in die Krise gestürzt wird. Das Börsengeschehen in der Triade wird jedenfalls offensichtlich sehr stark durch die USA geprägt. Der Nemax 50 brach innerhalb eines Jahres um 80% ein, der DAX verlor im gleichen Zeitraum 28%, der Nikkei 225-Index 42% (Stand: Mitte März 2001).

Während der Fordismus durch eine relative Homogenisierung der Konsumnormen eine Stabilisierung der Klassenverhältnisse bewirkte, ist zu vermuten, dass ein finanzgetriebenes Akkumulationsregime soziale Ungleichheiten verstärkt und damit strukturell instabiler ist. Vom Anstieg der Aktienkurse profitieren am stärksten die oberen sozialen Schichten, die über einen großen Anteil an disponiblem Einkommen verfügen, das in Wertpapieren angelegt werden kann. Die unteren sozialen Schichten bleiben dagegen im Wesentlichen von Lohneinkommen abhängig, die zudem noch volatiler werden. Außerdem ist zu vermuten, dass Kleinanleger von einem Verfall der Aktienkurse wesentlich stärker betroffen sind als große Privatanleger und institutionelle Anleger. Letztere können dank ihrer Informationsvorsprünge und ihres professionellen Portfoliomanagements zeitnah agieren und auch bei sinkenden Kursen bzw. bei einer starken Volatilität der Kurse oft noch Gewinne realisieren. Bei den unteren und mittleren sozialen Schichten kann ein Crash des Aktienmarktes dagegen – soweit sie überhaupt über Aktienanlagen verfügen – zur Vernichtung eines Großteils ihrer Ersparnisse führen. Sowohl der Anstieg als auch der Verfall der Aktienkurse werden in einem finanzgetriebenen Akkumulationsregime also zu einer stärkeren Spreizung – um nicht zu sagen Polarisierung – der Einkommens- und Vermögensverteilung führen.

Die Konsequenzen dieser Entwicklung für die soziale Kohäsion bleiben freilich offen. Solange sich kein Protest gegen soziale Polarisierung formiert, stellt sie auch keine Bedrohung für die Reproduktion der kapitalistischen Verhältnisse dar. Wenn »Mitarbeiterkapitalbeteiligungen« und »Volksaktien« auch makroökonomisch nach wie vor von untergeordneter Bedeutung sind, so ist doch ihre hegemoniale Funktion keineswegs gering zu schätzen. Das Glücksspiel an der Börse hat sich zu einer breiten zivilgesellschaftlichen Bewegung entwickelt. So sind z.B. Aktionärsvereine wie Pilze aus dem Boden geschossen, die ihren Mitgliedern einen sozialen Zusammenhang für die Diskussion des Börsengeschehens bieten. Der Traum vom schnellen Reichtum ohne Arbeit ist offenbar ein gewaltiger Ansporn für eine Neuformierung von Subjektivitäten und des Umgangs mit Zeit. Dabei sind paradoxerweise gerade dort, wo Mitarbeiterkapitalbeteiligungen und Aktienoptionsprogramme noch die größte praktische Relevanz haben, nämlich in den Firmen der »New Economy«, oftmals die krassesten Formen der Ausbeutung in Gestalt unsicherer Arbeitsverhältnisse und überlanger Arbeitszeiten zu beobachten (vgl. Lessard/Baldwin 2000).

In diesem Zusammenhang wäre es interessant, weiter zu untersuchen, wie sich der Verfall der Aktienkurse seit dem Frühjahr 2000 und die mit der konjunkturellen Krise einhergehenden Massenentlassungen in den USA auf die Funktionsfähigkeit aktienbasierter Leistungsanreize und auf die Motivation der Beschäftigten in der »New Economy« auswirken. Wir verlassen damit jedoch die Ebene der makroökonomischen Reproduktionsmechanismen im engeren Sinne und betreten ein unmittelbar politisches Terrain, das hier nicht weiter sondiert werden soll. Letzteres wäre freilich umgekehrt auch notwendig, um die Realisierungschancen eines finanzgetriebenen Akkumulationsregimes näher zu bestimmen. Denn es ist klar, dass ein Akkumulationsregime nicht aus sich selbst heraus existiert. Eine gewisse makroökonomische Kohärenz ist zwar eine notwendige, aber keine hinreichende Bedingung für kapitalistische Reproduktion. Zur Etablierung eines Akkumulationsregimes bedarf es einer entsprechenden Regulationsweise, die die erweiterte Reproduktion der widersprüchlichen sozialen Verhältnisse erlaubt. Zentral ist hier nicht nur das Problem der Kompatibilität der dominanten und subordinierten institutionellen Formen der jeweiligen Gesellschaftsformationen und deren spezifische Konfiguration bzw. Hierarchie, sondern es ist hinsichtlich der Übertragungs- und Nachahmungsprozesse von Entwicklungsstrategien und Formen des Krisenmanagements vor allem zu betonen, dass die Entstehung, Transformation und Stabilisierung institutioneller Formen Ergebnis von sozialen Kämpfen und Kompromissen ist – und nicht einfach das Abfallprodukt neuer, universell verwendbarer, Informations- und Kommunikationstechnologien.

Weder die konjunkturelle Krise noch die Singularität der US-amerikanischen Verhältnisse sprechen letztlich dagegen, dass sich ein finanzgetriebenes Akkumulationsregime durchsetzt. Es gibt starke Kräfte, die in diese Richtung streben, auch in Deutschland. Man denke nur an die vielfältigen Initiativen zur Schaffung einer »Aktienkultur«, beginnend mit der Privatisierung der Deutschen Telekom, die Finanzmarktförderungsgesetze, die Steuerreform und die Privatisierung der Rentenversicherung, die die Grundlagen für die Ausbreitung von Pensionsfonds schafft (vgl. Jürgens u.a. 2000, Sablowski/Rupp 2001). Es sollte jedoch klar sein, dass ein finanzgetriebenes Akkumulationsregime heute noch nicht wirklich global etabliert ist. Und es sollte ebenso deutlich werden, dass ein solches Regime mit einer gesteigerten Volatilität, Instabilität und Krisenhaftigkeit einhergeht.

## Literatur

Aglietta, Michel (2000): Shareholder value and corporate governance: some tricky questions, in: Economy and Society, Vol. 29, Nr. 1, Feb., 146-159

Albritton, Robert u.a. (2001): Phases of capitalist development. Macmillan

Alnasseri, Sabah/Brand, Ulrich/Sablowski, Thomas/Winter, Jens: Raum, Regulation und Periodisierung des Kapitalismus, in: Das Argument 239, 43. Jg., Heft 1, 23-42

Arrighi, Giovanni/Moore, Jason (2001): Kapitalismus in welthistorischer Sicht, in: Das Argument 239, 43. Jg., Heft 1, 43-58

Berger, Suzanne/Dore, Ronald (Hrsg.) (1996): National diversity and global capitalism. Ithaca/London

Boyer, Robert (1999): Le politique à l'ère de la mondialisation et de la finance: Le point sur quelques recherches régulationnistes, in : L'Année de la régulation, Nr. 3, Paris, 13-75

Boyer, Robert (2000): Is a finance-led growth regime a viable alternative to Fordism?, in: Economy and Society, Vol. 29, Nr. 1, Feb., 111-145

Boyer, Robert/Drache, Daniel (Hrsg.) (1996): States against markets. The limits of globalization. London/New York
Brenner, Robert (2000): The boom and the bubble, in: New Left Review, Nr. 6, Nov./Dez., 5-43
Candeias, Mario (2000): Der Neoliberalismus als neue Entwicklungsweise des Kapitalismus, in: Supplement Sozialismus, Heft 5/2000, 20-37
Cattero, Bruno (Hrsg.) (1998): Modell Deutschland – Modell Europa. Probleme, Perspektiven. Opladen
Crouch, Colin/Streeck, Wolfgang (Hrsg.) (1997): Political economy of modern capitalism. Mapping convergence and diversity, London
Evans, Trevor (2001): Die Rolle finanzieller Faktoren im US-amerikanischen Wirtschaftsboom der 90er Jahre, in: Prokla 122, 31. Jg., Nr. 1, März
Federal Reserve (1992): Changes in family finances from 1983 to 1989: Evidence from the Survey of Consumer Finances, in: Federal Reserve Bulletin, Januray, 1-18
Federal Reserve (1994): Changes in family finances from 1989 to 1992: Evidence from the Survey of Consumer Finances, October, 861-882
Federal Reserve (1997): Family finances in the U.S.: Recent evidence from the Survey of Consumer Finances, in: Federal Reserve Bulletin, Jan., 1-24
Federal Reserve (2000): Recent changes in U.S. family finances: Results from the 1998 Survey of Consumer Finances, in: Federal Reserve Bulletin, January, 1-29
Fiehler, Fritz (2000): Die Gesellschaft der Vermögensbesitzer, Hamburg
Godley, Wynne (1999): Seven unsustainable processes. Medium-term prospects and policies for the United States and the world. Special Report, Jerome Levy Economics Institute
Greenspan, Alan (1999): New challenges for monetary policy. Remarks before a symposium sponsored by the Federal Reserve Bank of Kansas City in Jackson Hole, Wyoming, August 27, 1999
Guttmann, Robert (1996): Die Transformation des Finanzkapitals, in: Prokla 103, 26. Jg., Nr. 2, Juni
Huffschmid, Jörg (1999): Politische Ökonomie der Finanzmärkte, Hamburg
Internationaler Währungsfonds (2000): World economic outlook, October, Washington
Itoh, Makoto/Lapavitsas, Costas (1999): Political economy of money and finance, Houndmills/New York
Jürgens, Ulrich/Rupp, Joachim/Vitols, Katrin (2000): Corporate Governance und Shareholder Value in Deutschland, Wissenschaftszentrum Berlin für Sozialforschung, FS II 00-202
Lessard, Bill/Baldwin, Steve (2000): Computersklaven. Reportagen aus der Ausbeuterfirma Internet. Stuttgart/München
Overbeek, Henk/Van der Pjil, Kees (1993): Restructuring capital and restructuring hegemony. Neo-liberalism and the unmaking of the post-war order, in: Overbeek, Henk (Hrsg.) 1993: Restructuring hegemony in the global political economy. The rise of transnational neo-liberalism in the 1980s, London/

New York: Routledge, 1-27
Poterba, James M. (2000): Stock market wealth and consumption, in: Journal of Economic Perspectives, Vol. 14, Nr. 2, Spring, 99-118
Priewe, Jan (2000): Vom Lohnarbeiter zum Shareholder? Zum Einfluss von Kapital- und Gewinnbeteiligungen der Arbeitnehmer auf Vermögensverteilung und industrielle Beziehungen, in: Prokla 122, 31. Jg., Nr. 1, März
Röttger, Bernd (1997): Neoliberale Globalisierung, Münster
Sablowski, Thomas/Rupp, Joachim (2001): Die neue Ökonomie des Shareholder Value: Corporate Governance im Wandel, in: Prokla 122, 31. Jg., Nr. 1, März
Scherrer, Christoph (2001): New Economy: Wachstumsschub durch Produktivitätsrevolution?, in: Prokla 122, 31. Jg., Nr. 1, März
Shiller, Robert J. (2000): Irrationaler Überschwang. Frankfurt/New York

# Mario Candeias
# Arbeit, Hochtechnologie und Hegemonie im Neoliberalismus

Die Zentralität der Arbeit in einer kapitalistischen Gesellschaft wird unter den Bedingungen des »Postfordismus« zunehmend in Frage gestellt und spiegelt sich in den Debatten um das »Ende der Arbeit« (exemplarisch Rifkin 1995; Beck 2000) und der Gewerkschaften (Revelli 1999). Die vorschnelle Verabschiedung der Arbeit als zentrale Form der Vergesellschaftung übersieht dabei einen entscheidenden Punkt: Die Verausgabung menschlicher Arbeitskraft ist zugleich konkrete, gebrauchswertschaffende Arbeit und abstrakte tauschwertproduzierende. Letztere ist der Ursprung allen Mehrwerts,[1] also auch des Profits der Unternehmen, der in der Ausbeutung der menschlichen Arbeitskraft begründet liegt und deren Substitution durch Technologie, Maschinen und Energie nur bis zu einem bestimmten (historisch durchaus variierenden) Punkt möglich ist (ohne einen Fall der Profitrate auszulösen). Indem das Kapital »die Arbeitszeit auf ein Minimum zu reduzieren strebt, während es andererseits die Arbeitszeit als einziges Maß und Quelle des Reichtums«, des Mehrwerts setzt, fungiert es als »prozessierender Widerspruch« (Marx, MEW 42, 601). Andernfalls würde gelten, was Aristoteles (Politica, 1253b, 39) bereits ironisch bemerkte: »Wenn auch das Weberschiffchen so [von selbst] webte [...], dann bedürften weder die Baumeister der Gehilfen, noch die Herren der Sklaven.« Zum Kapitalismus gehört indessen »die permanente Umwälzung der Produktions- und Arbeitsbedingungen und die zyklische Produktion einer industriellen Reservearmee« (Hirsch 2000, 154). Was also tatsächlich zu Ende gegangen ist, ist eine spezifische historische Gestalt der Lohn- und Arbeitsverhältnisse, bzw. eine historische Entwicklungsform des Kapitalismus – der Fordismus – nicht aber der Zwang zur Arbeit. Demgegenüber erleben wir die Herausbildung eines neuen, hochtechnologischen Paradigmas und die Neukonstituierung des Verhältnisses von Kapital und Arbeit in der neoliberalen Entwicklungsweise.

---

[1] Um Missverständnissen vorzubeugen: hier wird nicht »Arbeit« als Quelle allen Reichtums postuliert, sondern abstrakte Arbeit als Quelle allen Mehrwerts, als einzig Tauschwert bildende.

## Prekarisierung der Arbeit

Unter dem Druck der Massenarbeitslosigkeit konnten in den vergangenen 20 Jahren Löhne beschnitten und die institutionelle Stellung der Gewerkschaften redimensioniert werden. Die strukturelle Gewalt der Arbeitslosigkeit, die sich keineswegs nur auf die unteren Qualifikationsniveaus beschränkt, untergräbt die kollektive Verhandlungsmacht der Arbeiterschaft. »[Sie] flößt jedem Arbeitnehmer das Gefühl ein, dass er keinesfalls unersetzbar ist und seine Arbeit, seine Stelle gewissermaßen ein Privileg darstellt, freilich ein zerbrechliches und bedrohtes Privileg [...]« (Bourdieu 1998, 97). Die Angst vor Entlassung demobilisiert die Beschäftigten. In einer solchen Situation können verallgemeinerte und standardisierte Arbeitsverhältnisse in individualisierte und deformalisierte umgewandelt werden.[2] Die Konkurrenz um Arbeit lässt das Lohnniveau stagnieren oder sinken[3] und veranlasst die Werktätigen, ihren Einkommensverlust durch Mehrarbeit zu kompensieren. Sie entsolidarisiert und führt zur Spaltung zwischen jenen, die über einen Arbeitsplatz verfügen, und einem unter- oder unbeschäftigten Subproletariat und ist verbunden mit einer Individualisierung sozialer Risiken.

Damit wächst gleichzeitig der Druck zur Aufnahme prekärer Beschäftigungsverhältnisse, von unter- bzw. nicht-tariflicher Arbeit, befristeten Verträgen, erzwungener Teilzeit, Scheinselbständigkeit, Niedriglohn, Heim- oder Zeitarbeit. Deren Ausbreitung entzieht sich in ihrer Quantität dabei weitgehend den herkömmlichen statistischen Methoden. Informalität nimmt einen deutlich höheren Anteil an als bislang vermutet – in den USA gelten bereits 40 Millionen Amerikaner (30% der Beschäftigten) als »*independent contractors*« (Altvater/Mahnkopf 2000, 14). Davon gehört nur ein verschwin-

---

[2] Derzeit unterliegen (in Deutschland) mehr als die Hälfte aller Betriebe mit knapp einem Drittel aller Arbeitnehmer keinerlei Tarifbindung mehr (FR, 2.12.2000, 13). Durchschnittlich arbeiten hier abhängig Beschäftigte heute 40,5 Stunden/Woche – ohne Einrechnung der explosionsartig vermehrten unbezahlten Überstunden, deren Erfassung sich weitgehend der Statistik entzieht. In einigen Branchen kann die Zahl noch deutlich höher liegen, z.B. im Bereich Software oder Werbung mit Arbeitswochen bis zu 60 und 65 Stunden. Trotz tariflicher Arbeitszeitverkürung arbeiten diejenigen, die einen Arbeitsplatz innehaben, immer länger, während andere überhaupt keine Möglichkeit zur Erwerbsarbeit erhalten. Je weniger Arbeit vorhanden ist, »umso mehr tendiert die individuelle Arbeitszeit dazu, länger zu werden« (Gorz 2000, 74).

[3] Die Reallöhne bleiben weit hinter der Produktivitätssteigerung zurück und lassen entsprechend die Lohnstückkosten als entscheidenden Faktor der Konkurrenzfähigkeit im internationalen Vergleich kontinuierlich sinken (Flassbeck/Spiecker 2000, 14), ohne dass eine nachhaltige Verbesserung auf dem Arbeitsmarkt eintritt.

dend geringer Prozentsatz zu den wirklichen unabhängigen Freiberuflern, die als »*free lancer*« und Dienstleister für Unternehmen hohe Einkommen erzielen – der Rest sind Scheinselbständige und Prekarisierte. In der EU beträgt der Anteil prekärer Beschäftigung nach Eurostat Mitte der 90er Jahre durchschnittlich 15%, mit deutlich höheren Werten in Südeuropa (Griechenland 38,5%) und niedrigeren in Skandinavien (ca. 10%; Perullio 2000, 149).[4] Der größte Teil der Arbeitsverträge wird nur noch befristet vergeben, in Großbritannien oder Spanien bereits über 90%, in Deutschland zwei Drittel. Der häufige Arbeitsplatzwechsel wird zur Normalität, über 70% der Erwerbsverläufe in Deutschland verlaufen diskontinuierlich (Gorz 2000, 77).

Ein besonders hoher Anteil von Frauen findet sich in prekären Beschäftigungssituationen.[5] Damit steigt auch ihre Doppelbelastung: »Women do both their domestic labour and a job that gives them nothing in terms of satisfaction, and little in terms of income« (Brennan, 2000, 12). Der Bereich der weiblichen Reproduktionsarbeit, der im Fordismus trotz seiner Verdrängung in die private Sphäre gesellschaftlich (allerdings nicht monetär) anerkannt wurde, wird im Zuge der Integration von Frauen in den Arbeitsmarkt aus dem ökonomischen System tendenziell externalisiert. Die aktuelle Wiederausweitung un- oder schlecht bezahlter Arbeiten wird einer informellen Ökonomie überantwortet, die für die Existenz der kapitalistischen Produktionsweise unabdingbar, aber in ihrer Verwertbarkeit von wenig Interesse ist. Dazu gehört: Hausarbeit, Kindererziehung, Betreuung von Jugendlichen, Alten, Behinderten, Kranken, Arbeitslosen, psychisch Gestörten usw. Betrieben wird also nicht nur eine Neuordnung der Klassen, sondern auch der Geschlechterverhältnisse.[6] Einerseits sehen sich Frauen aufgrund sinkender

---

[4] Deutschland: 15% (Bundesanstalt für Arbeit, *FR* v. 1.2.2001)

[5] Allein 45% aller erwerbstätigen Frauen arbeiten in Teilzeit, jedoch nur 14% der Männer (*FR* v. 1.2.2001).

[6] Damit verbunden ist eine Erosion der traditionellen, fordistischen (Klein-)Familienstruktur sowie eine steigende Zahl von Single-Haushalten und alleinerziehenden Müttern (in vielen Fällen am Rande der Armut). Aber an den alten Verhältnissen gibt es keine »alten Bestände zu retten und zu bewahren« (F. Haug 1999b, 797). Die alte konservative Familienideologie beruhte auf der Ungleichheit der Geschlechter, materieller Abhängigkeit der Frauen und ihrer häufig gewaltsamen Unterdrückung (sowie der Ausgrenzung nicht-ehelicher, gleichgeschlechtlicher etc. Partnerschaften). Insofern ist die Auflösung dieser Struktur tendenziell mit zunehmender Geschlechtergleichheit, dem Vordringen der Frauen auf dem Arbeitsmarkt und mehr materieller und sexueller Selbstbestimmung verbunden. Gefragt sein kann also keine Rückkehr zum alten Familienmodell des Fordismus, sondern eine materielle Absicherung der vielfältigen neuen Lebensformen von Individuen und Lebensgemeinschaften (hetero- wie homosexuellen), sowie eine Neuordnung des Verhältnisses von Erwerbs-, Reproduktions- und Eigenarbeit.

Einkommen der Männer und der »Unterminierung des fordistischen Familienernährermodells« (Young 1998, 188) gezwungen, eine Beschäftigung aufzunehmen, andererseits haben veränderte Rollenbilder und die verbesserte Ausbildungssituation von Frauen dazu geführt, dass sie eine Erwerbsarbeit als Mittel zur Selbstverwirklichung und Gleichberechtigung oder zumindest zur ökonomischen Unabhängigkeit betrachten. Entsprechend haben die geschlechtsspezifischen Einkommensdifferenzen deutlich abgenommen. Es ist heute weitaus schwieriger, »die Frauen« insgesamt auf schlecht bezahlte und perspektivlose Jobs abzudrängen (Bianchi 1999, 88). Die Kehrseite davon ist die wachsende Kluft zwischen hoch und niedrig qualifizierter Arbeit – auch und gerade zwischen Frauen: Weiße, sozial privilegierte Frauen können auf billige, zugewanderte – häufig illegale – Migrantinnen für die häusliche Reproduktionsarbeit zurückgreifen. Im informellen Sektor entstehen »neue Geschlechterdifferenzen und -hierarchien, die durch klassenspezifische sowie ethnische und nationale Zugehörigkeiten noch einmal gravierend verschärft werden« (Young 1998, 187). Im Neoliberalismus bildet sich eine neue Form der »dialektischen Beziehungen zwischen den strukturierten Ausbeutungsverhältnissen im Kapitalismus und den spezifisch historischen Methoden, mit denen diese von den Unternehmen genutzt werden« heraus, und verweist auf »die komplexe Weise, in der sich die Klassenbeziehungen heute im Leben der Menschen, speziell der Frauen, artikulieren« (Hennessy 2000, 55).

Die allgemeine Prekarisierung der Arbeit stellt keine Randerscheinung dar, ist vielmehr immanenter Teil der ökonomischen Restrukturierung und Voraussetzung fortschreitender »Flexploitation« (Bourdieu 1998, 101). Sie bezieht sich nicht nur auf den Bereich einfacher Dienstleistungstätigkeiten in Haushalt, Handel, Gastronomie oder Pflege, sondern findet sich auch in Werbeagenturen, bei Journalisten, Webdesignern und Wissenschaftlern und hat tiefgreifende Auswirkungen: »Indem sie die Zukunft überhaupt im Ungewissen lässt, verwehrt sie den Betroffenen gleichzeitig jede rationale Vorwegnahme der Zukunft.« (ebd., 97)

Mit der Konkurrenz um Arbeit geht die Konkurrenz in der Arbeit einher. Die kollektive Interessenvertretung der Beschäftigten weicht im innerbetrieblichen Konkurrenzkampf individuellen Bewältigungsstrategien von Anpassung und Unterwerfung, innerem Rückzug und Resignation oder vereinzelter Rebellion.

Der Bruch mit dem Fordismus und die Durchsetzung einer neuen Entwicklungsweise findet »für die Arbeitnehmerschaft [unter] verheerenden Kräfteverhältnissen« statt (Coriat 1990, 230). Mit der Krise des Fordismus haben sich die gesellschaftlichen Kräfteverhältnisse zu Lasten der Schuldner gegenüber den Gläubigern, der Unternehmen gegenüber den Geldvermögensbesitzern und der Arbeiter gegenüber dem Kapital verschoben. Prekarisierung und Massenarbeitslosigkeit bilden das Fundament für die Durchsetzung neuer Arbeitsverhältnisse, eines neuen technologischen Paradigmas, mithin der neoliberalen Entwicklungsweise (Candeias 2000a, 22).

## Konkurrentielle Differenzierung und Komplementarität innerhalb transnationaler Produktionsnetzwerke

Der kapitalistische Ausweg aus der Krise der Fordismus bestand in einer grundlegenden Umstrukturierung der Arbeits-, Produktions- und Klassenverhältnisse im globalen Maßstab. Während multi- oder transnationale Unternehmen unter den Bedingungen einer vorherrschend auf den nationalstaatlichen Raum bezogenen Regulierung noch zu sozialen Kompromissen gezwungen waren, verleiht ihnen ihre neu gewonnene räumliche Mobilität und die simple Drohung einer Abwanderung heute eine bestimmendere Position gegenüber Beschäftigten und staatlichen Akteuren. Die Restrukturierungspraktik wird in zunehmendem Maße von den auf Finanzmärkten herrschenden kurzfristigen Erwartungen zur Maximierung der Renditen bestimmt. Sie erfolgt dabei auf vielfältigen Feldern in einem Prozess der konkurrentiellen und komplementären Differenzierung, transnationalen Relokalisierung und Vernetzung und findet ihren vorläufigen Endpunkt in der zwangsvermittelten Angleichung der Produktionsstrukturen in einem neuen *hochtechnologischen* Paradigma.

Ein *technologisches Paradigma*[7] kann verstanden werden als »›Idealtyp‹ der Produktionsorganisation, der die Konturen der effizientesten und kostengünstigsten Kombinationen einer gegebenen Periode definiert« (Perez 1985, 443). Es dient als Daumenregel für Investitionen, technologische Entwicklungen und Formen der Arbeitsorganisation. Nach seiner Verallgemeinerung werden technische und organisationelle Innovationen stark durch diese neuen Formen der Produktion geprägt. Werttheoretisch spiegelt sich darin auch das Verhältnis zwischen toter und lebendiger Arbeit wider. Die Einführung eines neuen technologischen Paradigmas ist entsprechend kein wissenschaft-

---

[7] Der Beginn der Darstellung mit einem technologischen Paradigma darf nicht mit so genannten Basisinnovationen neo-schumpeterscher Konzepte verwechselt werden. Die Herausbildung eines neuen Akkumulationsregimes beginnt nicht mit technologischen Innovationen, die zwangsläufig gesellschaftliche Entwicklungen nach sich ziehen, sondern ist selbst ein gesellschaftlicher Prozess, der mit der Krise der vorangegangenen Entwicklungsweise seinen Anfang nimmt.

lich-objektivierter technischer Prozess, indem die lebendige Arbeitskraft nur als störrisches und störendes Subjekt fungiert, als vielmehr ein sozialer.[8]
Vermittelt über sozio-ökonomische Auseinandersetzungen kristallisieren sich zwei neue idealtypische Formen der Produktionsorganisation heraus. Deren Einführung begann zwar vor der Dezentralisierung und Relokalisierung der Produktion. Der Umbau der Produktionsstrukturen und die Automation stießen in den 1970er Jahren jedoch auf große Schwierigkeiten und Widerstände. Erst mit der beginnenden Verlagerung von Produktionsstätten, den kommunikations- und informationstechnischen Fortschritten und unter dem Druck der Arbeitslosigkeit konnten neue Arbeitsformen durchgesetzt werden. Auf der einen Seite wird versucht, die Rigidität des fordistischen Lohnverhältnisses aufzulösen – hin zur Flexibilisierung der Beschäftigungsverhältnisse, mit dem Ziel einer Reduzierung der (Lohn)Kosten. Auf der anderen Seite steht der Versuch, die fordistisch-tayloristische Form der direkten Kontrolle der Arbeitsprozesse zu lockern und über die Einbindung der unmittelbaren Produzenten, hin zu mehr verantwortlicher Autonomie, eine Flexibilisierung der Produktionsprozesse mit dem Ziel einer Produktivitätssteigerung zu erreichen.

Die erste Variante bezeichnen wir heute idealtypisch als Neotaylorismus, die zweite als sozio-technisches Modell (vgl. Leborgne und Lipietz 1990; Leborgne 1997; Candeias 1999b). Beide Formen nutzen dabei auf intelligente Weise den Einsatz hochtechnologischer Produktionsmittel und der computergestützten Vernetzung der Produktionsabläufe wie die Einbeziehung des Wissens der unmittelbaren Produzenten, aber auf sehr unterschied-

---

[8] Die Verwissenschaftlichung der Produktionsplanung lief lange Zeit darauf hinaus, die lebendige Arbeitskraft auf rein ausführenden Tätigkeiten zu reduzieren, quasi als Befehlsempfängerin und ihren Einsatz soweit als möglich zu minimieren. Andererseits hätte der Produktionsprozess unmöglich funktionieren können, wenn sie diese Reduktion vollständig durchgesetzt hätte. Abgesehen davon, dass die Arbeitskräfte dem ihren Widerstand entgegen gesetzt hätten – wie es immer wieder in der Geschichte der Fall gewesen ist – besteht der konkrete Produktionsprozess eben in nicht unerheblichem Maße aus »Kompensieren von Fehlern, Störungen, planerischen Lücken, Unvollständigkeiten, Fehlkalkulationen« (Wolf 1998, 97). Ohne das gezielte Abweichen von Plänen und Anweisungen sind die betrieblichen Vorgaben nicht einzulösen. Unternehmen sind also nicht nur auf die lebendige Arbeit als einzig wertschaffendes Element (im kapitalistischen Sinne) angewiesen, sondern auch auf ihr autonomes Handeln im Verlauf des Produktionsprozesses. Solche Selbsttätigkeit impliziert spezifische Arten von Wissen und Erfahrung, die dem Arbeitsprozess selbst entspringen. In diesem Sinne kann ein technologisches Paradigma auch als oszillierendes Verhältnis von direkter Kontrolle und verantwortlicher Autonomie verstanden werden.

liche Weise (Candeias 2001, 18ff.). Beide Formen der Restrukturierung der fordistischen Betriebsweise widersprechen sich nicht, sondern werden auf komplexe, komplementäre Weise im Prozess der Fragmentierung der Produktionsprozesse und ihrer globalen Reallokation miteinander verbunden. Nicht nur die Automobilindustrie beispielsweise, sondern gerade auch die neuen Informations- und Computerindustrien sind Vorreiter einer transregionalen und transnationalen Restrukturierung der Produktion (Lüthje 1998, 561f.). Beispielhaft dafür steht das Silicon Valley: als Prototyp der intraregionalen Netzwerk- und Clusterbildung ist es gleichzeitig das Zentrum globaler Produktionssysteme, in denen Spitzenunternehmen wie Intel, Hewlett-Packard, Cisco und Sun Microsystems technologische Schlüsselstandards setzen und auf diese Weise eine strikte Kontrolle fragmentierter Produktionsprozesse (bei relativer Autonomie der jeweiligen Standorte) gewährleisten. Ähnliche verlaufende Prozesse lokal-globaler Netzwerkbildung lassen sich auch bei altehrwürdigen Unternehmen wie VW oder Fiat analysieren (Hack 1998, Revelli 1999).

Die Relokalisierung wirkt darüber hinaus als überaus wirksames Mittel zur Auflösung der fordistischen »Rigiditäten« in den alten metropolitanen Zentren. Der ständige Umbau der Beschäftigtenstrukturen durch das Wechselspiel von Outsourcing, Insourcing und Restrukturierung sichert die verbesserte Kontrolle der Arbeiterschaft und möglicher Gegenbewegungen. Die kollektive Organisation der Beschäftigten ist durch die Zersplitterung der Belegschaften, hohe Fluktuation, einen hohen Anteil kleiner und mittlerer Unternehmen und den immer drohenden Verlust des Arbeitsplatzes deutlich erschwert worden. Mit der Fragmentierung der Produktion werden Marktmechanismen und Konkurrenzdruck direkt in die Unternehmen verlängert.[9] Die Transformation der Arbeitsbeziehungen ist also in einem betrieblichen oder nationalstaatlichen Rahmen nicht mehr zu verstehen, sondern nur noch als überbetrieblicher und transnationaler Restrukturierungsprozess.

---

[9] Allerdings erhöht die enge Verzahnung der einzelnen, fragmentierten Produktionsstufen nach dem Prinzip des *just* oder *fast-in-time* die Störanfälligkeit des Netzes. Produktionsprobleme bei zentralen Zulieferern oder gezielte, punktuelle Streiks lassen schon nach kurzer Zeit die Produktion des Kernunternehmens stillstehen. Streiks der Arbeiter in französischen Zulieferbetrieben von GM und Opel, der Transportarbeiter in Spanien oder Frankreich oder gar ein Generalstreik in Norwegen haben mittlerweile europaweite Auswirkungen. Bei der Koordination dieser Streiks kommt nicht zuletzt der Einsatz moderner Kommunikation wie Email und Handy zum Tragen. Über nationalchauvinistischen oder betriebsspezifischen Wettbewerbskorporatismus hinaus zwingen die modernen Netzwerkstrukturen Gewerkschaften und Arbeiter zur internationalen Kooperation – andernfalls können sie gegeneinander ausgespielt werden (diese Erkenntnis wird allerdings erst langsam begriffen).

## Zwangvermittelte Angleichung

Der Verlust der Verhandlungsmacht auf Seiten der Beschäftigten, die Schwächung der Gewerkschaften, hohe Arbeitslosigkeit und Prekarisierung stellen keine vorteilhaften Voraussetzungen für die Stabilisierung oder gar Verallgemeinerung soziotechnischer Modelle dar. Der Zwang zur kurzfristigen Erzielung hoher Renditen unter dem Druck des *shareholder value* unterminiert Strategien der Einbeziehung der *stakeholder*, der Beschäftigten und einer ausgehandelten Verteilung der Produktivitätsgewinne. Eigenkapitalrenditen von um die 20% werden heute (als globale Durchschnittsprofitrate international operierender Kapitalgruppen) erwartet. Dieser Renditemaßstab übersteigt bei weitem den langfristigen, an das Risiko angepassten Realzinssatz. Um diesem finanziellen Druck Rechnung zu tragen, werden alle kurzfristigen Ressourcen zur Profitmaximierung mobilisiert. Unter diesen Bedingungen ist im Bereich der Produktionsarbeit bereits seit einigen Jahren ein Trend zur Rücknahme teilautonomer Arbeitsorganisation zu beobachten, der hilflos als »neue Unübersichtlichkeit« im Bereich der Industriearbeit beschrieben wird: »Wir können nicht schlüssig erklären, was diese Rücknahme der neuen Produktionskonzepte begründet. Eine überzeugende Theorie fehlt uns« (Schumann 2000, 1 bzw. 5). Hier soll keinesfalls vorschnell des Rätsels Lösung präsentiert werden, aber doch eine mögliche Interpretation. Mit der Krise des Fordismus verband sich wie gesagt eine Suche nach neuen industriellen Paradigmen. In einer von Umbrüchen geprägten Übergangszeit, in der die alten fordistischen Regulationsmechanismen erodierten bzw. gezielt aus dem Weg geräumt wurden, sich neue Regularien aber noch nicht etabliert hatten, war der Umbau der Produktionskonzepte in den späten 70er und über die 80er Jahre von einer Reihe von Experimenten geprägt, die von der vollautomatisierten, »menschenleeren Fabrik« bei Fiat in Cassino (als Beispiel eines extremen Neotaylorismus) bis zu den von Gewerkschaften initiierten soziotechnischen Modellen bei Volvo in Uddevalla und Kalmar reichten. An diesen beiden Beispielen wird besonders deutlich, dass es um Hegemoniekämpfe in der Fabrik ging.

Im ersten Fall sollte der widerständige »Störfaktor« Mensch weitgehend durch Roboter mit zentralisierter Kontrolle, strikter Programmierung der Arbeitssequenzen und -zeiten ersetzt bzw. ausgeschaltet werden. Das mit extrem hohen Investitionskosten verbundene Experiment endete als Fiasko. Hohe Ausfallzeiten durch Programmierungsfehler, die Störungsanfälligkeit der Anlagen und die Starrheit der Produktionsabläufe ließen die Produktivität ins bodenlose sinken. Im Falle von Volvo wurde eine umfassende Integration und Aufwertung der lebendigen Arbeitskraft im Produktionsprozess umgesetzt. Fließband und Taktzeiten wurden abgeschafft, jeder Arbeiter bzw.

Arbeitsgruppen waren für eine Vielzahl von komplexen Arbeitsgängen verantwortlich, ebenso wie für die damit verbundene Logistik, Materialbestellung, Qualitätskontrolle etc. Dies war mit umfassenden Qualifizierungsmaßnahmen verbunden. Je nach Wunsch konnten Gruppen die Herstellung eines halben oder eines ganzen Fahrzeuges übernehmen. Die Kenntnis der Arbeitszusammenhänge erweiterte auch die Fähigkeiten des Fertigungspersonals für eine Optimierung der Produktion. In Absprache mit der Gruppe konnte selbständig und flexibel über die Arbeitszeit bestimmt werden, solange am Ende des Monats das vorgegebene Arbeitssoll erfüllt wurde. So konnte die Entfremdung in der Arbeit in drei wesentlichen Punkten relativiert werden durch a) die eigenständige Organisation der Arbeit; b) die Erschließung von umfassenden Fähigkeiten und Kompetenzen in einem kooperativen Arbeitsprozess und c) die »Objektivierung der Arbeit in einem Produkt, das von den Arbeitern als Sinn und Ziel der eigenen Tätigkeit anerkannt werden kann« (Gorz 2000, 51). Die Qualität der Produkte und die Produktivität der Arbeit erreichte in Kalmar, v.a. aber in Uddevalla, im Weltmaßstab das höchste Niveau.

Der reibungslose Ablauf der Produktion hing jedoch in nie gekanntem Maße vom Engagement und der Kooperationsbereitschaft der Beschäftigten ab. Extra-Profite aus hohen Produktivitätsgewinnen mussten zu erheblichen Teilen an die Beschäftigten weitergegeben werden. Die Gewerkschaftsführung der hoch organisierten Belegschaften planten bereits die Ausweitung des Einflusses auf Investitionsentscheidungen, Unternehmensstrategie und die genauere Bestimmung des zu produzierenden Produkts. An dieser Stelle stellte sich die Machtfrage zwischen Kapital und Arbeit. Letztlich ging es dabei nicht nur um »die Verteilung des Produkts, sondern auch [um] seine Natur, seine mögliche Verwendung und den Sinn des Produzierten und also auch die erzwungenen oder sinnhaften Bedingungen, in denen produziert wird« (Bidet 1990, 251). Hier wird die Grundlage der kapitalistischen Produktionsweise berührt. Angesichts der fortschreitenden Globalisierung und Liberalisierung der Märkte, der Möglichkeit der Verlagerung von Produktionen und einer wachsenden industriellen Reservearmee veränderte sich das Kräfteverhältnis zuungunsten der Arbeiter und dem Management erschien der Einfluss der Beschäftigten auf gefährliche und unnötige Weise ausgedehnt. 1993 wurde Uddevalla, ein Jahr später Kalmar geschlossen. Das emanzipative Potential der hochtechnologischen Produktionsweise hätte sich »ausschließlich in der Überwindung der kapitalistischen Produktionsverhältnisse verwirklichen« lassen (Gorz 2000, 54).

So setzten sich unter den Bedingungen neoliberaler Globalisierung je nach national und regional unterschiedlichen institutionellen Rahmen und Verhandlungsmacht der Arbeiter (Candeias 1999b) mehr oder weniger abgeschwächte Formen des Neotaylorismus und/oder soziotechnischer Modelle durch. Obwohl die Diversifizierung von Angebotsstrukturen und die Ausdifferenzierung von Regulationsformen zur neoliberalen Entwicklungsweise konstitutiv dazugehört, setzt nach einer Phase ihrer Institutionalisierung und hegemonialen Durchsetzung (nach dem Fall des »real-existierenden Sozialismus«) die *zwangsvermittelte Angleichung* politischer und unternehmerischer Strategien ein. Handlungsspielräume sind durch monetäre Zwänge und die Dominanz des US-amerikanischen Modells auf erneuerter ökonomischer Basis (Candeias 2000b) begrenzt. Unter den herrschenden Kräfteverhältnissen besteht für Unternehmen kaum ein Anlass, sich auf einen Erneuerungsprozess einzulassen, der die Interessen der Arbeiter mitberücksichtigt.

Soziotechnische Modelle der Arbeitsorganisation werden in der Folge eingeschränkt. Die Teilautonomie der Arbeiter wird nur noch einem einzelnen »Teamleader« vorbehalten, der damit quasi wieder die alte Position des Vorarbeiters übernimmt. Trotz Gruppenarbeit wird strukturkonservativ an betrieblichen Hierarchien festgehalten, bzw. werden diese wieder eingeführt (Gerst 1999, 1; Coriat 1990). Erneut findet eine Trennung zwischen Planungsexperten und ausführenden Arbeitern statt, die Arbeitsaufgaben werden standardisiert und arbeitsteilig organisiert. Auch das Fließband kommt wieder zu neuen Ehren – die Taktzeiten bleiben allerdings länger als in der Vergangenheit, zum Teil kann die Bandgeschwindigkeit nach Maßgabe des Teamleaders variiert werden. Beispiel Daimler: während die Mercedes E-Klasse in Rastatt noch in Gruppenarbeit und 30-Minuten-Takt produziert wurde, wird dort heute die A-Klasse mit Fließproduktion im 30-Sekunden-Takt gefertigt. Ziel ist es, gewonnene Spielräume zu kappen und die Arbeit wieder zu verdichten – dem NUMMI-Projekt von GM und Toyota im kalifornischen Fremont, das auch für das Opelwerk in Eisenach[10] oder Nissan in England Pate stand, gelang es, die Arbeiter im Durchschnitt 57 Sekunden pro Minute auszulasten (Adler 1995). Arbeitskontrollen – auch durch äußerliche Funktionsträger – werden wieder eingeführt. Die Integration des Wissens der unmittelbaren Produzenten beschränkt sich auf kleine Verbesserungsvorschläge in ihrem spezifischen Arbeitsbereich. Der Optimierungsprozess wird nicht mehr auf die Verbesserung der Arbeitssituation, sondern einseitig auf Produktivitätssteigerungen ausgerichtet. Mangelnde Beteiligungs- und Kooperationsmöglichkeiten verhindern die Entwicklung von Gruppenbewusstsein. Es ergibt sich eine erhebliche Kluft zwischen dem partizipativen Anspruch und der Realität soziotechnischer Kompromisse. Aufwändige Personalplanung wird in Frage gestellt, Qualifizierungsmaß-

---

[10] Nach diesem Vorbild soll nun bis 2002 auch das Opel-Stammwerk in Rüsselsheim rationalisiert werden.

nahmen werden vorenthalten und dem einzelnen Arbeiter in seiner Freizeit überantwortet. Die Akzeptanz der Spezialisten wird über vergleichsweise hohe Löhne, die der übrigen Arbeiter über Prämienzahlungen und relative Beschäftigungssicherheit vor dem Hintergrund hoher Arbeitslosigkeit gewährleistet. Kostendruck und kurzfristige Profitmaximierung lassen innovative Arbeitsgestaltung, kostenintensives Personalmanagement und Qualifizierungsmaßnahmen, die sich erst mittelfristig auszahlen, als »besonders begründungspflichtig« (Schumann 2000, 5) erscheinen. Personelle Diskontinuitäten im Management erschweren die Durchsetzung partizipativer Ansätze. »Ein Profitcenter-Manager muss in kurzen Rhythmen beweisen, dass sein Bereich profitabel arbeitet. Schon weil sein Einkommen zu 20 bis 60 Prozent von der Zielerreichung abhängt und sein Arbeitsvertrag befristet ist, wird er alles tun, um diesen Nachweis zu erbringen.« (Dörre 2000, 33)[11] Nach ein bis zwei Jahren wechselt er die Position. In dieser kurzen Zeitspanne lassen sich langfristige Personalplanung und Arbeitsorganisation nicht realisieren:

Formal lässt das betriebswirtschaftliche Controlling die begrenzte Autonomie der dezentralen Einheiten unangetastet. Aus Sicht der Zentralen ist es gleichgültig, ob der Gewinn tayloristisch oder mittels teilautonomer Gruppen produziert wird. Doch permanentes Benchmarking und kurzzyklische Profitmessung machen aufwändige Prozessinnovationen, deren Ertrag sich häufig erst einstellt, wenn die Verantwortlichen nicht mehr vor Ort sind, zu einem risikoträchtigen Unterfangen. (ebd., 35)

Die Unterschiede zum Neotaylorismus amerikanischer Prägung verschwinden nicht, aber sie verwischen. Nach wie vor werden zwar der Grad der Einbindung, Arbeitsbedingungen und Tarife zwischen Betriebsräten, Gewerkschaften und Unternehmen verhandelt. Dabei werden durchaus auch Verbesserungen der Situation der Arbeiter erreicht. Die Macht zur Einhaltung der wettbewerbskorporatistischen Arrangements schwindet allerdings auf Seiten der Arbeit. Die Unterschiede lassen sich weniger auf unterschiedliche Managementstrategien zurückführen als auf unterschiedliche Regulationsweisen und Kräfteverhältnisse, die das Vorgehen der Unternehmen überde-

---

[11] So hat beispielsweise Siemens (angesichts von Rekordgewinnen) erst kürzlich beschlossen, eine Steigerung der Gewinnspanne in den einzelnen Geschäftsbereichen auf 20% per anno zu forcieren. Die Manager der einzelnen Abteilungen sollen durch die Margen im Vergleich mit anderen Zweigen »unter Druck gesetzt werden«. Erfüllen sie die Ziele nicht, spüren sie dies an ihrem eigenen Einkommen. Gleichzeitig soll ein »Signal an die Finanzmärkte« gesendet werden, dass Siemens nicht beim erreichten Rekordergebnis stehen zu bleiben gedenkt, sondern den Profit weiter steigern will (FR v. 15.12.2000, 10).

terminieren. In diesem Fall könnte von einer Unterscheidung zweier industrieller Paradigmen der hochtechnologischen Produktionsweise nicht mehr gesprochen werden.

Unter Beibehaltung beschriebener Differenzen konvergieren die beiden Paradigmen asymmetrisch in Richtung auf eine neotayloristische Arbeitsorganisation mit begrenzter Einbindung ausgewählter Beschäftigter mit zentralen Funktionen z.b. im Bereich einer strukturkonservativen Gruppenarbeit oder bezogen auf spezifisches Spezialistenwissen (bei systemischer Kontrolle der übrigen Produktionsprozesse). Nach einer zunächst *divergent* verlaufenden Suchphase folgt nun eine *konvergente* Phase, in der sich eine spezifische Form der Arbeitsorganisation als neues technologisches Paradigma durchsetzt. Dabei stellt sich die Konvergenz von Arbeitsverhältnissen und -organisation unter neoliberaler Hegemonie keinesfalls nur als einseitige Schlechterstellung und zunehmende Ausbeutung der Beschäftigten dar. Die Rücknahme extremer tayloristischer Arbeitsteilung befreit sie von Monotonie, die neuen Produktionsformen können zumindest zum Teil deren Wissen und Kreativität integrieren, Computerisierung und Automatisierung von schwerer körperlicher Arbeit entlasten.

Durchgängiges Element ist dabei die Durchdringung der Produktion durch Computertechnologie und Mikroelektronik. Im Verlauf des Globalisierungsprozesses wird damit ein qualitativ neues, *hochtechnologisches* Paradigma als Teil eines flexiblen, finanzgetriebenen, transnationalen Akkumulationsregimes zunehmend verallgemeinert. Die Repositionierung des Wissens im Produktionsprozess bildet die Grundlage neuer systemischer Rationalisierungsprozesse und das zentrale Element dieses hochtechnologischen Paradigmas. Seine progressiven Potenziale werden unter den Bedingungen des Neoliberalismus verschüttet.

Widersprüche des hochtechnologischen Paradigmas sind Widersprüche *innerhalb* des selben, nicht zwischen unterschiedlichen Paradigmen. In einer Art *trial and error* oszillieren die realen Verhältnisse um ein technologisches Paradigma herum. Solche »Pendelbewegungen [...] sind die charakteristische Bewegungsform einzelbetrieblichen Managements« (Dörre 2000, 32) und liegen in den inneren Widersprüchen des technologischen Paradigmas begründet. Auch der hochtechnologische Idealtyp der Organisation wird auf nationaler und regionaler Ebene von spezifischen institutionellen Regulationsformen überdeterminiert. Der Flexibilisierungsimperativ wird jeweils anders umgesetzt. Diese Differenzen heben aber nicht den Druck eines determinierenden technologischen Paradigmas auf. Vielmehr können die Unterschiede in der neoliberalen Entwicklungsweise von Seiten des Managements innerhalb transnationaler Produktionsnetzwerke profitabel ausgenutzt oder besser »inwertgesetzt« werden. Die »neue Unübersichtlichkeit« ist keineswegs so uneinheitlich wie sie scheint, sie ist Programm. Das Ergebnis ist eine neue Form der räumlichen Arbeitsteilung (Candeias 1999b, 72ff.)

## Subjektivität der neuen Wissensarbeiter

Gerade in den Branchen der »New Economy«, die sich tarifvertraglichen oder anderen kollektiven Regelungen zu entziehen wissen, entwickeln sich unter der Hegemonie der neoliberalen Ideologie Arbeitsformen und -verhältnisse, die sich vorteilhaft in ein flexibles Akkumulationsregime einpassen – in abgeschwächter Form dringen sie allerdings in alle Bereiche der Arbeit vor. Unternehmen ist es gelungen, den Druck der Marktkonkurrenz als Handlungsanforderung auf die Arbeiter zu erweitern bzw. zu übertragen vermittelt über die Ausbildung spezifischer Unternehmenskulturen und einer *corporate identity* – also eine Verbindung kollektiver Identitäten (das Unternehmen als »Familie«, als »Solidaritäts- und Wettbewerbsgemeinschaft« in der Marktkonkurrenz mit anderen Unternehmen) und der Anrufung besitzindividualistischer, in Konkurrenz zueinander stehender Subjekte.

Unter dem Druck unsicherer Arbeitsverhältnisse und dem Bedürfnis nach Selbstverwirklichung entgegenkommenden selbstverantwortlichen Arbeitsweisen internalisieren Beschäftigte in Verbindung mit einer Ideologie des »Erfolgs« die Flexibilitäts- und Effizienzanschauung in ihr eigenes Denk- und Handlungsmuster. Ein neuer »Arbeiter- und Menschentypus« entwickelt sich (Gramsci 1999, 2086). Der Wettbewerb des Unternehmens wird zur eigenen Sache. Erfolg und Misserfolg werden auf eigenes »Verschulden« zurückgeführt. Arbeit wird zum ubiquitären Fetisch. Der Übergang von der Privatsphäre zur Arbeit wird fließend. Dies findet seinen Ausdruck in der Zunahme von Tele- und Heimarbeit, in Scheinselbständigkeit in Form von Ein-Personen-Unternehmen, in überlangen Arbeitszeiten und einem starken Anstieg der Arbeitsintensität. Die räumliche und zeitliche Trennung von Lebenswelt und Arbeitswelt, Lebenszeit und Arbeitszeit wird aufgehoben. Unternehmenshierarchien sind weitgehend aufgelöst. Einen Beruf im eigentlichen Sinne haben die wenigsten, gearbeitet wird projektbezogen mit vielfältigen, wechselnden Aufgaben. Genaue Vorgaben für ein Projekt gibt es kaum, nur Kundenwünsche. Oberste Prioritäten sind wirtschaftliche Effizienz und Terminerfüllung. Wie die Arbeit im Einzelnen konzipiert und ausgeführt wird, v.a. in welcher Zeit sie erledigt wird, ist unerheblich – nur das Ergebnis zählt. Dies lässt viele Freiräume für autonomes Arbeiten ohne direkte Kontrollen. Die Beschäftigten erhalten Aktienoptionen, Gehälter sind in vielen Fällen niedrig, orientiert am Betriebsergebnis. In ihrem Selbstverständnis sind diese neuen Subjekte keine Angestellten oder gar Arbeiter als vielmehr eigenverantwortlich handelnde, unternehmerisch denkende selbständige Individuen, die für einen begrenzten Zeitraum mit einer Gruppe Gleichgesinnter eine Firma aufbauen oder ein Projekt abwickeln, um dann zur nächsten Firma, dem nächsten Projekt zu wechseln und dabei permanent neue Risiken einzugehen. In diesem Fall hat die ideologisch überhöhte Rede vom Arbeitskraftunternehmer als neue gesellschaftliche Form der Ware Arbeitskraft eine gewisse Berechtigung. Sie spiegelt die Etablierung eines neuen Alltagsbewusstseins wider, das den Erfordernissen neuer gesellschaftlicher Praxen entspricht. Für die begehrten Spezialisten kann die Spannung zwischen persönlicher Autonomie und zunehmender Ungewissheit als Zugewinn an Freiheit erfahren werden (Altvater/Mahnkopf 2000, 14). Die informelle Form eröffnet in gewisser Weise Möglichkeiten für eine flexiblere individuelle Lebensgestaltung.

Allerdings: »Je tiefer sie sich mit der Arbeit und den Erfolgen ihrer Firma identifizieren, um so mehr tragen sie dazu bei, die Bedingungen ihrer eigenen Unterwerfung herzustellen und aufrechtzuerhalten, [...] den Leistungsdruck immer mörderischer, die Beschäftigungsverhältnisse – einschließlich der eigenen – immer prekärer und die Herrschaft des Kapitals über die Arbeiter immer unwiderstehlicher« zu machen (Gorz 2000, 67). Das Kapital beansprucht die Subjekte nicht nur während der Arbeitszeit, begrenzt auf bestimmte funktionale Aspekte, sondern zunehmend total, ihre manuellen, wie geistigen Fähigkeiten, einschließlich Charakter und Psyche. »Es ist die lebendige Arbeit als lebendige, die unterworfen werden muss. [...] Die Seele der Beschäftigten muss Teil des Unternehmens werden [...] statt Aufgaben und Abläufen werden die Subjektivitäten selbst bestimmt und vorgezeichnet« (Negri u.a. 1998, 17; 41). Die gewährten Freiräume der Planung und Ausführung der Arbeit bewegen sich letztlich in fremdbestimmten, betrieblich kontrollierten Grenzen. Damit erhält die reelle Subsumtion der Arbeit unter das Kapitalverhältnis eine historisch-qualitative neue Stufe. Die Ausbeutung abhängiger Arbeit durch das Kapital wird durch Delegation auf das arbeitende Subjekt in Richtung »Selbstausbeutung« verschoben. Die hohen Löhne bzw. Beteiligungen in der derzeitigen Anfangsphase des neuen Arbeitsregimes sollen die »psycho-physische Anpassung an die neue industrielle Struktur« (Gramsci 1999, 2069) sichern.

Die enge Verbindung von Integration der Subjektivität der Arbeiter in den Produktionsprozess bei gleichzeitiger Internalisierung unternehmerischen Effizienz- und Leistungsdenkens wird durch neue Formen sozialer Kontrolle ergänzt. Weil die Kontrolle zum Teil auf die Beschäftigten selbst übertragen und nicht durch äußerliche Funktionsträger aufgezwungen wird, wirkt diese Struktur selbstbestimmter und demokratischer. Die Verinnerlichung der Unternehmensziele lässt allerdings einen starken »Ostraizismus« wirksam werden. Dieser wird in der Organisationstheorie definiert als »Druck, den eine Gruppe kollektiv auf ein Gruppenmitglied ausübt, das sich nicht an die ihm vorgegebenen oder von ihm selbst frei gesetzten Ziele hält« (Coriat 1991, 177). Die Beschäftigten selbst sind es, die abweichendes Verhalten und Nonkonformismus wieder in angepasste Handlungsweisen pressen oder ausgrenzen, gegebenenfalls entfernen. »Mobbing« ist keine neuartige Erscheinungsform, aber in ihrer zunehmenden Verbreitung an das neue Modell der Arbeit gekoppelt. Autonomie und Entscheidungsfreiheit als Voraussetzungen demokratischer Verfahren werden hier gerade nicht gewährt. »Es handelt sich vielmehr um eine subalterne Demokratie, die sich auf die Kooperation der Arbeitsgruppe als periphere Funktion unternehmerischer Befehlsgewalt gründet.« (Revelli 1997, 34) Wer dem konformistischen Druck in der Arbeitswelt – der sich in den Alltag, in den Kreis von Familie und Bekannten, in die Freizeit, den Sport etc. fortsetzt – nicht standhalten kann, hat die Möglichkeit, sich über ein vielfältiges Angebot von Therapien wieder »fit« machen zu lassen.[12] Der Konkurrenzdruck ist allgegenwärtig. »Unausweichlich wird es eine verstärkte Auslese geben, ein Teil der alten Arbeiterklasse wird unerbittlich aus der Welt der Arbeit [...] eliminiert.« (Gramsci 1999, 2086f.)

Die gesteigerten Arbeits- und Mobilitätsanforderungen führen zur Unvereinbarkeit von Beruf und Familie (in ihren unterschiedlichen Formen – auch hier wird das »*short contracting*« eingeführt[13]) und in vielen Fällen zum

---

[12] Nicht umsonst finden sich in den entwickeltsten Betrieben der New Economy häufig firmeneigene Fitness- und Erholungsräume. Lesenswert in diesem Zusammenhang sind bereits zurückliegende Überlegungen dazu, in denen die Verlagerung äußerer Arbeitserfordernisse in ihrer Verinnerlichung in individuelle Praxen analysiert werden (z.B. W.F. Haug 1987). Auffällig ist auch der Boom ethisch-philosophischer und v.a. psychologischer Unternehmens- und Personalberatungen.

[13] Die Entwicklung der Geschlechterverhältnisse, des Sexualverhaltens, neuer Partnerschaftsbeziehungen wird zum Objekt neuer Versuche der Regulation. Gramsci (1999, 2070ff.) hat bereits auf die Bedeutung dieses Aspektes im Übergang zum Fordismus hingewiesen. Erneut gerät mit der Erosion der alten Gesellschaftsformation auch die fordistische Kleinfamilie mit Kind, in der der vollzeitbeschäftigte Mann als Familienernährer auftritt und die Frau sich um die Erziehung der Kinder, die Pflege ihres Mannes und die Hausarbeit kümmert, in eine prekäre Situation und ist vom Zerfall bedroht. Hohe Scheidungsraten, die wachsende Zahl alleinerziehender Mütter, die zunehmende Zahl nicht verheirateter Paare, das Vordringen von Frauen auf den Arbeitsmarkt (teils aus Zwang, teils aus der Suche nach Selbstständigkeit) sprechen eine deutliche Sprache. Das Aufbrechen der alten patriarchalen Familie durch ökonomische Zwänge, Veränderungen in der Arbeit und Erfolgen der Frauenbewegung führt aus Sicht der Reproduktion der Arbeitskraft aber zu Problemen.

frühzeitigen »*burn out*«, nicht nur beim Management oder leitenden Angestellten (und v.a. bei Frauen mit Kind). Die Ablehnung jeglicher Routine, die Betonung kurzfristiger Aktivitäten innerhalb flexibler Netzwerke und die Diskontinuität der Arbeit führen im Bewusstsein des Einzelnen zu permanenter Unsicherheit. Innerhalb »amorpher, hochkomplexer Netzwerke« (Sennet 2000, 111) werden Arbeitende täglich dem Stress ausgesetzt, sich jeweils aufs neue »beweisen« zu müssen. Gefordert ist: »Ein nachgiebiges Ich, eine Collage aus Fragmenten, die sich ständig wandelt, sich immer neuen Erfahrungen öffnet – das sind die psychologischen Bedingungen, die der kurzfristigen, ungesicherten Arbeitserfahrung, flexiblen Institutionen, ständigen Risiken entsprechen.« (ebd., 182) Hinzu kommt die rasante Entwertung des eigenen Wissens durch die beschleunigte Entwicklung der Techno-

---

Immer mehr Kinder werden von alleinerziehenen Frauen erzogen, viele von ihnen in großer Armut (in GB 46%, Brennan 2000, 92), 50% der Kinder wachsen bereits nicht mehr mit ihren leiblichen Eltern auf (F. Haug, 1999, 797; Giddens 1999, 107). Damit ist die nächste Generation von Arbeitskräften bedroht (sowohl qualitativ wie quantitativ), Mütter stehen weder dem Arbeitsmarkt zur Verfügung, noch können sie ihre alte Rolle im Haushalt einnehmen, und »belasten« darüber hinaus die Sozialkassen. Während Konservative weiter die traditionelle Familienideologie am Leben erhalten, während sie gleichzeitig ihre Existenzbedingungen durch die neoliberale Restrukturierung der Gesellschaft untergraben und damit die Menschen mit dem Problem »alleine« lassen, versucht ein sozialdemokratischer Neoliberalismus die neuen Formen der Partnerschaftsbeziehungen und Geschlechterverhältnisse regulativ abzustützen. Die Flexibilität am Arbeitsplatz gilt nun auch für Partnerschaftsbeziehungen. Giddens fordert: Scheidungsgesetze sollten nicht verschärft, sondern im Gegenteil erleichtert werden; homosexuelle Paare sollten als Paare zusammenleben dürfen und selbstverständlich Kinder großziehen können; Müttern sollte die Berufsfähigkeit erleichtert und Vätern der Zugang zu ihren Kindern nicht verwehrt werden, sie sollten vielmehr in Verantwortung genommen werden, im Sinne eines »Elternschaftsvertrages« (vgl. F. Haug 1999, 798). Workfare-Maßnahmen, die Kommodifizierung der Sozialhilfe (Candeias 2000b, 21ff.; Brütt 2000) zwingen Frauen zurück auf den Arbeitsmarkt, Mindestlohngesetzgebung und negative Einkommensteuer (in den USA, GB oder Spanien) sollen ihnen ein Auskommen sichern und Arbeit und Erziehung (via Kindergarten oder Großmutter) miteinander in Einklang bringen. Aufgrund der Unstetigkeit der Partnerschaftsbeziehungen wird im Prozess der Reorganisation des Sozialversicherungssystems z.B. in Deutschland versucht, einen eigenständigen Rentenanspruch von Frauen zu begründen: Erziehungszeiten werden anerkannt, eine Grundrente eingeführt, eheähnliche Partnerschaften aufgewertet und die Abschaffung des Ehegattensplittings diskutiert. Ehe und »heilige Familie« werden nicht abgeschafft, aber deutlich relativiert. Analog zur Flexibilität der Arbeitsbeziehung wird die flexible Beziehung zwischen »Lebensabschnittspartnern« und »Erziehungsgemeinschaften« gesellschaftlich gestützt. Die Schwierigkeit besteht darin, die emanzipativen Momente der Entwicklung gegen die deutlich verstärkten ökonomischen Zwänge zur Flexibilisierung zu stärken.

logien. Wenn sich z.B. ein Computerprogramm schneller ändert, als es wirklich in seinen umfangreichen Möglichkeiten begriffen und eingeübt werden kann, Technologien sich schneller entwickeln als individuelle Lernkapazitäten, verlieren Erfahrungen und erworbenes Wissen ihren Wert[14] – »*learning by doing*« wird zur Unmöglichkeit. Die hohe Fluktuation in der Beschäftigung hochtechnologischer Branchen und die Gleichsetzung von Innovation und Jugend sind Belege dieses Entwertungsprozesses: »Die Erfahrung ist im Kurse gefallen.« (Benjamin 1972ff., 439)[15] Was wir hoffnungsvoll ›lebenslanges Lernen‹ genannt haben, wird zu einem »Bildungsdauerlauf«, in dem »die Subjekte ruhelos ihrer immer schneller verfallenden Brauchbarkeit hinterherrennen« (Geißler 1998, 79).[16] Die moderne »Wissensgesellschaft« bewegt sich in einer Dialektik der beschleunigten Akkumulation und Entwertung von Wissen. Mit geschichtslosem Blick wird das Neue durch Neues ersetzt. Nachhaltigkeit, Technikfolgen- oder Risikoabschätzung, individuelle oder gesellschaftliche Regenerationsfähigkeiten spielen dabei keine Rolle (Candeias 1999a, 186f.).

Neue Subjektivitäten, Flexibilisierung und Unstetigkeit beruflicher Karrieren, die Ausdifferenzierung der Arbeiter in unterschiedliche Habitustypen, Konsumgewohnheiten und Lebensweisen lassen die Unterscheidung sozialer Klassen schwierig erscheinen. Solange die neuen Branchen kräftig am Wachsen sind, qualifiziertes Personal gesucht wird (also eher Arbeitskräftemangel herrscht), ist die Verhandlungsposition der neuen »Wissensar-

---

[14] Innerhalb eines 40-jährigen Arbeitslebens muss schon heute jeder Amerikaner damit rechnen, seinen Wissensbestand mindestens drei mal auszutauschen. Die Entwertung technischen Wissens wird auf ein bis drei Jahre taxiert, Hochschulwissen hält maximal 10 Jahre vor. Danach muss die Wissensbasis erneuert werden. (Metall 2000, 18; 22).

[15] Studien zur Organisation von Entwicklungsarbeit (z.B. von Jürgens) belegen, dass die starke Projektorientierung »die Möglichkeiten von Wissensgenerierung, Wissensakkumulation und der Weitergabe von Wissen« gegenüber klassischen Entwicklungsabteilungen mit festen Mitarbeitern beschränkt (zitiert nach Schumm 1998, 108).

[16] Diese Art der permanenten Qualifizierung und Requalifizierung treibt die Spaltung der Menschheit weiter voran, in diejenigen, die reüssieren, und jene, die von der Entwicklung abgehängt werden. Dies gilt innerhalb unserer Gesellschaften und erst recht global: »Zur Veranschaulichung stelle man sich etwa vor, dass in einem Land wie Mexico, in dem selbstverständlich der Umgang mit Mikroelektronik auf dem höchsten Stand ist, wo das Internet an den Universitäten z.B. mehr eingezogen ist als im reichen Deutschland, zugleich etwa die Hälfte der Bevölkerung weder lesen noch schreiben kann, also nicht einmal den Produktivkraftstand davor, den Übergang von der Agrar- zur industriellen Gesellschaft, erreicht hat und wohl auch nicht dafür vorgesehen ist.« (F. Haug 1996, 689)

beit« vergleichsweise vorteilhaft – hohe Einkommen, persönliche Freiräume und freiwillige Arbeitsplatzwechsel scheinen garantiert. Wer über Aktien am Unternehmen beteiligt ist, sei »wenig oder gar nicht auf kämpferische Gewerkschaften angewiesen, ja, er mißtraut ihnen sogar«.[17] Aber der durchaus vorhersehbare Kurssturz der Technologie- und Internetaktien von Amerika bis Deutschland lässt erahnen, wie brüchig diese neuen Identitäten sind. Auf einen Schlag sind die Unternehmensbeteiligungen in Form von Aktien und Optionen nur noch die Hälfte wert, in einigen Fällen auch nichts mehr. Bankrotte Unternehmen setzen reihenweise ihre vermeintlich hochbezahlten Spezialisten vor die Tür. In diesen Momenten können eine feste Anstellung, ein gesichertes Gehalt, Tarifverträge und Gewerkschaften ganz neue Attraktivität gewinnen.[18] Im Verlaufe der Ausbreitung der neuen Arbeits- und Produktionsmethoden schwindet die herausgehobene Position der neuen Wissensarbeiter, auch in ihrem Segment greift Arbeitslosigkeit um sich und die hohen Löhne werden sich auf wenige Spezialisten beschränken.[19]

Zudem erweist sich, dass selbstbestimmte, abwechlungsreiche Arbeiten auch in den neuen Branchen nur eine Seite der Entwicklung abbilden. Nur ein geringer Prozentsatz der Beschäftigten (1-5%) schafft es, den Traum der Reichtumsverheißung durch die New Economy zu realisieren. »Im Gegensatz zu den ›Job-Nomaden der Edelklasse‹, die rastlos und erfolgsgetrieben den Auftraggeber aus freien Stücken wechseln – weil dies ihren Marktwert steigert und zu höheren Honorarforderungen berechtigt« (Altvater/Mahnkopf 2000, 14) – ist dies für die Mehrheit der Beschäftigten in der New Economy nicht der Fall – ihre hohe Qualifikation hat schon heute keinen Seltenheitswert mehr und wird auch in den weniger entwickelten Regionen der Welt billig zur Verfügung gestellt. Die hierarchische Unterordnung und Trennung von den Produktionsmitteln mag zum Teil weniger ins Gewicht fallen als bei den klassisch-fordistischen Arbeitern, besteht aber fort, erst recht ihre ökonomische Abhängigkeit. Es entsteht eine Art neues Computerproletariat von der Datenverarbeitung und Buchhaltung, über Programmierer bis zu Webdesignern, vom *backoffice* der Banken und der Heimarbeit der

---

[17] So ein Frankfurter Wirtschaftswissenschaftler in der *Mitbestimmung* (zitiert nach P. Kern, FR 31.10.2000, 16).

[18] Die schwedischen Gewerkschaften verzeichnen bereits einen Boom an neuen Mitgliedern aus der »New Economy«, ähnlich in den USA. Auch in Deutschland wächst die Zahl der tarifvertraglich gesicherten Beschäftigungsverhältnisse, allerdings nur im Bereich der Großunternehmen: Dies gilt für 50% aller IT-Unternehmen mit mehr als 2000 Beschäftigten (Metall 2000, 21).

[19] Gramsci (1999, 2092) hat einen vergleichbaren Prozess für den sich verallgemeinernden Fordismus analysiert.

## Arbeit, Hochtechnologie und Hegemonie im Neoliberalismus

Versicherungsagenten bis zu den Call-Centers der Marketing- und Serviceabteilungen: Prekäre Beschäftigungsformen fallen hier oft auch mit routinisierten Tätigkeiten zusammen. In Telefonzentralen verrichten Studenten, Jobber und befristet Beschäftigte für Niedrigstlöhne »extrem montone und einseitig belastende Tätigkeiten; dabei müssen sie Leistungs- und Verhaltenskontrollen hinnehmen, die um vieles genauer und auch perfider sind als die Kontrollen am tayloristisch-fordistischen Fließband« (ebd.). Der Zeittakt zwischen den Anrufen beträgt 20 Sekunden, der Computer sorgt für die Dauerauslastung der Beschäftigten mit ca. 200 Telefonaten, die bitte immer höflich entgegenzunehmen sind. Die hohe Entlohnung ihrer wenigen Kollegen bleibt für die »*netslaves*« unerreichbar.

Für das Computerproletariat ist Teamarbeit angesichts fehlender Kapazitäten nur ein nicht eingelöster Anspruch. Die Heerscharen kleiner Angestellter, die als Telearbeiter[20] vereinzelt nur noch durch das Computerkabel mit ihrer Firma verbunden sind, werden über die Durchleuchtung der Rechnertätigkeit und Telefon einer strikten Arbeitskontrolle vorgegebener Tätigkeiten unterworfen. Auch die Arbeit im gemeinsamen Büro der Firma erweist sich durch die informatisierte Form des Arbeitsgegenstandes vermittelt über den Computer als voneinander separierte. Diese Entwicklung führt zur »Ausdünnung des betrieblichen Sozialzusammenhangs«, zur »Reduzierung informellen Wissensaustausches und der Möglichkeit zur gemeinsamen mikropolitischen Mobilisierung der Mitarbeiter gegen das Management« (Kleemann 2000, 6). Da die individuelle Leistungsbewertung durch das Management durch den Vergleich der unterschiedlichen Arbeitsergebnisse erfolgt, führt diese Separierung des Arbeitszusammenhangs zur Steigerung des Konkurrenzverhaltens zwischen den Beschäftigten. »Distanz und oberflächliche Kooperationsbereitschaft« (Sennet 2000, 29) sind dann ein besserer Schutz gegenüber den herrschenden Bedingungen als ein Verhalten, das auf Solidarität mit Kollegen beruht. Die Abschaffung von Hierarchien geht dabei keineswegs mit einer erhöhten Transparenz betrieblicher Strukturen einher, die neuen Unternehmensnetzwerke sind in ihrer Diskontinuität und räumlichen Fragmentierung für Beschäftigte eher undurchdringlich, undurchschaubar. So kommt es, dass der häufige Wechsel der Position oder Stelle[21] von Beschäftigten als Aufstieg interpretiert wird, obwohl dies nur für etwa ein Drittel (ebd., 112) zutrifft. In der Regel sind es nur »mehrdeutige Seitwärtsbewegungen«, ein Drittel verliert dabei an Einkommen, Status etc. Ohne

---

[20] 2010 sollen bereits bis zu 30% aller Beschäftigten in Form von Telearbeit tätig sein (Metall 2000, 21).

[21] Ein junger Amerikaner muss bereits heute damit rechnen, innerhalb seines Arbeitslebens (40 Jahre) wenigstens 11 mal die Stelle zu wechseln (Metall 2000, 20).

den kollektiven betrieblichen und beruflichen Erfahrungshintergrund durch die separierte Form der Arbeit müssen die Arbeitenden stärker auf »ihre sozialen, soziokulturellen und biographischen Hintergründe zurückgreifen« (Kleemann 2000, 9), um ihr Arbeitspotential weiterzuentwickeln. Weiterbildung wird zur Privatsache. Stück für Stück wird damit der Alltag der Menschen als Ort der Reproduktion des Einzelnen weiter in den ökonomischen Verwertungsprozess miteingebunden.

Permanente Instabilität, Flexibilität und Risiko gehen einher mit Unsicherheit, (unterschwelliger) Besorgnis und Angst und haben zerstörerische Folgen für gesellschaftliche Solidarität, ökologische Nachhaltigkeit und nicht zuletzt für die psychische und physische Konstitution der Menschen. »Wer in dieser Form (Lohn)Arbeit leistet, hat keine Zeit für Muße«, ihr psychophysisches Gleichgewicht »kann nur ein rein äußerliches« sein (Gramsci 1999, 2087). Außerhalb der Arbeit müssen also bestimmte Formen der Vermittlung aufrechterhalten werden: die eine ist Einsicht in die »Notwendigkeiten« ökonomischer Sachzwänge durch Ideologie, die andere ist die Anrufung einer bestimmten Art von Selbstverwirklichung durch den Konsum von Waren. Die Sinnproduktion des ungebremsten Konsums verläuft dabei über deren Ästhetisierung.[22] Lohn und Freizeit werden zunehmend zugunsten der individuellen Leistungsfähigkeit und ökonomischen Verwertbarkeit verausgabt. Der konsumistische Zirkel sorgt dafür, dass die Reproduktion der Arbeitskraft selbst noch nutzenbringend für die Maximierung von Profiten wird – als Nachfrage nach Waren und Dienstleistungen. Letztlich werden die Umbrüche in der Arbeitswelt nur verständlich vor dem Hintergrund einer sich ausbreitenden *Kultur des Marktes*, mit der quasi Bedürfnisse von unten in spezifischer Art und Weise ökonomisch inwertgesetzt werden. Als Ausdruck des Neoliberalismus ist sie bereits im Denken der dominierten sozialen Gruppen eingeschrieben. Die neoliberale Ideologie[23] des »ökonomischen

---

[22] Dazu vgl. in diesem Band den Beitrag von W.F. Haug.

[23] Kurz gefasst: Die preisgesteuerte, freie Marktkonkurrenz führe zur effizientesten Ressourcenallokation und somit zur Maximierung des allgemeinen Wohlstandes. Gesellschaftliche Solidarität, vermittelt über sozialstaatliche Institutionen, wird demgegenüber als einschränkender Zwang diskreditiert. Arbeitsrechtliche Garantien behindern weiteren Beschäftigungsaufbau. Sozialer Ausgleich mindere die Effizienz des Marktes und sei daher entbehrlich. Sozialstaatliche Umverteilung fördere ein Einrichten in der »sozialen Hängematte« und Verschwendung. Entsprechend müssten soziale Leistungen an Pflichten der Leistungsempfänger gebunden werden – dies wird v.a. im Diskurs der Neuen Sozialdemokratie und seiner Version des Kommunitarismus vertreten und zeigt damit, dass sich die neoliberale Kultur nicht nur auf Orthodoxe à la Reagan und Thatcher beschränkt. *Employability* (Beschäfti-

Imperialismus«, wie sie einer ihrer exponiertesten Vertreter namens Boulding (1973) selbst beschreibt, ist so wirksam, weil sie zivilgesellschaftlich durch die »Kultur des Marktes« unterfüttert wird (Bieling 2001). Ökonomische Freiheit, so der neoliberale Vordenker Hayek, wird als »Vorbedingung für jede andere Freiheit« konstitutiv. Die marktförmige Regulation dringt in alle Bereiche der Gesellschaft vor und unterwirft sie den Kriterien ökonomischer Effizienz. Im Sinne einer weitergehenden »inneren Landnahme« bzw. Verdinglichung des Alltages werden staatliche und soziale Dienstleistungen, Gesundheit, Bildung, Freizeit, Körper, Psyche und Natur kommodifiziert. Die Ökonomisierung des Lebens geht bis hin zu Partnerschaftsbeziehungen – dies zeigt sich an hochflexiblen »Portfolio-Partnerschaften« die ein intensives »Beziehungsmanagement« betreiben, um den neuen Anforderungen der Arbeit zu genügen. Überspitzt wird kalkuliert: Wie viel Nutzen (Profit) bringen meine »Investitionen« in meinen »Lebensabschnittspartner« in einer bestimmten Zeit?[24] Hinzu tritt, dass der technokratische Machbarkeits- und Fortschrittsglaube durch neue Informations- und Kommunikationstechnologien, Internet, Mikroelektronik, Nanotechnologie und Genetik, die alle miteinander verschmelzen, neue Nahrung erhält. Bestehende und sich verschärfende Ungleichheiten werden »naturalisiert« – Eigenheiten wie Intelligenz, Leistungsfähigkeit den Genen bzw. Unvermögen oder Faulheit, in jedem Fall eigenem Verschulden angelastet und damit legitimiert. Leistung, Einkommen und Konsum sind die uneingeschränkten Leitwerte der neoliberalen Epoche. Die Vorherrschaft besitzindividualistischen Denkens und die Auflösung gesellschaftlicher Solidarität bzw. ihre Transformation zur *competitive solidarity* (Streeck 2000) gehen Hand in Hand. Freiwilliges gesellschaftliches Engagement, Kultursponsorship oder Caritas sollen an den Stellen, wo die Unzulänglichkeiten marktförmiger Regulation zu offenbar werden, ein »gemeinschaftsorientiertes«, »zivilgesellschaftliches« Gegengewicht schaffen. Gesellschaftliche Konflikte werden aus dem Verständnis der »neuen Mitte« ausgeblendet, sie stehen einer konsensualen Problemlö-

---

gungsfähigkeit) ist das Stichwort, letztlich die Wiederherstellung ökonomischer Verwertbarkeit, auf das sich staatliche Hilfe dann reduziert. Flexibilität, Eigenverantwortung und Selbstorganisation sollen nun mehr individuelle Freiheiten eröffnen und die »Kreativität des Individuums« (Genscher, FR 4.5.1985) befreien.

[24] Zitate aus »Petra Pfaller über die neue Portfolio-Beziehung«, in: Elle, Januar 2001, 80-82. Allerdings ist dabei kein deterministischer Zusammenhang zu denken. Der Druck der neuen Arbeitsverhältnisse trifft quasi von ›außen‹ auf die traditionell fordistischen Familienstrukturen auf und unterspült sie, gleichzeitig jedoch werden sie durch emanzipative Anstrengungen der Frauen und veränderte Erwartungen an eine Beziehung von ›innen‹ aufgebrochen.

sung im Wege. Die Politik wird tendenziell »entpolitisiert«, »Experten« nehmen ihre Stelle ein. Es gebe eben keine »rechte« oder »linke« Politik mehr, sondern nur »richtige« oder »falsche« (Schröder). Staatliche Politik zielt nicht länger auf die Kompensation von Marktversagen, versteht sich nicht länger als steuernde oder gar gegensteuernde Kraft, konzentriert sich vielmehr auf die Herstellung günstiger Verwertungsbedingungen. Die herrschende ökonomische Logik wird damit nicht mehr hinterfragt, wird zum Sachzwang. Dies ist der Kontext sich durchsetzender neuer Arbeitsformen. Der Neoliberalismus als Ideologie stellt eine Einordnungs- und Normalisierungsstrategie dar, die das Funktionieren der Gesellschaft garantieren oder zumindest absichern soll.

Deutlich werden sollte, dass die Durchsetzung neuer Arbeitsformen mit der Herausbildung neuer Subjekte verbunden ist, sich aber dabei nicht auf den Bereich der Arbeit beschränkt, sondern auf alle Lebensbereiche ausdehnt. Durch neue Strategien der betrieblichen Nutzung von Arbeitsfähigkeiten kommt es zu einem grundlegenden Wandel der gesellschaftlichen Verfasstheit der Ware Arbeitskraft im Zusammenspiel mit einer neoliberalen Ideologie, die nachhaltige Konsequenzen für die Lebensweise, Partnerschafts- und Sexualbeziehungen, Freizeit- und Konsumverhalten, Habitus und Einstellungen der Erwerbstätigen zeitigt. Insofern steht Arbeit noch immer im Zentrum der gesellschaftlichen Analyse. Doch erst die mit der Transformation der Arbeit verbundene Kultur des Marktes sorgt für neue hegemoniale Verhältnisse: »Im vorherrschenden Denken einer ganzen Generation ist die Alternative zurückgezogen und die Fata morgana der Warenästhetik an deren Stelle eingeblendet« (Haug 1999, 34).

Immer ausgedehnterer Konsumismus und der Fetisch der neuen Technologien befestigen die Basis der neoliberalen Hegemonie, von Geld- und Verwertungslogik in der Zivilgesellschaft. Der gesellschaftliche Konsens wird dabei durch eine subtile Mischung aus Repression, Druck und Sachzwanglogik in Verbindung mit neuen Freiheiten zur Selbstverwirklichung, zur Pflege individueller Lebensstile, für unternehmerisches und eigenverantwortliches Handeln und Arbeiten gewährleistet. Der Zwang der herrschenden Verhältnisse »muss klug mit der Überzeugung und dem Konsens kombiniert werden«, ansonsten »würde der Zwangsapparat, der nötig [wäre], um das gewollte Ergebnis zu erzielen, mehr kosten als die hohen Löhne« der neuen Arbeiteraristokratie (Gramsci 1999, 2092f.). Die freiwillige Unterstellung unter eine bestimmte Form der Herrschaft ist in widersprüchlicher Weise mit den Bedürfnissen und der Handlungsfähigkeit der Individuen in ihrem Alltag verknüpft. Letzterer ist sozusagen der Ort, an dem die Ideologien beständig reproduziert und übersetzt werden. Dass die Individuen »das gesellschaftlich Gewünschte jeden Tag auch von sich aus wollen, ist Gegenstand einer nie abreißenden Bearbeitung durch die ideologischen Mächte« (Jehle 1994, 148).[25] Im Mittelpunkt steht dabei die neu gewonnene Autonomie der Beschäftigten im Produktionsprozess, verbunden mit tendenzieller Requalifizierung (für einen Teil davon) – in diesem Sinne trägt das neue Arbeitsregime *progressive* Elemente in sich, die es zu verallgemeinern und sozial abzusichern gilt.

## Zentralität der Arbeit

Analog zur Flexibilisierung der Arbeit im hochtechnologischen Paradigma ist auch die Prekarisierung nicht nur Folge der Erosion des fordistischen Normalarbeitsverhältnisses und damit Ausdruck der fortgesetzten Krise des Fordismus, sondern konstitutives Moment der neoliberalen Entwicklungsweise. Prekarisierung und Flexibilisierung sind zwei Seiten der gleichen Medaille. Die damit verbundene widersprüchliche Einheit von De- und Requalifizierung geht einher mit einer Polarisierung der Einkommen. Über die Prekarisierung der Arbeit, eine hohe Einkommenspolarisierung und die Ausweitung des Niedriglohnsegments erfolgt der Aufbau einer marktförmigen Dienstleistungsökonomie, mit einem Wachstum des Arbeitsplatzangebots bei hochbezahlten produktions- und finanzorientierten Dienstleistungen auf der einen und konsum- und personenbezogenen auf der anderen. Dabei trifft die kaufkräftige Nachfrage der wohlhabenden Haushalte nach konsumorientierten Dienstleistungen auf ein Angebot billiger Arbeitskräfte – es entsteht ein funktionierender Markt für Dienstleistungen. Der Anteil der Dienstleistungen an der Gesamtbeschäftigung ist in Europa entsprechend auf über 65% gestiegen, davon 16% als Alleinunternehmer oder Scheinselbständige (Aglietta 2000, 109f.). Die wohlhabenden Haushalte kaufen sich mit Tagesmüttern, Haushalts- und Reinigungshilfen etc. mehr freie Zeit, die sie wiederum verwenden können, um länger zu arbeiten und ihren materiellen Wohlstand zu vermehren, während den unteren Schichten Arbeitsplätze bzw.»*Mc-Jobs*« – häufig am Rande des Existenzminimums, z.T. auch darunter – geboten werden. Bereiche mit einer expansiven Beschäftigungsentwicklung in den vergangenen 20 Jahren waren v.a. Bürohilfstätigkeiten, Reinigungs- und Botendienste, Gastronomie, Hotellerie, urbane Freizeiteinrichtungen, der Han-

---

[25] Solcher Art verdinglichte Sozialbeziehungen provozieren (wie bisher alle Transformationen von Arbeit und Leben) neue Formen der Subversion und Renitenz. Entscheidend wird sein, in welche Richtung sich Widerstand entwickelt und ob sich neue kollektive Organisationsformen finden lassen.

del, Haushaltshilfen oder Kinderbetreuung.[26] Während die gesellschaftlich notwendige Arbeitszeit bereits radikal abgesenkt ist, steigt die herrschaftlich eingeforderte (und für die Existenzerhaltung notwendige) Dienstleistungszeit drastisch an.

Auf diese Weise wird die Integration breiter Schichten in ein neoliberales Verhältnis von Produktion und Konsumtion gewährleistet. Die häufig beschriebene Entwicklung hin zur »20:80-Gesellschaft« (Martin/Schumann 1996, 9) – da aufgrund der enormen Produktivitätssteigerung nur noch einige wenige Beschäftigte für die Produktion des Wohlstandes von Nöten wären, während die übrigen 80% überflüssig seien – übersieht zwei Faktoren: zum einen wäre die Beherrschung einer gewaltigen Mehrheit von Ausgegrenzten durch deren Anästhetisierung via »Brot und Spiele« und Repression politisch kaum realistisch und unverhältnismäßig teuer. Zum anderen fiele dieser Teil der Bevölkerung als wichtiger Nachfrager nach Gütern weitgehend aus und würde aller Wahrscheinlichkeit nach eine Unterkonsumtionskrise provozieren. Es muss also auch in der neoliberalen Entwicklungsweise ein funktionaler Integrationsmodus gefunden und politisch durchgesetzt werden, der die Reproduktion des Kapitals und die Kohärenz der Gesellschaft wahrt. Die weitere Verdinglichung des Alltags in Form kommodifizierter Dienstleistungen bietet für beides Raum. Mit der neuen »Wissensgesellschaft« geht also eine Form der Vergesellschaftung einher, die André Gorz als »Dienstbotengesellschaft« bezeichnet. Sie ist in den USA bereits Realität geworden (Candeias 2000b) und entfaltet sich auch in Europa. Die Vorstellung einer »radikal individualisierten Erwerbsgesellschaft«, in der »gleichsam jeder zum Unternehmer seiner eigenen Arbeitskraft wird« und »(Klassen-) Solidaritäten ebenso wie Betriebsräte eher hinderlich« werden, da sie Leistungskriterien zu wenig berücksichtigen (Bonß 2000, 378), gerät vor diesem Hintergrund zur ideologischen Floskel, die nur für einige wenige Sinn macht, aber als nie einzulösender Anspruch für alle wirkungsmächtig wird. Eine polarisierte Dienstleistungsökonomie erzeugt vielmehr neue Klassenspaltungen, die in vielfältiger Weise gebrochen werden und sich mit anderen gesellschaftlichen Spaltungslinien entlang von Nationalitäten, Ethnien, Geschlecht etc. überlagern. »Bilder einer klassenlosen Gesellschaft [...] können auch dazu dienen, tiefere Unterschiede zu verhüllen.« (Sennett 2000, 97)

Auch in der hochtechnologischen Produktionsweise des Neoliberalismus bleibt Arbeit der zentrale Modus der Vergesellschaftung. Die Nachfrage nach Arbeit nimmt ungebremst zu, v.a. Frauen treten vermehrt in die Erwerbsar-

---

[26] Allerdings zeigt sich auch in diesen Bereichen, z.B. im Handel, mittlerweile ein Beschäftigungsrückgang, verbunden mit einer weiteren Intensivierung der Arbeit.

beit ein. Angesichts hoher Arbeitslosigkeit und der Unsicherheit der Verhältnisse wird der Umstand, Arbeit zu haben, immer wichtiger für Menschen. Keine Arbeit zu haben, ist heute zwar weithin nicht mit »absoluter« Armut gleichzusetzen,[27] gefährdet nicht das eigene Überleben, aber sehr wohl die gesellschaftliche Existenz des betroffenen Individuums, bedeutet seine Marginalisierung und Ausgrenzung. »Wenn Arbeitslosigkeit heute in zahlreichen Ländern Europas so hohe Raten erreicht und Prekarität einen großen Teil der Bevölkerung [...] erfasst, dann wird Arbeit zu einem raren Gut, das man sich um jeden Preis herbeisehnt« (Bourdieu 1998, 98). Der Arbeit wohnt damit ein Doppelcharakter inne:

»Sie ist nicht nur Grundlage der materiellen Existenz, sondern auch von Subjektentwicklung, Anerkennung, Selbstverwirklichung und Selbstentfaltung der gesellschaftlichen Individuen. Zugleich beinhaltet Arbeit immer auch Zwang und Abhängigkeit. [...Aber auch] Bedürfnisse, die weit über den materiellen Lebenserhalt hinausgehen. Der konsumistische Zirkel, d.h. die instrumentelle Identifikation mit entfremdeter Arbeit mittels wachsendem Warenkonsum erklärt also nicht allein, weshalb das ›Proletariat‹ immer schon mehr zu verlieren hatte als seine Ketten.« (Hirsch 2000, 161)

Angesichts von Prekarisierung und Massenarbeitslosigkeit wandelt sich Arbeit jedoch von einem Mechanismus gesellschaftlicher Integration immer mehr zum Moment der Spaltung. Doch die vorschnelle Verabschiedung der Auseinandersetzungen und Kämpfe um eine Befreiung *in* der Arbeit (Dörre 2000) durch sozialdemokratische und konservative Protagonisten des Neoliberalismus einerseits und ihre antiproduktivistischen Kritiker von Gorz und Revelli bis zu Katastrophentheoretikern à la Kurz andererseits, überlässt die Arbeit einem Angebots- und Wettbewerbskorporatismus, der die Position etablierter Lohnabhängigenkerne in den Zentren zu Lasten der Menschen in den inneren und äußeren Peripherien verteidigt.

Im Sinne Gramscis gilt noch immer: »Hegemonie entspringt in der Fabrik«. Sie kann heute natürlich nicht die fordistische Form annehmen. Was spricht für den Betrieb oder – allgemeiner gefasst – für die Ebene der Arbeitsgesellschaft als entscheidende Springquelle der Hegemonie? Zum einen werden durch Rationalisierungen, Massenentlassungen, Erosion des fordistischen Normalarbeitsverhältnisses, Flexibilisierung, Prekarisierung und Fragmentierung der Arbeit die gesellschaftlichen Kräfteverhältnisse entscheidend zugunsten der Kapitalseite verschoben. Die Dezentralisierung der Re-

---

[27] Obwohl Studien zeigen, dass auch in den hochentwickelten Industrieländern die Rate der absoluten Armut zunimmt, v.a. bei Kindern in Haushalten ohne Einkommen oder mit Sozialhilfe (vgl. Armutsbericht der Bundesregierung [2000] für Deutschland, Candeias 2000b [11ff.] für die USA.)

gulation von Arbeitsverhältnissen führt zur »Aufwertung des Betriebes als Ort der Transformation und Reproduktion gesellschaftlicher Machtverhältnisse« (Röttger 1997, 129). Die Fabrik ist der Ort, an dem sich »die Arbeiterklasse als determinierter, organischer konstituiert« (Gramsci zit.n. HKWM I, 28) bzw. heute dekonstruiert und wieder neu zusammengesetzt wird. Die Fabrik darf dabei nicht mit einem einzelnen Betrieb gleichgesetzt werden, sondern umfasst »das Ensemble der Fabrikbelegschaft als ein ›Gesamtarbeiter‹« (Gramsci 1991ff., 1124) in der nationalen und internationalen Arbeitsteilung – heute müssen entsprechend die in Büros separierten Angestellten als Teil des gesellschaftlichen Gesamtarbeiters betrachtet werden. Die Fabrik entwickelt sich vom Ort physischer Präsenz der Arbeit zum Vernetzungsort des Gesamtarbeiters. Sie selbst erlebt in Folge der mikroelektronischen Produktionsweise ihre Fragmentierung über den gesamten Globus – in unterschiedlichsten Formen von den Maquiladoras bis zur gläsernen Fabrik, von informellen Heimarbeitern der Dritten Welt bis zu den modernen Telearbeitern.

Zum anderen lässt sich entgegen Dörres (2000, 29) Auffassung gramscianisch erneut die Übertragung von »überlegenen« Rationalitätsprinzipien auf die Gesellschaft beobachten, die im Wesentlichen den neuen Managementphilosophien betrieblicher Rationalisierung entspringen: die Prinzipen der Wettbewerbsfähigkeit, der Flexibilität und der hochtechnologischen Durchdringung der Gesellschaft. Entsprechend sprechen Hirsch (1995) oder Altvater (1994) von der Herausbildung von *Wettbewerbs*staaten, Harvey (1990) vom *flexiblen* Akkumulationsregime bzw. Haug (1999) von der *hochtechnologischen* Produktionsweise (denen weitere Bestimmungen wie transnational oder finanzgetrieben angefügt werden müssten – dies lässt sich vernünftiger unter einen weiten Begriff des Neoliberalismus fassen).[28] Dieser Neoli-

---

[28] Dörre (2000, 29) widerspricht diesem Übertragungszusammenhang mit dem Argument, das neue hegemoniale Regime werde »den Betrieben aufgezwungen«. Dass für die Bestimmung der Art eines neuen hochtechnologischen Paradigmas die Finanzmärkte eine entscheidende Rolle spielen, ist eine Besonderheit der neoliberalen Konstellation (vergleichbar mit der Rolle der Finanzmärkte vor 100 Jahren), entkräftet aber nicht das Argument. Sie bringen eine Kurzfristigkeit mit ins Spiel und wirken als Akzelerator der Rationalisierung: Konkurrenz, Flexibilisierung und hochtechnologische Durchdringung werden auf die Spitze getrieben. Damit überdeterminieren die Finanzmärkte die Formen der Restrukturierung in der Produktion, in der Weise, dass innerhalb des Suchprozesses nach der geeignetsten Form der Rationalisierung bestimmte Strategien der Flexibilisierung und Technisierung gegenüber anderen bevorzugt werden; ihr Druck wirkt selektiv. Setzt sich erst einmal ein technologisches Paradigma als produktivstes und profitabelstes innerhalb einer makroökonomischen Konstellation dominant durch, erzwingt der Druck des Marktes die Übernahme auch in allen anderen Unternehmen und Branchen.

beralismus ist in der ein oder anderen Form bereits in den Betrieben verwurzelt. Er gilt als »hegemonial, weil es gelingt, die gesamte Gesellschaft mit den Kriterien betriebswirtschaftlicher Nutzenkalküle zu durchdringen und selbst den Produktionsprozess noch politisch zu transformieren« (Demirovic 2001).

Letztlich ist die Schwächung der Arbeiter so stark, dass der Gegensatz zwischen Kapital und Arbeit nicht mehr als zentral *erscheint*. In neuen Branchen und Sektoren werden unter diesen Bedingungen Arbeitsverhältnisse entwickelt, deren Flexibilität die Entwicklung neuer Subjektivitäten erfordert. Auch für das Leben in der neoliberalen »New Economy« ist der »Prozess der psycho-physischen Anpassung an bestimmte Bedingungen der Arbeit, der Ernährung, der Wohnung, der Gewohnheiten usw.« zu beobachten – »die neuen Arbeitsmethoden [hängen] untrennbar mit einer bestimmten Weise [...] zu leben, zu denken und das Leben zu empfinden« zusammen (Gramsci 1999, 2072; 2086). Ein Teil der Beschäftigten versucht über die Nutzung damit verbundener Freiräume und Möglichkeiten, sich individuelle Vorteile zu verschaffen, und wird von Kapitalseite mit Aktienoptionen, Beteiligungen oder hohen Löhnen dazu angespornt. Ein kollektives Bewusstsein stünde dem entgegen. Ausgehend vom Betrieb erweist sich die Fragmentierung der Arbeiterklasse als unverzichtbarer Hebel zur Durchsetzung und Gewährleistung der neuen Hegemonie – deren Verständnis widerspricht Reduktionismen vom Ende der Arbeit und der Klassenkonflikte oder einer Überwindung des Kapitalismus jenseits der Arbeit.

## Literatur

Adler, P.S. (1995): »Democratic Taylorism« – The Toyota Production System at NUMMI, in: S. Babson (Hrsg.), Lean Work. Empowerment and Exploitation in the Global Auto Industry, Detroit
Aglietta, M. (2000): Ein neues Akkumulationsregime, Hamburg
Altvater, E. (1994): Operationsfeld Weltmarkt oder: Vom souveränen Nationalstaat zum nationalen Wettbewerbsstaat, in: *Prokla* 97, 24. Jg., Heft 4, 517-547
Altvater, E./Mahnkopf, B. (1996): Grenzen der Globalisierung, Münster
Altvater, E./Mahnkopf, B. (2000): In der »New Economy« ist nicht alles Gold, was glänzt, in: *FR* v. 14. Dezember 2000, 14
Beck, U. (1986): Risikogesellschaft. Auf dem Weg in eine andere Moderne, Frankfurt/Main
Beck, U. (Hrsg.) (2000): Die Zukunft von Arbeit und Demokratie, Frankfurt/Main
Benjamin, W. (1972ff.): Gesammelte Schriften, Frankfurt/Main

Bonß, W. (2000): Was wird aus der Erwerbsgesellschaft?, in: U. Beck, Die Zukunft von Arbeit und Demokratie, Frankfurt/Main
Boulding, K. (1993): Ökonomie als Moralwissenschaft, in: W. Vogt, *Seminar Politische Ökonomie*, Frankfurt/Main 1973, 103-125
Bourdieu, P. (1998): Gegenfeuer, Konstanz
Bude, H. (2000): Was kommt nach der Arbeitnehmergesellschaft?, in: U. Beck, Die Zukunft von Arbeit und Demokratie, Frankfurt/Main
Candeias, M. (1998): Von der Krise des Fordismus zu monetären Instabilitäten auf den Weltfinanzmärkten, in: *Initial,* 9. Jg., Heft 6, 83-98
Candeias, M. (1999a): Raum und Zeit in der Gesellschaft, in: *Z. Zeitschrift Marxistische Erneuerung* 39, 10. Jg., September, 174-190
Candeias, M. (1999b): Regimewettbewerb. Die Neuordnung des Verhältnisses von Zentren und Peripherien, in: *Initial,* 10. Jg., Heft 4-5, 68-84
Candeias, M. (2000a): Der Neoliberalismus als neue Entwicklungsweise des Kapitalismus, in: Supplement zu *Sozialismus,* Heft 5/2000
Candeias, M. (2000b): Die Politische Ökonomie der USA an der Wende zum 21. Jahrhundert, Berlin
Candeias, M. (2000c): B2B or not to Be. Transnationale Unternehmensrestrukturierung im Zeitalter des Intra- und Internets, in: *Das Argument* 238, 42. Jg., Heft 5-6, 708-719
Candeias, M. (2001): Arbeitsgesellschaft im Neoliberalismus, Berlin
Castoriadis, C. (1984): Gesellschaft als imaginäre Institution. Entwurf einer politischen Philosophie, Frankfurt/Main (1975)
Coriat, B. (1990): L'Atelier et le robot, Paris
Coriat, B. (1991): Penser à l'envers, Paris
Demirovic, A. (2001): Hegemonie und das Problem der Periodisierung, in: *Das Argument* 239, 43.Jg., Heft 1/2001 (im Erscheinen)
Dörre, K. (2000): Arbeit, Partizipation und Solidarität im Aktionärskapitalismus, in: Widerspruch 39, 20. Jg., Heft 1, 28-40
EIRO - *European Industrial Relations Observatory* (2000): Outsourcing and industrial relations in motor manufacturing, *www.eiro.eurofound.ie/2000/08/ study*
Forrester, V. (1998): Der Terror der Ökonomie, München
Geißler, K. (1998): Das Diktat der Tempomacher, in: *Widerspruch* 36, 18. Jg., Heft 2
Gerst, D. (1999): Das Ende der selbstorganisierten Gruppenarbeit?, *SOFI-Mitteilungen* Nr. 27, April 1999
Giarini, O./P.M. Liedtke (1998): Wie wir arbeiten werden, Bericht an den Club of Rome, Hamburg
Gorz, A. (2000): Arbeit zwischen Misere und Utopie, Frankfurt/Main
Gramsci, A. (1991ff.): Gefängnishefte, Hamburg/Berlin
Haug, F. (1994b): Alltagsforschung. in: *Historisch-kritisches Wörterbuch des Marxismus,* Bd. 1, Hamburg/Berlin, 150-162
Haug, F., (1999b): Die neue Mitte. Bewegungsmöglichkeiten im Neoliberalismus, in: *Das Argument* 233, 41.Jg., Heft 6,795-810

Haug, F., (2000): Immaterielle Arbeit und Automation, in: *Das Argument* 235, 42. Jg., Heft 2, 204-214

Haug, W.F. (1987): Entfremdete Handlungsfähigkeit. Fitness und Selbstpsychiatrisierung im Spannungsverhältnis von Produktions- und Lebensweise, in: H. Pfefferer-Wolf (Hrsg.), Fremde Nähe. Festschrift für Erich Wulff, Berlin

Haug, W.F. (1999): Richtig politisch – oder politisch richtig?, Hamburg/Berlin

Haug, W.F. (2001): Warenästhetik des digitalisierten Scheins, (in diesem Band)

Hirsch, J. (1995): Der nationale Wettbewerbsstaat, Berlin/Amsterdam

Hirsch, J., (2000): Zukunft der Arbeitsgesellschaft, in: H.P. Krebs/H. Rein, Existenzgeld, Münster

HKWM – *Historisch-kritisches Wörterbuch des Marxismus* (1994ff.), hrsg. v. W.F. Haug

Jehle, P. (1994): Alltag. in: *Historisch-kritisches Wörterbuch des Marxismus*, Bd. 1, Hamburg/Berlin, 144-150

Kädtler, J. (1999): Am Netz oder im Netz? Zu neuen Unternehmenskonfigurationen in der chemischen Industrie, SOFI-Mitteilungen Nr. 27, April, *www.gwdg.de/sofi*

Kleemann, F. (2000): Informatisierung der Arbeit, in: kommunikation@gesellschaft, 1. Jg., Beitrag 3, www.kommunikation-gesellschaft.de

Klitzke, U./Betz, H./Möreke, M. (Hrsg.) (2000): Vom Klassenkampf zum Co-Management?, Hamburg

Land, R. (1999): Moderner Sozialismus versus Neoliberalismus, in: *Das Argument* 233, 41. Jg., Heft 6

Lazzarato, M. (1996): Klassenkampf in der Postmoderne, in: *Die Beute* 10, Heft 2/1996, 8-17

Leborgne, D. (1997): Von der Reorganisation der Arbeit zur regionalen Partnerschaft: Die europäischen Modelle, in: St. Becker/Th. Sablowski/W. Schumm (Hrsg.), Jenseits der Nationalökonomie, Hamburg

Leborgne, D./Lipietz, A. (1990): Neue Technologien und Regulationsweisen, in: R. Borst et al. (Hrsg.), Das neue Gesicht der Städte, Berlin

Leborgne, D./Lipietz, A. (1992): Conceptual Fallacies and Open Questions on Post-Fordism, in: M. Storper/A.J. Scott (Ed.), Pathways to Industrialization and Regional Development, London

Lipietz, A. (1997): Die Welt des Postfordismus, Supplement der Zeitschrift *Sozialismus*, Heft 7-8/1997

Mahnkopf, B. (1987): Hegemonie und Konsens, in: H. Abromeit/B. Blanke, Arbeitsmarkt, Arbeitsbeziehungen und Politik, Opladen

Negri, A. (1999): Value and Affect, in: *Boundary 2*, Nr.26, 77-88, dt. in: *Das Argument* 235, 42.Jg., Heft 2, 247-252

Negri, A./Lazzarato, M./Virno, P. (1998): Umherschweifende Produzenten. Immaterielle Arbeit und Subversion, Berlin

Negri, A./Hardt, M. (1997): Die Arbeit des Dionysos, Berlin/Amsterdam

PAQ – *Projektgruppe Automation und Qualifikation* (1975): Automation in der BRD. Probleme der Produktivkraftentwicklung II, Berlin

Perez, C. (1985): Microelectronics. Long Waves and World Structural Change,

in: *World Development*, 13. Jg., Heft 3
Plehwe, D. (2000): Neue Multis als transnationale Vernetzungsunternehmen, Manuskript
Poulantzas, N (1975): Klassen im Kapitalismus – heute, Berlin
Revelli, M. (1997): Vom Postfordismus zum Toyotismus, in: Supplement des *Sozialismus*, Heft 4/97
Revelli, M. (1999): Die gesellschaftliche Linke, Münster
Röttger, B. (1999): Konfliktformationen der Arbeitspolitik und Unternehmenskulturen, in: Z. 37, März 1999
Schumann, M. (1999): Das Lohnarbeiterbewusstsein des »Arbeitskraftunternehmers«, *SOFI-Mitteilungen* Nr. 27, April, *www.gwdg.de/sofi*
Schumann, M. (2000): Industriearbeit zwischen Entfremdung und Entfaltung, *SOFI-Mitteilungen* Nr. 28, Juli
Schumm, W. (1998): »Arbeit in der Wissensgesellschaft?«, Konferenzbericht, in: *Mitteilungen* des Instituts für Sozialforschung Frankfurt, Heft 9, November
Sennet, R. (2000): Der flexible Mensch. Die Kultur des neuen Kapitalismus, Berlin
Voß, G.G./Pongratz, H.J. (1998): Der Arbeitskraftunternehmer. Eine neue Grundform der Ware Arbeitskraft? in: *Kölner Zeitschrift für Soziologie und Sozialpsychologie* 50, 131-158
Wolf, F.O. (1999): Vollbeschäftigung neu bestimmen. Strategien für eine europäische Beschäftigungspolitik, Berlin
Wolf, H. (1998): Arbeit und Autonomie. Von der Industriesoziologie zu Castoriadis und von Castoriadis zu uns, in: *Mitteilungen* des Instituts für Sozialforschung Frankfurt, Heft 9, November, 92-106

# Wolfgang Fritz Haug
# Warenästhetik im Zeitalter des digitalisierten Scheins[*]

Computerisierung führte zur Globalisierung.[1] Das Internet[2] erscheint dem beginnenden 21. Jahrhundert als »das Herz, der Marktplatz und die Synthese« alles Neuen (Ramonet 2000). Eine Umwälzung, die seit den 1980er Jahren immer mehr an Wucht gewonnen hat, schickt sich an, alle Lebenssphären der Menschen zu verändern. Auch wenn die ökonomische Funktion der Warenästhetik unverändert geblieben ist, haben sich ihre Produktions- und Distributionsweise gewandelt. Ökonomisches Gewicht und massenkulturelle Ausstrahlung derselben sind gewachsen. Sie ist in vorher ungekannter Weise selbst zum Gegenstand eines paradoxen »Konsums« geworden, während ihre Grenzen zu Information und Unterhaltung, allgemein zu den Produkten der Kulturindustrie durchlässig geworden sind, was einer »Entdifferenzierung der Ebenen« (Jameson 1991, 275) des gesellschaftlichen Gefüges gleichkommt. Zu untersuchen sind zunächst Formen und Folgen der digitalisierten Produktion und Distribution von Werbung.

## Flexibilisierte Produktion und digitalisierter Schein

Hochtechnologische Produktionsweise mit satellitengestützter – in ihrer Einseitigkeit besser »Bestrahlung« zu nennender – Telekommunikation hat die Reichweite der Warenästhetik globalisiert. Zugleich hat sie diese in ihrer technischen Machart revolutioniert. Die elektronische Leittechnologie hat das von Walter Benjamin beschriebne Zeitalter der technischen Reproduzierbarkeit ästhetischer Machwerke hinter sich gelassen. Bei den »gerechneten« Bildschirmerscheinungen des Zeitalters der digitalen Bearbeitung gibt es nurmehr Kopien.[3]

---

[*] Gekürzte Fassung des Schlusskapitels von »Werbung und Konsum«, Kurs der Fernuniversität Hagen, überarbeitete Fassung von 2000.

[1] »Donnez-moi l'ordinateur, et je vous donnerai la mondialisation.« (Ramonet 2000)

[2] Kritisch dazu vgl. W.F. Haug, Prolegomena zu einer Kritik der Neuen Ökonomie, in: Das Argument 238, 42.Jg., H.5/6, 619-645.

[3] Bolz hält dagegen die Computergrafik für »ein Spitzenprodukt der von Walter Benjamin noch im Film agnostizierten Kunstwerke im Zeitalter ihrer technischen

Die Digitalisierung des Scheins hat einen Ebenensprung des Erscheinenmachens nach sich gezogen. Was bislang Meisterschaft erforderte, steht nun dank geeigneter Hard- und Software als Kinderspiel zur Verfügung. Die Bilder sind nicht länger allenfalls graphisch nachgearbeitete Abbilder, sondern beziehen aus Abbildern ihr digital manipulierbares Material. Die Technologie einer Ästhetik des Virtuellen erscheint wie ein – innerhalb systemischer Vorgaben sich bewegendes – Äquivalent der von Sigmund Freud erforschten Traumtechnik, die alles umzubauen, zu bastardisieren und zu eignem Leben zu erwecken vermag. Was in der digitalen Erstellung des »Bildes« neue Möglichkeiten erschlossen hat, kulminiert im bewegten[4] und tönenden Bild. Im Extrem der *special effects* sind die audiovisuellen Abläufe nicht länger Wiedergaben eines Aufgenommenen, das selbst als Gespieltes oder Gestelltes als eine Art Original verstanden werden könnte. Der alte Film – das mit lichtempfindlicher Substanz beschichtete und mechanisch belichtete Zelluloidband – liefert allenfalls Material, das, digital erfasst, der elektronischen Rechentechnologie zur Verfügung steht. Waren die bewegten und bald darauf auch tönenden Bilder immer schon Produkte des berechneten Einsatzes einer komplexen Maschinerie, so sind sie jetzt maschinell errechnet. Prototypische Produkte der neuen Produktionsweise sind die Videoclips. Diese fungieren, da die Sprache sekundär ist, tendenziell als massenkulturelle Globalware. Eine weitere Anwendung der neuen Technologie wird als »digitale virtuelle Werbung«[5] (FAZ, 28.10.1999, 28) bezeichnet. Hierunter versteht man das Verfahren, in eine TV-Übertragung (aus einem Stadion oder einem Konzertsaal) über den Rechner Werbung einzukopieren. Mit derselben Technik lassen sich auch ältere Filme nachträglich digital so »bearbeiten«, dass in ihnen Markenartikel auftauchen, die es zur Drehzeit noch gar nicht gab. Die Werbung wandert dadurch in die Sendung selbst ein. Damit kann die Industrie verhindern, dass die Zuschauer die in Spots inserierte Werbung beim Abspielen von Videokassetten überspringen bzw. sie beim Kopieren herausschneiden.

---

Reproduzierbarkeit« (1991, 129). Er übersieht, dass sie im Gegenteil den Boden verlassen, auf dem Benjamins Analyse baute: Es gibt kein Original mehr, daher auch keine Reproduktion. An die Stelle der Reproduktion ist die Kopie getreten. Und zwar ist auch das zu Kopierende ja schon eine Kopie. Man könnte allenfalls sagen, das Original habe momentan im »Arbeitsspeicher« des Rechners eine flüchtige Existenz. Es zu speichern heißt, es auf einen Datenträger zu kopieren.
    [4] Daher die Ausdrücke »Kino« (von griech. *kínesis*, Bewegung) oder engl. *movie* (von *to move*, sich bewegen).
    [5] »Digital« heißt dabei die Technologie, »virtuell« die Entgrenzung der Manipuliermöglichkeiten.

## 182 ■ Warenästhetik im Zeitalter des digitalisierten Scheins

Mit dem Computer als Ware hat »Oberfläche« zusätzlich zum Design des Gehäuses eine weitere Bedeutung bekommen: die der »Benutzer-Oberfläche«. Sie bildet die entscheidende Schnittstelle im Verhältnis von Mensch und Maschine. Wenn beim Handwerkszeug die Gebrauchsgestalt selbst zugleich Zeichencharakter hat, so ist dies bei der Mikroelektronik nicht der Fall. Dass wir den Computer »alltäglich benutzen, ohne zu verstehen, wie er funktioniert« (Bolz 1994, 72), ist nicht neu: Schon vor Jahrtausenden ließen Menschen brennen oder gären, ohne zu verstehen, wie es funktionierte. Die Benutzeroberfläche blendet die Frage der Erklärung aus zugunsten eines Pragmatismus der Auslösung. Im Prinzip verfährt solches »Interface-Design« nicht anders als je zeichenvermitteltes Rezeptwissen oder die Gestaltung mechanischer Auslöser (der Abzug am Gewehr, ein Lichtschalter u.ä.m.). Die Wissenskluft zwischen Auslösung und Erklärung des Ausgelösten bietet der Warenästhetik besondere Einbruchs- und Ausdehnungsmöglichkeiten. Wenn einer Software etwa Züge verliehen werden, die den Konsumenten von Zeichentrickfilmen und Computerspielen her bekannt sind, kann dies verkaufsfördernd wirken, obwohl das Gerät langsamer und unzuverlässiger arbeitet (weil Speicherkapazität für graphische Gestaltung verschlungen wird). In den Speichern liegen nur aus der Alternative von 0 und 1 aufgebaute, als solche unmittelbar unzugängliche oder sinnlose Codes. Auf dem Bildschirm müssen Kalküle, Graphiken oder Texte lesbar auftauchen, ggf. begleitet von sinnhaft interpretierbaren Geräuschen. Bolz mystifiziert diesen Sachverhalt, indem er ihn zur Allegorie der hochtechnologisch vermittelten Existenzweise macht: »Digitalisierung hat die Weltdaten in einer einzigen gigantischen Oberfläche ausgefaltet.« (1994, 79)

Das ist nur eine Redeweise. Was sich tatsächlich verändert hat, ist die technische Grundlage der Re/Produzierbarkeit von Erscheinungen. Für unsere Fragestellung gilt es, den Veränderungen nachzuspüren, die eingetreten sind in Bezug auf: die Herstellbarkeit des warenästhetischen Scheins; die Positionierung der beworbenen Waren in der Botschaft; die Situation der umworbenen Käufer, die um den Preis sozialer Verunsicherung in eine früher unbekannte Vielfalt der Selbstdarstellungsmöglichkeiten freigesetzt sind. Die technisch und motivisch veränderte Warenästhetik dient indes unverändert der Realisation des Warenkapitals, und sie findet den archimedischen Punkt für diese Funktion weiterhin nicht im Beworbenen, sondern in den Umworbenen, nicht in der Sache selbst, sei diese Ding, Handlung oder persönliche Verfassung, sondern in den Wünschen der Zielgruppe, die sie bedient, selektiv verstärkt und umorientiert. Immer »tragen die vielfältigen Formen, in denen das Wesen ›erscheint‹ – als Schminke, Larve, Maske; als Dekor oder Fassade; als Verkleidung und Verpackung –, die Reflexe des Begehrens, das sie wecken« (Michel 1991, 152).

Die Warenästhetik ist gemacht, damit die Bedürfnisse sich in ihr spiegeln. Der Bankenbericht 2000 sieht sogar die Preisunterschiede dadurch überblendet: »Nicht mehr die Produktionskosten entscheiden deshalb über die Wettbewerbsfähigkeit, sondern die Akzeptanz des Produktes bei den Kunden.« Diese Akzeptanz wird primär angestrebt durch Gebrauchswertversprechen im Modus der Illusion oder des imaginären Raumes, perspektiviert auf eine Kaufentscheidung. Mehr als im Fordismus verschiebt sich die Darstellung von den Dingen auf diese angedichteten Erlebnisfolgen. Man muss freilich die Übertreibung in Gedanken abziehen, wenn Otl Aicher sagt: »Lufthansa und Mercedes-Benz sind keine Leistungen mehr, sondern Informationsbesetzungen. Das Theater ist die Wirklichkeit.« (Zit.n. Bolz 1994, 75) Alle erdenklichen Gestalten, Güter, Gestimmtheiten oder Werte kommen für solche »Informationsbesetzungen« in Frage, weil nichts davon vor dem Geld als dem Kommando über alle Ressourcen Bestand hat. Die auf den bunten Schein dieses Negativen fliegenden Menschen sind daran gebunden durch die Existenzbedingung des Habens durch Kaufen. Vom Standpunkt des Werts ist jede Gestalt nur vorübergehendes und wesenloses Dasein einer selber formlosen aber beliebig formbaren Materie. Zu einer solchen hat die Hochtechnologie des Imaginären nicht nur die ganze gegenständliche Welt, sondern auch die Welt der Bilder gemacht. Ihre Repräsentationen repräsentieren kaum mehr etwas außer sich selbst. Gegen »das Kontinuum des Kommunizierbaren und gegen die schöne Konsumtion ... auf Divergenz und Heterogenität« zu setzen, wie Wolfgang Welsch es möchte (1990, 39), ist nicht dagegen gefeit, sich der neuen Form der »schönen Konsumtion« in die Arme zu werfen. Stuart Hall scheint solche Flucht aus dem Regen in die Traufe zu meinen, wenn er schreibt: »Während du mit der Differenz lebst und den Pluralismus bestaunst, nimmst du diese konzentrierte, konzernspezifische *(corporative)*, konzernübergreifende, über-integrierte, über-konzentrierte und verdichtete Macht in dich auf« (56). Bevor wir uns der Hyperkommerzialisierung der Kultur durch die Warenästhetik zuwenden, gilt es, einen Blick auf die sich im Internet entwickelnden Markt- und Machtverhältnisse zu werfen.

## Ausblicke auf Internet und »E-Commerce«

Wenn die 1990er Jahre den Siegszug des Internet erlebt haben, so zeichnet sich für das folgende Jahrzehnt die Kommerzialisierung desselben ab. Was mit Internet zu tun hat, ist »neue Ökonomie«. An der Durchkapitalisierung dieses ursprünglich nichtkommerziellen Mediums entzündeten sich spekulative Phantasien. Eine neue »Gründerzeit« wurde proklamiert: »Überall im

Land werfen gestandene Manager, Banker und Juristen ihre gesicherten Arbeitsplätze hin und gründen Internet-Unternehmen. [...] Getragen von der gemeinsamen Begeisterung über die Möglichkeiten des Internet, die Ökonomie im Netzwerk neu zu erfinden, wählen immer mehr Jungmanager den Weg der Selbständigkeit.« (Schmidt 2000) Aber was soll das heißen, »die Ökonomie im Netzwerk neu zu erfinden«? Damit Profit herausspringt, muss es sich um Anbieten und Ordern, Verkaufen, Kaufen, Bezahlen und die damit einhergehenden Bearbeitungsprozesse handeln. Nicht zuletzt ist es wiederum die Werbung, die das Internet zur profitablen Kapitalanlage macht. »Der Yahoo-Vorstandsvorsitzende Tim Koogle betrachtet das Unternehmen vor allem als Distributionsplattform für Werbetreibende, Händler und Anbieter von Informationen. Damit habe man breit gestreute Umsatzquellen geschaffen.« (FAZ, 13.7.2000, 25) Wer immer zu solchen Zwecken »ins Internet geht«, braucht Zugang und Abwicklungsprogramme. Yahoo gehört zu den Gründungen der 90er Jahre, die in kurzer Zeit »etablierte Weltmarken geworden« sind (ebd.). Was wir als ästhetisches Gebrauchswertmonopol analysiert haben, die Form des »Markenartikels«, hat sich auf Internet-Portalanbieter ausgedehnt und macht deren »Kundenkapital« (Klotz, 2000) aus.

## Einsparung von Zeit und Geld

Internet ist ein Kommunikationsmedium, in welches mehr oder weniger all das verlagert werden kann, was bisher auf anderen Kommunikationswegen übermittelt worden ist. Entsprechende Funktionen, die bisher im Rahmen der innerbetrieblichen Arbeitsteilung wahrgenommen wurden, lassen sich nun evtl. in spezialisierte Fremdbetriebe auslagern *(outsourcing)*. Ein wesentliches Produktionsmittel neuen Typs, die Software, kann übers Internet bezogen werden. Die Anreize zur Verlagerung geschäftlicher Vorgänge ins Internet drücken sich, von überschießenden Phantasmen abgesehen, quantitativ in Ersparnissen in Geld und Zeit aus: Verbilligung im Kostenbereich, Beschleunigung durch Neutralisierung der räumlichen Entfernung.[6] Zumal Börsenspekulation wird quasi immediatisiert, wenn online und womöglich mit weitgehend automatisch funktionierender Software betrieben. Der Marktführer in den USA, die Brokerfirma Schwab, kann auf diese Weise 4,1 Mil-

---

[6] Freilich verliert man die gesparte Zeit (und oft mehr) im Umgang mit Programmen und Zugängen, und die eingesparten Lohnkosten werden für Wartung und Entstörung der eingesetzten Systeme an spezialisierte Serviceunternehmen gezahlt.

lionen Online-Kunden versorgen und im Tagesdurchschnitt 304.000 Aufträge abwickeln (»In Amerika streiten 170 Internet-Broker um Kunden«, FAZ, 22.7.2000, 25 u. 27). Kundenkontakte, Auftrags- und Bestellwesen und ähnliche Aktivitäten lassen sich damit rationalisieren. Für die übrig bleibenden Arbeitskräfte bedeutet all dies einen Produktivitätsschub. Ein weiteres treibendes Motiv ist »die angestrebte Kosten senkende Ausschaltung des Zwischenhandels« (FAZ, 10.7.2000, 24) durch Direktkontakt mit potenziellen Kunden.

Der Mechanismus, auf den all diese Einsparungen zielen und den sie in Gang setzen, ist schon von Marx unter dem Begriff des »Extraprofits«[7] analysiert worden. Wer den Produktivitätssprung zuerst absolviert, verringert bei gleichbleibendem Preisniveau die Kosten, erhöht also die Gewinnmarge. Dieses »Extra« macht den Extraprofit aus. Sobald das neue Niveau sich allgemein durchsetzt, ebnet die Differenz sich ein. Den Spätkommenden droht die Auszehrung.

So wird etwa das Funktelefon für Milliarden Individuen zum Terminal, von dem aus sie nicht nur untereinander kommunizieren, sondern Waren oder Aktien kaufen und bezahlen, während sich »eine Menge Wissen über den Handy-Nutzer in der Service-Zentrale des vermittelnden Unternehmens ansammelt«.[8] Dieser Sektor heißt nach dem Mobiltelefon M-Commerce.

»So stürmisch wie ein Tornado werde sich der Markt für M-Commerce entwickeln, erwartet Röver, und dabei werde vieles platt gewalzt. Die führenden Unternehmen aber würden nach oben gewirbelt.« (ebd.) So also sieht der Anreiz für die Unternehmen aus, Aktivitäten ins Internet zu verlagern. Soweit sind »E«- oder »M-Commerce« nur neue Formen fürs alte Geschäft. Neu dagegen sind alle Produktionen und Dienstleistungen, die das neue Medium in Gang setzen und bedienbar machen. Hier sind in der Übergangsphase Produkte und Kompetenzen gefragt, ein plötzlicher Nachfrageschub, der jenes Gründungsfieber, von dem in der FAZ die Rede war, ausgelöst hat.

»Twister, zu Deutsch: Wirbelsturm, heißt sinnigerweise das Hauptprodukt des Stuttgarter Unternehmens, das bisher vor allem den Bankensektor durchdrungen hat. Twister ist eine elektronische Plattform, die aus allen technischen Systemen eines Unternehmens jene Daten herausfiltert und zusammenführt, die im Kontakt mit Kunden relevant sein können.« (Ebd.)

---

[7] Vgl. den Artikel »Extraprofit« in Bd. 3 des *Historisch-kritischen Wörterbuchs des Marxismus.*
[8] Stefan Röver, Vorstandsvorsitzender der 1994 gegründeten Stuttgarter Fa. Brokat Infosystems AG im Gespräch mit Susanne Preuß (FAZ, 13.7.2000, 30). In strategischer Partnerschaft mit Siemens und Mastercard entwickelt Brokat »das erste komplette M-Commerce-System für den asiatischen Markt.«

Solches Wissen ist Macht. Es ist Kapital für die Internet-Werbebranche. Die traditionelle »Bannerwerbung« bleibt oft unbeachtet: die »Bannerclickrate« ist in den USA von September 1996 bis Januar 2000 von über 3 auf knapp ein halbes Prozent gefallen, die Entwicklung in Deutschland folgt dem mit halbjähriger Verzögerung (FAZ, 20.7.2000, 25). Die kleinen virtuellen Anzeigen werden von vielen als störend empfunden. Fenster, die sich auf dem Bildschirm öffnen, wenn sie angeklickt werden, sog. »Pop-Ups«, stoßen weithin auf Ablehnung. Gegen sog. »Spams«, unaufgefordert zugestellte Werbebotschaften, haben 35.000 Internetnutzer eine Petition ans Europäische Parlament unterzeichnet (ebd.). Methoden wie die des »Twister« versprechen die Reduzierung von »Streuverlusten« durch auf die Person eines Kunden zugeschnittene Werbung, sog. »One-to-One-Marketing«; dies ist »der Traum jedes Werbetreibenden« (FAZ, 20.7.2000, 25). Die Verwirklichung dieses Traums wird beim »Permission-Marketing« angestrebt, dem der Adressat ausdrücklich zuzustimmen hat. Dem Einverständnis hilft etwa die auf E-Mail-Werbung spezialisierte Münchner Fa. JPoint mit Bonuspunkten nach: »Die Idee dabei ist, den Internetnutzer zum freiwilligen Betrachten von Werbefilmen im Internet zu verführen. Der potenzielle Nutzer lädt zunächst die notwendige Software von der JPoint Homepage auf seinen Rechner. Dabei gibt er auch Auskünfte über seine Interessen. Von nun an findet sich auf seinem Bildschirm ein kleines Icon, das blinkt, wenn im Hintergrund Werbung in seinen Computer geladen wurde. Dabei handelt es sich um Werbefilme, die den gesamten Bildschirm einnehmen und mit Klängen unterlegt sind. Wenn er sich den Werbefilm ansehen möchte, klickt er auf das blinkende Icon. Mit einem weiteren Mausclick erreicht er die Homepage des Werbetreibenden.« (»Permission Marketing« statt Werbeflut im Internet, FAZ v. 20.7.2000, 25)

Bei jedem Click gibt es einen Bonus; hat man eine Mindestzahl solcher Bonusse erreicht, kann man sie gegen eine Prämie eintauschen. Das werbende Kapital muss also nicht nur an die Werbefirma und an den Internet-Portal-Betreiber zahlen, sondern auch noch an den Werbungs-»Konsumenten«. Die tatsächlichen Käufer zahlen dies alles mit. Als Verkaufskosten mindern diese Ausgaben den Gewinn des eigentlichen Warenproduzenten.

## Katapultstart

Wie einmal der Weg vom Tellerwäscher zum Millionär den Mythos des amerikanischen Kapitalismus gebildet hat, so weben Geschichten von Unternehmen wie America Online oder Yahoo, »die ihre Gründer und Kapitalgeber innerhalb weniger Jahre zu Milliardären gemacht haben«, am Mythos des High-Tech-Kapitalismus. Unter dem Einfluss solcher Vorstellungen stehen die Geldgeber Schlange. Kapitalbeschaffung für Neugründungen im E-Bereich ist dann viel leichter als für neue Firmen, die dingliche Güter produzieren wollen. Nun entsteht ein neuartiger Markt. Die Waren, um deren gewinnträchtige Vermarktung es hier geht, sind nicht die Endprodukte, sondern die Firmen selbst. Das Gebrauchswertversprechen, das hier zum Kauf lockt, ist die Gewinnerwartung. In Deutschland kommt das Gründungskapital von ca. 200 Risikokapitalgesellschaften, hinter denen oft Fondsgesellschaften stehen, die Geld von privaten Finanziers oder Großunternehmen verwalten. Ihr Ziel besteht darin, das neue Unternehmen »innerhalb weniger Jahre« profitabel an die Börse zu bringen oder an einen Konzern zu verkaufen. So sollen ca. 50% der Technologiefirmen am Frankfurter Neuen Markt aufgebaut worden sein. Die Firmen werden mit Kapital ausgestattet und vielversprechend inszeniert und also wie Waren verkauft.

»Katapultstart« ist anscheinend die dem Internet adäquate Gründungsform: Ein Online-Shop »muss gleichzeitig seine Internet-Seiten auf viele Zugriffe auslegen«. Die Neutralisierung des Raums durchs Internet macht im Gegenzug lokale Lösungen unmöglich und zwingt den Unternehmen eine flächendeckende Lieferpräsenz in einer räumlichen Erstreckung auf, die der Reichweite des Mediums entspricht. Es gilt, mit Lieferanten und Logistikern zunächst zumindest deutschlandweit Verträge zu schließen und das Marketing zu organisieren. Dieser »Marktauftritt« darf höchstens ein Jahr brauchen. Die Belegschaft ist dann »meist schon auf mehrere Dutzend angestiegen«; die Startfinanzen sind verbraucht; die europäische Expansion wird weitere Millionen verschlingen; diese werden durch Umwandlung in Aktiengesellschaften und Börsengang beschafft. In Deutschland soll es bis zu 30.000 Berater, sog. »Business Angels« geben, zusammengeschlossen im »Business Angels-Netzwerk Deutschland«, die ihre Dienste bei der Konstruktion solcher Katapultstarts anbieten. Kontaktbörsen und -klubs bringen Geld und Gründer zusammen, gefördert durch Staat und Universitäten, oft in sog. »Inkubatoren«.

»In solchen Brutstätten werden zur Zeit im ganzen Land aus Ideen im Zeitraffertempo Unternehmen geformt.« (Schmidt)

Der Moment der Euphorie, in dem die verdrängten oder schrumpfenden Handelsbetriebe alten Typs vergessen sind, macht bald wieder jäher Depression Platz. Jetzt zirkulieren »Cash-Burn-Listen«, auf denen Internet-Neugründungen firmieren, denen demnächst das Geld ausgeht.[9] Die »Cash-Burn-

---

[9] Die Aktie von Artnet (Internet-Kunstauktionen) etwa ist von 48 (Erstnotiz) auf 4 Euro gefallen (FAZ, 12.7.2000, 31).

Listen« werden auch »Todeslisten« genannt (FAZ, 13.7.2000, 17). Dieselbe Zeitung, die im Februar 2000 die neue Gründerzeit ausgerufen hat, teilt kaum zwei Monate später mit, dass »eine Vielzahl der Internet- und Biotechnologiewerte aus der Gründerzeit nicht überleben werden« (Hanno Mussler, »Von Panik keine Spur«, FAZ, 1.4.2000, 25). Sind dann die Kurse abgestürzt, spielt dies vom Standpunkt derjenigen, die den Start finanziert und am anschließenden Verkauf oder Börsengang der vielversprechend inszenierten »Unternehmens-Ware« verdient haben, keine Rolle mehr.

## Entgrenzung der Warenästhetik und Hyperkommerzialisierung der Kultur

Schon Raymond Williams hat auf dem Höhepunkt des Fordismus registriert, dass die »Insertion« – über einen zusammenfassenden Begriff von Warenästhetik verfügte er noch nicht – zu einer »kulturellen Dominante« geworden sei (vgl. Jameson 1984, 57). In den europäischen Kernländern hat diese Dominante erst seit der Einführung des Privatfernsehens ihre Herrschaft so beinahe grenzenlos ausgedehnt, wie dies zuerst v.a. in den USA der Fall war. Hier nahm eine Tendenz ihren Ausgang, die inzwischen das Internet erfasst: »Im Zuge des schrittweisen Verschwindens des physischen Marktplatzes und der tendenziellen Identifikation der Ware mit ihrem Bild (oder Markennamen oder Logo)« wird eine enge Symbiose von Markt und Medien hervorgebracht, der ihre Grenzen in typisch postmoderner Weise verschwimmen lässt (Jameson 1991, 275).

Privatmedien existieren als Werbeträger; als solche müssen sie Werbeaufträge durch Medieninhalte anziehen, die Werbeadressaten anziehen. Diese Kettenreaktion erinnert an die Geschichte von der Goldenen Gans: wer nach ihr greift, bleibt an ihr hängen, und wer nach einem an ihr Hängenden greift, bleibt an diesem hängen. So wird schließlich das Publikum selbst zum Anhängsel, und erstreckt sich Werbung auf Nichtwerbung. Die Sendezeit, die das Medium an Werbetreibende verkauft, bewertet sich nach Einschaltquoten. Verkaufsauflage bei den Printmedien gleich. Die Medien verkaufen den Inserenten eine bestimmte Rezipientenmasse. Nach ihr richtet sich der Preis der verkauften Raum/Zeit-Einheit. (Der Raum im audiovisuellen Medium ist bestimmt durch die Sendezeit; die Zeit im Printmedium ist bestimmt durch den Raum und die Platzierung in ihm, die das Inserat erhält. Bei den Internet-Zugangsanbietern ist es die Kundenzahl oder die »Besucherfrequenz«, welche kapitalisiert werden.

Nun werden die Programme, die solche Quoten bzw. solchen Zustrom bringen, doppelt von dieser Funktion geprägt. Einerseits werden sie von einem Regime der Werbeintervalle durchschossen, andererseits springt die Attraktorfunktion, die Ästhetik des »Ankommens« um jeden Preis, auf sie über. Andrew Wernick fasst diese Überziehung aller Sendungsarten mit »verkaufsfördernden« Zügen als *promotion*. Wenn der Ausdruck metaphorisch jede Art der Propagierung (von Ideen, Zielen, Programmen u.ä.) bezeichnet, dann spiegle dies die historische Tendenz wieder, sämtlichen Diskursen solcher Art den Charakter von Werbung aufzuprägen. Inserierung (*promotion*) ist eine Zeichensorte, das Inserierte das Bezeichnete. »A promotional message is a complex of significations which at once represents (moves in place of), advocates (moves on behalf of) and anticipates (moves ahead of) the circulating entity or entities to which it refers.« (Wernick 1991/2000, 301) Auf Grundlage dieser Definition stellt Wernick nun die These auf: die Bandbreite kultureller Phänomene mit (zumindest partieller) Insertionsfunktion »ist heute tendenziell *(virtually)* ko-extensiv mit unserer produzierten Symbolwelt geworden« (301). Dies gelte für das gesamte Universum kommerziell hergestellter Gegenstände (und Dienstleistungen), in sofern als diese »are imaged to sell, and are thus constructed as advertisements for themselves«. Diese nennt er *commodity signs*, Warenzeichen, als einen Sonderfall derselben begreift er *cultural goods* (301), Kulturgüter, – man müsste genauer Kulturwaren sagen.

Diese allgemeine »Promotionalisierung« lässt sich als Entgrenzung der Warenästhetik begreifen, als »fundamentaler Prozess systemischer ›Deregulierung‹« (Jameson 1991, 277) – vollends entfesselt durch die politische Deregulierung der Märkte. Die Tendenz hierzu hat Brecht bereits in den USA der 1940er Jahre registriert. Dem emigrierten Europäer fiel auf, dass das Wort »to sell«, verkaufen, in der amerikanischen Umgangssprache so viel hieß wie »die Ansicht jemandem aufzureden. Es bedeutet eigentlich nur, in jemandem ein unwiderstehliches Bedürfnis nach etwas zu erzeugen, was man gerade wegzugeben hat. [...] So sagt man auch, der Präsident habe die Aufgabe, dem Volk den Krieg zu verkaufen. Er hat es davon zu überzeugen, dass der Krieg für es gut ist, ein Bedürfnis.« (Brecht, GA 23, 45) Am 21. Januar notiert Brecht in sein Arbeits-Journal, man suche in der Landschaft um Hollywood »unwillkürlich an jeder Hügelkette, an jedem Zitronenbäumchen ein kleines Preisschildchen. Diese Preisschildchen sucht man auch an Menschen. [...] Die Sitte hier verlangt, dass man alles, von einem Achselzucken bis zu einer Idee, zu ›verkaufen‹ sucht, d.h., man hat sich ständig um einen Abnehmer zu bemühen, und so ist man unaufhörlich Käufer oder Verkäufer, man verkauft sozusagen dem Pissoir seinen Urin.«

Die Entgrenzung der Warenästhetik wird zum Muster auch dessen, was selbst nicht unmittelbar als Ware fungiert, deren Wert realisiert werden muss. »Infotainment« (Information + Unterhaltung) und »Infomercials« (Information + Werbung) sind bastardisierte Formen, die solcher Entgrenzung entspringen. Die Sphären klinken ineinander: Bush macht Wahlkampf in Disneyland und also zugleich Werbung für dieses usw. Die »interregionalen« Verweisungen (*interconnects*) vervielfältigen sich: sie bedienen sich aus einem (und schaffen einen) gemeinsamen Fundus von Mythen, Symbolen, Wendungen und Werten und hängen sich aneinander in einer »endlosen Kette wechselseitiger Verweisung und Implikation« (Wernick 1991/2000, 307). Die derart hyperkommerzialisierte Kultur gleicht einem endlosen Irrgarten ohne Ausgang, wo die Wände aus Bildern und Bildern von Bildern »of ever multiplying varieties of cheese« (307) bestehen. Diese Welt ist »as intriguing in its formal construction as it is boringly void of deeper content« (ebd.). Mit Recht hält Wernick fest, dass die »self-promotional form« keine bloß dekorative Zutat ist; sie lässt sich auch nicht als Verschleierung (Dissimulation) fassen, sondern findet im Warenkörper statt. Wernick hat jedoch keine Sprache für das, was die selbstwerbende Gestalt als solche funktionieren lässt (falls sie denn funktioniert): das Gebrauchswertversprechen, das sie aussendet. Nur weil er Gebrauchsgestalt und Realisationsfunktion nicht wenigstens analytisch trennt, scheint ihm das so, dass sein eigenes Buch in jeder Faser und »in every detail« vom »Promotionscharakter« geprägt ist. Argumentativ und möglichst verständlich zu schreiben, um die Leser zu überzeugen, also der elementare Anspruch rationaler oder gar wissenschaftlicher Kommunikation muss ihm als Werbung erscheinen.

In der Tat ist es sinnlich nicht (zumindest nicht durchgängig) möglich, zwischen Waren- und Produkt-Ästhetik zu unterscheiden. Dies ist schon deswegen so, weil die Sinnlichkeitsmuster der Rezipienten oftmals den Fortschritten der Erscheinungsmacher folgen. Aus Realisationsästhetik wird dann Gebrauchsästhetik. Die Grenze zwischen Schein und Sein verschiebt sich. So flottiert auch die Grenze der Warenästhetik. Was bis gestern Warenästhetik war, kann heute schon ästhetische Komponente von Gebrauchswert sein. Bei den in dinglicher Form ver- oder gebrauchten Gütern ist diese »Wanderung« relativ begrenzt. Anders ist es bei den in imaginativer Prozessform, als »Sendungen« konsumierten Unterhaltungswaren in ihrem Verhältnis zu den Werbespots. Die auf dem Markt verkauften Produkte werden »zum Gehalt des Medienbildes selbst, so dass derselbe Referent sich in beiden Bereichen zu behaupten *(maintain)* scheint« – und es etwa in *Dynasty* manchmal unklar ist, wo die Serie endet und der Werbespot beginnt (Jameson 1991, 275). Markt und Medien unter diesen Bedingungen darin vergleichbar, dass beide nicht ihrem Begriff entsprechen, indem beide vermachtet sind (ebd.). Hier hat die wechselseitige Durchdringung einen Grad erreicht, der einer Entgrenzung der Warenästhetik gleichkommt. Wir sprechen mit Robert W. McChessney von Überkommerzialisierung der Kultur. »Man muss daher einen anderen Konsumtypus ansetzen: Konsumtion des Konsumtionsprozesses selbst, ungeachtet seines Gehalts und der unmittelbaren kommerziellen Produkte.« (Jameson 1991, 276) Auch das ist nicht vollkommen neu, wie sich an Theodor W. Adornos Einleitungsvortrag zum 16. Dt. Soziologentag ablesen lässt, wo er in anderen Worten dieselben Phänomene beschreibt und auf wiederum andere Beschreibungen der älteren Soziologie zurückweist: »Im Bereich des nicht zur nackten Lebenserhaltung Notwendigen werden tendenziell die Tauschwerte als solche, abgelöst, genossen; ein Phänomen, das in der empirischen Soziologie unter Termini wie Statussymbol und Prestige auftritt, ohne damit objektiv begriffen zu sein.«

Epochentypisch unter den aus lokaler und globaler Werbung zusammengesetzten Vorprogrammen der Kinos sind die Werbefilme der transnationalen Konzerne. Die beworbenen Waren sind etwa Autos, Getränke, Zigaretten, Jeans, Duft- und Mundwässer, Süßigkeiten, Internet-Zugänge, Mobiltelefone oder Aktien. Oft bleibt die direkte Werbung im Hinterhalt: Die Filme präsentieren teils witzig-phantastische, teils affirmative Wunschwelten: die imaginäre Party gebräunter Leiber, an denen kein Gramm zuviel oder zu wenig ist, deren Imaginarität durch Anonymität aufrechterhalten wird – wehe, sie würden den Mund aufmachen und Meinungen und Gewohnheiten zum Besten geben! Vom Alltag ist abstrahiert in Bildern, in die sich Wünsche einklinken können. Viele dieser Filme halten sich in der Schwebe zwischen dem Objekt der Begierde und der Begierde als Objekt selbst, dem Verlangten und dem Verlangen als solchem. Im rastlosen Sekundenraster der Videoclips reihen sie phantastische Anziehungskräfte aneinander zu einer Sprache androgyner Selbstliebe. Darin ist eine Tendenz weitergetrieben, die wir bei der Ästhetik der Monopolware beobachtet haben: das Gebrauchswertversprechen erstreckt sich auf imaginäre Räume, in denen die Ware marginal oder sogar bloß konnotiert erscheinen kann. Die Botschaft zeigte dabei die Tendenz, sich vom – an den Konsum der inserierten Ware gebundenen – Gebrauchswert*versprechen* zu Imaginationen *erfolgter Befriedigung* zu verschieben. Der Charakter des Versprechens verbirgt sich im Schein, dieses sei schon eingelöst. Aber haben wir nicht die Instabilität dieser Imaginationen behauptet, ihren periodischen Untergang in enttäuschender Alltagsnormalität des wirklichen Lebens?

Es ist, als versuchte eine weitere Tendenz der Werbung, diesem Zerfall dadurch zuvorzukommen, dass sie ihn vorwegnimmt und als solchen ästhetisiert. Diese Tendenz kommt zum Ausdruck in einer Zigarettenwerbung, die Mitte der 1990er Jahre in der Berliner S-Bahn plakatiert war. Sie zeigt die vergrößerte Reproduktion eines materialästhetischen Bildes, das aus vielen Farbklecksen um das und über dem Bild einer zerknitterten Chesterfieldpackung aufgebaut ist. Einer Bildlegende am nächsten kommt der aufgedruckte Slogan: »*Everyone is an original.*« Dazwischen treten mit Bleistift eingetragene Sprüche hervor, nachgeahmte Graffiti: »Rauch mal wieder«, »Stell dir vor, du kommst nach Hause, und die Packung ist leer« usw. Die inszenierte Ware scheint hier alles andere als geschönt. Vertreten ist sie durch ein Stück Müll: die zerknüllte Packung. Ihr Konsum, das Rauchen, ist repräsentiert ohne Markennennung durch die Graffiti-Sprüche. Der Schein hat sich hier umgedreht. Der Glaube ist bereits zerfallen. Wie ist das zu verstehen? – Zum einen ist es angewandte Jugend-»Ethnologie«: Sprachelemente und Gesten sind den »Kids« abgelauscht, deren Ausdrucks- und Sehgewohnheiten werden bedient mit einer Mimikry der coolen Haltung, die Jugend »zu ihrem Ausdruck, nicht zu ihrem Recht« (Benjamin) kommen lassend. Im Prinzip ist das nicht neu. Einige Warengenerationen früher, zur Zeit des triumphierenden Fordismus, sah das in der Werbung für Schokoladenriegel Marke »Topsy« etwa noch so aus: »Eiffe is meff. Topsy is groovy.« Die Wörter bedeuteten nichts als ihre »Melodie«, und diese sollte Jugendsprache konnotieren. Dagegen ist das jetzige Beispiel ungemein artikuliert: »*Everyone is an original.*« Diese Behauptung ist eine so faustdicke Unwahrheit, dass sie offenbar nicht auf Glauben abgezielt ist. Zigaretten repräsentieren neben Chips das Immergleiche des Massenprodukts mit der höchsten Stückzahl par excellence,[10] die monotone Kleindroge, an der so viel verdient wird, nicht zuletzt vom Staat. *Everyone is an original* – das ist die Umkehrung des alten Slogans: *13 Million Americans can't be wrong.* Andy Warhol hat den Slogan aus einer Zigarettenwerbung wiederum des Hochfordismus einst unters Bild eines von Fliegen bedeckten Exkrementhaufens versetzt. War es damals der Konformismus, der eingesetzt wurde, so jetzt ein imaginärer Nonkonformismus. Diese Imagination entspricht einer neoliberalen Epoche, die sich als Zeit der Individualisierung und Flexibilisierung versteht. Indem das absolute Massenprodukt zur Allegorie der Individualisierung gemacht wird, dementiert sich jene Einbildung selbst.

Wenn bei obigem Beispiel die Ware aus der Werbung verschwunden ist, so gibt es auch das entgegengesetzte Muster, wo »die angepriesene Ware als das einzig Wirkliche in einer Welt der Simulakra erscheint« (Bolz 1994, 89). Hier das Beispiel einer Sprite-Werbung in der Beschreibung von Norbert Bolz:

---

[10] Nach Schmidt/Spieß (1997, 26) sind sich die »Werber« darüber einig, »dass die Zeiten des Massenmarketing vorbei sind, und zwar ebenso unwiderruflich wie die Zeiten der standardisierten Massenproduktion«. Das sind jedoch falsche Verallgemeinerungen. Um nur ein Beispiel zu nennen: Das Mobiltelefon ist ein typisches standardisiertes Massenprodukt, und die Werbung dafür folgt unzweifelhaft dem Massenmarketing.

»[...] vor einem Haus [sitzt] ein junger Mann, über den sich ein Mädchen beugt, das ihn küssen will. Er sagt ihr: ›Ich bin nicht wirklich dein Freund, ich bin ein Schauspieler. Und auch dieses Haus ist nicht wirklich, sondern ein Filmaufbau.‹ Und mit einem Stoß bringt er die Fassade zum Einsturz. Zum Trost reicht er dem Mädchen ein Sprite und sagt: ›Das Einzige, was nicht gefälscht ist, sind du, ich und Sprite.‹ Doch dann verwandelt sich auch das Mädchen durch digitales ›Morphing‹ in eine bloße Simulation – zurück bleibt, als einziger Fels des Realen im Chaos des Scheins: Sprite.« (Ebd.)

Es ist daher eine falsche Verallgemeinerung, wenn Bolz an anderer Stelle meint: »Die Werbung befreit sich vom Produkt und wird selbstbezüglich« (95).

Das Imaginäre der Marken und deren ästhetische Präsentationsweisen sind ins Unbewusste abgesunken und wichtige Determinanten des Realitätsverständnisses geworden. Dies bedeutet nicht, dass den Werbebotschaften »geglaubt« würde. In den USA hat die »kommerzielle Sintflut« nach McChessney (1999, 40) dazu geführt, dass zwischen 1987 und 1997 die Zahl derer, die der Werbung Glaubwürdigkeit bescheinigten, von 61 auf 38 Prozent gefallen ist. Diese Skepsis tut indessen der Macht der Warenästhetik keinen Abbruch, sondern färbt den Umgang mit ihr und das Selbstbild der Konsumenten. In den reichen Gesellschaften, wo der kapitalistische Konsumismus die Lebensweise kolonisiert hat, stoßen ihre Verheißungen auf die überdrüssige Abgebrühtheit von Leuten, deren Einbildungskraft regelmäßig ausgenüchtert wird durch die »Erfüllung« dieser Wünsche, die »so viel zu wünschen übrig lässt«. Der so konditionierte Konsument »vagabundiert im Angebot wie ein gelangweilter Fernsehzuschauer, der mit den Einstellknöpfen spielt« (Nientiedt 1990). »An der Verinnerlichung von *coolness* im Schein des Überflusses sind jene erkennbar, die am Konsum in seiner ganzen Bandbreite teilnehmen können. Wer sich von Werbung beeindruckt und beeinflussbar zeigt, entlarvt sich als Immigrant.« (Wyss 1991, 27) Dies ist eine der auf Marktgängigkeit kalkulierten, »selbst-promotionalen« (Wernick 1991) Übertreibungen. Der »Immigrant« kommt dieser Vorstellung zufolge aus Weltregionen, deren Bevölkerungen in ihrer erdrückenden Mehrheit vom »Konsum in seiner ganzen Bandbreite« ausgeschlossen sind. Wir folgen dieser Spur und fragen nach dem Verhältnis von Werbung und Konsum im Blick auf die Globalisierung.

## Warenästhetik als Globalisierungsmotor

Der Schein geht dem Sein voraus. Was auf jedem entwickelten kapitalistischen Markt gilt, trifft in anderem Sinn auf die vor- oder halbkapitalistischen Gesellschaften zu: Während die beworbenen Waren der transnationalen Konzerne (Autos, Haushaltsgeräte, Spirituosen usw.) dort nur von einer winzigen Minderheit erworben werden können, erreicht die Werbung weithin die von der – sei es auch nur konsumistisch-verdinglichten – Verwirklichung der Gebrauchswertversprechen ausgeschlossenen Massen. Der TV-Anschluss kommt lange vor dem Wasseranschluss. Über den Wellblechbehausungen der Favelas erheben sich die Fernsehantennen. Die Expansion des transnationalen High-Tech-Kapitalismus in vor- oder halbkapitalistische Gesellschaften hat hierin ihren stärksten Motor.

»Gibt es«, fragt Benjamin R. Barber in *Le Monde diplomatique*, »eine von innen heraus globalisierendere Aktivität *(une activité plus mondialisatrice)* als den Handel ...?« Er zitiert den Werbeslogan »Der Planet Reebok kennt keine Grenzen«, vergisst indes zu sagen, dass zahlungsunfähiges Elend eine für Waren unüberschreitbare Grenze bilden kann und dass jene globalisierende Aktivität für die Mehrheit der Menschen ein gespenstischer Handel ist.

In den Zentren des kapitalistischen Reichtums, den »Metropolen«, wo schon die Kinder mit digitalen Technologien des Scheins spielen, mag im Verschwindenmachen der Repräsentation in der Präsentation ein Verfahren fachmännisch wiedererkannt werden, das dem der Computerspiele gleicht. Hier ist die Coolness zuhause, die Welsch als defensive »Unbetreffbarkeit« und »Empfindungslosigkeit auf drogenhaft hohem Anregungsniveau« charakterisiert und als Zeichen einer »neuen Anästhetik« – im Doppelsinn von Droge und Betäubung – interpretiert.[11] Wo hingegen den Menschen jene Kulturtechnik ebenso fremd ist wie der tägliche Umgang mit Gebrauchsseiten der Warenwelt, und das gilt für über die Hälfte der Menschheit, übertrifft sie jede Darstellung dessen, was magisch oder »religiös« für möglich gehalten wird. Wenn alles möglich scheint, weil dem fremden Schein alles möglich ist, löst die Realitätsgrenze sich auf, und es gilt nur noch das Bestreben, die Grenze zu jener Wunderwelt zu überschreiten.

Wo die Warenästhetik in die Hütten der vor- oder feudalkapitalistischen Welt dringt, sehnsüchtig eingesogen, erfüllt der Norden den Süden mit Wünschen, indem er dessen in der Armut lebenden Massen, mit Sartre zu spre-

---

[11] »Ästhetische Animation geschieht als Narkose – im doppelten Sinn von Berauschung wie Betäubung. Ästhetisierung erfolgt [...] als Anästhetisierung.« (Welsch 1990, 14)

chen, »Unrealisierbares zu realisieren« aufgibt (»des irréalisables à réaliser«). Unter diesen Bedingungen ändert sich der Sinn von Armut; sie wird zur Anwesenheit einer Abwesenheit. In der Ausschließung vom Konsum der typischen Waren des transnationalen High-Tech-Kapitalismus haben die Armen diese als fehlende präsent. Wenn Marx in den *Grundrissen* vom »zivilisierenden Einfluss« des Kapitals spricht, so gewinnt dieser Begriff auf der Nord-Süd-Achse einen böse funkelnden Doppelsinn.

Die Wucht, mit der die permanent durch die Filter der Marktakzeptanz gejagte Warenästhetik die Menschen, zumal die Habenichtse, global in den Bann schlägt, erklärt sich aus der dialektischen Struktur und Funktion des schönen Scheins der Waren: Er verkörpert die Noch-Irrealität der Realisation des Werts. In allem gehorcht er der Logik des Gegenteils. Das über die Warenästhetik zur Macht über die Bedürfnisse der Adressaten strebende Interesse will Käufer und spricht nur von glücklichen Menschen. Die Unglücklichen blicken in die Welt der Warenästhetik wie in ein Paradies. Was sie als die Hauptsache aufmacht, das Besondere, ist dem durch sie herrschenden Interesse egal angesichts des Egalitarismus des Geldes, von dessen Standpunkt sich alles nur der Menge nach unterscheidet. Wenn das Kapital »verhandeln«, das heißt, »die Unterschiede, die es zu überwinden versuchte, inkorporieren und teilweise reflektieren« gelernt hat, wie Stuart Hall (1994, 58) sagt, so ist in diese Verhandlung nur die kulturelle Repräsentation einbezogen. Die Herrschaftsverhältnisse stehen nicht zur Verhandlung.

Nicht für die Waren, nur für ihre ästhetische Inszenierung gibt es (zumindest tendenziell) keine Grenzen. Den Versprechungen der Warenästhetik entspricht für große Teile der Weltbevölkerung kaum etwas Realisierbares. Wiederum mindert diese Virtualität die Wirkung jener Versprechungen nicht, sondern transponiert sie in ein Jenseits der faktischen Verhältnisse. Wenn Beat Wyss im Zentrum des Wohlstands wähnt, Werbung verweise »auf ein Jenseits der unmittelbaren Gier« (1991, 26), so nährt sie in der Armutsperipherie ein ganz handfestes Jenseitsbegehren. Gerade wo die ästhetischen Gebrauchswertversprechen der Warenwelt ohne Waren daherkommen, verheißen sie eine andere Welt. Nicht nur schiebt die Warenästhetik ihre Grenzen ständig vor in die Kulturindustrien, deren Produkte von ihr immer weniger unterscheidbar sind, sondern diese Grenze verliert auch ihre Bedeutung in den unermesslichen Armenvierteln der Welt neben dem Glanz, mit dem beide Zweige der Illusionsindustrie blenden. Die Unterhaltungsware ist im Zustand der Unerreichbarkeit der Waren des Lebensunterhalts ein Propagandafilm über Lebensweise.

In den Bevölkerungen der vor- oder halbkapitalistischen Zonen wirkt deshalb die Warenästhetik als die stärkste Antriebskraft der Globalisierung. Sie bildet einen unwiderstehlichen Magneten. Die Rede vom »globalen Dorf«

enthüllt hier den ungewollten Hintersinn eines Aufbruchs des Dorfes in die Globalisierung. Der Weg führt zunächst in die Stadt. Ein Belagerungsring der Anwartschaft auf Teilnahme an der kapitalistischen Zivilisation umschließt sie. Globalisierung beginnt als Selbst-Urbanisierung der in die Stadt strömenden Unbehausten.

Eine andere Variante dieses Dramas schildert Gregory Navas Filmepos *El Norte*. In einem guatemaltekischen Dorf, unter Bedingungen der Ausbeutung durch für den Weltmarkt produzierende Großgrundbesitzer, die sich auf blutige Unterdrückung durch die Armee stützen, wird in alten nordamerikanischen Illustrierten geblättert. Hier leuchtet der Norden den Menschen des Südens auf die Ferne aus Hochglanzinseraten als das Gelobte Land entgegen. Der Text ist englisch, kaum jemand versteht etwas. Was verstanden wird, ist die Verheißung eines unvorstellbar anderen Lebens; es sind die Bilder, jedoch nicht die Illustrationen zu den Artikeln, sondern die Inserate. Den Helden des Films, zwei Geschwistern, Junge und Mädchen, hat es vor allem die Hochglanz-Erscheinung einer Toilette mit Wasserspülung vor weiß getäfeltem schimmerndem Hintergrund angetan. An diesem Inserat macht sich ihre Sehnsucht nach dem Gelobten Land des ganz Anderen, dem »Norden« fest. Der Film erzählt die herzzerreißende Geschichte der beiden Geschwister, deren Überwindung der amerikanischen »Mauer« mit anschließender Existenz als Illegale ohne Green Card in den USA zu einer Höllenfahrt wird, auf der die junge Frau das Leben verliert und ihr Bruder innerlich zerbricht.

Wie anders ist die Reise, die die Route der Arbeitsmigration umkehrt, der Ferntourismus, der Konsumenten aus dem reichen Norden in die Armutszonen des Südens führt. Es beginnt bei Fernseh-Spots, die Globalität in konsumierbaren Häppchen versprechen. In die gelobte Ferne und Fremde führt die Chartermaschine. Auf dem Flug verdoppelt sich der Vorgang, wenn als Unterhaltung über die Fernsehschirme ganze Filme flimmern, die für Tourismus werben. Die Machart verbindet digitalisierten Surrealismus mit einer Reizästhetik der Tourismusware. Der Tourist erfährt Globalisierung als Patchwork. Nach dem Muster der Videoclips jagen einander mehrere Einstellungen pro Sekunde, nach Reizwert hintereinander montierte Filmaufnahmen aus aller Welt. Entnommen sind sie zumeist der Welt der Armut, doch eben die Armut bleibt ausgeschlossen aus der Vorstellung. Einzig in Gestalt des Pittoresken und Fotogenen gelangen ihre domestizierten Spurenelemente ins Bild. Die Welt erhält durch diese selektive Serialisierung Prospektcharakter und bietet sich dar als ein Supermarkt der Reize, eine einzige Ansammlung von Fotomotiven. Der exhibierte Leib und der fremde Blick werden phantastisch ineinander montiert zu einer Phänomenologie begehrter Begierden. Dies ist die Warenästhetik des Tourismus. Sie entfaltet eine üppige Sinnlichkeit der »Sehenswürdigkeiten«. Doch sie tut es in der schalen Form des Konsumismus: Der Blick geht nicht aus auf Entdeckungen, sondern diese werden dem festsitzenden unablässig zugeworfen. Er wird überfüttert mit einer imaginären Fülle, die einem »lechzend Leeren« (Kojève 1958, 41) dargeboten wird.

Auf den Blick des »reichen« Armutstouristen lässt sich übertragen, was Stuart Hall vom »Englischen Auge« – dem Blick der Subjekte der klassischen europäischen Kolonialmacht – gesagt hat:
»[Es] sieht alles andere, erkennt aber weniger deutlich, dass es selbst etwas ist, das seinen Blick auf die Welt richtet. Es wird gleichbedeutend mit dem Sehen an sich. Es ist natürlich trotzdem eine strukturierte und eine kulturelle Repräsentation, die immer binär, d.h. stark zentriert ist. Dadurch, dass es weiß, wo es ist und was es ist, platziert es alles andere.« (Hall 1994, 45)
Nur dass für den Armutstouristen aus den Reichtumszonen der Andere unterm Gesichtspunkt eines Genießenwollens erscheint, das ihn nach Kriterien des »ästhetischen« Konsumismus bewertet. In seiner Lust ist er auf der Flucht vor sich selbst. Was Hall von der rigiden traditionellen Anglizität gesagt hat, die zugleich eine Männlichkeitsform war, liegt lauernd im Untergrund des postmodernen Genießertums, das es unmittelbar negiert:
»Man umrundet den gesamten Globus: wenn man weiß, was jeder andere ist, dann ist man, was diese nicht sind. In diesem Sinne ist Identität immer eine strukturierte Vorstellung, die ihr Positives nur mit dem engen Auge des Negativen wahrnimmt. Sie muss durch das Nadelöhr des Anderen gehen, bevor sie sich selber konstruieren kann.« (Ebd.)
Der Konsument konstruiert sich über ein Angebot, welches das Ungenießbare am Anderen ausgesiebt hat. Das Kapital »versucht, eine Welt zu schaffen, in der die Dinge unterschiedlich sind. Und das ist das Vergnügliche an ihr, aber die Differenzen spielen dennoch keine wirkliche Rolle«, bemerkt Hall (58). Der Armutstourist genießt die ästhetisch abstrahierte, wie durch Panzerglas betrachtete und um ihre Wirklichkeit gebrachte Differenz. Im Armutstourismus macht das Zentrum sich auf in die Peripherie, die es somit einlässt in sein Imaginäres. In diesem Aufbruch an die Peripherie dominiert das Zentrum nicht weniger, sondern anders, und die touristische Form dieses Aufbruchs kündigt die neue Form seiner Dominanz im Prozess der Globalisierung an. »Homogenisierung und Absorption einerseits, Pluralisierung und Diversität andererseits«, die Hall als »Charakteristika der neuen Form der dominanten kulturellen Postmoderne« (60) fasst, präfigurieren die globale westlich zentrierte Massenkultur. Sie »spricht amerikanisch« (nicht englisch, wie Hall meint); doch sie spricht es gleichsam als elementare Gemeinsprache, die ein Patchwork zahmer Regionalismen einfasst.

## Ästhetik der Globalware

Die Erfolgsgeschichte der »fordistischen« Waren des Massenkonsums, von Jeans, »Hamburgern« und Coca-Cola, wird unter Bedingungen des High-Tech-Kapitalismus vollends »Weltgeschichte«. Mit der Reichweite des digital konstituierten Scheins globalisiert sich das Imaginäre der Warenästhetik. »Gibt es überhaupt noch Vielheit unter den Bedingungen der industriell-elektronischen Weltzivilisation?«, fragt Beat Wyss (1991, 30). Die Frage ist rhetorisch gemeint und richtet sich gegen Wolfgang Welsch, der die »Idee eines bunten Flickenteppichs der Pluralität [...] über die ganze Erde ausgebreitet« sieht. Doch gerade weil dem Kapital die Gebrauchsgestalten seiner Produkte nichts gelten im Vergleich zu ihrer Wertgestalt, kann es über die kulturelle Repräsentation »verhandeln«. Die »McWorld-Kultur« muss nicht, wie auch Barber meint, uniform sein. Sie muss es nicht, weil die Differenzen keine wirkliche Rolle spielen. Die Globalisierung der Märkte fördert (und wird gefördert durch) eine »Ästhetik des Hybriden, der Mischung, der Diaspora, der Kreolisierung« (Hall 1994, 64). Ästhetische Repräsentationen der »Verdammten dieser Erde« rücken in die Sphäre der scheinhaften Erlösung ein, und das ist fürs Selbstverständnis der Repräsentierten nicht unerheblich. Doch das symbolische Zugeständnis an die Nichtweißen, Zugang zur Imagination der Werbung zu finden, ist wie eine Harpune, die sie desto sicherer in den Bann der Warenwelt zieht.

Auch hierdurch wirkt Warenästhetik marktmissionarisch in einem Milieu von Noch-nicht-Markt bzw. Noch-marginalem-Kleinmarkt. Sie reißt die Völker an ihren Wunschbildern in die kapitalistische Industriegesellschaft – und sei es nur als in »Ausschließung« Eingeschlossene, die auf den panischen Rassismus der privilegierteren Vielzuvielen, der Wohlstandsproleten neuen Typs, treffen. Ist der Effekt dieser durch die Warenästhetik des transnationalen High-Tech-Kapitalismus in Bewegung gesetzten sekundären Globalisierungstriebkräfte auch von Hekatomben von Opfern gesäumt und wirkt die »McDonaldisierung« (Ritzer) des Konsums als kulturelle Deprivation einer derart kapitalistisch globalisierten Menschheit, so ist doch immer zugleich auch das von Gramsci angezielte Moment »kultureller Vereinigung« der Menschheit[12] dabei, das in diesen entfremdeten und verdinglichten Formen sich vollzieht. Der falsche Universalismus, der die vom Kapitalismus in Arm und Reich auseinandergerissene Menschheit sich im falschen Spiegel des Warenzaubers zum Schauspiel macht, ist gleichwohl geladen mit dem schwachen messianischen Potenzial einer sich in dieser Entfremdung

---

[12] Vgl. Antonio Gramsci, *Gefängnishefte*, Heft 11, §17; ferner Haug 1996, Kap. 3.

tendenziell erstmals als Menschheit konstituierenden menschlichen Gattung. Ein Vorschein dessen im Lebensstil geistert gerade dort durch, wo diese Perspektive am meisten negiert scheint, in den klimatisierten Ghettos der von Privatpolizeien bewachten Einkaufs- und Wohnzentren der Dollarbesitzer, in den aggregierten Warengalerien der Malls und ihren privat-öffentlichen Plätzen, den »neuen Kirchen der Warenkultur«, der »civilisation marchande« (Barber). Die Absatzkalküle für standardisierte Massenprodukte privilegieren nämlich weltmarktgängige Stilelemente. Das wirkt zurück in die kapitalistischen Zentren, wo die global zielende Absatzstrategie die Modemacher dazu anhält, zumindest auf die Reichtumsoasen in der Wüste der Armut Rücksicht zu nehmen und für ihre Produkte eine ästhetische *lingua franca* zu entwickeln.

»Je stärker sich die Luxusgüterindustrie im Fernen Osten und in Amerika, in Russland und in Mitteleuropa gleichermaßen zu behaupten hat, desto stärker wird sie auf eine Formensprache achten, die nicht mit eklektizistischem Französisch, ausdrucksstarkem Italienisch oder Straßenenglisch unverstanden bleibt, sondern sich im allgemeinverständlichen Amerikanisch der Sportlichkeit ausdrückt. [Dies] verdankt sich einem durch Verkaufsstrategien vorgegebenen ästhetischen Kalkül, das im Zeichen der Globalisierung die Differenzen einebnet. [...] Denn die neue Mode reduziert die Unterschiede mit einfachen Schnitten auf demokratisches Gleichsein: ethnisch verträglich, ökologisch korrekt, sozial akzeptiert, geschlechtsneutral.« (Kaiser 1998)

Die Emanzipation solcher Tendenzen aus dem Ghetto des Weltapartheidsregimes der Reichen vermöchte diese Ansätze zurechtzurücken. Solange sie in die Grenzen dieses Regimes gebannt sind, ist es zynisch, die Benettonwerbung dafür zu feiern, dass sie dazu aufruft, »einträchtig zu konsumieren im Weltdorf«. Beat Wyss, der sie dafür rühmt (1991, 30), bescheinigt der Werbung allgemein »einen zivilisatorischen Auftrag. Ihre Allgegenwart stiftet das Gemeinschaftsgefühl einer Teilhabe am Schönen« (25). Als »Realästhetik« verklärt er »die populäre Absicherung der Idealpolitik einer Weltbürgerschaft durch den schönen Schein der Werbung« (30). Das ist unerlaubt harmlos. Der Konsumismus hebt sich ab von seinem Gegenteil, der Verelendung.

Nichts würde die Zivilisation gründlicher verändern und aus dem Status einer abhängigen Variable des Kapitalismus befreien, als die Teilhabe der bislang von ihr Ausgeschlossenen an ihren elementaren Errungenschaften. Sie wird ihnen nicht geschenkt, und ihre Aufstände scheitern, solange ihnen keine verwandte Bewegung aus den Reichtumszentren entgegenkommt, die mit hegemonialer Kraft dem Zerrbild des globalen Konsumismus eine alternative Vorstellung von Reichtum und gutem Leben entgegensetzt. Hall glaubt daher »nicht an einen Begriff der Globalisierung als widerspruchsfreien, unumkämpften Raum« (58). Nicht auf die Widersprüche allein, sondern vor allem aufs Widersprechen richtet sich die Hoffnung.

## Das Verschwinden der Realität in der Ideologie

Was Brecht von den Verbrechen sagt, die durch ihr Ausmaß unsichtbar werden, scheint auch von den Wirkungsweisen der Warenästhetik gelten zu sollen. Wenn ihre Kritik »heute etwas antiquiert anmutet, so liegt das nicht daran, dass sie widerlegt worden wäre, sondern dass sie von der Wirklichkeit verstärkend überholt wurde« (Welsch 1990, 19, zu Haug 1971). Aber wie kann eine Kritik dadurch überholt werden, dass das Kritisierte an Bedeutung zugenommen hat? Es scheint eher so, dass die Hyperkommerzialisierung der Kultur die neoliberale Verabsolutierung des Marktes vorübergehend noch verstärkt hat. Beat Wyss zieht der Kritik der Warenästhetik eine affirmative »Werbeästhetik« vor (1991, 21), indem er sich entschließt, einfach Werbung »ästhetisch« zu betrachten und davon abzusehen, dass es die Waren sind, die von der Werbung ästhetisch inszeniert werden. Von seiner intellektuellen Kapitulation lenkt er dadurch ab, dass er das »Verfallensein an die Ware zwischen Kritik und Mimesis« angreift, dessen »bestes Beispiel« Walter Benjamin sei, und dafür Andy Warhol rühmt, weil er kühl und gelassen zeige, »wie die Schönheit des Scheins gemacht wird« (22).

Solcher ideologischen Affirmation mögen Tendenzen ironischer Kultivierung von Warenästhetik entgegenkommen, vielleicht auch jener »ironische Konsum«, den Bolz gegeben sieht, wenn jemand, der sich Besseres leisten könnte, bei McDonald's isst, und den er in der Tendenz begründet sieht, »nicht nur Güter, sondern [...] auch das Konsumieren« zu konsumieren (1994, 80). Konsumismus gewinnt desto mehr Raum, je mehr die Politikverdrossenheit wächst und sozialkritisches Engagement sich zurückzieht. Nach dem Zusammenbruch des Staatssozialismus im Osten und der Krise des sozialdemokratischen Wohlfahrtsstaats im Westen Europas – beides bedingt durch die sprunghafte Entwicklung der Produktionsweise – war für viele der Sinn von Kritik in Frage gestellt. Es schien, als habe er davon gezehrt, dass es eine Alternative zum oder auch im Kapitalismus gab. »Die ästhetische Haltung der unbedingten Bejahung gewinnt an Aktualität, seit die Welt als zweipolige, zwischen herrschender Wirklichkeit und utopischer Möglichkeit, zusammengebrochen ist. [...] Wer dies [...] mit fröhlicher Gleichgültigkeit aufnimmt, hat den Zeitgeist verstanden.« (Wyss 1991, 28)

Die »Spaßgesellschaft« hat Gesellschaftskritik an den Rand gedrängt. »Im Unterschied zu der alten... Medienkritik« wird jetzt »Sinn-Design« durch Werbung begrüßt«, registriert etwa Heinz Steinert, der, einer verbreiteten

Stimmung der 90er Jahre folgend, jene »alte Medienkritik« als »wehleidig« denunziert (1998, 191). Wo Kritik war, macht aufgeklärt zynische Affirmation sich breit. So empfiehlt etwa Norbert Bolz den Designtheoretikern, sie sollen »sich daranmachen, die alten kritischen Vokabeln wie »Warenästhetik« und »Kulturindustrie« umzuinterpretieren, das heißt im Wesentlichen: sie von ihren negativen Vorzeichen zu befreien. Kultur ist eine Industrie, Ästhetik ist die Theorie designter Waren, und Waren lassen sich nur noch ästhetisch verkaufen. So gelangen wir zu einer Entübelung des Warenfetischismus. Wir müssen begreifen: Gefühle gelten nicht den Menschen, sondern den Dingen. [...] *Wir leben in einem Vakuum der großen Gefühle. Und hier springt der postmoderne Konsum ein. Emotional Design besorgt den Transfer der »zwischenmenschlichen« Werte in die Dingwelt.*« (Bolz 1994, 81)[13] Wolfgang Welsch begreift als »Grundgesetz der Medienwelt die Ablösung der Wirklichkeit durch ihre simulatorische Überbietung« (1990, 16f). Während Welsch distanziert eine suggestive Tendenz der Medien schildert, rufen andere das »Verschwinden der Wirklichkeit« aus, als beträfe es die Sache selbst. »Die Realität wird eines nicht zu fernen Tages bloßes Medium von Vorstellungen, Phantasien und Illusionen sein.« (van den Boom 1987, 185) Im Weg sind dabei »die Medizinmänner des kritischen Bewusstseins«, die mit dem »Appell an die »Wirklichkeit« [...] einen Gegenzauber gegen die Welt der errechneten Bilder veranstalten«; in Wirklichkeit sei Wirklichkeit »das Integral ihrer Simulationen« (Bolz 1991, 123).

Die entschlossene Affirmativität ist mit Negation geschlagen. In der Vorstellung ihrer Vertreter absorbierte die Warenästhetik den Warenkörper und der Kauf den Gebrauch. Beat Wyss meint: »Der Kreislauf des Konsums [...] vergeistigt sich im zweckfreien Genuss seiner Werbung.« (1991, 31) Und Norbert Bolz, der die Komik nicht scheut,[14] setzt nach: »Konsum hat also längst nichts mehr mit Bedürfnisbefriedigung zu tun, sondern ist das Medium dessen, was schon Oscar Wilde ›self-culture‹ genannt hat.« (1994, 80) Zur Bestätigung zitiert Bolz (1992, 103) einen Satz von Michel Serres, um das »Ende der Substanz«[15] zu verkünden:

---

[13] Der Autor fährt fort: »Schon Karl Kraus hatte ja gespottet, mit einer Frau zu schlafen, sei nur ein schlechter Ersatz für die Onanie.«

[14] »Die Welt der Simulakra absorbiert den Schein und liquidiert das Reale. Baudrillard spricht gar von der Erektion einer ›réalité sans image‹ (1976, 83).« (Bolz 1991, 104)

[15] Was Bolz hierbei ins Affirmative umdreht, ist ein Typus von Kritik, der seinerseits das Kind mit dem Bade ausschüttet: Ottmar John etwa referiert Benjamin so: »Die Substanz der Dinge löst sich in Schein auf. [...] so ist nach diesem Warenbegriff der Schein, der täuschende Nebel, der das Ding zu umgeben scheint und in und

## Warenästhetik im Zeitalter des digitalisierten Scheins

»Wir trinken nur noch Wellen.« (*Der Parasit*, 148) Bedürfnisbefriedigung stellt die Wirklichkeit des Konsums in seinen beiden Polen dar: der Beschaffenheit der Bedürfnisse und der Beschaffenheit des konsumierten Produkts, bezogen auf das Trinken etwa das Verlangen nach Wein und die Qualitäten des Weines selbst. Das Wegbehaupten dieser Wirklichkeit orientiert sich am Modell der Computersimulation: »Simulation setzt den Tod der Referenz voraus; ihr Modell ist nicht mehr die Abbildung, sondern der Schaltkreis. Das erschüttert den Wirklichkeitsbegriff im Innersten.« (Bolz 1991, 109)

In Wirklichkeit ist es bei der als Planungsmittel eingesetzten Computersimulation unsinnig zu sagen, sie »entzieht sich dem Realitätsprinzip« (ebd.). Sie tut das genaue Gegenteil: sie trägt dem Realitätsprinzip komplexer Rechnung, als bisher möglich, vor allem prozess-dynamisch und experimentell, indem sie es ermöglicht, unterschiedliche Handlungsalternativen durchzuproben. Bei der Flugsimulation etwa bildet das Modell die »Wirklichkeit« im Sinne des Wirkungszusammenhanges ab. Ihr liegt also eine Abbildung mit entschiedenem Wirklichkeitsbezug zugrunde. Wie jede Theaterprobe auf den Ernstfall hin simuliert, dass vor Publikum und Theaterkritikern gespielt werde, so geht es bei der Computersimulation um Probehandeln innerhalb eines möglichst realitätsgerechten Modells. Abstraktiv und mithilfe von Rechengeräten tat das vor der Computerisierung jeder Statiker, wenn er das architektonische Modell einer Brücke auf kommende Belastungen hin durchrechnete.

In den selbst-verkaufsfördernden Modediskursen über die neuen Medien wird das Wirkliche zermöglicht und verbildet. Ganz so, wie die im elektronischen Imaginären, auf den Bildschirmen der Spielautomaten abgeknallten Gestalten unsterblich sind. Die Folgen unseres Handelns und Unterlassens scheinen im Horizont der Spielhalle zu verschwinden, wenn die Wirklichkeit virtualisiert wird. »Der Schein des ›Alles ist möglich‹ lässt die Zukunftsmöglichkeiten im beliebig-attraktiven Ungewissen und begünstigt die verschiedenen Spielarten eines radikalen Egoismus und Fatalismus, eine Gleichgültigkeit, der alle überindividuellen sozialen und politischen Strategien höchst suspekt sind.« (Mayer 1994, 926)

---

hinter dem die Ideologiekritik Dinge vermutete, längst zum Wesen der Sache avanciert. Die Oberfläche der Dinge gibt es nicht, nur eine Wolkendecke, die in jedem Augenblick zu einer neuen Gestalt zerstobt. [...] Der Schein ist die Substanz, das Wesen, das materielle Substrat (einer Ex- und Hopp-Gesellschaft, einer wahnsinnig akzelerierten Warenzirkulation). Phantasmagorien, Reklamebilder, die Einbildungen und Fiktionen, die die Warenzirkulation erzeugt, sind nicht kurzlebiger [...], sind nicht prinzipiell anders als die Waren in der Hand oder die Moden im Habitus der Menschen. Beide koinzidieren in der zeitlichen Ausdehnung und Struktur ihres Daseins.« (1992, 31)

Jaron Lanier (2000), der den Begriff der »virtuellen Realität« geprägt hat, kritisiert die Verabsolutierung der informationstheoretischen Welterklärung als »kybernetischen Totalismus«, als auf einem »intellektuellen Missverständnis« beruhenden vulgärreligiösen neuen Glauben. Jene Modediskurse bewegen sich im Kielwasser eines solchen Totalismus. Eine ihrer Quellen ist die Enttäuschung an den Annahmen einer praktisch-gesellschaftskritisch gewendeten Aufklärung.

Marx nahm an, die Religionskritik sei »die Voraussetzung aller Kritik«. Dem lag die Annahme zugrunde, ohne die Legitimation des Himmels würden die irdischen Verhältnisse in Bewegung kommen. »Der Mensch, der in der phantastischen Wirklichkeit des Himmels ... nur den *Widerschein* seiner selbst gefunden hat, wird nicht mehr geneigt sein, nur den *Schein* seiner selbst ... zu finden, wo er seine wahre Wirklichkeit sucht und suchen muss.« (MEW 1, 378)

Wirklichkeit zielt hier aufs Wirken, auf die Tätigkeit und Handlungsfähigkeit, und für Marx bestünde unsere »wahre Wirklichkeit« darin, dass wir mit aggregierter Handlungsfähigkeit unsere gesellschaftlichen Daseinsformen im Einklang mit den Naturbedingungen unseren Bedürfnissen gemäß zu gestalten verstünden.

In der überkommerzialisierten Kultur sieht es so aus, als sei der Mensch dazu verurteilt, nurmehr den *Schein* seiner selbst zu finden,[16] und als bedürfte es zur Aufrechterhaltung dieses Zustands nicht mehr der Religion.

## Werbung und Konsum als Religion?

Gerade weil die Warenästhetik keine Substanz hat, bzw. alles, was ankommt, zu ihrer Scheinsubstanz macht, ist sie die parasitäre Macht aller Substanzen. Religion ebenso sehr wie Kunst – indem die Warenästhetik Gebrauch von den Bildern dieser Sphären macht, entleert sie diese zu substanzlosen Hülsen. Selbst die Revolution entgeht nicht dieser parasitären Nutzung. Diesen Prozess bilden die Marktintellektuellen nach, denen in ihrer Not nichts Besseres einfällt, als dem warenästhetischen Recycling in begeistertem Mitmachen zu folgen, einer intellektuellen Variante der Sigmund Freud analysierten Identifikation mit dem Aggressor. »Der Konsum verliert sein schlechtes Gewissen, wenn es gelingt, den Akt des Einkaufens als eine Form des Ge-

---

[16] Bolz meint, sich vom Charakter des Scheins, bloßer Wirklichkeitsersatz zu sein, durch Abschaffung der Wirklichkeit befreit zu haben: »mit der wahren Welt haben wir auch die scheinbare, mit dem Realen haben wir auch das Imaginäre abgeschafft« (1991, 109).

bets zu stilisieren.« (Bolz 1994, 84) Nichts kann der Kunst so tödlich werden wie die zeitgemäße Entgrenzung der Ästhetik zur neuen Generalkompetenz. Ihr redet Wolfgang Welsch das Wort:

»Wo Wirklichkeit aus weichen Meandern und ununterscheidbaren Übergängen von Schein und Realität oder Fiktion und Konstruktion besteht, da braucht es, um solchen Prozessen auf die Spur zu kommen und einigermaßen gewachsen zu sein, ein ähnlich bewegliches und geschmeidiges Denken, da ist nur noch ein ästhetisches Denken navigationsfähig ... Seine Konjunktur ist Effekt nicht einer Mode, sondern dieses Wirklichkeitswandels (1990, 59).«

Martin Seel erwidert: »Eine Ästhetik des totalen Scheins ist die falsche Antwort auf die Ästhetik des Seins« (1993, 783; vgl. Mayer 1994). Der falschen Antwort folgt die Verklärung des Falschen auf dem Fuß. »Endlich darf man »sich seines Konsumlebens erfreuen«, heißt es bei Beat Wyss (1991, 24). Endlich darf man guten Gewissens »süchtig auf die konsumistische Vorlust« sein (25). Und als ein »endlich« Eingetretenes begrüßt er: »Kunst wird fun. [...] Falls es die Philosophen noch nicht gemerkt haben: Kunst ist erlöst vom Zwang zur Geistigkeit.« (24)

Nachdem, solchen Diskursen zufolge, der Warencharakter die Kunst eingeholt und in sich aufgelöst hat, wird der Kunstcharakter der Werbung und dem Konsum zugeschrieben:

»Der neue ungegenständliche Konsum orientiert sich an [...] Qualitäten, die sich nicht mit Händen greifen lassen, sondern geistiger Art sind. [...] Ob man Pepsi- oder Coca-Cola trinkt, ist keine Frage der Geschmacksnerven, sondern des Weltbildes, das der Videoclip entwirft.« (Bolz 1994, 79f).

Die VW-Werbung präsentiere »ein völlig vergeistigtes Produkt« (83). Die entsprechende Werbung (für den Passat) lautet: *engineered to recharge the human spirit*. Bolz macht daraus die These: »*Die postmoderne Werbung übernimmt die Funktion der Religion. Sie entfaltet die Spiritualität des Konsums.*« (1994, 83) »Buying is much more American than thinking«, hat Andy Warhol, der Porträtist der fordistischen Warenästhetik, die ungeschriebene Maxime des fordistischen Konsumismus in den USA ausgesprochen. Eine Generation später ist die zynisch gewordene Kritik in zynische Affirmation umgeschlagen. »Postmodernes Marketing braucht die Verpackungskünstler des Geistes. [...]. Das Wahre und die Ware sind dasselbe. Wir haben von der Postmoderne gelernt, dass Kunst ein Geschäft ist. Jetzt müssen wir von der postmateriellen Gesellschaft lernen, dass das Geschäft eine Kunst ist.« (Bolz 1994, 86)

Der Versuch, die heraufziehende neue Wirklichkeit des Scheins in ihrer Materialität zu denken, ist eine Voraussetzung dafür, mit der Kunst auch die Wirklichkeit und Wahrheit der Theorie wiederzugewinnen. Doch solches

Denken schwebt nicht in der Luft. Wo immer Menschen sozial sich bewegen, die Welt solidarisch anzueignen, wird es einen Ort finden.

## Literatur

Adorno, Theodor W./Horkheimer, Max (1947): Dialektik der Aufklärung, Frankfurt/M. 1988
Barber, Benjamin R. (1998): Culture McWorld contre démocratie, in: *Le Monde diplomatique*, Aug. 1998, 14f.
Baudrillard, Jean (1976): L'échange symbolique et la mort. Paris (dt.: Der symbolische Tausch und der Tod, München 1991)
Baudrillard, Jean (1978), La précession des simulacres, in: *Traverses*, Nr. 10, Paris
Benjamin, Walter (1974): Das Kunstwerk im Zeitalter seiner technischen Reproduzierbarkeit (zweite Fassung), in: Gesammelte Schriften, hrsg. v. R. Tiedemann und H. Schweppenhäuser, Bd. I/2, Frankfurt/M., 471ff.
Benjamin, Walter (1982): Das Passagen-Werk, in: Gesammelte Schriften, Bd. V, hrsg. v. R. Tiedemann, 2 Bde., Frankfurt/M.
Bolz, Norbert (1991): Eine kurze Geschichte des Scheins, München
Bolz, Norbert (1994): Das kontrollierte Chaos. Vom Humanismus zur Medienwirklichkeit, Düsseldorf-Wien
Bolz, Norbert (2000): Marken, Mythen, Medien, in: *FAZ*, 27.6.2000, B1
Gramsci, Antonio (1991ff.): Gefängnishefte, Hamburg/Berlin
Hall, Stuart (1994): Das Lokale und das Globale: Globalisierung und Ethnizität, in: ders., Rassismus und kulturelle Identität, Ausgewählte Schriften 2, hrsg. u. übers. v. Ulrich Mehlem u.a., Hamburg 1994
Haug, Wolfgang Fritz (1971): Kritik der Warenästhetik, Frankfurt/M. (10. Auflage 1990)
Haug, Wolfgang Fritz (1997): Nach der Kritik der Warenästhetik, in: Das Argument 220, 39. Jg., H.3, 339-350
Haug, Wolfgang Fritz (1999): Warenästhetik als Globalisierungsmotor, in: ders., Politisch richtig oder Richtig politisch, Hamburg 1999, 33-43
Haug, Wolfgang Fritz (2000): Prolegomena zu einer Kritik der Neuen Ökonomie, in: Das Argument 238, 42.Jg., H.5/6, 619-645
Historisch-kritisches Wörterbuch des Marxismus, hrsg. v. W.F. Haug, Hamburg 1994ff
Jameson, Fred (1991): Postmodernism, or, The Cultural Logic of Late Capitalism, Durham
John, Ottmar (1992): »Einfühlung« in die Ware – Eine zentrale Kategorie Benjamins zur Bestimmung der Moderne, in: Concordia Nr. 21, 20-40
Kaiser, Alfons (1998): Gleichsein in der Modewelt, *FAZ*, 18.4.1998, 1
Klotz, Ulrich (2000): Die Akteure des Korporatismus verhindern den Wandel [...]. Neue Ökonomie (5), in: *FAZ*, 24.7.2000, 28

Kojève, Alexandre (1958): Hegel. Versuch einer Vergegenwärtigung seines Denkens, hrsg.v. Iring Fetscher, Stuttgart 1958
Lanier, Jaron (2000): Die Menschheit macht sich dumm, damit die Maschinen siegen können, in: *FAZ*, 22.7.2000, 41
Marx, Karl (1962 ff): Das Kapital, Kritik der politischen Ökonomie, Berlin/ DDR, MEW 23-25
Mayer, Günter (1994): Visionen fürs 21. Jahrhundert?, in: Das Argument 207, 917-27
McChessney, Robert W. (1999): Rich Media, Poor Democracy. Communication Politics in Dubious Times. Urbana-Chicago: University of Illinois Press
Michel, Karl Markus (1991): Zierrat, Fetisch, Bluff, in: *Kursbuch* 106, 151-68
Nientiedt, Klaus, Zeitalter der *bricolage*, in: *Herder-Korrespondenz*, Nr. 3, 1990
Ramonet, Ignacio (2000): Nouvelle économie, in: *Le Monde diplomatique*, 47. Jg., Nr. 533, April 2000, 1
Ritzer, George (1995): Die McDonaldisierung der Gesellschaft, Frankfurt/M.
Sartre, Jean-Paul, *L'être et le néant*, Paris: Gallimard 1943 (dt.: *Das Sein und das Nichts*, Hamburg 1962)
Schmidt, Holger (2000): dot.com — Zur neuen Gründergeneration im Internet, *FAZ*, 1.2.2000, 17
Schmidt, Siegfried S./Spiess, Brigitte (1997): Die Kommerzialisierung der Kommunikation. Fernsehwerbung und sozialer Wandel 1956-1989, Frankfurt/M.
Seel, Martin (1993): Vor dem Schein kommt das Erscheinen. Bemerkungen zu einer Ästhetik der Medien, in: Merkur, Heft 9/10. 47. Jg., 770-83
Steinert, Heinz (1998): Kulturindustrie, Münster
Van den Boom, Holger (1987): Digitale Ästhetik, Stuttgart
Welsch, Wolfgang (1990): Zur Aktualität ästhetischen Denkens, in: ders., Ästhetisches Denken, Stuttgart, 41-78
Wernick, Andrew (2000): The Promotional Condition of Contemporary Culture, in: Lee (Hrsg.) 2000, 300-18 (aus: A. Wernick, *Promotional Culture*, London: Sage 1991, 181-98)
Wyss, Beat (1991): In der Kathedrale des Kapitalismus, in: *Kursbuch* 106, 1991, 19-31

# Susan George
# Den Krieg der Ideen gewinnen
## Lektionen der gramscianischen Rechten

Im Griechischen ist der Hegemon der Führer und von dort ist es nicht weit zum Begriff der Herrschaft und Dominanz als Ausdruck von »Hegemonie«. Traditionell bezog sich der Begriff auf Staaten. In den 20er und 30er Jahren entwickelt Antonio Gramsci das Konzept der Hegemonie weiter. Er erklärt damit, wie eine Klasse über ihre ideologische Dominanz ihre Führung von und Autorität über andere etabliert. Während orthodoxe Marxisten nahezu alles auf ökonomische Kräfte zurückführten, führte Gramsci die entscheidende Dimension des Kulturellen ein. Er zeigte: Wenn eine ideologische Autorität oder besser »kulturelle Hegemonie« einmal über Zwang und Konsens hergestellt wurde, werden Revolutionen oder der Einsatz von Gewalt zur Durchsetzung eines gesellschaftlichen Wandels überflüssig.

Für die heutige Zeit würden nur wenige abstreiten, dass wir unzweifelhaft unter einer Herrschaft des Marktes, in einer super-konkurrentiellen, globalisierten Gesellschaft mit vielfältigen Ungleichheiten und alltäglicher Gewalt leben. Erfahren wir die Hegemonie, die wir verdienen? Ich denke schon – und mit »wir« meine ich die progressive Bewegung, die Linke. Ohne die Wirkung ökonomischer Kräfte oder politischer Ereignisse wie das Ende des Kalten Krieges auf die Veränderungen in unseren Gesellschaften zu leugnen, möchte ich mich hier dennoch auf den »Krieg der Ideen« konzentrieren, der tragischerweise von Seiten der Linken vernachlässigt wurde – große Teile der »alten« Linken sind zu Stützen der neuen Weltordnung geworden. Zahlreiche öffentliche und private Institutionen, die aufrichtig glaubten, sie arbeiteten für eine gerechtere Welt, sowie eine Reihe von Stiftungen haben aktiv zum Triumph des Neoliberalismus beigetragen bzw. ihn passiv ermöglicht. Die gegenwärtige Herrschaft der Rechten ist das Ergebnis einer konzertierten, langfristigen und effektiven ideologischen Anstrengung identifizierbarer Akteure. Die Dominanz des Marktes ist weder natürlich noch unvermeidbar, sie entstand nicht aus dem Nichts, sondern wurde bewusst hergestellt. Also sollte es auch möglich sein, gegenhegemoniale Kräfte in Gang zu setzen und ein gegenhegemoniales Projekt aufzubauen.

## Exklusion und Ideologie

Das späte 20. Jahrhundert kann als Ära der Exklusion bezeichnet werden. Der so genannte »freie Markt«, der zunehmend politische und soziale, wie auch ökonomische Prioritäten bestimmt, kann nicht jede und jeden einschließen. Die Aufgabe des Marktes ist nicht, Arbeitsplätze zur Verfügung zu stellen, schon gar nicht, gesellschaftlichen Zusammenhalt zu stiften. Er hat keinen Platz für die steigende Zahl von Menschen, die wenig oder nichts zu Produktion oder Konsumtion beitragen und entsprechend zum Hemmnis der aerodynamischen Weltökonomie werden. Global, wie auch in jedem einzelnen Land, funktioniert der Markt zum Wohle einer Minderheit. Die Ära der Exklusion erzeugt Myriaden gesellschaftlicher Schäden, welche zahlreiche humanitäre und karitative Organisationen vergebens zu versorgen versuchen. Vergeblich, weil sie es bislang zu begreifen versäumt haben, dass ihre Projekte in einem ideologischen Kontext bestehen müssen, der ihr Wirken konterkariert. Solange diese Situation fortbesteht, ist ihre Aufgabe hoffnungslos, ihre gut-meinende Arbeit wird verdorren, ihre Anstrengungen hinweggeschwemmt werden. Es wird bereits – gerade von rechts – über die Sinnhaftigkeit humanitärer Hilfe gestritten.

Die gegenwärtig herrschende ökonomische Doktrin, für die weitgehende Exklusion ein normales und notwendiges Element darstellt, ist keineswegs auf dem Berg Sinai offenbart worden, sie kommt nicht vom Himmel und ist nicht das Resultat spontaner Zeugung. Sie wurde über Dekaden sorgsam herangezogen und gepflegt durch Gedanken, Handeln und Propaganda; und von einer eng verstrickten Bruderschaft (vorwiegend von Männern) bezahlt. Eine frühere Version dieser Doktrin war das *laisser faire*; heute sprechen Amerikaner vom Neo-Konservativismus, Europäer von Neoliberalismus und Franzosen von der *pensée unique*. Ich werde den Begriff des *Neoliberalismus* verwenden, bedenkend, dass die moderne Version dieser Doktrin weit entfernt ist von jenen »liberalen« politischen Ökonomen wie Adam Smith oder David Ricardo. Neoliberale geben vor, ihren illustren Vorgängern zu folgen, tatsächlich verraten sie ihren Geist und ignorieren ihre moralischen und gesellschaftlichen Lehren.

## Ein halbes Jahrhundert Geschichte

Der Triumph des Neoliberalismus ist das Ergebnis von 50 Jahren harter intellektueller Arbeit, die seit Mitte der 70er Jahre zunehmend über Medien, Politik und die Programme internationaler Organisationen ihre Verbreitung findet. Reaganomics und Thatcherismus sind die offensichtlichsten Beispiele dieser »Erfolgsgeschichte«. Vor über 50 Jahren, zum Ende des Zweiten Weltkrieges, war der Neoliberalismus ultra-minoritär und hatte keinen Platz in den politischen Debatten des *mainstream*. Sein Einfluss war auf den exklusiven, kleinen Kreis seiner Anhänger beschränkt – die überwältigende Mehrheit waren Keynesianer, Sozial- oder Christdemokraten oder auf die ein oder andere Weise Marxisten. Die Überwindung dieses Kontextes erforderte intellektuelle Hartnäckigkeit und politische Planung – aber auch freundliche Missachtung und Passivität von Seiten der selbstgenügsamen Mehrheit. Wenn wir grob von drei Arten von Menschen ausgehen – jene, die Dinge geschehen machen; jene, die Dinge geschehen lassen; und jene, die gar nicht wissen, wie ihnen geschieht – dann gehören die Neoliberalen sicherlich zur ersten Gruppe und die meisten Linken zu den übrigen beiden. Die Linke verhielt sich tatenlos, bis es »plötzlich« zu spät war.

Die amerikanischen[1] Gründungsväter des Neoliberalismus standen zu Beginn vor einem scheinbar unlösbaren Aufgabe, glaubten aber an ein entscheidendes Prinzip: *Ideas have Consequences*,[2] so der Titel eines 1948 erschienen Buchs von Richard Weaver, das noch eine lange Karriere haben sollte. Seine konservativen Schriften wurden ebenso wie die Arbeiten des Exilösterreichers August Friedrich von Hayek (z.B. sein einflussreiches *Road to Serfdom*) oder eines brillianten jungen Ökonomen namens Milton Friedman von der Universität Chicago veröffentlicht. Viele Jahre später wurden die »Chicagoer Schule« bzw. die »Chicago Boys« berühmt. Ihre ökonomischen, gesellschaftlichen und politischen Sichtweisen breiteten sich über die ganze Welt aus. Im Chile Pinochets konnten die Chicago Boys zum ersten Mal ihre »Schocktherapien«, basierend auf der Herstellung einer freien Entfaltung des Unternehmertums bei gleichzeitiger Unterdrückung der Arbeiter, zur Anwendung bringen.

Margaret Thatcher erklärte stolz, Anhänger Hayeks zu sein und die meisten Studenten der Wirtschaftswissenschaft, die einmal zentrale Positionen in Politik und Ökonomie einnehmen werden, durchlaufen an den Universitäten ein neoliberales Curriculum. Die neoliberale Doktrin lässt sich (gemäß eines ihrer Anhänger) wie folgt zusammenfassen: Individuelle Freiheit ist das ultimative gesellschaftliche Ideal; Regierungsgewalt ist zwar notwendig, muss aber klar begrenzt und dezentralisiert werden; Interventionismus

---

[1] Auch von Hayek lehrte in Chicago.
[2] Als konservative »Bildungsbürger« kannten sie ihren Hegel (Gramsci wohl weniger): »Die theoretische Arbeit bewegt mehr Zustände in der Welt als die praktische. Ist das Reich der Vorstellungen revolutioniert, so hält die Wirklichkeit nicht aus«. Anm. d.Ü.

ist verdammenswert und gefährlich; und ökonomische Freiheit, also Kapitalismus, ist unverzichtbare Vorbedingung für politische Freiheit. Neoliberale widersprechen der Vorstellung, individuelle Freiheit hänge von Demokratie und staatlich garantierten Hilfen ab. Solche »Hilfen« stellen in ihren Augen nichts anderes als Ketten dar. Frei sein bedeutet: Freiheit von staatlichen Zwängen. Das Individuum ist vollständig verantwortlich für sein ökonomisches und soziales Schicksal; das impliziert: Ungleichheiten sind notwendig. Doch das wäre positiv zu bewerten – Thatcher formulierte prägnant: »It is our job to glory in inequality and see that talents and abilities are given vent and expression for the benefit of us all.« Dieser Vorstellung Ausdruck zu verleihen, musste in den frühen Tagen der neoliberalen Renaissance utopisch anmuten – sie standen in fundamentalem Widerspruch zum Geist des New Deal und des Wohlfahrtsstaates. Sie begriffen aber, dass es zur Veränderung der ökonomischen, politischen und gesellschaftlichen Landschaft zuerst einer Veränderung der intellektuellen und psychischen Landschaften bedurfte. Damit ihre Ideen Teil des individuellen und gesellschaftlichen Alltags werden konnten, mussten sie verpackt, vermittelt und propagiert werden, über Bücher, Zeitschriften, Zeitungen, Konferenzen, Symposien, Berufsverbände, Studentenorganisationen, Lehrstühle, Massenmedien etc. Forschende, schreibende, denkende, publizistisch tätige, lehrende, informierende, erziehende Menschen mussten ermutigt werden, in diesem Sinne weiterzuarbeiten – sie wurden darüber hinaus in vielen Fällen gut dafür entlohnt. Wenn Ideen an Attraktivität gewinnen sollen, überzeugen oder besser noch wirksam werden sollen, müssen sie entsprechend finanziert werden: Es bedarf des Geldes, um intellektuelle Infrastrukturen aufzubauen und eine bestimmte Sicht der Dinge voranzutreiben. Auf den sorgsam gelegten Grundlagen konnte der Neoliberalismus aufbauen, so dass eine einstmals minoritäre, elitäre, ja moralisch widerwärtige Weltsicht sich nach und nach ausbreiten konnte, bis sie innerhalb der Schicht nationaler und globaler Entscheidungsträger vorherrschend wurde. Über Presse, Radio und Fernsehen drang sie fast unmerklich in alle Bevölkerungsbereiche vor. Gewisse Vorstellungen aus dem Fundus der neoliberalen Ideologie erscheinen heute einer Mehrheit der Menschen als normal, als natürlich, als wäre es niemals anders gewesen.

## Ideologieproduktion

Die Neoliberalen entwarfen eine Strategie zur Suche nach und Rekrutierung von Denkern und Schreibern, suchten nach Finanzierungsmöglichkeiten, um ein breites Netz von Institutionen aufzubauen und zu unterhalten, die zur

Vorhut der »konservativen Revolution« werden sollten. Die Revolution begann in den USA, breitete sich aber – wie der Rest der amerikanischen Kultur – über die ganze Welt aus, beeinflusste die Politik in Europa und andernorts. Die Doktrinen des IWF, von Weltbank und WTO sind vom neoliberalen Credo nicht zu unterscheiden.

Zu den einflussreichsten intellektuellen Think Tanks der Neoliberalen gehört das *American Enterprise Institute*. Es wurde 1943 von einer Gruppe gegen den New Deal eingestellter Unternehmer gegründet. Es begründete die neoliberale Öffentlichkeitsarbeit in den 50er und 60er Jahren, arbeitete direkt zusammen mit Mitgliedern des Kongresses, der amerikanischen Bundesverwaltung und der Medien. In den 1980er Jahren beschäftigte das Institut 150 Mitarbeiter, sein Budget betrug 14 Mio. US-$. Eine seiner erfolgreichsten Kampagnen zur Akquisition von Finanzmitteln wurde vom Staatssekretär für Verteidigung im Speiseraum des Pentagon durchgeführt. In den 90er Jahren ist das Budget des Institutes zurückgegangen – doch noch immer produziert es einen steten Strom von Büchern, Pamphleten, gesetzlicher Empfehlungen, deren Inhalte regelmäßig Eingang in die Massenmedien finden – aber ihre Ideen sind zum Allgemeingut geworden und bedürfen heute weniger intensiver Performance. Die *Heritage Foundation* ist wohl aufgrund seiner engen Beziehung zu Ronald Reagan einer der bekanntesten Think Tanks. Eine Woche nach dessen Amtsantritt übergab die Stiftung der neuen Regierung eine 1000-seitige Studie mit dem Titel »Mandat zur Führung« – es war das Ergebnis der Arbeit von 250 neoliberalen »Experten«. Ihre Empfehlungen wurden zu großen Teilen direkt in Gesetzesvorhaben umgesetzt. Dieses kollektive Gehirn hinter Reagan und Bush wurde 1973 gegründet und hatte ein jährliches Budget von 18 Mio. US-$ zur Verfügung; etwa 200 Dokumente wurden pro Jahr veröffentlicht. Das Jahresverzeichnis der Stiftung listet 1500 neoliberale »Experten«, verteilt auf 70 unterschiedliche Bereiche auf – ein gehetzter Journalist musste nur zum Telefon greifen, um einen der »Experten« zu interviewen. Präsident Reagan selbst führte eine Kampagne zur Finanzierung der Stiftung mit den Worten an: »Ideas do have consequences – rhetoric is politics and words are action.« Auch in der Amtszeit Clintons genoss die Stiftung großen Einfluss. Der Erfolg der Heritage Foundation galt als Beispiel für die Gründung von über 37 Mini-Heritages in den gesamten USA und unzähliger Ableger in der ganzen Welt. Damit wurde eine Illusion der Diversität erzeugt und der Eindruck erweckt, die von Regierungen berufenen Experten repräsentierten ein breites Spektrum von Sichtweisen. Dies zeigte sich auch an der Politik Clintons, die sich im Kern von jener seiner Vorgänger kaum unterschied.

Einige andere, kleinere Think Tanks sind z.B. die altehrwürdige *Hoover Institution on War, Revolution and Peace*, gegründet als anti-kommunistische Forschungsanstalt 1919 an der Standford Universität – ab 1960 verfolgten sie auch ein neoliberales ökonomisches Programm; das »libertäre« *Cato Institute* in Washington spezialisierte sich auf Studien zum »minimalen Staat« und zur Privatisierung; das *Manhattan Institute for Policy Research*, 1976 vom späteren CIA-Direktor William Casey gegründet, konzentrierte sich auf eine Kritik staatlicher Redistributionspolitik. In Großbritannien findet sich ebenfalls eine Reihe neoliberaler Think Tanks (oder von – wie sie sich früher selbst bezeichneten – »Ms. Thatcher Kommandos«): London beherbergt das *Centre for Policy Studies*, das anti-etatistische *Institute of Economic Affairs* und das *Adam Smith Institute*, welches wahrscheinlich mehr zur Privatisierung beigetragen hat, als jedes andere. Letzteres prahlte, über 200 Maßnahmen des so genannten »Omega Projekts« seien von der Regierung Thatcher umgesetzt worden.

Seine Experten wirkten auch maßgeblich an den Privatisierungsprogrammen der Weltbank in Entwicklungsländern mit. Doch das bedeutendste intellektuelle Netzwerk hat keinen Standort und keine Adresse: die *Mont Pèlerin Gesellschaft*. 1947 von Hayek gegründet, brachte sie zunächst amerikanische und europäische Konservative in einem kleinen Ort bei Lausane zusammen. Ohne selbst sichtbar in Erscheinung zu treten, stellt sie seither den einflussreichsten internationalen Club neoliberaler Denker dar. Seine 400 Kernmitglieder kommen in größeren Abständen regelmäßig zusammen. Milton Friedman glaubt, »die Mont Pèlerin Gesellschaft zeigte uns, dass wir nicht allein sind« und stiftete Freundschaften, Beziehungen, gemeinsame Projekte und Publikationen. Die Mitgliedschaft erfolgt über »Einladung« anderer Mitglieder und die Namen der Mitglieder werden nicht öffentlich bekannt gegeben (aber auch nicht unbedingt verheimlicht, d.Ü.[3]). Zum Beispiel sind sowohl der ehemalige tschechische Premierminister Klaus, der ehemalige französische Finanzminister Madelin wie auch Margaret Thatcher Mitglieder.

---

[3] Eine bemerkenswerte Studie zu Praxis und Wirken der Mont Pèlerin Gesellschaft findet sich bei D. Plehwe/B.Walpen, Wissenschaftliche und wissenschaftspolitische Produktionsweisen im Neoliberalismus. Beiträge der Mont Pèlerin Society und marktradikaler Think Tanks zur Hegemoniegewinnung und -erhaltung, in: Prokla 115, 29. Jg., 1999, Nr. 2.

## Ideologiefinanzierung

Hunderte Millionen Dollar wurden in den letzten 50 Jahren ausgegeben, um diese und viele andere Institutionen der Neoliberalen betreiben zu können. Wo kam dieses Geld her? In der Frühphase neoliberaler Netzwerkbildung war es der *William Volker Fund*, der zahlreichen Zeitschriften, Bucherscheinungen, Colloquien etc. die Existenz sicherte. Die Teilnehmer der ersten Treffen der Mont Pèlerin Gesellschaft flogen auf Kosten Volkers in die Schweiz.

Selbstverständlich konnte der Fonds nicht alle finanziellen Bedürfnisse einer wachsenden Bewegung befriedigen. Das American Enterprise Institute erhielt beispielsweise prestigeträchtige Zuwendungen der Ford Stiftung – dies öffnete die Türen zu anderen institutionellen Trägern. Seit den frühen 70er Jahren gehörte es zum »Guten Ton« reicher amerikanischer Familienstiftungen, die Produktion und Verbreitung neoliberaler Ideen mit Geld zu unterstützen. Sie setzten ihre Mittel dabei strategisch ein. Der Direktor der *Bradley* Stiftung, die fast ihr gesamtes Budget den Neoliberalen zur Verfügung stellte, brachte es auf den Punkt: »We are in this for the long haul.« Die Bradleys glaubten, dass »im Laufe der Zeit, Ideen entscheidenere Konsequenzen zeigen als die Kraft politischer oder ökonomischer Bewegungen«. Stiftung wie *Coors* (Brauerei), *Scaife* und *Mellon* (Stahl) und v.a. *Olin* (Chemie, Munition) finanzierten Lehrstühle in den angesehensten Universitäten des Landes. Deren Besetzung erfolgte nach sorgsamer Auswahl nach dem Prinzip: »to strengthen the economic, political and cultural institutions upon which [...] private enterprise is based«, so Kritiker Jon Weiner. Olin investierte über 55 Mio. US-$ und die Liste der darüber finanzierten Lehrstühle liest sich wie ein *Who is Who* der akademischen Rechten.

Ein Beispiel für das indeologische Selbstvermarktungssystem der Neoliberalen: 1988 lud Alan Bloom, Direktor des *Olin Center for Inquiry into the Theory and Practice of Democracy* an der Universität Chicago, einen hohen Beamten des State Departement zur Übergabe einer Studie ein. Der Redner proklamierte den »totalen Sieg« des Westens und seiner neoliberalen Werte gegenüber dem kommunistischen Block. Sein Text wurde unverzüglich in der Zeitschrift *The National Interest* (welche ihrerseits eine Mio. US-$ an Zuwendungen von der Olin Stiftung erhält) veröffentlicht, herausgegeben von Irving Kristol (Inhaber des Olin Lehrstuhles an der New York University Graduate School of Business). Kristol veröffentlichte zeitgleich Repliken zum Text – eine von ihm selbst verfasst, eine von Alan Bloom, eine weitere von Samuel Huntington (der 1,4 Mio. US-$ für sein Olin Institute for Strategic Studies in Harvard erhält). Diese vollständig inszenierte Debatte wurde sogleich von der *New York Times*, der *Washington Post* und dem *Time Maga-*

*zine* aufgenommen. Heute ist Francis Fukuyama und sein *Ende der Geschichte* weithin bekannt, das Buch ein Bestseller, in unzählige Sprachen übersetzt. Seit den 70er Jahren ermahnte der Direktor der Olin Stiftung, William Simon, seine Geschäftsfreunde und Konkurrenten »Forscher, Sozialwissenschaftler, Autoren und Journalisten« zu unterstützen und »im Tausch für Bücher, Bücher und noch mehr Bücher zu spenden, spenden und noch mehr zu spenden«. Simon wusste wovon er sprach: nicht nur kann strategisch eingesetztes Geld eine wissenschaftliche und politische »Debatte« aus dem Nichts heraus schaffen; vielmehr kann darüber bestimmt werden, welche gesellschaftlichen, politischen, ökonomischen Felder in welcher Weise untersucht werden und welche nicht; es öffnet ausgewählten neoliberalen Repräsentanten die Türen zu Entscheidungsträgern und Massenmedien. Dem Herausgeber der *Policy Review* bei der Heritage Foundation scheint dieses Verhalten ungebührlich – es widerspricht scheinbar der elitären Haltung eines Neoliberalen:

»Journalism today is very different from what it was 10 to 20 years ago. Today, op-ed pages are dominated by conservatives. We have a tremendous amount of conservative opinion but this creates a problem for those who are interested in a career in journalism [...] If Bill Buckley were to come out of Yale today, nobody would pay much attention to him. He would not be that unusual [...] because there are probably hundreds of people with those ideas and they have already got syndicated columns.«

Jede Bewegung, die ihre Reihen professioneller Forscher, Denker und Autoren nicht erneuern kann, gerät im Krieg der Ideen in die Defensive. Neoliberale machen sich keine Gedanken, wenn sie weiße Männer dafür bezahlen, ihre intellektuellen Produkte unter die Leute zu bringen – letztere sind dafür bestens geeignet. Aber sie unterstützen auch viele Frauen, Afroamerikaner und andere Minderheiten, ebenso wie Dutzende von Studentenzeitungen, Tausende von Doktoranden und eine kleine Armada von Zeitschriften. Buchstäblich Hunderte Millionen Dollar werden jedes Jahr investiert, um zukünftige Rechtsintellektuelle aufzubauen.

## Praktische Implikationen

Aus all dem kann eine erstaunliche Schlussfolgerung gezogen werden: Die Rechte ist eine Brutstätte für Marxisten! Oder zumindest für Gramscianer. Sie haben begriffen, dass wir nicht mit unseren Vorstellungen und Überzeugungen geboren werden, sie uns vielmehr erwerben müssen. Sie haben begriffen, dass es zur Durchsetzung ihrer Überzeugungen materieller Infrastrukturen bedarf. Sie haben begriffen, dass diese Strukturen weitgehend die intellektuellen Superstrukturen bestimmen – das ist es, was Gramsci mit dem *hegemonialen Projekt* des Kapitalismus meinte: Entscheidend ist, in die Köpfe der Menschen zu gelangen, dann gewinnst du ihr Herz, ihre Hände und ihr Schicksal.

Die Linke scheint ein hegemoniales Projekt nicht von einem Stachelschwein unterscheiden zu können. Was haben die »Anwälte der Schwachen« all die Jahre getrieben? Haben sie ihre Zeit und ihr Geld dafür verwendet, die Verbreitung ihrer Ideen und Überzeugungen zu fördern und zu verteidigen? Kaum. Nicht nur vertraute die Linke zu lang auf ihre intellektuelle Überlegenheit, ruhte in der Überzeugung, es bedürfe keiner Anstrengungen, ihre Positionen zu begründen, sie machte sich naiverweise auch keine Gedanken über die wachsende intellektuelle Kraft der Rechten, die schon bald hegemonial werden sollte. Die Linke sah ihre Aufgabe in der Durchführung und Finanzierung von Projekten und Programmen für die Armen und Benachteiligten der Welt, mit einer Konzentration auf Graswurzelbewegungen und »community empowerment«. Lobenswerte Ziele – aber was geschieht, wenn Regierungen des Südens sich stattdessen Strukturanpassungsprogrammen verschreiben, welche die Lebensbedingungen der Ärmsten vernichten, wenn Regierungen im Norden zu einer anti-wohlfahrtsstaatlichen, gegen Arbeiterinteressen gerichteten Politik übergehen? Was geschieht, wenn die WTO mehr Einfluss auf die Überlebensbedingungen von Gemeinschaften nimmt als die Gemeinschaften selbst? Oder wenn öffentliche Mittel für Gesundheit, Bildung, Wohnen, Transport und Umwelt und vieles mehr versiegen? Ohne intellektuelle Waffen zur Verteidigung und zur Herstellung eines Kontextes, in dem sie erfolgreich sein können, kollabieren die wertvollen Projekte und löblichen Programme. Sie können in einem intellektuellen Vakuum (oder gar einem feindlichen Umfeld) nicht existieren.

Natürlich verfolge ich mit diesen Ausführungen ein Interesse – zu oft habe ich gehört: »Ihre Vorschläge sind sehr interessant, aber wir finanzieren keine Forschungen und Publikationen!« Links orientierte Geldgeber und Spender opfern viel Zeit und Geld für vielerlei »Projekte«, aber kaum für eine intellektuelle Infrastruktur. Während für die Arbeit der »Aktivisten« eine Finanzierung unmittelbar einleuchtend erscheint, wird erwartet, Forschen, Denken und Schreiben sei zum Nulltarif zu haben. Dieses Denken ist kurzfristig und kontraproduktiv. Auf diese Weise lässt sich kein intellektuelles Klima schaffen, in dem die Weltanschauung der Neoliberalen nicht als natürlich und unvermeidlich erscheint, sondern als das, was sie ist: als moralisch widerwärtig. Mit der zunehmenden Durchsetzung neoliberaler Sichtweisen wird die Zahl ihrer Opfer mit jedem Tag größer. Damit wird der Druck, die begrenzten und abnehmenden Mittel nur noch für »Hilfsprojekte« zu reservieren, immer größer. Die Linke muss sich darüber klar werden, dass es größer finanzieller Mittel bedarf, unsere verloren gegangene intellektuelle Initiative wieder zu gewinnen. Wir sollten von der Geschichte des Neoliberalismus lernen.

Für jene, die bereit sind, intellektuelle Arbeit zu finanzieren, möchte ich noch einige nebensächliche Empfehlungen aussprechen. Die Geldgeber sind selten adäquate Beurteiler des intellektuellen Outputs, den die geförderten Forscher oder Organisationen produzieren. Sie sind häufig beeinflusst von Themen und Debatten, die bereits den *mainstream* bzw. das öffentliche Bewusstsein erreicht haben. So war es in der Frühphase der Schuldenkrise in der Dritten Welt schwierig, entsprechende Arbeiten darüber zu finanzieren. Einige Jahre später hatte die Schuldenkrise enorme Ausmaße angenommen und das Thema rückte in den Blickpunkt des öffentlichen Interesses. Nun wollte jeder für entsprechende Forschungen eine Finanzierung. Doch die Aufgabe progressiver Denker ist es, außerhalb des *mainstream* zu stehen, die entscheidenden Entwicklungen der Zukunft zu antizipieren und vorzubereiten. Ein wirklich progressiver intellektueller Arbeiter stellt subversives Wissen zur Verfügung. Dieses Wissen ist vom Establishment per Definition unerwünscht. Allerdings müssen, bevor dieses Wissen in Form von Büchern u.a. bereit gestellt werden kann, die Monate und Jahre der Arbeit zuvor finanziert werden – und zwar, bevor das Thema allgemein anerkannt und das vermeintlich Subversive zum Teil der allgemeinen Debatte geworden ist. Geldgeber sollten eine notwendige Arbeitsteilung akzeptieren und den intellektuellen Arbeitern einen gewissen Vertrauensvorschuss gewähren, ohne zu versuchen, ihre Forschungsagenda zu bestimmen.

Statt des »Projektansatzes« sollten wir stärker auf die Schaffung von Institutionen bauen. Spender und Geldgeber haben verständlicherweise ein Interesse daran, Ausrichtung und Durchführung eines Projektes direkt mit den betreffenden Personen zu diskutieren, und nicht etwa mit einem professionellen *Fundraiser*. Dieses Verhalten kann allerdings auch kontraproduktiv wirken, wenn es die betreffenden Personen vom Denken, Forschen und Schreiben abhält. Mehrere unterschiedliche Projektanträge zu schreiben, diese in verschiedenen Zusammenhängen und Ländern, vor unterschiedlichen Zuhörern, per Post und in Person zu verteidigen, verbunden mit einer vielfältigen Korrespondenz, Vorträgen, Zwischenberichten etc., ist extrem zeitraubend. Projektfinanzierung geht im Gegensatz zur Institutionenbildung mit arbeitsteiliger Organisation und niedriger Produktivität einher. Wir brauchen Forschungs- und Politikberatungsinstitute, wissenschaftliche Zeitschriften und unabhängige intellektuelle Arbeiter innerhalb wie außerhalb der Universitäten.

Es sollte aber nicht nur die intellektuelle Arbeit selbst vernünftig finanziert, sondern auch ihre möglichst breite Nutzung gesichert werden. Die

Hertitage Foundation verausgabt nahezu ein Drittel ihrer Mittel für die Außenwirkung. Die Linke ist an der Massenwirksamkeit ihrer Ideen bzw. an deren Finanzierung weniger interessiert. In der Konsequenz werden Institutionen, deren Mittel nur für die im Projektantrag aufgeführten Posten ausgegeben werden dürfen, kaum Übersetzungen tragen können, keinen »Feature Service« für Fernseh- und Radioprogramme oder Zeitungen und Zeitschriften in unterschiedlichen Ländern einwickeln können, keine Bücher zu Dokumentationen werden lassen etc. Engagierte junge Menschen wollen für progressive linke Organisationen arbeiten und nehmen dafür erhebliche materielle Nachteile in Kauf, aber es gibt kaum Möglichkeiten für professionelle Arbeit. Zur Verbreitung von Ideen sind Workshops notwendig, in denen vermittelt wird, wie man/frau für ein Massenpublikum schreibt oder spricht. Wir brauchen quasi eine modernisierte Form der alten Arbeiterbildungsvereine, in denen die besten unserer Theoretiker auch lehren. Obwohl der Erfolg der Linken von solcher Art Aktivitäten abhängt, finden sich dafür kaum Geldgeber. Die nachteilige Wirkung, Gramsci nicht wirklich ernst zu nehmen, zeigte sich in der mangelnden Kraft der Linken gegenüber den Ideen der Neoliberalen. Die intellektuelle oder »kulturelle Hegemonie« der Neoliberalen ist nahezu vollständig. In diesem Sinne gilt es den Kampf der Ideen aufzunehmen, andernfalls akzeptieren wir faktisch die neoliberale Ordnung.

# Hans-Jürgen Bieling
# Transnationale Vergesellschaftung und die »neue Sozialdemokratie«

Im Verlauf der neunziger Jahre ist die europäische Sozialdemokratie, zumindest nach Wahlergebnissen und Regierungsbeteiligungen, in fast allen Ländern der Europäischen Union recht erfolgreich gewesen. Einige Einbrüche haben zwar gezeigt, dass dieser Trend fragil ist, die wirtschaftlich zentralen EU-Staaten werden jedoch nach wie vor von sozialdemokratisch geführten Mitte-Links-Koalitionen regiert. Zudem sind die öffentlichen Diskussionen programmatisch noch stark durch die von Giddens (1999) losgetretene Debatte über den »dritten Weg« geprägt. Sicherlich wäre es überzogen, von einer Hegemonie der »neuen Sozialdemokratie« zu sprechen. Die zuweilen etwas emphatische Rede von einer »Renaissance« der Sozialdemokratie entbehrt jedoch nicht jeglicher Grundlage.

Auf den ersten Blick scheinen daher all jene Recht behalten zu haben, die sich gegen Dahrendorfs (1983) These vom »Ende des sozialdemokratischen Jahrhunderts« schon früh zur Wehr gesetzt hatten. Doch eigentlich ist eine solche Interpretation nicht gerechtfertigt. Dahrendorf hatte nämlich nicht davon gesprochen, dass sozialdemokratische Parteien keine Wahlen mehr gewinnen und im politischen System geschwächt werden. Er hatte vielmehr behauptet, dass sich infolge (weltweiter) ökonomischer und gesellschaftlicher Umbrüche die politische Agenda und letztlich auch die sozialdemokratische Programmatik verändern, d.h. die von ihr aufgegriffenen Themen, ihre Prioritäten und auch das von ihr repräsentierte politische Paradigma. Im Vordergrund sollten fortan nicht mehr der Kampf gegen die Arbeitslosigkeit, der Ausbau des Wohlfahrtsstaats und eine keynesianisch inspirierte Wirtschaftspolitik stehen, sondern die neuen Angebots- und Wettbewerbsfragen einer zunehmend entfesselten und globalisierten Weltökonomie. Genau genommen, war Dahrendorf – selbst wenn man seine analytische und normative Perspektive nicht teilt – mit diesen Annahmen seiner Zeit sogar weit voraus.

In diesem Beitrag soll nun nicht versucht werden, im Detail nachzuzeichnen, wie die sozialdemokratischen Parteien in den 80er und 90er Jahren im Rahmen eines »neuen Revisionismus« (Sassoon 1997) auf die veränderten Probleme, Herausforderungen und Konflikte konkret reagiert haben. Im Vordergrund steht vielmehr die Frage nach der neuen gesellschafts- und wirtschaftspolitischen Programmatik sozialdemokratischer Parteien. Diese setzten im Unterschied zu einer rigiden neoliberalen Konzeption, auf die sich in Kontinentaleuropa selbst die bürgerlichen Regierungen nicht eingelassen haben, auf einen stärker kooperativen Modus des Netzwerkregierens unter Einschluss von kommunitaristischen und neo-keynesianischen Programmelementen. An alte Traditionen wird dabei nur vordergründig angeknüpft. Über die Umdefinition von Werten und Leitbildern – von der Chancengleichheit zur sozialen Gerechtigkeit, von der (Klassen-)Solidarität zur (Wettbewerbs-)Gemeinschaft, vom Sozialstaat zum »aktivierenden Staat« oder von der Vollbeschäftigung zur *employability* – vollzieht sich vielmehr ein deutlicher Bruch mit der sozialdemokratischen Tradition. Mehr noch: Die neue Sozialdemokratie richtet sich in der »neoliberalen Konstellation« grundsätzlich ein. Indem sie deren zentrale Prinzipien – die marktgetriebene Deregulierung und den Primat monetärer Stabilität – akzeptiert und übernimmt, trägt sie ungeachtet aller Modifikationen letztlich mit dazu bei, die Muster der neoliberalen Restrukturierung zu konsolidieren.

## Reproduktionsmuster im Transnationalen High-Tech-Kapitalismus

Die fordistischen Gesellschaften entwickelten sich im Kern unter den Bedingungen einer »sozialdemokratischen Konstellation«. Der Handlungsrahmen war nicht nur durch die Ziele der Vollbeschäftigung und wohlfahrtsstaatlichen Expansion geprägt. Die politischen Akteure verfügten innerhalb des Bretton-Wood-Systems bzw. der von Ruggie (1982) als *embedded liberalism* bezeichneten globalen Regulierungsstruktur aufgrund einer relativ umfassenden Kontrolle der internationalen Währungs- und Finanztransaktionen auch über ein hohes Maß an wirtschafts- und finanzpolitischer Autonomie, um diese Zielsetzungen zu realisieren und die komplexe gesellschaftliche Kompromissstruktur – zwischen dem Industrie- und Finanzkapital, zwischen Kapital und Arbeit, zwischen dem privaten und öffentlichen Sektor etc. – materiell und regulativ abzusichern (vgl. Helleiner 1994). Mit dem Zusammenbruch des Bretton-Wood-Systems und der Fordismuskrise erodierte dann die »sozialdemokratische Konstellation«. Die nachlassenden Produktivitätssteigerungen, die wirtschaftliche Wachstumsschwäche und steigenden Erwerbslosenquoten unterspülten »von innen« die institutionellen Formen der wohlfahrtsstaatlichen Regulation; und »von außen« sorgte der über die internationalen Finanzmärkte stimulierte Wettbewerbsdruck – die neue Konkurrenz zwischen den Währungen, die wachsende Bedeutung der Aktienkurse und der Kampf um Direktinvestitionen – dafür, dass sich die Gesellschaften marktgemäß modernisierten (vgl. u.a. Hirsch 1995).

Die Liberalisierung der internationalen Finanzmärkte wie auch die Deregulierung, Flexibilisierung und Privatisierung der nationalen Arbeitsmärkte und Sozialsysteme vollzog sich dabei keineswegs im Selbstlauf. Auf der globalen und nationalen, nicht zuletzt auf der europäischen Ebene haben neoliberal orientierte Kräfte die gesellschaftliche Reorganisation strategisch bewusst, zumindest interessengeleitet vorangetrieben (vgl. Bieling/Steinhilber 2000). Dem Integrationsschub der 80er und 90er Jahre kam dabei eine maßgebliche Bedeutung zu. Über die ökonomischen Kernprojekte des EWS, des EG-Binnenmarktes und der WWU etablierte sich eine »neoliberale Konstellation«, deren übergeordnete Kriterien – Geldwertstabilität, Vermögenssicherung und Standortattraktivität – eine umfassende Neuausrichtung der Politik anleiten (vgl. u.a. Cox 1997; Panitch 1994). Einiges spricht dafür, dass sich infolge der informationstechnologischen Revolution, der arbeits- und produktionsorganisatorischen Umbrüche, der Globalisierung bzw. Denationalisierung und veränderter kultureller Reproduktionsmuster eine neue kapitalistische Formation, der »transnationale High-Tech-Kapitalismus« (Haug 1999) herausgebildet hat. Bevor nun erörtert wird, wie die neue sozialdemokratische Politik und Programmatik in dieser neuen Formation zu positionieren ist, macht es Sinn, deren inhärente Entwicklungsdynamik zu skizzieren. Gill (2000) identifiziert vor allem drei bestimmende Tendenzen: Danach ist die politische Ökonomie durch einen »disziplinierenden Neoliberalismus«, der transnationale staatliche Regulationsmodus durch einen »neuen Konstitutionalismus« und die Zivilgesellschaft durch die Verallgemeinerung einer »Kultur des Marktes« gekennzeichnet.

### Disziplinierender Neoliberalismus

Die Prozesse der ökonomischen Restrukturierung haben sich erst allmählich in der Tendenz eines »disziplinierenden Neoliberalismus« verdichtet. In den 80er Jahren kursierten in den öffentlichen Diskussionen noch alternative Konzepte (vgl. Lipietz 1992), und auch in der politischen Praxis wurden – auf der betrieblichen, regionalen und nationalen Ebene – noch konträre Modelle einer primär marktgetriebenen (USA, Großbritannien) oder solidarischen Reorganisation (Skandinavien, etwas schwächer in Kontinentaleuropa) verfolgt. Letztere gerieten jedoch spätestens ab Anfang der 90er Jahre unter einen verschärften Anpassungsdruck: Zum einen wurden im Bereich der Arbeits- und Produktionsorganisation die Ansätze einer »ausgehandelten Beteiligung« der abhängig Beschäftigten und der Gewerkschaften durch eine stärker kostenorientierte Strategie der Unternehmensmodernisierung, d.h. Formen des *outsourcing* und *downsizing*, und tiefgreifende Umwälzungen in der Produktionskette ersetzt; und zum anderen waren die sozialen Sicherungssysteme und der öffentliche Dienst durch die Wirtschaftskrise, die sprunghaft angewachsene Erwerbslosigkeit und die zugespitzte Finanzkrise des Steuerstaats einem enormen Anpassungsdruck ausgesetzt. Beide Tendenzen unterminierten letztlich auch die solidarische Lohnpolitik, die bisher über die tarifpolitische Vermittlung der arbeitsmarkt- und sozialpolitischen Regulierung den sozialen Ausgleich und relativ hohe Sozialstandards gefördert hatte (vgl. Ryner 1999). Kurzum, ungeachtet aller Abweichungen und Besonderheiten waren in den 90er Jahren überall in Westeuropa Strategien der neoliberalen Modernisierung auf dem Vormarsch.

Diese Entwicklung ist durch den europäischen Integrationsschub, vor allem durch die zentralen ökonomischen Projekte – das EWS, den EG-Binnenmarkt, die WWU und nun die Aktionspläne für einen integrierten Finanzmarkt – zwar nicht unbedingt verursacht, so doch aber sicherlich verstärkt worden. Über sie hat sich eine Logik der ökonomischen Restrukturierung Bahn gebrochen, die nicht ausschließlich, aber doch in hohem Maße durch neoliberale bzw. monetaristische Ideen beeinflusst ist. Der politischen Ökonomie Europas sind der Primat der monetären Stabilität, die Deregulierung der Marktverhältnisse, die wachsende Bedeutung des *shareholder values* und die hiermit einhergehende Transformation des *corporate governance* deutlich eingeschrieben:

Erstens haben die Projekte der Währungsintegration, d.h. das EWS und die WWU, maßgeblich dazu beigetragen, einen monetaristischen Basiskonsens zu etablieren und Fragen der Geld- und Finanzpolitik dem demokratischen Verfahren auf der nationalen Ebene zu entziehen (vgl. McNamara 1998, 170ff.). Die europäisch definierten geld- und haushaltspolitischen Vorgaben haben die Dynamik der kompetitiven Austerität dabei zwar modifiziert, nicht aber grundsätzlich außer Kraft gesetzt. Der Wettbewerbsdruck, der durch die erhöhte internationale Mobilität des Finanzkapitals stimuliert wird, bleibt, global betrachtet, prinzipiell bestehen, wenngleich innerhalb der EU die Geld- und Finanzpolitik im Übergang zur WWU in wachsendem Maße administrativ reguliert wird. Viele Politikfelder werden hiervon zumindest indirekt tangiert. Besonders stark schlägt sich die Disziplinierung im öffentlichen Sektor, in den sozialen Sicherungssystemen, in der sozialpolitischen Regulation, in den Systemen der industriellen Beziehungen und in der Tarifpolitik nieder. Es zeigt sich deutlich, dass sich innerhalb eines restriktiven makroökonomischen Regimes der Anpassungsdruck auf die Löhne und Sozialleistungen strukturell erhöht (vgl. Martin 1999).

Zweitens hat das Binnenmarktprojekt in Ergänzung hierzu einen Prozess der kompetitiven Deregulierung in Gang gesetzt. Die Hintergrundfolie bildet auch hier die Globalisierungsdynamik, d.h. die wachsende Bedeutung grenzüberschreitender Waren- und Kapitalströme, und die hierdurch intensivierte Standortkonkurrenz. Der EG-Binnenmarkt hat diese mit dem Wegfall nicht-tarifärer – technischer, administrativer und politischer – Handelshemmnisse nicht nur institutionalisiert, sondern sogar zum Prinzip erhoben. Nach dem Muster des EuGH-Urteils zum Fall »Cassis Dijon« wurde der bis dato verfolgte Harmonisierungs- durch den Anerkennungsansatz ersetzt, genauer: durch die wechselseitige Anerkennung nationaler Produkt- und Produktionsnormen (vgl. Sun/Pelkmans 1995). Die hierdurch stimulierte regulative Konkurrenz – die Anpassung der bestehenden Regulationsformen an die Erfordernisse des Marktes – beschränkt sich dabei nicht nur auf die hergestellten Produkte, sondern erfasst über die Intensivierung des Wettbewerbs auch zunehmend die Systeme der wohlfahrtsstaatlichen Regulation und die industriellen Beziehungen (vgl. Scharpf 1999, 81ff; Streeck 1998).

Und drittens schließlich arbeitet die Kommission mit Unterstützung der TNKs sowie der europäischen Finanzwelt seit Ende der 90er Jahre verstärkt darauf hin, über die Integration der Finanzmärkte und die Förderung von Risikokapital (vgl. Europäische Kommission 1999a; 1999b) den Übergang in die Shareholder-Ökonomie zu beschleunigen. Im Prinzip geht es darum, über EU-weit verbesserte Bedingungen der Kapitalbeschaffung das Eigenkapital der Unternehmen zu erhöhen und deren Investitions- und Anlagemöglichkeiten zu erweitern. Für diese Entwicklung ist die EU sicherlich nicht allein verantwortlich. Sie treibt den Prozess, in dem die Investmentbanken und institutionellen Anleger – d.h. Kapitalanlagegesellschaften, Pensionsfonds und Versicherungen – an Bedeutung sowie an ökonomischer und politischer Definitionsmacht gewinnen (vgl. Huffschmidt 1999, 64ff.), jedoch aktiv voran. Hierbei verändern sich auch die Strukturen des *corporate governance*, d.h. die Kriterien und Interaktionsmuster, über die die Eigentümer bzw. Aktionäre, die Manager und letztlich auch die Produzenten und anderen *stakeholder* auf den Produktionsprozess einwirken. Eine stärkere Risiko- und Eigenkapitalbildung, durch die Finanzmärkte vorgegebene Profitmargen, stagnierende oder sinkende Löhne, unsichere Beschäftigungsverhältnisse und die Verschärfung der Arbeitsdisziplin deuten darauf hin, dass die westeuropäischen Ökonomien in vielen Punkten dem angelsächsischen Kapitalismus-Modell nacheifern (vgl. Rhodes/van Apeldoorn 1998). Dies schließt mit ein, dass die Disziplinierung durch die Aktien- und Finanzmärkte insgesamt zunimmt.

Die Dynamiken der kompetitiven Deregulierung, der kompetitiven bzw. administrativen Austerität und die Definitionsmacht der Finanzmärkte haben in der EU ähnliche, sich mitunter wechselseitig verstärkende Konsequenzen. Alle drei Momente fördern einen Prozess der Regime-Konkurrenz, der die nationalen Regierungen und die Sozialpartner dazu anhält, das sozio-ökonomische Regulationsgefüge so zu modernisieren, dass es im Wettbewerb mit den anderen nationalen oder auch regionalen Standorten bestehen kann. Der innereuropäische Druck zur Modernisierung und Disziplinierung wird durch eine marktflankierende Politik auf der supranationalen Ebene zwar partiell eingebettet bzw. koordiniert (vgl. Leibfried/Pierson 1998), dürfte sich aufgrund der wachsenden Bedeutung des *shareholder values* zukünftig dennoch weiter verschärfen. Diese Tendenz reflektiert sich nicht nur in der wachsenden Bedeutung von feindlichen Übernahmen, in kurzfristig orientierten Managementstrategien und in der Zurückdrängung der Produzenteninteressen (vgl. Thompson 1997), sondern auch in der Selbstverständlichkeit, mit der mittlerweile die »Überwachung« der Politik durch die Finanzmärkte gefeiert wird (vgl. Breuer 2000). Für Gill (2000) deutet vieles darauf hin, dass die Politik durch die drei »C« der Macht des Kapitals grundlegend neu definiert wird: Auf die Regierungen wächst unverkennbar der Druck, gegenüber den Finanzmärkten, ihre Glaubwürdigkeit *(credibility)* zu beweisen und durch eine konsequente Politik *(consistency)* dem Vertrauen der Investoren *(confidence)* gerecht zu werden.

## Neuer Konstitutionalismus

Im Kontrast zum Mythos des sich selbst regulierenden Marktes, dem auch einige linke Kritiker, die ein Verschwinden des Staates befürchteten (vgl. z.B. Koch 1995; Misik 1997), aufsaßen, stützte sich der Disziplinierungszwang neoliberaler Restrukturierungskonzepte immer auch auf politische Entscheidungen und Arrangements. Diese kamen vor allem im Rahmen transnationaler Netzwerke und Institutionen wie z.B. der G-7, OECD, WTO, IWF, Weltbank oder die BIZ zustande und zielten darauf, durch neue oder modifizierte Abkommen bzw. Regimes – vor allem im Bereich von Handel (WTO-Abkommen, EG-Binnenmarkt, NAFTA, MERCOSUR etc.), Direktinvestitionen (das gescheiterte MAI), Finanzmärkten (informelle und verbindliche Vereinbarungen zur Wertpapieremission, Insiderhandel, Bankenaufsicht etc.) und Währungsbeziehungen (EWS, Maastricht) – die Eigentumsrechte, Investitionen, Anlagemöglichkeiten und Marktfreiheiten auch transnational abzusichern und dem Einfluss oder gar der Kontrolle demokratisch legitimierter Institutionen zu entziehen. Grinspun und Kreklewich (1994, 36) beobachten eine allgemeine Tendenz, über sog. *conditioning frameworks* die Wahl- und Handlungsmöglichkeiten auf der nationalen Ebene vertraglich zu beschneiden. Die transnationalen Wirtschaftsakteure, d.h. TNKs, Großbanken, Versicherungen, institutionelle Anleger etc., sind in diesen Prozess maßgeblich involviert. Sie drängen die nationalen Regierungen dazu, die »Herrschaft der *constraints*« (Röttger 1997, 195) vertraglich, institutionell und regulativ auszuweiten und abzusichern. Dieser »neue Konstitutionalismus« (Gill 1995; 1998) erzeugt somit eine globale Wirtschaftsverfassung, deren Funktionsweise – Regeln, Kriterien und Effekte – primär darauf ausgerichtet ist, die neoliberale Restrukturierung voranzutreiben (vgl. Scherrer 2000).

Dieser Prozess wird nun freilich nicht einfach durch die transnationalen Wirtschaftsakteure diktiert. Eine solche *outside-in*-Perspektive ignoriert, dass auch die nationalen Eliten selbst aktiv daran mitwirken, ein »komplex institutionalisiertes Gefüge autonomisierter Regierungstätigkeit« (Hueglin 1997, 95) zu errichten, in dem die tendenziell verselbständigten Exekutivorgane der direkten demokratischen Kontrolle entzogen sind. Dieser konditionale konstitutionelle Rahmen wird im Sinne einer »neuen Staatsräson« (Wolf 2000) mitunter bewusst eingesetzt, um mit dem Verweis auf internationale Verpflichtungen bestimmte politische Maßnahmen – z.B. die Deregulierungs-, Privatisierungs- und Austeritätspolitik – gegenüber der eigenen Bevölkerung legitimieren und durchsetzen zu können. Die Art und Qualität der konditionalen Vorgaben können dabei je nach Regulierungsbereich variieren. Während es sich im Bereich der Finanzmarkt(de-)regulierung eher um flexible und »unsichtbare«, zum Teil sogar informelle Konditionalitäten handelt, die in der Öffentlichkeit kaum zur Kenntnis genommen werden, ist die Bevölkerung gegenüber Fragen der zumeist formell kodifizierten Handelsregulierung weitaus stärker sensibilisiert. Doch auch hier liegen die mittel- und langfristigen Effekte der Übereinkünfte nicht immer auf der Hand.

Der neue Konstitutionalismus repräsentiert in gewisser Weise das Kernelement der gegenwärtigen »Internationalisierung« oder besser: »Transnationalisierung« des Staates. Dieser Prozess beschreibt im Anschluss an Poulantzas (1973) und Cox (1987, 253ff) den doppelten Prozess einer selektiven Transformation von Staatsfunktionen: Auf der einen Seite werden unter Führung eines hegemonialen Staates bzw. einer Allianz politischer und sozialer Kräfte bestimmte Staatsaufgaben im Rahmen internationaler Regimes ausgelagert und neu definiert. Zumeist geht es darum, die Handlungsbedingungen des transnational operierenden Kapitals abzusichern und auszuweiten. In dem Maße, wie verbindliche Übereinkommen erzielt werden, konstituieren sich Knoten- oder Kristallisationspunkte einer internationalen Staatlichkeit, die als Verdichtung transnationalisierter gesellschaftlicher Kräfteverhältnisse eine eigene institutionelle Materialität ausbilden, d.h. unter Maßgabe der vereinbarten Normen bestimmte Regeln befolgen und auch über eigene Ressourcen und Interventionsmechanismen verfügen. Die oben aufgeführten Regime, Institutionen und Netzwerke sind ebenso Elemente einer solchen transnationalen Staatlichkeit wie die diversen Abkommen im Rahmen regionaler Wirtschafts- und Freihandelszonen. So repräsentiert die Europäische Union – spätestens nach der Einheitlichen Europäischen Akte und den Verträgen von Maastricht und Amsterdam – eine besonders ausgeprägte, geradezu prototypische Form der neuen, transnational abgesicherten neoliberalen Staatlichkeit (vgl. Demirovic 2000).

Auf der anderen Seite impliziert die Transnationalisierung des Staates aber auch eine mitunter tiefgreifende Reorganisation der nationalen staatlichen Regulation (vgl. Cox 1987; Panitch 1994). Infolge der veränderten gesellschaftlichen Kräfteverhältnisse, vor allem des unverkennbaren Macht- und Einflussgewinns des transnationalen Finanz- und Industriekapitals, verschieben sich die Gewichte in den einzelnen staatlichen Institutionen wie im System der Staatsapparate insgesamt. Der neoliberale Diskurs der internationalen Wettbewerbsfähigkeit stimuliert einen Prozess, über den die Institutionen, deren Operationsweise eng in die transnationalen Wirtschafts- und Finanzkreisläufe eingebunden ist, z.b. die Zentralbanken oder die Wirtschafts- und Finanzministerien, an Bedeutung gewinnen, indessen die eigenständige Gestaltungskraft von sozial-integrativ orientierten Institutionen immer mehr verblasst. Diese Entwicklung erfasst auch diejenigen Organisationen und Bewegungen, die zuvor noch mit der Unterstützung großer Bevölkerungsgruppen für soziale Anrechte und eine ökologische Politik gekämpft haben. Sie sehen sich veranlasst, ihre Zielsetzungen entweder neu zu definieren oder aber an Einfluss zu verlieren. Wie die nachlassende Wahlbeteiligung und die zunehmende Gleichrichtung der Politik zeigen, wandelt sich hiermit auch das System der politischen Repräsentation, selbst wenn es formal unverändert erscheint. Wenn die Politik der Massenorganisationen kaum noch durch die Mitglieder, sondern primär durch die Medien und die Reaktionen der Finanzmärkte bestimmt wird, sind die demokratischen Partizipationsmöglichkeiten deutlich restringiert. Und schließlich verändern sich mit der engen Marktanbindung der Politik letztlich auch die Kriterien und Formen der staatlichen Intervention. Unter Mitwirkung von privaten Agenturen oder im Rahmen sog. *public-private partnerships* setzt auch der Staat auf eine flexible, marktnahe und wirtschaftsfreundliche Regulation und schränkt den Spielraum für marktkorrigierende und redistributive Steuerungsmaßnahmen tendenziell ein.

### Die Kultur des Marktes

Die umfassende Reorganisation des Staates wird natürlich weder einfach »von oben«, durch die transnationalen Wirtschaftseliten oktroyiert noch manipulativ gesteuert, auch wenn politisch konstruierten »Sachzwängen« zuweilen eine wichtige Rolle zukommt. Disziplinierender Neoliberalismus und neuer Konstitutionalismus können sich nur deswegen so kraftvoll behaupten, weil sie in der Zivilgesellschaft durch die »Kultur des Marktes« konsensual unterfüttert werden. Dies belegen nicht nur der Bedeutungszuwachs von Kulturindustrie und »Warenästhetik« (vgl. Haug 1999, 33ff.), der Siegeszug des besitzindividualistischen Denkens, das Leitbild der marktvermittelten Nutzenmaximierung und der Glauben an die produktiven Effekte der Marktkonkurrenz, sondern auch deren negative Kontrastfolien, d.h. das wachsende Misstrauen in gemeinschaftliche Institutionen, die Mär der öffentlichen Verschwendung und die negativen Wirkungen einer sozial ausgleichenden Regulierung. Derartige Einseitigkeiten werden zwar immer wieder durchkreuzt, haben seit den 80er Jahren jedoch überall an Bedeutung gewonnen. Nur wenige Bereiche haben sich der fortschreitenden Vermarktung (Kommodifizierung) bisher entziehen können, und viele Institutionen des öffentlichen Sektors – Bereiche der Kranken- und Alterssicherung, die meisten Versorgungsbetriebe, Rundfunk und Fernsehen, die Deutsche Bahn und sogar die Deutsche Post – sind mittlerweile in privater Hand. Zudem sind die Grenzen zwischen Staat und Markt durchlässiger geworden, und Kriterien der Effizienz und Gewinnwirtschaftung überall auf dem Vormarsch. Besonders deutlich ist dies im Freizeit- und Sportbereich, der unter dem Einfluss des boomenden Marketing-Sektors immer weiter kommerzialisiert wird.

Der neue Konsumismus, der diese Dynamik ökonomisch und ideologisch unterfüttert, hat nicht wenige Kulturtheoretiker zur These eines Übergangs vom modernen Industrie- zum postmodernen Konsumkapitalismus veranlasst. Für Lash und Urry (1987, 285) weisen vor allem drei Entwicklungen in diese Richtung: (1) Mit der medialen Inszenierung des Konsums über Bilder und Wunschvorstellungen, die Schönheit, Aufregung, Abenteuer oder Gemütlichkeit vermitteln, werden die symbolischen Aspekte des Konsums aufgewertet. Medien, Werbung, Formen der populären Kultur und Unterhaltung gewinnen nicht nur quantitativ, sondern auch qualitativ an Bedeutung. Die Rezeption von Kultur scheint sich insofern zu verändern, als ästhetische Bedürfnisse immer häufiger über Fernsehen, Video und Kino angesprochen werden. Dies hat unter anderem zur Folge, dass Kultur, Konsum und Marketing stärker ineinandergreifen und kaum mehr voneinander zu trennen sind. Das Image bzw. die Wunschbilder, die auf bestimmte Idole, Schauspieler oder Markenprodukte projiziert werden, prägen zunehmend die Alltagskultur. (2) Das Ensemble höchst disparater Kultur- und Konsummuster verweist dabei auf die wachsende Bedeutung von neuen, kulturell hegemonialen Fraktionen der Mittelklassen. Die wohlhabenden und zugleich meinungsbildenden Dienstleister sind vor allem in der Finanzwelt, im Marketingbereich, in der medialen Kommunikation und Darstellung und den Bereichen von Mode und Design anzutreffen. Sie prägen über ihre symbolisch-kreative Arbeit, aber auch über ihre Lebensstile vielfältige neue Bedürfnisse und geschmackliche Vorlieben. In gewisser Weise verkörpern die medial und öffentlich wirksamen Trend-Setter den postmodernen Kulturmenschen par excellence. Der ostentative bzw. expressive Individualismus des Konsums färbt vor allem deswegen auf die übrige Gesellschaft ab, weil die neuen Mittelklassen in jenen Sphären präsent sind – Medien, Kunst, Mode oder Werbung –, in denen die Vermarktung und der Konsum der kulturellen Symbole organisiert wird. (3) Dass sich diese Ästhetisierung von Konsum und Kultur auch auf die soziale und politische Identität der Individuen auswirkt, liegt auf der Hand. Die Identität wird tendenziell denzentriert und individualisiert, da zugleich langfristig angelegte, zukunftsorientierte Lebensentwürfe und Gesellschaftsprojekte entschwinden. Mit der nachlassenden Verankerung in gemeinschaftlichen Organisationszusammenhängen löst sich der normative, regelgeleitete Verhaltenskodex auf. An dessen Stelle tritt eine neue Konsumkultur, die die Individuen durch Markenprodukte, Symbole und Idole tendenziell vereinnahmt (vgl. Bauman 1997, 146ff.).

Letztlich entfalten sich all diese Prozesse – die Kommerzialisierung der Kultur, das gewachsene Gewicht medien-, marketing- und konsumorientierter Mittelklassen und die Ästhetisierung bzw. Entmoralisierung von Identitäten – im Kontext eines umfassenden und globalen kapitalistischen Strukturbruchs (vgl. Harvey 1990, 327ff.). Hierauf verweist die Transnationalisierung der Medien- und Kulturindustrie, aber auch die wachsende Bedeutung der globalen Finanzmärkte, durch die diese Entwicklung materiell abgestützt wird.

In der Zwischenzeit hat sich ein transnationalisiertes »Akkumulationsregime der Vermögensbesitzer« (Aglietta 2000) oder ein »Aktionärskapitalismus« (Albert 2000) herausgebildet, dessen *equity culture* und *rentier mentality* (vgl. Gill 1998, 14) mit dazu beiträgt, die neoliberale Disziplinierung ideologisch zu intensivieren und die wohlfahrtsstaatliche Regulierung einem erhöhten Anpassungsdruck auszusetzen.

## Sozialdemokratische Modifikationen

Alle drei Tendenzen – der disziplinierende Neoliberalismus, der neue Konstitutionalismus und die Kultur des Marktes – entfalten sich natürlich nicht in Reinform. Dies liegt vor allem an zwei Sachverhalten: Zum einen müssen sich auch die Wegbereiter des Neoliberalismus in einem gesellschaftlichen Kräftefeld behaupten, das durch kontroverse Macht- und Interessenlagen gekennzeichnet ist. Die konzeptionellen Entwürfe von intellektuellen Wegbereitern wie Hayek, Friedman, Buchanan und anderen Mitgliedern der *Mont Pèlerin Society* (vgl. Cockett 1995; Plehwe/Walpen 1999) können von daher nicht einfach bruchlos in die Praxis umgesetzt werden, sondern müssen immer auch Zugeständnisse an die bestehenden gesellschaftlichen Strukturen und opponierenden Kräfte enthalten. Als Abfolge ausgehandelter Vereinbarungen, die zumeist in engem Zusammenhang mit konkreten Problemen und politischen Projekten abgeschlossen werden, folgt die neoliberale Restrukturierung demzufolge keinem übergeordneten Masterplan (vgl. Drainville 1994, 116). Zum anderen erzeugt die oben skizzierte Entwicklung zugleich spezifische Widersprüche und Krisen: Was die Ökonomie anbetrifft, so zeigen die Finanzkrisen in Asien, Russland und Südamerika, aber auch das schwache Wachstum und die noch immer hohe Erwerbslosigkeit in Westeuropa deutlich, dass auch die neue Finanzmarkt-Architektur und Shareholder-Ökonomie alles andere als krisenresistent sind. Das gleiche gilt für die konstitutionelle Transnationalisierung und Reorganisation der Politik. Hiermit ist nicht nur gemeint, dass Krisen des politischen Establishments inzwischen zur alltäglichen Normalität gehören. Wichtiger noch ist die strukturelle, schwelende Legitimationskrise, von der die Institutionen der repräsentativen Demokratie infolge ihrer Aushöhlung insgesamt erfasst worden sind. Und schließlich verweisen einige Entwicklungen – Probleme der Erwerbslosigkeit und sozialen Exklusion sowie die Tendenzen der Individualisierung und Entsolidarisierung – darauf, dass die Gesellschaft nicht nur durch die Kultur des Marktes, sondern auch durch tiefgreifende soziale und kulturelle Krisen geprägt ist (vgl. Bieling 2000b).

Die neue Sozialdemokratie nimmt auf diese Instabilitäten und Krisenprozesse programmatisch, aber auch in der politischen Praxis immer wieder Bezug. In den Überlegungen der führenden Repräsentanten und konzeptionellen Vordenker sind diese Probleme, wenn auch mit unterschiedlicher Gewichtung, durchweg von zentraler Bedeutung. Nicht umsonst bilden sie den Ausgangspunkt, von dem aus sich die revidierte sozialdemokratische Programmatik entschlüsseln läßt: Wie ein angebotsseitig verengter Neo-Keynesianismus auf die weltwirtschaftlichen Instabilitäten und die anhaltend hohe Erwerbslosigkeit reagiert, so lassen sich die Konzepte eines korporatistischen Netzwerkregierens als Antwort auf die schwelende Legitimationskrise der repräsentativen Demokratie interpretieren, und gegen den Zerfall sozialer Gemeinschaften werden nicht selten kommunitaristisch inspirierte Ideen vorgebracht.

## Neo-Keynesianismus

Die neo-keynesianischen Überlegungen zur Re-Regulierung der globalisierten Waren-, Kapital- und Finanzmärkte unterscheiden sich von strikt neoliberalen Konzeptionen vor allem dadurch, dass sie von einer prinzipiellen Krisenanfälligkeit und Instabilität der kapitalistischen Entwicklung ausgehen (vgl. Hein/Heise 1999). Die Bedenken richten sich nicht zuletzt gegen Restriktionen, die von den entfesselten Finanz- und Kapitalmärkten ausgehen. Zumindest für einige Sozialdemokraten scheint deren politische Kontrolle unerlässlich, um auch der nationalen Wirtschafts-, Finanz-, Sozial- und Beschäftigungspolitik im Bemühen um ein höheres Wirtschaftswachstum sowie die Reform der Arbeitsmärkte und sozialen Sicherungssysteme größere Handlungsspielräume zu verschaffen (vgl. Lafontaine/Müller 1998). Gegen das naive Vertrauen in die Funktionsweise der Märkte betonen Neo-Keynesianer in diesem Sinne immer wieder die Notwendigkeit, die wirtschaftlichen Prozesse institutionell einzubetten und kooperativ auszugestalten.

Der Versuch durch eine stärkere politische Intervention in das Marktgeschehen, Krisenprozessen vorzubeugen, ist letztlich jedoch stark beschränkt: Bereits konzeptionell sind die Varianten des Neo-Keynesianismus im Vergleich zu früheren Ansätzen in ihrem Steuerungsanspruch sehr viel zurückhaltender (vgl. bereits Scharpf 1987). Dies reflektiert sich unter anderem in der Abkehr vom sog. *big government*, d.h. einer umfassenden wohlfahrtsstaatlichen Redistribution und Staatsintervention, und im Verzicht darauf, die Wettbewerbs- und Beschäftigungsprobleme über eine Nachfragestimulierung und Reflationierung der Ökonomie bewältigen zu wollen. Die neue Sozialdemokratie befürchtet, dass vor dem Hintergrund eines international liberalisierten Kapitalverkehrs hierdurch mittel- und langfristig nur, wie z.B. in Frankreich zu Beginn der 80er Jahre, die Haushaltsverschuldung, Inflation und Kapitalflucht stimuliert würde, die Investitionsschwäche und Beschäftigungskrise aber bestehen bliebe. Der Kern dieser konzeptionellen Zurückhaltung besteht in der Akzeptanz der »angebotspolitischen Agenda«. In der politischen Praxis werden die z.T. beträchtlichen Konzessionen an den neoliberal definierten Handlungsrahmen deutlich. Da nur wenige Personen innerhalb der sozialdemokratischen Parteien für eine weiterreichende Konzeption der politischen Regulation und Koordination einstehen, die zudem in der medialen Öffentlichkeit einen schweren Stand haben, werden die neo-keynesianischen Konzepte in der Praxis nur allzu leicht auf eine schumpeterianische Modernisierungsphilosophie ausgedünnt, d.h. auf ein wenig mehr Industrie- und Infrastrukturpolitik, die Förderung von Innovation, sowie von Humankapital und Unternehmensgeist.

Trotz dieser Verzichtshaltung stützt sich die neue Sozialdemokratie mit ihrer doppelten Kritik am Neoliberalismus und traditionellen Keynesianismus zumindest konzeptionell auf eine neo-keynesianische Synthese. Diese ist mit ihrer mikro-ökonomischen Schlagseite grundsätzlich angebotspolitisch orientiert, will über die institutionelle Einbettung und kooperative Regulation der Märkte, vor allem der Arbeitsmärkte, zugleich jedoch auch potenziellen Verwerfungen vorbeugen. Über neue Regulationsmechanismen soll die Geld- und Lohnpolitik dergestalt verknüpft werden, dass Ungleichheiten erträglich gemacht, Inflation vermieden und die Konjunktur stabilisiert werden kann (vgl. Schmidt 1999). Für eine solche Konzeption sind nach Paul Teague (1994, 321ff.) zwei Aspekte aufschlussreich: Zum einen akzeptiert der Neo-Keynesianismus zwar prinzipiell das *NAIRU*-Theorem (einer Non-Accelerating-Inflation-Rate of Unemployment) und die Annahme, dass durch die Erwerbslosigkeit und nachfolgende Lohnzurückhaltung die Inflationsrate stabilisiert werden kann, sieht jedoch auch alternative Möglichkeiten, um die konträren Ziele einer verbesserten Beschäftigungssituation und einer stabilen Inflationsrate in Einklang zu bringen. In diesem Sinne plädiert er für einen kooperativen Lohnfindungsprozess, der über bescheidene Lohnzuwächse dafür sorgt, dass kein inflationärer Druck entsteht, die Erwerbslosigkeit also innerhalb eines adäquaten Koordinationsmechanismus reduziert werden kann. Zum anderen zielen die neo-keynesianischen Vorschläge darauf, die Arbeitsmarktprobleme durch einen neuen standortgemäßen Policy-Mix angebotsseitig und eine angemessenere institutionelle Regulation zu bewältigen. In den Mittelpunkt rücken hierbei die Formen der *Mismatch*-Arbeitslosigkeit und mit ihr Vorschläge, durch eine bessere Arbeitsvermittlung, ein kooperatives Restrukturierungsmanagement oder Qualifikationsprogramme die Funktionsfähigkeit des Arbeitsmarktes zu verbessern. Mit anderen Worten:

»From this New Keynesian diagnosis of unemployment, a package of labour market policies has emerged covering three broad themes which can be called the New Keynesian Trinity. First, government, trade unions and employers should come together to develop co-ordinated wage-bargaining procedures. Second, greater emphasis should be placed on improving placement services for the unemployed and appropriate training initiatives to reduce mismatch unemployment. Third, a range of measures should be introduced to help solve the problem of long-term unemployment. Supporters of the New Keynesian view suggest that a comprehensive package of labour market initiatives based on these three principles could make significant inroads into the jobless total of Europe.« (ebd., 325)

## Netzwerk-Regieren

Wie neo-keynesianische Konzeptionen darauf hinwirken, die politische Ökonomie des »disziplinierenden Neoliberalismus« zu modifizieren, so bringen die neueren Konzepte des Netzwerk-Regierens eine Modifikation, aber auch Ergänzung des zuvor skizzierten »neuen Konstitutionalismus« mit sich. Auch hier ergibt sich das Netzwerk-Regieren im Prinzip erst als eine Reaktion auf politische Krisenprozesse. Das Bestreben, den Pfad einer neoliberalen Transformation der ökonomischen Reproduktionsmuster über vertragliche Vereinbarungen im transnationalen Raum langfristig, d.h. institutionell bzw. quasi-konstitutionell abzusichern, hat in vielen Gesellschaften die schwelende Legitimationskrise des politischen Systems verstärkt. Solange große Teile der Bevölkerung durch die materiellen Vorteile der transnationalen Integration von Märkten, Produktionsstrukturen sowie Geld- und Finanzbeziehungen für die Entdemokratisierung, die hiermit einhergeht, noch entschädigt werden, erscheint der neue Konstitutionalismus oft nicht als Problem. Wächst infolge der Deregulierung, Privatisierung und budgetären Austerität jedoch der soziale Problemdruck – in Form von Entlassungen, Arbeitslosigkeit, Lohnzurückhaltung oder sozialpolitischen Kürzungsprogrammen –, so treten auch die Tendenzen der politisch-institutionellen Entdemokratisierung zunehmend in den Blick.

In der Europäischen Union geschah genau dies zu Beginn der 90er Jahre, als sich große Teile der Bevölkerung mit dem Vertrag von Maastricht –, daher auch die Rede von einer »Post-Maastricht-Krise« (Deppe/Felder 1993) – nicht einverstanden erklärten. Der Protest richtete sich mitunter explizit dagegen, dass über die WWU, dem konstitutionellen Kernstück des EU-Vertrags, der demokratische Spielraum und die Option einer expansiven Geld-, Finanz-, Wirtschaftspolitik beschnitten wird. Um den hierdurch produzierten Vertrauens- und Legitimationsverlust zu kompensieren, drängten die politischen Entscheidungsträger (die Europäische Kommission, aber auch viele der sozialdemokratischen Regierungen) darauf, die sozioökonomischen Probleme stärker aufzugreifen – z.B. durch neo-keynesianische Strategieelemente im Rahmen der neuen Beschäftigungspolitik – und die politischen Verhandlungs- und Entscheidungsnetzwerke durch größere Mitsprachemöglichkeiten für zivilgesellschaftliche Akteure, d.h. vor allem für die supranational organisierten Verbände und Interessengruppen, zu erweitern. Mit der Erweiterung der EU-Kompetenzen ist in der Zwischenzeit ein umfassendes und weitverzweigtes Netzwerk der Einflussnahme entstanden, über das viele Akteure ihre Interessen in das politische System einspeisen. Für einige repräsentiert die EU somit gleichsam den Prototyp eines transnationalen Verhandlungsstaats. Dieser verfügt über kein eindeutig identifizierbares

Machtzentrum und ist zudem relativ komplex bzw. fragmentiert strukturiert. Die politischen Aushandlungs- und Kooperationsprozesse sind daher oft nur schwer zu durchschauen. Lange ging man davon aus, dass sich das EU-System angesichts der »*absence of hierarchie and monopoly* among a *wide variety of players of different but uncertain status*« (Streeck/Schmitter 1991, 159) als ein relativ offener, primär durch Wirtschaftsinteressen geprägter »transnationalen Pluralismus« charakterisieren lässt. Mittlerweile mehren sich jedoch Untersuchungen (Falkner 1998; Dølvik 1999), die angesichts der Einbeziehung der Gewerkschaften in erweiterte und fest institutionalisierte Kommunikations- und Kooperationsformen – z.B. im aufgewerteten »sozialen Dialog« oder auch im »makroökonomischen Dialog« – bereits die Konturen eines neuen, inhaltlich allerdings stark begrenzten »Euro-Korporatismus« erblicken. Doch nicht nur im Bereich der Sozialpolitik und der industriellen Beziehungen, auch in vielen anderen Politikfeldern bestehen zumindest keimhaft – in Form von Expertenzirkeln, Arbeitsgruppen und Ausschüssen, die an die EU-Komitologie angekoppelt sind – Netzwerkstrukturen, die über ein punktuelles Lobbying hinaus den europäischen Entscheidungsprozess deliberativ einrahmen. Das Netzwerk-Regieren gilt in diesem Sinne als ein Modus der Politik, über den die individualistischen (Organisations-)Interessen in einem grundsätzlich pluralistischen Institutionensystem durch eine korporative Logik der politischen Entscheidungsfindung in allgemein anerkannte, konsensuale Ergebnisse überführt werden (vgl. Kohler-Koch 1999).

In Ergänzung zu den »euro-korporatistischen« Netzwerken, deren Konsequenzen für die Wirtschafts-, Finanz-, Beschäftigungs- und Sozialpolitik oft nur von symbolischer Bedeutung sind, wurden auf der nationalen Ebene in fast allen EU-Ländern gemäß der Konzeption eines neuen »Wettbewerbskorporatismus« sog. Beschäftigungs- und Sozialpakte abgeschlossen (vgl. Rhodes 1998; Hassel 1998). Vor dem Hintergrund der anhaltenden Arbeitsmarktkrise, eines sozialpolitischen »Reformstaus« und den Erfordernissen der WWU (Konvergenzkriterien und Stabilitätspakt) haben sich vor allem sozialdemokratische Regierungen darum bemüht, unter Einschluss der Sozialpartner neue wettbewerbsorientierte Kooperationsformen zu institutionalisieren. Fast überall geht es dabei um die Verknüpfung von Lohnzurückhaltung, Arbeitsmarktflexibilisierung, die Reform der sozialen Sicherungssysteme und die Konsolidierung der öffentlichen Haushalte (vgl. Fajertag/Pochet 2000). Ungeachtet der länderspezifischen Ausprägungen fügen sich die korporatistischen Arrangements sehr gut in die neue sozialdemokratische Modernisierungskonzeption einer »pragmatischen Flexibilisierung« bzw. »kooperativen Deregulierung«.

## Der »Geist« der Gemeinschaft

Der Netzwerk-, Partnerschafts- und Kooperationsgedanke, oder weiter gefasst: der Versuch, ein konsensuales bzw. identitätsbildendes gemeinsames Interesse zu formulieren, wird durch den gesellschaftspolitischen Diskurs der neuen Sozialdemokratie weiter unterfüttert. Dieser Diskurs ist nicht unwesentlich durch kommunitaristische Ideen inspiriert und richtet sich gegen die Erosion sozialer Gemeinschaften und gesellschaftlicher Solidarbeziehungen. Beklagt wird die nachlassende Bindekraft von identitätsbildenden Normen und Werten sowie die Auflösung reziproker Verantwortlichkeiten und Pflichtgefühle. Allgemein betrachtet, sind aus kommunitaristischer Sicht hierfür die Organisationsprinzipien bzw. Auswüchse der modernen, spätkapitalistischen Konsumgesellschaft verantwortlich: Die Kritik richtet sich gegen den Konsumismus, ein überzogenes Fortschritts- und Effizienzdenken, den exzessiven Drang zur Selbstverwirklichung und die wachsende soziale und räumliche Mobilität (vgl. Taylor 1994, 101f.).

Die Ursachen der Verunsicherung bzw. Krise des modernen Subjekts werden in anderen Analysen, die stärker politisch argumentieren, pointierter benannt. Die gemeinschaftlichen Lebenszusammenhänge geraten danach von zwei Seiten unter Druck: durch zu weitgehende staatliche Interventionen und Regulierungen, die die Eigeninitiative administrativ ersticken; und durch eine zu rasche Ausweitung der Marktbeziehungen – manche sprechen sogar vom »Imperialismus« bzw. der »Tyrannei« des Marktes (vgl. Bellah 1992; Walzer 1992, 82f) –, infolge derer das Gemeinschaftsleben immer stärker ökonomischen Kriterien unterworfen wird. Nicht wenige Kommunitaristen haben in diesem Sinne immer wieder darauf hingewiesen, dass durch die Ideologie der neoliberalen Modernisierung der Ökonomismus und ein extrem individualistisches Selbstverständnis auf die Spitze getrieben werden (vgl. Etzioni 1997). Ihre Kritik richtet sich nicht nur pauschal gegen eine der sozialen Verantwortung enthobenen Marktherrschaft, sondern auch gegen die durch das Profitstreben und die Rationalisierungsdynamik verfestigte Krise der Erwerbsarbeit (vgl. Rifkin 1995) sowie gegen die verschärften sozialen Ungleichheiten. Giddens (1999, 120ff.) hat die Sezession der gesellschaftlichen Eliten als Phänomen der »doppelten Exklusion« explizit thematisiert:

»Zwei Formen der Exklusion zeichnen sich in modernen Gesellschaften immer deutlicher ab. Eine ist der Ausschluss derer am unteren Ende, die vom Gros der Gesellschaft angebotenen Chancen abgeschnitten sind. Am oberen Ende findet sich die zweite Form, ein freiwilliger Ausschluss: Die ›Revolte der Eliten‹ besteht im Rückzug reicherer Gruppen aus den öffentlichen Institutionen und einem vom Rest der Gesellschaft abgeschirmten Leben. Privilegierte Teile der Bevölkerung verschanzen sich in ihren Lebensbereichen und ziehen sich aus dem öffentlichen Bildungs- und Gesundheitssystem zurück.« (ebd., 121)

Die kommunitaristische Problemsicht eines schwindenden gesellschaftlichen Zusammenhalts ist von führenden sozialdemokratischen Politikern in den neunziger Jahren wiederholt aufgegriffen worden. Durch persönliche Kontakte und eine politische Beratung durch Giddens, Etzioni und andere Intellektuelle des kommunitaristischen Netzwerks um die Zeitschrift *The Responsive Community* ist dies sicherlich gefördert worden (vgl. auch Reese-Schäfer 1999). Kommunitaristische Zielsetzungen – so z.B. die Vermittlung von Werten und Überzeugungen, die Aufwertung eines freiwilligen gesellschaftlichen Engagements, die Stabilisierung von Familien, Schulen und Gemeinschaften oder die Verbesserung der (zivil-)gesellschaftlichen Infrastruktur – haben Eingang in die Rhetorik und Programmatik sozialdemokratischer Parteien gefunden. Die Gründe hierfür sind sicher vielschichtig: Erstens erwarten Sozialdemokraten, dass eine rege Kommunikation in der gemeinschaftsbasierten Zivilgesellschaft mit dazu beiträgt, die sozialmoralischen Grundlagen der liberalen Demokratie zu festigen; darüber hinaus werden die kommunitaristischen Ideale zweitens aufgegriffen, um die traditionellen Ziele der sozialdemokratischen Programmatik – Freiheit, Gleichheit, Demokratie, Solidarität und soziale Gerechtigkeit – trotz der Akzeptanz der neoliberalen Konstellation in eine zeitgemäße Form zu bringen (vgl. Sassoon 1997, 736ff); drittens – dieser Aspekt rückt zunehmend in den Vordergrund – gelten im Rahmen sozialdemokratischer Modernisierungsphilosophien die soziale Kohäsion und kooperative Organisationsformen als positive Wettbewerbsfaktoren (vgl. Albo/Zuege 1999), auf deren Grundlage sich auch etwaige Wettbewerbsprobleme relativ kostengünstig, d.h. gemeinschaftlich und selbstverantwortlich, bewältigen lassen; und viertens schließlich werden kommunitaristisch inspirierte Konzepte als Moment einer »kulturellen Revolution« (vgl. Meyer 1999) gesehen, über die sich der politisch-institutionelle Reformprozess beschleunigen lässt. Schlagwörter wie »neue Unternehmenskultur« und »Selbstverantwortung« oder auch Konzepte wie *employability*, »aktivierender Staat«, *competitive solidarity* und *supply-side egalitarianism* (Streeck 2000) tragen offenbar entscheidend dazu bei, die Reform der Arbeitsmärkte und des Wohlfahrtsstaats ideologisch zu unterfüttern.

## Perspektiven des »sozialdemokratischen Neoliberalismus«

Die Konsequenzen, die sich aus den sozialdemokratischen Modifikationen des Neoliberalismus für die Perspektiven der europäischen Wirtschafts- und Sozialverfassung ergeben, sind vorerst jedenfalls ambivalent: Die zentralen Institutionen und Grundstrukturen der sozialen Regulation – die sozialen Sicherungssysteme, die Lohn- und Tarifsysteme, Mitbestimmung, Rechtsstaat, liberale Demokratie und die zivilgesellschaftlichen Institutionen – haben ungeachtet aller Deregulierungs- und Flexibilisierungstendenzen noch immer Bestand. Gleichwohl hat sich infolge der intensivierten Wettbewerbsorientierung die Balance zwischen den Prinzipien des Marktes *(laissez faire)* und der Gesellschaft (der sozialen Protektion) verschoben. In Westeuropa zeichnet sich eine neue Kompromissstruktur bzw. ein veränderter sozioökonomischen Ordnungs- und Handlungsrahmen ab, der sich mit van Apeldoorn (1999) als *embedded neoliberalism* charakterisieren lässt. Die zentralen Prinzipien der neoliberalen Modernisierung bleiben grundsätzlich unangetastet, werden durch Maßnahmen der institutionellen und sozialen Flankierung jedoch begrenzt. Unter den Bedingungen einer intensivierten Wettbewerbsorientierung ist mittel- und langfristig ein bestimmtes Niveau der Sozial-, Industrie-, Infrastruktur und Bildungspolitik, einschließlich gewisser Partizipationsrechte, nach wie vor vorteilhaft. Entscheidend ist dabei noch immer die nationale Ebene. Hier wirken die wettbewerbspolitisch modernisierten Arbeitsmarkt- und Sozialregimes darauf hin, dass der gesellschaftliche Konsens nicht zu stark ausfranst und ein gewisses Maß an sozialer Kohäsion aufrecht erhalten bleibt.

Die strategische Ausrichtung der neuen Sozialdemokratie – Akzeptanz der neoliberalen Deregulierung und monetaristischen Stabilitätspolitik, bei gleichzeitiger Bekämpfung der hierdurch produzierten Krisen und Instabilitätsmomente – bewegt sich in diesem strukturellen Handlungsrahmen, versucht ihn zugleich aber auch besser und effektiver auszubalancieren. Um die negativen Konsequenzen möglichst gering zu halten, wird der Marktmechanismus im Sinne eines *compensatory neoliberalism* (Ryner 1999, 46ff.) partiell modifiziert und sozialregulativ flankiert. Dies geschieht unter anderem über die Bereitstellung öffentlicher Güter, über Institutionen, Regeln und Normen sowie kooperative Übereinkünfte. Der Charakter und Inhalt der »Kompensationen« weicht zum Teil stark voneinander ab, je nachdem, welche politische Regulations- und Distributionsebene (supranational oder national), welcher Staat und welches Politikfeld betrachtet wird. Auch die Auswirkungen der »Kompensationen« sind nicht einfach abzuschätzen: Denn zum einen werden die negativen Effekte der neoliberalen Restrukturierung zweifelsohne abgemildert, zum anderen trägt diese »sanfte« Variante dazu bei, die Akzeptanz und Bereitschaft zu erhöhen, sich der Marktdisziplin zu unterwerfen. Ungeachtet aller nationalen Unterschiede und Besonderheiten wird die »kompensatorische« Praxis der sozialdemokratischen Parteien vor allem durch zwei programmatische Kernelemente angeleitet: Um die Instabilitäten der kapitalistischen Marktökonomie aufzufangen, wird wirtschaftspolitisch im Sinne eines angebotspolitischen Neo-Keynesianismus (vgl. Teague 1999) eine flexible Regulierung der Tarif-, Arbeitsmarkt-, Sozial-, Finanz- und Geldpolitik propagiert. Der zentrale Grundgedanke dieser Konzeption – die Tarif- und Sozial- mit der Geld- und Finanzpolitik besser abzustimmen – entfaltet sich letztlich jedoch innerhalb des makroökonomischen EU-Regimes mit einer monetaristischen Schlagseite. Eine ähnliche Verkürzung erfahren auch die vom Kommunitarismus inspirierten Leitideen einer neuen sozialdemokratischen Gesellschaftspolitik (vgl. Bieling 1998). Über die Kritik sozialer Desintegrationsprozesse haben sich Werte und Begriffe – Gemeinschaft, Familie, Subsidiarität, Gerechtigkeit, Verantwortung etc. – in den Vordergrund geschoben, die sich mit den Vorgaben der Wettbewerbsmodernisierung offenkundig leichter in Einklang bringen lassen. Die neuen Kompromissformeln wie *employability*, »aktivierender Staat« oder *competitive solidarity* laufen denn auch eher auf ein – modifiziertes – neoliberales Wettbewerbs- und Produktivitätskonzept hinaus als auf die Modernisierung einer sozialintegrativen *mixed economy*.

Wie die Tendenzen der strategischen und programmatischen Neuorientierung erkennen lassen, hat die sozialdemokratische Kritik am Neoliberalismus einen »paradoxen Effekt«. Sie begünstigt offenbar nicht die Transformation der »neoliberalen Konstellation«, sondern eher das Gegenteil: die Konsolidierung einer neoliberal bzw. monetaristisch ausgerichteten Modernisierung der ökonomischen, politisch-konstitutionellen und auch zivilgesellschaftlichen Reproduktionsmuster. Ob diese Bemühungen erfolgreich sein werden und den eingeschlagenen Entwicklungspfad langfristig stabilisieren, ist allerdings keineswegs gewiss. Schließlich deutet einiges darauf hin, dass trotz der sozialdemokratischen Modifikationen, die intensivierte kapitalistische Durchdringung der Produktions- und Reproduktionssphäre – d.h. des Staates, der öffentlichen Infrastruktur, sozialer Einrichtungen und auch des Freizeitbereichs – voranschreitet (vgl. van der Pijl 1998, 36ff.). Mehr noch: Die Tendenzen einer allseitigen Disziplinierung und Verfügbarkeit der Arbeitskraft werden in mancherlei Hinsicht – z.B. über die neue Beschäftigungsstrategie und den Übergang in die Shareholder-Ökonomie – noch weiter intensiviert. Dass hierdurch zugleich neue Krisen- und Konfliktdynamiken stimuliert werden, liegt auf der Hand, auch wenn Charakter und Formen der neuen gesellschaftlichen Konflikte vorerst noch diffus bleiben.

## Literatur

Aglietta, Michel (2000): Ein neues Akkumulationsregime. Die Regulationstheorie auf dem Prüfstand, Hamburg

Albert, Michel (2000): Der europäische Kapitalismus im Rahmen der Globalisierung: Konvergenzen und Differenzen, in: ders. u.a., Ein neuer Akkumulationstyp? Vom Manager- zum Aktionärskapitalismus, Supplement der Zeitschrift Sozialismus, Heft 5, 5-19

Albo, Greg/Zuege, Alan (1999): European Capitalism Today: Between the Euro and the Third Way, in: Monthly Review, 51(3), 100-119

Apeldoorn, Bastiaan van (1999): Transnational Capitalism and the Struggle over European Order, unpublished Ph.D. Dissertation (European University Institute)

Bauman, Zygmunt (1997): Flaneure, Spieler und Touristen. Essays zu postmodernen Lebensformen, Hamburg

Bellah, Robert N. u.a. (1992): Gegen die Tyrannei des Marktes, in: Zahlmann, Christa (Hrsg.), Kommunitarismus in der Diskussion. Eine streitbare Einführung, Berlin, 57-73

Bieling, Hans-Jürgen (1998): Neo-Liberalism and Communitarianism: towards a new type of employment policy in Western Europe?, Amsterdam International Studies Working Paper Nr. 54, Amsterdam

Bieling, Hans-Jürgen (2000a): Sozialdemokratische Wirtschafts- und Beschäftigungspolitik in der neoliberalen Konstellation, FEG-Arbeitspapier Nr. 20, Marburg

Bieling, Hans-Jürgen (2000b): Dynamiken sozialer Spaltung und Ausgrenzung. Gesellschaftstheorien und Zeitdiagnosen, Münster

Bieling, Hans-Jürgen/Steinhilber, Jochen (Hrsg.) (2000c): Die Konfiguration Europas – Dimensionen einer kritischen Integrationstheorie, Münster

Breuer, Rolf-E. (2000): Die fünfte Gewalt, in: Die Zeit, Nr. 18, 27. April

Cockett, Richard (1995): Thinking the Unthinkable. Think-Tanks and the Economic Counter-Revolution, London/New York

Cox, Robert W. (1987): Production, Power, and World Order. Social Forces in the Making of History, New York

Cox, Robert W. (1997): Democracy in hard times: economic globalization and the limits to liberal democracy, in: McGrew, A. (Hrsg.), The Transformation of Democracy?, Cambridge, 49-72

Dahrendorf, Ralf (1983): Die Chancen der Krise. Über die Zukunft des Liberalismus, Stuttgart

Demirovic, Alex (2000): Erweiterter Staat und europäische Integration, in: Bieling, H.J./Steinhilber, J. (Hrsg.), Die Konfiguration Europas, Münster, 51-72

Deppe, Frank/Felder, Michael (1993): Zur Post-Maastricht-Krise der Europäischen Gemeinschaft, FEG-Arbeitspapier Nr. 10, Marburg

Dølvik, Jon Erik (1999): Die Spitze des Eisbergs? Der EGB und die Entwicklung eines Euro-Korporatismus, Münster

Drainville, André (1994): International political economy in the age of open

Marxism, in: Review of International Political Economy, 1(1), 105-132
Etzioni, Amitai (1997): Die Verantwortungsgesellschaft, Frankfurt/New York
Europäische Kommission (1999a): Finanzdienstleistungen: Umsetzung des Finanzmarktrahmens: Aktionsplan, Mitteilung der Kommission, Kom(1999)232, 11.05.99, Brüssel
Europäische Kommission (1999b): Risikokapital: Schlüssel zur Schaffung von Arbeitsplätzen. Umsetzung des Aktionsplans, in: Europäische Wirtschaft, Beiheft A, Nr. 12, Brüssel
Fajertag, Guiseppe/Pochet, Philippe (Hrsg.) (2000): Social Pacts in Europe – New Dynamics, Brüssel
Falkner, Gerda (1998): EU Social Policy in the 1990s. Towards a corporatist policy community, London
Giddens, Anthony (1999): Der dritte Weg. Die Erneuerung der sozialen Demokratie, Frankfurt/M.
Gill, Stephen (1995): Globalisation, Market Civilisation, and Disciplinary Neoliberalism, in: Millennium: Journal of International Studies, 24(3), 339-423
Gill, Stephen (1998): European Governance and New Constitutionalism, in: New Political Economy, 3(1), 5-26
Gill, Stephen (2000): Theoretische Grundlagen einer neo-gramscianischen Analyse der europäischen Integration; in: Bieling, H.J./Steinhilber, J. (Hrsg.), Die Konfiguration Europas, Münster, 23-50
Grinspun, Ricardo/Kreklewich, Robert (1994): Consolidating Neoliberal Reforms, in: Studies in Political Economy, Heft 43, 33-61
Harvey, David (1990): The Condition of Postmodernity, Cambridge/Oxford
Hassel, Anke (1998): Soziale Pakte in Europa; in: Gewerkschaftliche Monatshefte, 49(10), 626-638
Haug, Wolfgang Fritz (1999): Politisch richtig oder Richtig politisch. Linke Politik im transnationalen High-Tech-Kapitalismus, Berlin/Hamburg
Hein, Eckhard/Heise, Arne (1999): Beschäftigungspolitische Möglichkeiten und Beschränkungen des Bündnisses für Arbeit: der fehlende »Makro-Dialog«, in: WSI-Mitteilungen, Heft 12, 825-838
Helleiner, Eric (1994): States and the Reemergence of Global Finance. From Bretton Woods to the 1990s, London
Hirsch, Joachim (1995): Der nationale Wettbewerbsstaat, Berlin/Amsterdam
Hueglin, Thomas O. (1997): Regieren in Europa als universalistisches Projekt; in: Wolf, K.D. (Hrsg.), Projekt Europa im Übergang?, Baden-Baden, 91-107
Koch, Claus (1995): Die Gier des Marktes. Die Ohnmacht des Staates im Kampf der Weltwirtschaft, München
Kohler-Koch, Beate (1999): The Evolution and Transformation of European Governance, in: dies./Eising, R. (Hrsg.), The Transformation of Governance in the European Union, London/New York, 14-35
Lafontaine, Oskar/Müller, Christa (1998): Keine Angst vor der Globalisierung, Bonn
Leibfried, Stephan/Pierson, Paul (Hrsg.) (1998): Standort Europa. Europäische Sozialpolitik, Frankfurt/M.

Lipietz, Alain (1992): Towards a New Economic Order. Postfordism, Ecology and Democracy, Oxford
Martin, Andrew (1999): Wage Bargaining Under EMU: Europeanization, Re-Nationalization, or Americanisation? ETUI Discussion and Working Papers 01.03, Brüssel
McNamara, Kathleen R. (1998): The Currency of Ideas. Monetary Politics in the European Union, London
Meyer, Thomas (1999): The Third Way at the Crossroads, in: Internationale Politik und Gesellschaft, Heft 3, 294-304
Misik, Robert (1997): Mythos Weltmarkt. Vom Elend des Neoliberalismus, Berlin
Panitch, Leo (1994): Globalisation and the State, in: Miliband, R./Panitch, L. (Hrsg.), Between Globalism and Nationalism, Socialist Register, London, 60-93
Pijl, Kees van der (1998): Transnational Classes and International Relations, London/New York
Plehwe, Dieter/Walpen, Bernhard (1999): Wissenschaftliche und wissenschaftspolitische Produktionsweisen im Neoliberalismus, in: Prokla, 29(2), 203-235
Poulantzas, Nicos (1973): Die Internationalisierung der kapitalistischen Produktionsverhältnisse und der Nationalstaat, Berlin
Reese-Schäfer, Walter (1999): Die praktische Bedeutung kommunitarischen Denkens in Deutschland, in: Gegenwartskunde. Zeitschrift für Gesellschaft, Wirtschaft, Politik und Bildung, 48(3), 297-310
Rhodes, Martin (1998): Globalization, Labour Markets and Welfare States: A Future of »Competitive Corporatism«?; in: ders./Mény, Y. (Hrsg.), The Future of European Welfare: A New Social Contract?, London, 178-203
Rhodes, Martin/ Apeldoorn, Bastiaan van (1998): Capital unbound? The transformation of European corporate governance, in: Journal of European Public Policy, 5(3), 406-427
Rifkin, Jeremy (1995): Das Ende der Arbeit und ihre Zukunft 1982, Frankfurt/New York
Röttger, Bernd (1997): Neoliberale Globalisierung und eurokapitalistische Regulation, Münster
Ruggie, John Gerard (1982): International Regimes, Transactions and Change: Embedded Liberalism in the Postwar Economic Order, in: International Organisation, 36(2), 379-416
Ryner, Magnus (1999): Neoliberal Globalization and the Crisis of Swedish Social Democracy, in: Economic and Industrial Democracy, 20(1), 39-79
Sassoon, Donald (1997): One Hundred Years of Socialism. The West European Left in the Twentieth Century, London
Scharpf, Fritz W. (1987): Sozialdemokratische Krisenpolitik in Europa, Frankfurt/New York
Scharpf, Fritz W. (1999): Regieren in Europa. Effektiv und demokratisch?, Frankfurt/New York
Scherrer, Christoph (2000): Global Governance: Vom fordistischen Trilateralismus zum neoliberalen Konstitutionalismus, in: Prokla 118, 13-38

Schmidt, Ingo (1999): Vom keynesianischen Wohlfahrtsstaat zur neokeynesianischen Stabilisierung des Kapitalismus, in: Sozialismus, Heft 10, 9-16

Streeck, Wolfgang (1998): The Internationalisation of Industrial Relations in Europe: Prospects and Problems. MPIFG Working Paper 98/2, Köln

Streeck, Wolfgang (2000): Competitive Solidarity: Rethinking the »European Social Model«; in: Hinrichs, K. u.a. (Hrsg.), Kontingenz und Krise, Frankfurt/New York, 245-261

Streeck, Wolfgang/Schmitter, Philippe C. (1991): From National Corporatism to Transnational Pluralism: Organized Interests in the Single European Market, in: Politics & Society, 19(2), 133-164

Sun, Jeanne-May/Pelkmans, Jacques (1995): Regulatory Competition in the Single Market, in: Journal of Common Market Studies 33(1), 67-89

Taylor, Charles (1994): Die Unvollkommenheit der Moderne, in: Honneth, A. (Hrsg.), Pathologien des Sozialen, Frankfurt/M., 73-106

Teague, Paul (1994): Between New Keynesianism and deregulation: employment policy in the European Union, in: Journal of European Public Policy, 1(3), 315-345

Teague, Paul (1999): Economic Citizenship in the European Union, London/New York

Thompson, Grahame (1997): Multinational corporations and democratic governance, in: McGrew, A. (Hrsg.), The Transformation of Democracy?, Cambridge, 149-170

Walzer, Michael (1992): Zivile Gesellschaft und amerikanische Demokratie, Berlin

Wolf, Klaus D. (2000): Die neue Staatsräson. Zwischenstaatliche Kooperation als Demokratieproblem in der Weltgesellschaft, Baden-Baden

# Ariane Brenssell/ Friederike Habermann
# Von Keksen und Kapitalismus
## Intervention gegen ›männlichen‹ Universalismus in Theorien zum Neoliberalismus

Man nehme: einen Kapitalismus, globalisiere ihn neoliberal, bis er zu einer kohärenten Masse geworden ist, durchsetze ihn mit Regulationstheorie (oder einer anderen Geschmacksrichtung), und gieße ihn anschließend in die Postfordismusform. Dazu serviere *mann* einen Feminismuskeks. *Add women and stirr* bezeichnet in der angelsächsischen Literatur die Vorgehensweise, Frauen einfach hinzu zu addieren, ohne die Methode ändern zu wollen: umrühren und fertig. Die Realität sieht dagegen oftmals noch weniger zum Anbeißen aus: Die Theorien werden von Männern gebacken, und dazu wird ein Feminismuskeks serviert – extra von Frauen für Frauen. So wie dieser hier – deshalb auch das zielgruppengerechte Kochbeispiel. Männer kommen nach wie vor selten auf den Gedanken, sich mit Geschlechterverhältnissen auseinander zu setzen – Männer haben kein Geschlecht, so scheint es. Wo es doch einmal vorkommt, dass *mann* einen Text verfasst zur Rolle der Frau, geschieht es nicht selten in bemerkenswerter Unkenntnis feministischer Theorien. Dabei gibt es wohl keinen Theoriebereich, in dem soviel geschieht wie auf dem der feministischen und (nicht zufällig verwandt) dem der *postcolonial studies*. »Master's tools« (Audré Lord) – um jetzt doch einmal in die sprachliche Werkzeugkiste zu greifen – sind schon oft kritisiert worden, auch sind schon viele Alternativen entwickelt und vorgeschlagen worden. Zugegeben: Die Anwendung der neuen Werkzeuge führte in den feministischen Diskussionen der 90er Jahre oft dazu, sich damit auch von dem Problem abzuwenden, für den die alten geschaffen wurden – dem Kapitalismus. So entwickelten sich feministische und antikapitalistische Theoriestränge vielfach weit auseinander.

Wir glauben nicht an den Dualismus von Kapitalismus und Patriarchat. Noch weniger glauben wir an Anordnungen von Haupt- und Nebenwidersprüchen. Wir wollen in diesem Artikel Vorschläge für Verknüpfungen von Patriarchat und Kapitalismus aufzeigen und verschiedene Ansätze darstellen, die unserer Ansicht nach die linken Theoretisierungen des Neoliberalismus paradigmatisch erweitern. Des weiteren wollen wir darlegen, warum eine Einbeziehung vielfältiger Standpunkte und eine neue Form des Dialogs im theoretischen Diskurs vonnöten ist, um emanzipatorische Theorien (weiter)entwickeln zu können.[1]

## Geschlechterverhältnisse in ihrer neoliberalen Phase

Spätestens seit den achtziger Jahren kommt es weltweit zu komplexen Umstrukturierungen, zusammengefasst unter dem Schlagwort *Globalisierung*. Dabei kommt es zur zunehmenden Überlagerung von Klassen- und Geschlechterverhältnissen, von Migration und rassistischer Diskriminierung, welche bestehende Gesellschaftsfragmentierungen aufheben, umschichten oder neu erzeugen (vgl. Diettrich 1999). Es bleibt jedoch die Frage, warum die aktuellen Transformationsprozesse für Menschen unterschiedlichen Geschlechts und unterschiedlicher Hautfarben strukturell differenziert verlaufen.

In den westlichen Industrieländern herrschte jahrzehntelang ein fordistisch geprägtes Wohlfahrtsmodell vor, gekennzeichnet durch tayloristische Massenproduktion und Massenkonsum und getragen von einem Klassenkompromiss zwischen Kapital und Gewerkschaften. Dieser Klassenkompromiss beinhaltete die Unterbezahlung bzw. Nicht-Entlohnung typischer Frauenerwerbsbereiche bzw. typischer Frauentätigkeiten außerhalb der Lohnarbeit. Zugleich basierte er auf Wirtschaftsstrukturen, welche einen Reichtumstransfer aus Ländern der Dritten Welt und damit einen erhöhten Wohlstand innerhalb der Industrieländer sicherstellten. In den Ländern des Trikont wurde das fordistische Modell zwar teilweise angestrebt, jedoch nie als Gesellschaftsform verwirklicht.

Im Postfordismus drücken sich aktuelle Veränderungen für die ökonomische Stellung von Frauen in Industrieländern u.a. aus in einem Abbau des Familienlohnmodells, der verbunden ist mit einem Abbau der sozialen Si-

---

[1] Dabei ist es uns wichtig, an dieser Stelle anzumerken, dass unser gemeinsamer Text entstanden ist, weil wir den Dialog ganz bewusst gesucht haben, weil wir ihn vorantreiben wollten. In unserem Fall war es der Dialog zwischen je unterschiedlichen Traditionen des Feminismus, des Dekonstruktivismus und des Marxismus. Wir wissen daher, wie schwer es ist, Gewissheiten im eigenen Denken befragen zu lassen, auch Kompromisse zu machen und die eigenen begrifflich-kategorialen Grenzen zu überschreiten. Wir glauben aber, dass eben solche Verständigungsprozesse zwar schwierig, aber auch notwendig sind, weil es Bewegung nur gemeinsam geben kann.

cherung und einer Zunahme von prekären Arbeitsverhältnissen; in einer Reprivatisierung der Reproduktion und nicht zuletzt in einer zunehmenden Polarisierung zwischen Frauen entlang der Trennlinien Klasse und ethnische Zugehörigkeit (vgl. u.a. Sassen 1998; Young 1998). Mit dem Abbau des Familienlohnmodells wird der Lebensentwurf der Nur-Hausfrau noch stärker zu einem Privileg. Gleichzeitig eröffnen sich neue Erwerbschancen für Frauen v.a. im Niedriglohnbereich. Typische Frauenberufe verteuern sich relativ zu Tätigkeiten im produktiven Sektor, da sie als persönliche Dienstleistungen kaum rationalisierbar sind. So fallen diese im fordistischen Wohlfahrtsstaat in die Erwerbsarbeit integrierten, aber traditionell als Frauenarbeit geltenden Bereiche wieder zurück in den privaten Reproduktionsbereich oder werden im Niedriglohnbereich angesiedelt und dort meist von (farbigen) Migrantinnen übernommen.

In ländlichen Gebieten des Trikont sind Frauen wie Männer häufig einer Verschärfung ihrer Lebensbedingungen ausgesetzt: einerseits verstärkt sich der Konkurrenzdruck durch die Marktöffnung ihrer Länder (für Importe und Direktinvestitionen von multinationalen Konzernen), andererseits verschlechtern sich Umwelt- und damit Produktionsbedingungen – bis hin zu einer vollständigen Vertreibung der Menschen aus ihrem angestammten Lebensraum. Oft ist ein Überleben durch Subsistenzwirtschaft und geringe Markteinbindung nicht mehr möglich. Von den daraus resultierenden Migrationsbewegungen sind Frauen anders als Männer betroffen. Vielfach bleiben sie mit den Kindern zurück, teilweise (zunächst) mit finanzieller Unterstützung durch den emigrierten Ehemann. Mehr und mehr sind es aber auch die Frauen selbst, welche emigrieren. In Gebieten, in denen sich eine Maquiladora-Industrie angesiedelt hat, bieten sich neue Erwerbschancen für junge ledige Frauen; dies kann individuell eine größere Selbstbestimmung bedeuten. Doch sind diese Erwerbsbereiche durch die traditionellen Merkmale typischer Frauenarbeitsplätze wie niedriger Lohn, Arbeitsmonotonie, Verhinderung gewerkschaftlicher Organisierung und ungesicherte Beschäftigungsverhältnisse gekennzeichnet. Trotz zunehmender Qualifikationsanforderungen sinken die Reallöhne weiter ab (vgl. Alscher/Habermann/Kleiber 1998).

Teil der Debatten um Neoliberalismus und Globalisierung ist die These einer Egalisierung der Geschlechterverhältnisse – das Problem der Geschlechterhierarchien scheint unwichtiger geworden zu sein, weil bestimmte Phänomene, an die es geknüpft wurde, auf einen ersten Blick an Deutlichkeit/ Schärfe verloren haben: So wird beispielsweise die Auflösung traditionell männlicher Vergesellschaftungsformen wie des Ernährerstatus von Männern als Indiz für eine Egalisierung der Geschlechterverhältnisse gesehen; auch wird auf das Vorkommen von Frauen in Management, Führungs- und Regierungspositionen verwiesen. Damit scheint die Frage der Geschlechterverhältnisse an Brisanz zu verlieren. Tatsächlich lässt sich jedoch aufzeigen, dass sich historisch hinsichtlich ökonomischer Diskriminierung überwiegend Kontinuitäten bis in die gegenwärtigen Transformationsprozesse hinein ergeben: So hat sich für Frauen in Deutschland beispielsweise über sämtliche politische und ökonomische Systeme des 20. Jahrhunderts hinweg trotz der veränderten Geschlechterrollen und des gestiegenen Problembewusstseins an der wirtschaftlichen Schlechterstellung wenig geändert (vgl. Habermann 1996; 1999). Von durchschnittlich gut der Hälfte – gemessen an den Männerlöhnen im Deutschen Kaiserreich – stieg der Frauenlohnanteil zum Ausgang des zwanzigsten Jahrhunderts auf nicht einmal drei Viertel (Stat. BA);[2] über die Hälfte aller erwerbstätigen Frauen bezieht ein Einkommen, das an oder unterhalb der Armutsgrenze liegt (Möller 1996, 239); eine weibliche Akademikerin bezieht nach fünf Jahren Beschäftigung ein Fünftel weniger Einkommen als ihr männlicher Kollege mit gleicher Qualifikation (Engelbrech 1992, 189); und bevor auch nur 5 Prozent der Professuren von Frauen besetzt werden konnten, ist die Frauenquote bereits wieder am Sinken (SZ v. 05.07.1995).[3] Tatsächlich lässt sich auch der Mythos der neuen Karrierefrauen höchstens im mittleren Management belegen: Zwar galt es in den 90er Jahren als selbstverständlicher, dass Frauen in Führungspositionen arbeiten – zugleich wurde immer wieder die Qualität des »weiblichen Führungsstils« gelobt – doch ihr Anteil blieb klein. Kurz-Scherf errechnete für 1997 einen Frauenanteil am »Elite-Netzwerk« der deutschen Wirtschaft von insgesamt 0,6 Prozent, wobei sich auf der »Arbeitnehmerbank« eine Frauenquote von 7,7 und auf der Management- bzw. Kapitalseite ein Frauenanteil von 0,3 Prozent ergab (vgl. Kurz-Scherf 1998, 60). Besonders die Situation der Frauen aus der ehemaligen DDR verdeutlicht, dass nicht von einer kontinuierlichen Verbesserung ausgegangen werden kann: Ihre Situation hat sich innerhalb kürzester Zeit den schlechteren Bedingungen im Gebiet der alten Bundesrepublik Deutschland sowohl hinsichtlich ihres Einkommens-

---

[2] Leichte relative Verbesserungen in den 90er Jahren sind auf den fallenden Reallohn zurückzuführen.

[3] In Auswahlprozesse Einblick zu bekommen, ist in Deutschland aus Datenschutzgründen auch bei der Besetzung öffentlicher Stellen nicht möglich. Darum sei auf eine Untersuchung aus Schweden verwiesen, wo das Gesetz zur Pressefreiheit einen solchen Einblick ermöglicht. Während in Deutschland häufig auf die Benachteiligung von habilitierten Frauen hingewiesen wird, da sie aufgrund von Erziehungszeiten eine weniger umfangreiche Publikationsliste aufweisen könnten als Männer, ergab sich aus der auf das Jahr 1995 bezogenen schwedischen Studie darüber hinaus, dass von Bewerberinnen faktisch Veröffentlichungen verlangt wurden, die in Qualität und Quantität das Zweieinhalbfache gegenüber ihren männlichen Mitbewerbern ausmachten (Wenneras/Wold 1997:341ff).

anteiles als auch ihrer Erwerbsbeteiligung weitgehend angepasst (vgl. u.a. Kurz-Scherf 1992).[4]

Ähnliches zeichnet sich weltweit im Prozess der Globalisierung ab: Frauen gelten zwar insofern als Gewinnerinnen, da sie viele der neu entstandenen Jobs ergattern können – doch nur, weil es sich um niedrig qualifizierte und schlecht abgesicherte Beschäftigungsverhältnisse handelt. Georg Fischer, Acting Director des Employment and Social Affairs Department in der Europäischen Kommission, betonte am 5. März 2001 in einer öffentlichen Anhörung der Enquete-Kommission *Globalisierung der Weltwirtschaft*, zwar profitierten Frauen von der Globalisierung, da sie vermehrt eingestellt würden, aber sie profitierten auf dem Arbeitsmarkt »immer in der unteren Hälfte«. Frauen seien noch mehr als früher in spezifischen Berufsgruppen vorzufinden. Dass sich parallele Entwicklungslinien für farbige Bevölkerungsgruppen ausmachen lassen, wurde innerhalb der Enquete-Kommission weniger kommentiert als demonstriert: Der einzige Farbige war die Bedienung. Trotz der Komplexität neoliberaler Globalisierung wirken die damit verbundenen Veränderungen sich erneut unterschiedlich entlang der Trennungslinien von Geschlecht und Ethnie aus, insbesondere hinsichtlich der Arbeits- und Einkommensverteilung. Um dies in den Blick zu bekommen, bedarf es einer Erkenntnispolitik, die die gewohnten Pfade verlässt.

## Theoretische Interventionen gegen ›männlichen‹ Universalismus – eine Auswahl

### Erkenntnispolitik und Hegemonie(fähigkeit)

Pietro Ingrao und Rossana Rossanda stellen die Frage, warum die Linke es nicht schafft, die neuen gesellschaftlichen Widersprüche so zu analysieren, dass sie Eingang finden in die durch angebliche Sachzwänge bestimmte öffentliche Diskussion. Dabei vertreten sie die These, dass sich die Linke durch die Art und Weise der Theoriebildung die Erneuerung von Handlungs- und

---

[4] Um nur einige Zahlen zu nennen: Jede zehnte Frau im erwerbsfähigen Alter war 1993/1994 langzeitarbeitslos, aber nur jeder fünfundzwanzigste Mann (DIW 1995). Ein Fünftel der Männer erreichte bis 1994 den Aufstieg in eine höher qualifizierte Tätigkeit; bei den Frauen war es ein Zwanzigstel. Neun von zehn der von 1992 bis 1994 geschaffenen Stellen gingen an Männer (Frankfurter Rundschau v. 21.05.1995). In den Mitteilungen des WSI hieß es 1995 resümierend dazu: »Frauen werden entlassen, Männer werden fortgebildet oder umgeschult« (WSI 9/1995). Und auch laut DIW zeigte sich deutlich, »daß sich die Männer offensichtlich besser behaupten konnten als die Frauen« (DIW 1995:404).

Politikfähigkeit selbst verstellt, und zwar durch die Verkürzungen der gegenwärtigen linken Konzepte. Einen besonderen Stellenwert messen sie dabei der vermeintlichen Geschlechtsneutralität in den linken Debatten zu. In ihrer Skizze der neuen Widersprüche zeigen sie, dass die Dimensionen sozialer Exklusion und Marginalisierung, ökologischer Zerstörung, die wachsende Anzahl sich ethnisch präsentierender Konflikte und Kriege mit den traditionellen Kategorien und Herangehensweisen linker Politik und Theorie nicht adäquat fassbar werden. Sie zeigen, dass ein Festhalten an alten Befreiungsperspektiven, basierend auf einem erwerbsarbeitszentrierten Gesellschaftskonzept, androzentrisch ist, weil es den Teil der männlichen Vergesellschaftsformen (wie die Familienlohnform oder das Normalarbeitsverhältnis) zum Ganzen macht. Damit bleiben Fragen, die jenseits dieses Fokus liegen, unsichtbar. Diese müssten vielmehr (auch) auf dem Terrain der Zivilgesellschaft und Lebensweise, der Ideologie und der Subjektwissenschaft bearbeitet werden. Einen solchen theoretischen Perspektivwechsel sehen sie als Voraussetzung für die Erneuerung der Hegemoniefähigkeit der Linken: »Diesen Aspekt in Angriff zu nehmen, bedeutet eine Horizontverschiebung der Linken, weil dadurch andere menschliche Lebensbereiche« und andere politische Subjekte in den Blick kämen (Ingrao/Rossanda 1996, 116). Grundlage hierfür ist für sie die Abkehr von einer Sichtweise, die sie als ›männlich‹ bezeichnen, weil sie von »den körperlichen Befindlichkeiten, den Gefühlen und Zeiten der Reproduktion abstrahiert« (428) – und somit, so kann ergänzt werden, auch von der Unterschiedlichkeit und Vielfalt der Erfahrungen der Menschen.

Der Gedanke, dass die Theoretisierung von Problemen aufgrund einer verkürzten androzentrischen Problemwahrnehmung bestimmte Fragen verstellt, ist ein zentraler Gedanke feministischer Erkenntnistheorie und geschlechtsspezifischer Analysen. Dabei geht es um die Frage, welche Standpunkte in die herkömmlichen Betrachtungsweisen Eingang finden und welche nicht:

»Es handelt sich um das Problem des verborgenen Standpunktes, um die Position in den Regelungsverhältnissen, die wir in der Art, wie wir sprechen, als selbstverständlich voraussetzen«, formuliert Dorothy Smith. »Es handelt sich um ein Problem mit dem unsichtbaren Zentrum, das sich in den Objektivationen des Diskurses verbirgt, der scheinbar unparteilich und objektiv über die Welt spricht, wie sie ist. [...] Abhilfe schaffen kann nur die Auflösung des objektivierten Diskurses, die Dezentrierung des Standpunkts und die Entdeckung eines anderen Bewusstseins der Gesellschaft. (Smith 1998, 35)

Dass und wie die Durchsetzung neoliberaler Interessen in Alltags- und Lebensweise faktisch und praktisch handlungsrelevant wird, indem bestimmte

Praxen nachhaltig aufgewertet, andere marginalisiert werden, zeigt sich, wenn Veränderungen nicht allein in ihrer ›geronnenen‹ Form, sondern von einem Standpunkt aus betrachtet werden, der auch ihre Herstellung sichtbar macht. Erst solche Sichtweisen können zeigen, dass die (real-existierenden) Geschlechterverhältnisse nicht Zufallsprodukte oder Abweichung, sondern immanenter Bestandteil neoliberaler Hegemonie sind, die erst dann angemessen analysiert ist, wenn sie systematisch in die theoretischen Perspektiven miteinbezogen werden. Die Herausforderung besteht u.a. darin, über die herkömmliche theoretische Perspektive auf abstrakte Dynamiken und Strukturen hinausgehend, sowohl die AkteurInnen und Subjekte in diesen Prozessen als auch die unterschiedlichen Ortseffekte sichtbar zu machen, ohne die Strukturzusammenhänge aus dem Blick zu verlieren: »The conventional culture of the left, with its stress on ›objective contradictions‹, ›impersonal structures‹, and processes, that work ›behind men's (sic) backs‹, has disabled us from confronting the subjective in politics in any very coherent way.« (Hall 1991, 59) Entsprechend charakterisiert Sassen die Globalisierungsdebatte als »narrative of eviction«, als auslassende Erzählung:

»These mainstream accounts emphasize only technical and abstract economic dynamics and proceed as if these dynamics are inevitably gender neutral. (...) This rhetoric ... has excluded ... actors and subjects. These narratives are male; they are centered in a vast array of micropractices and cultural forms enacted, constituted, and legitimized by men/or in male-gendered terms.« (Sassen 1996,10)

Es geht in einer feministischen Betrachtungsweise der aktuellen Transformationsprozesse also um eine grundlegende Horizontverschiebung, und dies bedeutet nicht nur eine Erweiterung des analytischen Terrains, sondern es beinhaltet einen Standpunktwechsel (Bauman 1996; Ingrao/Rossanda 1995; Smith 1998; Hartsock 1998a).

**Standpunkte benennen und dekonstruieren**
Dekonstruktivistische Standpunkttheorien sind Erkenntnismittel, die vermeintliche Universalismen aufzudecken vermögen. Die Konstruktion von Identitäten und Standpunkten aufzuzeigen, und sie gleichzeitig im Sinne eines dekonstruktivistischen, jedoch strategisch eingesetzten Essentialismus politisch zu nutzen, ist ein Ansatzpunkt für neuere feministische als auch für anti-rassistische Politikansätze. Der sich in der feministischen Literatur der achtziger Jahren einbürgernden Differenzierung von Geschlecht in *sex* als anatomischer Differenz – einem an den primären Geschlechtsmerkmalen orientierten körperlichen Bimorphismus – und *gender* als sozial erworbenem Geschlecht folgte schon bald die weitergehende Analyse, dass auch *sex* als Dichotomie konstruiert ist: Biologisch gesehen ist Geschlecht durchaus

nicht eindeutig. Die vier Arten der Geschlechterdifferenzierung (chromosomale, gonadale, hormonale und morphologische) müssen nicht notwendigerweise in einer bipolaren Anordnung zusammengehören, sondern können differieren.[5] Ein weiterer kritisch zu betrachtender Punkt bei der Trennung von biologischem und sozialem Geschlecht war die Ausblendung der Historizität des geschlechtlichen Körpers. Die Annahme eines über alle Zeiten hinweg gleichen Körpers wird in historischen Untersuchungen zur Entstehung des modernen Geschlechtskörpers widerlegt.[6]

In einem ersten Schritt bezog sich die These von der Gesellschaftlichkeit geschlechtlicher Körper auf die jeweilige Bedeutung, die ihnen innerhalb spezifischer gesellschaftlicher und kultureller Kontexte zugewiesen wird (Butler 1991, 66). In einem weiteren Schritt wurde auch die Annahme von Körperteilen, die ahistorisch immer die gleichen – mit nur jeweils unterschiedlicher Bedeutung – bleiben, abgewiesen. Kritisiert wurde, dass noch immer ein »natürliches körperliches Substrat« vorausgesetzt wurde, welches nachträglich überformt werde. Der geschlechtliche Körper selbst wurde nun als gesellschaftlich konstituiert begriffen. »Wenn man den unveränderlichen Charakter des Geschlechts bestreitet, erweist sich dieses Konstrukt namens ›Geschlecht‹ vielleicht als ebenso kulturell hervorgebracht wie die Geschlechtsidentität.« (ebd., 24) Das heißt also, dass die Annahme eines ahistorischen natürlichen Geschlechtskörpers abgelehnt, und statt dessen die jeweilige geschlechtliche Körperlichkeit als gesellschaftlich-kulturell konstruiert angesehen wird.

Hier trifft sich dekonstruktivistische feministische Theorie mit anti-rassistischer. Sich mit Rassismus auseinander zu setzen, bedeutet genau dies: das Fragen nach den historischen Ursprüngen der sozialen Unterschiede zwischen Körpern, denen differente Merkmale zugeschrieben werden, sowie das Fragen nach der Kontinuität bzw. permanenten Reproduktion dieser Zuschreibung und ihrer sozialen Folgen. Doch zunächst musste der Feminismus Anfang der neunziger Jahre aufgrund der Kritik Schwarzer Frauen eingestehen, dass genau das passiert war, was kritisiert wurde: Die Univer-

---

[5] Da im deutschen Wort »Geschlecht« diese Trennung nicht gemacht werden kann, erweist sich dieses ehemals als Defizit Begriffene nun als Vorteil gegenüber dem englischen Ausdruck »gender«.

[6] Thomas Laqueur spricht beispielsweise von einem »Ein-Geschlecht-Modell«, mit dem »weibliche« und »männliche« Geschlechtsmerkmale bis zum späten 18. Jahrhundert noch als gleichförmig beschaffen erklärt wurden. Penis und Vagina waren also das gleiche Geschlechtsteil mit nur graduellen Unterschieden: einmal nach innen, das andere mal nach außen gestülpt (Laqueur 1992, 21).

salisierung von Erfahrung und Identität. Schwarze Frauen fanden sich häufig nicht wieder in den Analysen zur spezifischen Rolle der Frauen, doch waren sie selten in der Position, selber sprechen zu können.[7] Es zeigte: Ein und dieselbe Person kann Opfer und TäterIn sein, Herrschaftslinien überschneiden sich – und bleiben auch den einzelnen nicht äußerlich. Der Begriff »Identität« fasst u.a. die Internalisierung von Dominanzkultur bei Kolonisierten.

Bewusste Identitätspolitik begann in den USA in den 60ern ausgehend von Schwarzen, Homosexuellen und Frauen: So bildeten sich kollektive Identitäten, die durch den gemeinsamen Kampf als solche erst entstanden. Doch Identitätspolitik wird heute u.a. kritisiert, weil sie essentialistische Verkürzungen nahe legt und dabei in Gefahr gerät, gesellschaftliche Zusammenhänge auszublenden oder zurückzustellen (Erel 1996). Identitätspolitik ist nicht per se emanzipatorisch, und immer ist sie auch Ausschließungspolitik. Zudem besteht die individuelle Identität nie kohärent, sondern stets aus Fragmenten verschiedener Kategorisierungen von Identität sowie Erfahrungen (ebd.). Besteht ein positiv besetztes Identitätsleitbild (traditionell oder im politischen Kampf), so werden die anderen Aspekte in einer Identität unterdrückt. Dies machte die poststrukturalistische Kritik an einer unreflektierten Identitätspolitik sichtbar, ohne diese jedoch als politisches Instrument aufzugeben. Judith Butler formulierte: »Der Feminismus braucht die Frauen, aber er muss nicht wissen, wer sie sind« (Butler 1993).

**Universalismus als Ausblendung**
Bewertung entsteht, wenn eine Person mit einem existierenden Fakt in Beziehung tritt, aber jede Beschreibung einer Tatsache kann nur als Sprache, und das heißt, nur als *signifier* in unser Bewusstsein kommen. »Language does not reflect reality but gives it meaning. Meaning is an effect of language and, as such, always historically and culturally specific« (Weedon 1999, 102). Zudem beruhen Standpunkte auf Erfahrungen; theoretische Positionen sind Verallgemeinerungen von Realitätswahrnehmungen, welche wesentlich von den Interessenlagen der TheoretikerInnen, aus ihrer Klassen-, Geschlechts-, ethnischen und anderen Zugehörigkeiten bestimmt werden (vgl. Behrend 2000, 1158). Das Sein beeinflusst nicht nur das Bewusstsein, es limitiert die Erkenntnismöglichkeit – darum gibt es keine absoluten universalistischen Antworten.

---

[7] Diese Kritik wäre auf die gemischte Linke sicherlich ebenso berechtigt anzuwenden. Vermutlich liegt die Tatsache, dass hier diese Diskussion keine solche Bedeutung gewann, darin begründet, dass in der gemischten Linken noch weniger Austausch untereinander stattfindet.

Im Grunde betreiben nicht zuletzt weiße Männer Identitätspolitik – denn Politik von ihrem Standpunkt aus ist Politik in ihrem Sinne. Doch wird sie bei dominanten Gruppen anders wahrgenommen, sie wird zur Ideologie oder sogar zur Hegemonie (Erel 1996). Mit anderen Worten: Bewertungen dieser Gruppe erscheinen am ehesten als Realitätsbeschreibungen, als Allgemeinwissen, als Nutzen für alle – als Wahrheit. Behrend spricht hier von Dialektik zwischen Post-Strukturalismus und universalistischer Tradition:

»Der Universalismus und seine Menschenrechtskonzeption legitimiert den Anspruch jedes Menschen, jeder Frau und jedes Mannes, in jedem Teil der Erde auf Leben und auf Verwirklichung aller individueller Potenzen. Er war und ist für die Befreiungskämpfe in aller Welt unverzichtbar. Ohne diesen Anspruch aber kulturell und historisch, klassen- und geschlechtsspezifisch, ethnisch, sozial, religiös, regional usw. zu untersetzen, läuft er darauf hinaus, dass das, was Menschenrecht ist, aus der Sicht des aus westlichen industriestaatlichen Zusammenhängen stammenden ›weißen‹ Mannes definiert wird. Bisher unterdrückte und marginalisierte soziale Gruppen müssen sich daher die Definitionsmacht über Menschenrechte aneignen und ihre, den eigenen Interessen entsprechenden Ansprüche geltend machen.« (Behrend 2000, 1161)

Kurz: wenn linke weiße Männer weiterhin meinen, sie könnten alleine die Welt verbessern, wird diese Welt auch nur für sie alleine besser werden. Eine der Stärken der zapatistischen Politik besteht darin, dass sie keinen identitätspolitischen Ansatz im traditionellen Sinne verfolgt, sondern dass sie deutlich macht, inwiefern das Ausbluten von Chiapas nicht zufällige Begleiterscheinung, sondern struktureller Bestandteil des globalen Neoliberalismus ist. Die Zapatistas kämpfen darum, sichtbar zu machen, dass ihre Position nicht eine zufällige (oder gar natürliche) Abweichung ist, sondern eine den Verhältnissen immanente.

So wird deutlich, dass die hegemonialen Interessen eben keine allgemeinen Interessen sind, und dass es nur gelingt, sie als allgemeine darzustellen, solange die marginalisierten und unterdrückten Interessen stimmlos bleiben bzw. gemacht werden. Darüber hinaus rufen sie andere marginalisierte Identitäten – Frauen, Alte, Homosexuelle etc. – auf, sich ebenso gegen Hegemonie zu wehren, und zwar in einer Vernetzung aller dieser. Es geht nicht um die Erarbeitung eines neuen universalistischen Standpunktes mit neuen, anderen Ausschließungen. Vielmehr geht es darum, Formen zu finden und zu befördern, die unterschiedliche Standpunkte auch in ihren Zusammenhängen sichtbar machen können. Es geht darum, Identitätspraxen dort zu kritisieren, wo sie Objektivierungspraxen sind, die den »Teil zum Ganzen« machen und so auf der Verwerfung anderer Standpunkte beruhen (vgl. Brenssell 2000).

## Standpunkte implizieren (keine) Perspektiven

Nancy Hartsock erklärt anhand des Klassenstandpunkts des Proletariats bei Marx die unterschiedliche Sichtweise auf denselben Zusammenhang des Lohnarbeitsvertrages. Marx betont, dass dieser Tausch systemimmanent gerecht ist: Der Lohn entspricht den spezifisch gesellschaftlichen Reproduktionskosten der Ware Arbeitskraft.[8] Aus der Perspektive des Kapitals, des Warentausches handelt es sich einfach um den Vertrag zwischen frei Handelnden, durch den freien Willen bestimmt: »ein wahres Eden der angebornen Menschenrechte. Was allein hier herrscht, ist Freiheit, Gleichheit, Eigentum«. Doch:

»Beim Scheiden von dieser Sphäre der einfachen Zirkulation oder des Warentausches, woraus der Freihändler vulgaris Anschauungen, Begriffe und Maßstab für sein Urteil über die Gesellschaft des Kapitals und der Lohnarbeit entlehnt, verwandelt sich, so scheint es, schon in etwas in Physiognomie unsrer dramatis personae. Der ehemalige Geldbesitzer schreitet voran als Kapitalist, der Arbeitskraftbesitzer folgt ihm nach als sein Arbeiter; der eine bedeutungsvoll schmunzelnd und geschäftseifrig, der andere scheu, widerstrebsam, wie jemand, der seine eigene Haut zu Markt getragen und nun nichts anderes zu erwarten hat als die – Gerberei.« (MEW 23, 191)

Nancy Hartsock ergänzt diesen Gedanken:

»If, to paraphrase Marx, we follow the worker home from the factory, we can once again perceive a change in the *dramatis personae*. He who before followed behind as the worker, timid and holding back, with nothing to expect but a hiding, now strides in front, while a third person, not specifically present in Marx's account of the transactions between capitalist and worker (both of them are male) follows timidly behind, carrying groceries, baby, and diapers.« (Hartsock 1983, 234)

Die Sichtweise der dominanten Kultur ist jedoch insofern immer auch richtig, im Sinne von ›zwingend‹, weil gesellschaftliche Bedingungen durch sie strukturiert sind und weil sie so die Handlungsmöglichkeiten bestimmen; doch die Sichtweise von Marginalisierten eröffnet andere Perspektiven und ist daher für Emanzipationsprozesse und politisches Handeln unabdingbar (Hartsock 1998b). Smith führt im Vergleich zwischen Marx/Engels-Texten und neueren marxistischen Texten zur Klassenfrage vor, welche Bedeutung die explizite theoretische Verortung für emanzipatorische Perspektiven hat: Dabei zeigt sie, dass neuere marxistische Theorien das lesende Subjekt ganz anders verorten: Die heutigen marxistischen Texte zur Klassenfrage

---

[8] Wobei dies – wie Marx immer auch vorführt – eine Frage der Kämpfe ist, in denen um den jeweiligen Reproduktionsstandard gekämpft wird.

machen sich die elaborierten Kunstgriffe zunutze, die in den Sozialwissenschaften in der Zeit nach Marx und Engels zum Verfassen von Texten entwickelt wurden. Diese ermöglichen es, gesellschaftliche und ökonomische Verhältnisse so darzustellen, als entwickelten sie sich ohne die Anwesenheit von wirklichen Subjekten (vgl. Smith 1992); sie konstruieren eine zeitliche Ordnung, die den Leser nicht in einem historischen, von der Vergangenheit in die Zukunft reichenden Prozess verortet; und insbesondere sind die lesenden und schreibenden Subjekte, wenn sie überhaupt explizit vorkommen, dem Phänomen, über das der Text spricht, äußerlich.

»Die ›Klasse‹ ist ein theoretisches Konstrukt, das Positionen oder Individuen klassifiziert. Wenn wir uns der Rede von Klassen bedienen, um über die Welt zu sprechen, die wir alltäglich/allnächtlich konkret erfahren, dann treten wir in einen diskursiven Raum ein und interpretieren unser eigenes Leben, unsere Freunde und unsere politischen Verbündeten von diesem Standpunkt.« (Smith 1998, 26f)

Solche Objektivierungspraxen – wie Universalisierung, Ausschließung, Klassifizierung – reproduzieren die hegemonialen Relevanzstrukturen und sind so Teil der Herrschaftsverhältnisse, denn sie bringen spezifische Bewusstseinsformen hervor, die über bestimmte Kategorien und Begriffe das Bewusstsein organisieren. Es reicht jedoch nicht, lediglich die Identität des/der Wissenden zu problematisieren, ohne den ontologischen Status des zu Wissenden zu hinterfragen. Wenn aus einer bestimmten Verortung heraus (bspw. als schwarze Frau) eine bestimmte Position abzuleiten wäre, könnten zwei Menschen mit der gleichen Verortung nicht verschiedener Ansicht sein – bzw. wenn doch, wenn es einfach viele Wahrheiten gäbe, führte dies zum Relativismus. Dies entspricht dem andauernden Missverständnis über poststrukturalistische Kritik als Relativismus und Ablehnung von Politik (Patel 2000).

### Jenseits des Dualismus von Marxismus und Poststrukturalismus

In diesen theoretischen Herangehensweisen treffen sich ideologietheoretische und hegemonietheoretische marxistische und poststrukturalistische Theorieansätze. Denn ihnen ist zum einen gemeinsam, dass sie Herrschaft nicht essentialistisch/deterministisch oder als den Individuen äußerlich auffassen, sondern als Praxis, die auch von den Einzelnen – in ihrem Handeln und Denken – reproduziert wird. Zum anderen treffen sich die verschiedenen Theorierichtungen darin, dass sie Diskursen einen konstitutiven Stellenwert einräumen. Behrend (2000, 1159) weist darauf hin, dass die oft allzu pauschale Kritik von PoststrukturalistInnen am Marxismus – dem der Anspruch unterstellt wird, eine einzige objektive Wahrheit zu transportieren – übersieht, dass es auch für Marx nicht um ›Wahrheit‹ an sich, sondern um ihre spezifisch historische und (klassen-)interessengeleitete Formierung oder Konstruktion ging. Auch der post-strukturalistischen Auffassung zufolge gibt es nur die verschiedenen Wahrheiten der miteinander konkurrierenden Diskurse; ihr Status wird in der durch die bestehenden Machtverhältnisse hierarchisch strukturierten Ordnung bestimmt (vgl. Weedon 1999, 108).

Die insbesondere mit dem Namen Gramsci verbundene marxistische Hegemonietheorie lehnte naturalisierende Gedanken ab, wie etwa, dass bestimmte Ideen kohärent mit bestimmten Klassen verbunden seien. Hall schreibt mit Blick auf Gramsci:

»The image of great, immovable class battalions heaving their ascribed ideological luggage about the field of struggle, with their ideological numberplates on their backs, as Poulantzas once put it, is replaced here by the infinity of subtle variations through which the elements of a discourse appear spontaneously to combine and recombine with each other, without material constraints of any kind other than that provided by the discursive operations themselves.« (Hall 1993, 40)

Und an anderer Stelle betont Hall, Gramsci anerkenne die ›Pluralität‹ des Selbst bzw. der Identitäten, aus welchen sich das sogenannte ›Subjekt‹ zusammensetze: »Gramsci shows how the so-called ›self‹ which underpins the ideological formations is not a unified but a contradictory subject and a social construction« (Hall 1996, 440). Diese Auffassung von Hegemonie nimmt an, dass Herrschaft sich in Denkformen und -weisen reproduziert und so von allen getragen wird. Gramsci fasst dies als ›Alltagsverstand‹ und er geht davon aus, dass dieser in einer widersprüchlichen Gesellschaft selbst zerrissen sein muss. Entsprechend formuliert er als politische Leitlinie: »Der Anfang der kritischen Ausarbeitung ist das Bewusstsein dessen, was wirklich ist, das heißt ein ›Erkenne dich selbst‹ als Produkt des bislang abgelaufenen Geschichtsprozesses, der in einem selbst eine Unendlichkeit von Spuren hinterlassen hat, übernommen ohne Inventarvorbehalt. Ein solches Inventar gilt es zu Anfang zu erstellen« (Gramsci 1995, 1376).

## Geschlechterproduktion als Voraussetzung neoliberaler Hegemonie

Vom Standpunkt der Praxis der Herstellung spezifischer, hierarchischer Geschlechterverhältnisse zeigt sich, dass die Geschlechterverhältnisse nicht an einem bestimmten Ort produziert werden, der die anderen determiniert oder diesen gar übergeordnet ist. Die alte Idee der Überordnung eines bestimmten Bereiches oder Widerspruchs basiert auf einem überholten »monolithischen Herrschaftsbegriff des Marxismus der II. und III. Internationale. Dieser fasst den Klassenantagonismus als Grundverhältnis sozialer Herrschaft, von dem alle anderen Herrschaftsverhältnisse sich ableiten. Das Privateigentum galt in dieser marxistischen Tradition als die »letzte und tiefste Wurzel der Vorrechtsstellung des Mannes vor dem Weibe« (Clara Zetkin), die »Frauenfrage« wurde zum »Nebenwiderspruch« (vgl. Brenssell/Lettow 1995, 822). Die Frage nach einer Hierarchisierung der verschiedenen Bereiche Politik, Ökonomie und Kultur erübrigt sich, wenn man die tägliche (Re-) Produktion – z.b. die (Wieder-)Herstellung der Geschlechterverhältnisse – als eine (alltägliche) Praxis sieht, an der alle in allen Bereichen beteiligt sind. Paul Willis hat den Begriff der kulturellen Produktion eingeführt:

»Die Menschen bewegen sich nicht nur in oder zwischen den gesellschaftlichen Strukturen, sie stellen die Strukturen selber immer wieder her, sie reproduzieren die Gesellschaft und darin sich selbst. In diesem Sinne stellen sie nicht nur die materiellen Güter her, sondern auch die Bedeutungen, Sinngebungen, kulturelle Formen, um sich selbst und den Verhältnissen, in denen sie leben, einen Sinn zu schaffen.« (VAAF 1990, 35)

Die Produktion des spezifisch/hegemonialen Kulturellen, Ökonomischen, Politischen muss einerseits alltäglich reproduziert und aufrechterhalten werden, andererseits aber müssen sich die hegemonialen Bedeutungen auch nicht täglich gänzlich erneuern, weil sie auch strukturell und institutionell verankert und festgeschrieben sind – in Regelwerken (Gesetzen), Arbeitsteilungen, Institutionen, ›Texten‹ (im weitesten Sinne) oder anders gesagt, in ›materialisierten Bedeutungen‹ aller Art. Dazu gehören alle Weisen, die das Bewusstsein, Denken und Handeln auf spezifische Weise organisieren, die aber diese Spezifik nicht erkennen lassen (z.B. Menschen entweder als Frau oder Mann zu erfassen). Die Formen, in denen die Menschen ihr Leben produzieren bzw. reproduzieren, sind spezifische, sind ihnen aber als solche nicht bewusst, weil eben das Handeln in den (spezifischen) Formen kein Nachdenken *über* diese erfordert, sondern im Gegenteil fordert, dass man *in* ihnen denkt – das oben gegebene Beispiel der Lohnform diene zur Veranschaulichung. Marx verfolgt in seinem Fetisch-Kapitel (MEW 23, Kapitel 1.4) die erkenntnistheroetische Frage, warum die Menschen die Formen, in denen sie handeln, nicht als spezifische Formen erkennen. Bei Marx ist der Formbegriff ein Erkenntnisinstrument, weil er es ermöglicht, die Formen des eigenen Handelns und Denkens zu hinterfragen – damit enthält er bereits den Gedanken des sogenannten *linguistic turn*: dass Form und Inhalt nicht getrennt betrachtet werden oder als ›Eigentliches‹, dem eine Form übergestülpt wird. Sondern die Formen, in denen die Menschen denken und ihr Leben regeln, sind den Inhalten nicht entgegengestellt, sie stellen sie erst her. Sie sind die Bewegungs- und Betätigungsformen der gesellschaftlichen Verhältnisse, in denen gedacht und gehandelt wird und in denen Prioritäten und Interessen hergestellt werden. Als Erkenntnisinstrument heißt das: Es ist zwar möglich, über die Formen nachzudenken, in denen wir handeln und denken, und es lässt sich auch in der Perspektive ihrer Überwindung oder Veränderung über sie nachdenken. Es ist aber auch nötig, die spezifischen Formen sichtbar zu machen, um sie als solche überhaupt erkennen zu können. Auch Butler ermahnt, es sei unmöglich, außerhalb der Diskurse zu stehen, durch die ›wir‹ konstituiert sind; alles, was wir tun könnten, sei, eben diese Gepflogenheiten, die uns bedingen, durchzuarbeiten: »Gender-Performativität schließt die schwierige Arbeit ein, die Handlungsfähigkeit der Mächte, die uns konstituieren und gegen die wir uns wehren, zu übernehmen. Dies ist eine historische Arbeit, ein Durcharbeiten der Geschichte des Signifikanten; und kein Bezug auf eine quasi-transzendentale Ich-Identität und aufgeblasene Geschichtskonzepte wird uns in diesem konkretesten und paradoxesten Ringen helfen.« (Butler 1993a, 126).

*Doing gender* bezeichnet im Angelsächsischen die alltägliche (Wieder-) Herstellung von Geschlechtssubjekten (vgl. u.a. Butler 1991). Im Hinblick auf Berufsarbeit gibt es eine Reihe von wertvollen Untersuchungen. Allerdings zeigt sich dabei, dass keine einseitige Prägung des Geschlechtes durch die Erwerbsarbeit erfolgt. Wetterer (1995) erforschte in ihrer historischen und soziologischen Betrachtung der *Vergeschlechtlichung* von Berufen, dass stereotyp weiblichen bzw. männlichen Tätigkeiten nicht Unterschiede in der Arbeitsform zugrunde liegen, sondern eine davon unabhängige hierarchische Einordnung, welche erst zu der geschlechtlichen Zuordnung eines Berufes führe. Erst die Betonung zum Beispiel des Technikbezuges beim Feinmechaniker im Gegensatz zur Feingliedrigkeit und bei der Röntgenassistentin die Hervorhebung des Umgangs mit Menschen im Gegensatz zum Technikbezug wirkten auf die Vergeschlechtlichung der Berufstätigen zurück. Deutlich wird dies auch durch das Phänomen, dass mit der Feminisierung eines Berufs stets ein Statusschwund einher geht (z.B. beim Übergang vom männlich geprägten Lehrerbild zum weiblich geprägten), mit der Vermännlichung eines Berufs ein Statuszuwachs (z.B. von der Putzfrau zum Raumpflegeunternehmer). Die ungelöste Frage, wieso Veränderungen trotz Frauenbewegung und Frauenförderprogrammen so geringfügig ausfallen, erscheint damit in einem anderen Licht: Die Hierarchisierung der Geschlechter ist immanenter als gemeinhin angenommen.

### Das Weibliche als das Nicht-Warenförmige
Roswitha Scholz (1992; 2000) versucht eine Antwort, indem sie eine Verknüpfung zwischen Geschlechterdichotomie und Ökonomie aufzeigt – Kapitalismus und die Konstruktion von Geschlechteridentitäten werden hier zusammen gedacht. Sie verweist mit dem Ansatz des »Abspaltungstheorems« auf einen Zusammenhang zwischen den Abspaltungen innerhalb der ent-

fremdeten Arbeit in der Warengesellschaft und den Zuordnungen, welche innerhalb der Geschlechterproduktion vorgenommen werden. Der Kerngedanke des Abspaltungstheorems von Scholz ist, die Frau sei in diesem Prozess als das Gegenwesen zum abstrakten ›Arbeiter‹ gesetzt worden. Die Warenform als solche weise eine geschlechtliche Besetzung auf: Alles, was an sinnlicher Welt des Menschen in dieser Form nicht aufgehen könne, werde als weiblicher Lebenszusammenhang von der Form und den Prozessen abstrakter Ökonomisierung der Welt abgespalten, wodurch sich die Warenform gleichzeitig als männlich besetzt erweise. Mit anderen Worten: *Abgespalten* werden zum einen die Reproduktionstätigkeiten vom Wert, von der abstrakten Arbeit und den damit zusammenhängenden Rationalitätsformen. Damit verbunden werden nicht direkt in den Wertprozess einfließende Eigenschaften wie Sinnlichkeit oder Emotionalität weiblich konnotiert und der Frau zugeschrieben; der Mann hingegen steht für Mut, Verstand oder Charakterstärke. So wurde der Mann in der modernen Entwicklung mit Kultur, die Frau mit Natur gleichgesetzt (vgl. Scholz 2000, 9).

Wert und Abspaltung stehen dabei in einem dialektischen Verhältnis zueinander. Die Abspaltung ist das »Andere« der Warengesellschaft, ist ihr immanentes Gegenteil, d.h. das Nicht-Warenförmige in der Warengesellschaft. Kurz (1992) betont, das Paradox sei gerade die Immanenz der Abspaltung. Das »weibliche« Nicht-Warenförmige in der Warengesellschaft verstecke sich durch seine gesellschaftliche Formlosigkeit. Dies sei im Detail an den sozialen Beziehungen in ihrer geschlechtlichen Dimension nachzuweisen. So seien die bürgerliche Familie oder die Geschlechtsbeziehung keine nicht-warenförmigen sozialen Räume, welche außerhalb und unabhängig von der Warengesellschaft existierten, da auch hier die Zuweisungen an die Geschlechter funktionierten. Da weibliche Tätigkeiten im Verborgenen zu erfolgen haben und in untergeordneter Position zu erbringen sind, sei die wertförmige Fetisch-Konstitution schon an ihrer Basis geschlechtlich bestimmt. Der abgespaltene weibliche Lebenszusammenhang sei in seiner Abgespaltenheit genauso entfremdetes Moment der warenproduzierenden Deformations- und Destruktionsgeschichte wie ›Arbeit‹ im Binnenraum der Ware.

Nicht das Abgespaltene als solches sei also zu mobilisieren (dies entspreche der Logik der Differenz), noch die Abspaltung bloß aufzulösen in einer Vermännlichung und Abstraktifizierung der Frau zu einem ebensolchen Warenwesen (dies sei die Logik der Gleichheit), sondern die Abspaltung selbst müsse zusammen mit der männlich besetzten Warenform aufgehoben werden.

Niemand geht Scholz zufolge in den geschlechtstypischen Kulturmustern oder anderen Strukturen auf, niemand kann sich jedoch andererseits den entsprechenden Fremd- und Selbstzuschreibungen bis in psychische Tiefenschichten hinein entziehen (vgl. Scholz 2000, 35). Ähnlich sieht auch Bourdieu das objektivistische und das subjektivistische Moment in einer dialektischen Beziehung zueinander. Es gebe ein Zusammenspiel von sozialen Strukturen, wie sie sich zum Beispiel in der Arbeitsteilung zwischen den Geschlechtern niederschlügen, und mentalen Strukturen beziehungsweise den in den Körpern und Gehirnen eingeschriebenen Prinzipien der Wahrnehmung. Die (ver-)geschlechtlich(t)e Arbeitsteilung sieht Bourdieu dabei als besonders wesentlich an, da sich aus ihr symbolische Assoziationen und Wahrnehmungsmuster ableiteten (Bourdieu 1990). Für sich genommen willkürlich, erlange die Einteilung der Dinge und der Tätigkeiten nach dem Gegensatz von männlich und weiblich ihre objektive und subjektive Notwendigkeit von ihrem Eingelassensein in ein System von Gegensätzen. In der Sozialisierung werde eine Somatisierung, also Verkörperlichung der Herrschaftsbeziehungen angestrebt, somit realisiere sich auch der Gegensatz zwischen dem Männlichen und dem Weiblichen in der Körperhaltung und im Verhalten.

Vermittelt über eine – nach Geschlechtern differenzierte – doppelte Arbeit der Einübung, zum einen als soziale Konstruktion der Anschauung vom biologischen Geschlecht, dann durch Einüben einer körperlichen *Hexis*, welche inkorporierter Politik entspreche, bildeten sich zwingend bei Mann und Frau unterschiedliche Dispositionen in Bezug auf die am wichtigsten erachteten sozialen Spiele aus. Frauen akzeptierten unbewusst ihre untergeordnete Stellung, da der Habitus das Resultat der Einlassung eines Herrschaftsverhältnisses in ihren Körper ›als Speicher der Geschichte‹ sei (vgl. Bourdieu 1987) und damit ihre soziale Identität bilde. So wirkten sie an ihrer eigenen Unterdrückung mit. Leider fehlt in dieser Analyse Bourdieus über *Die männliche Herrschaft* eine weitergehende Verbindung zu seinen Analysen der Klassengesellschaft, und bleibt damit der Feminismuskeks seiner Werke – allerdings serviert mit dem Hinweis, dass es sich hierbei um etwas Besonderes handelt: »Die Bedeutung einer symbolischen Revolution, die darauf zielt, die fundamentalen Prinzipien der männlichen Weltsicht in den Köpfen wie in der Wirklichkeit umzustürzen, sollte man dennoch nicht unterschätzen; denn die männliche Herrschaft ist das Paradigma […] aller Herrschaft« (1990, 216).

Sicherlich nicht zufällig sprechen Adorno und Horkheimer vom *männlichen* Charakter des modernen bürgerlichen Subjektes. Dieses sei das Ergebnis eines langwierigen historischen Prozesses, in welchem die Menschheit sich habe Furchtbares antun müssen, bis »das Selbst, der identische, zweckgerichtete, männliche Charakter des Menschen« geschaffen war (1944, 40). Leider jedoch führen sie an keiner Stelle den weiblichen Charakter aus. Auch in ihrer Analyse wird das Weibliche damit zum unbestimmten Gegenbild.[9] Doch implizit wird auch hier die Verwobenheit von Kapitalismus und Geschlechtsidentitäten deutlich.

## Geschlechter- als Produktionsverhältnisse

Frigga Haug fasst *kapitalistisches Patriarchat* als spezifisches Produktionsverhältnis: »Leistungsfähigkeit und -willigkeit, stets rationeller, wirtschaftlicher, effektiver, produktiver Zeit zu verausgaben, bestimmen das Zivilisationsmodell, in dem wir leben, sein Regelsystem und seine Entwicklungen und ebenso die Handlungsmaximen der einzelnen, soweit sie nicht durchs Netz fallen. Beherrschung der Natur, Entwicklung der Produktivität, Wettlauf« (Haug 1996, 135). Auch Haug entdeckt in der symbolischen Ordnung antagonistische Gegensätze: »Herrschaft und Unterwerfung, Geist und Natur, Subjekt und Objekt – in solchen Gegensätzen sind die Verhältnisse von Mann und Weib ebenso eingespannt wie die Vorstellungen vom Gemeinwesen selbst« (131). Sie fragt nach den Tätigkeiten, Bereichen und Notwendigkeiten, die solchem Kalkül nicht unterworfen werden können. Sie sieht als zentrales Moment dieses Zivilisationsmodells die spezifische Verausgabung und (Ver-)Nutzung von Zeit: All die Tätigkeiten, die nicht durch Zeiteinsparung produktiver erledigt werden könnten, würden entweder ganz vernachlässigt oder einer gesellschaftlichen ›Randgruppe‹ überlassen, den Frauen. Zeit ist nicht reduzierbar auf Quantitatives, da Verfügung über Zeit über Entwicklungsräume entscheidet. Die Frage nach der Zeit führt somit direkt zur Frage nach der Verwendung von Lebenszeit, sowohl auf individueller als auch auf gesellschaftlicher Ebene. Haug knüpft mit ihrer These von der Existenz *zweier Zeitlogiken* als zentrales Herrschaftsmoment an die Akkumulationstheorie von Luxemburg an. Diese stellt über Marx hinausgehend folgende These auf:

»Kapitalismus benötige zu seiner erweiterten Reproduktion ein ›Hinterland‹, welches selbst nicht nach Kapitalgesetzen reguliert sei. Raub, Diebstahl, ungerechte Aneignung seien daher permanente Bestandteile kapitalistischer Produktionsweise und nicht bloß – wie Marx dachte – ihrer Entstehungsphase, der sogenannten ›ursprünglichen Akkumulation‹. Demnach seien Kolonialismus und Imperialismus notwendige Strategien wachsender Kapitalismen.« (139)

---

[9] Schultz (1994, 99) kritisiert, am Bild der Penelope werde Ehe mit Liebe identifiziert und als mögliche Alternative zur Gefühlsorganisation des Tauschprinzips dargestellt. Damit machen auch sie den Mythos von den zwei Bereichen (Welt des Geldes – Welt des häuslichen Glücks) zum Ausgangspunkt ihrer Geschichtsperspektive.

Schultz belegt, wie mit dem aufkommenden Kapitalismus ein Zeitbewusstsein im Sinne von *time is money* entstand, welches aber stets nur für Männer-Zeit galt (Schultz 1994, 153ff). Dies drückt sich in der bürgerlichen Wirtschaftstheorie als auch in der marxistischen darin aus, dass implizit davon ausgegangen wird, dass die Fähigkeit und damit die Zeit, unbezahlte Versorgungsarbeiten zu leisten, unbegrenzt ist – für Frauen gilt nicht die lineare, berechenbare, begrenzte Zeit. In diesem Sinne ist die Entdeckung der Frauen im Trikont von IWF und Weltbank zu verstehen, die wahre Wunder von ihnen erwarten: Es hat schon etwas Magisches, wie ihnen jede Art von Familien- und Reproduktionsarbeit und zusätzlich einkommensschaffende Erwerbstätigkeit zugetraut wird. Während das Modell der Hausfrau früher über das Ehe- und Keuschheitsgebot beschrieben worden sei, gebe es heute eine Vermittlung über die Festlegung von Funktionsbeschreibungen, so Schultz (1994). Sie sieht Alexis vom Denver-Clan als das (post-fordistische) Ideal der ›Kleinen Selbständigen‹, welches das (fordistische) Modell der Hausfrau ablöse. Ob in Kenia, Venezuela, Mexiko oder Jamaica, dieses Ideal einer Frau, welche »trotz hierarchischer Geschlechterunterordnung, trotz steigenden Entzugs an autarken Reproduktionsmöglichkeiten ihre eigene Reproduktion wie die ihrer Kinder und manchmal auch noch der dazugehörigen Väter irgendwie hinbekommt, geht rund um die Welt« (217f.). Dieses neue Ideal werde doppelt gefasst: einmal als funktionelle Festlegung auf potentielle Mütterlichkeit mit ihrer Verantwortung für Reproduktion, und zum anderen zugleich als Festlegung auf geldentlohnte Existenzsicherung: Verantwortung für das Geld und für das (Über-) Leben. Diese doppelte paradoxe Funktionszuschreibung bilde das paradoxe Leitbild globaler Flexibilisierung für Frauen, so Schultz (218).

In all diesen Konzepten geht es ausdrücklich nicht um eine Verortung von Frauenunterdrückung: »Es geht um nichts weniger als das Ganze«, so Haug.

»Ich habe zu zeigen versucht, dass das kapitalistische Patriarchat eine Produktionsweise ist, deren Regulationsprinzipien auf Frauenunterwerfung gründen. Die herrschende Ökonomie mit Tausch, Markt, Profit, Wachstum setzt auf eine umfassende Ausbeutung nicht nur erwerbstätiger Arbeitskraft, sondern ebenso anderer (Dritter) Welten, die nicht nach den gleichen Prinzipien produzieren, und auf Vernachlässigung der Sorge um Leben und ihre Überantwortung an Menschen, die dies aus Liebe, aus ›Menschlichkeit‹ tun und daher nicht als ›Gleiche‹ behandelt werden können. Ebenso ist die symbolische Ordnung, sind die Bereiche von Kunst und Wissenschaft, ist das gesamte Zivilisationsmodell durchdrungen und legitimiert durch solche Geschlechterverhältnisse als Produktionsverhältnisse. Das betrifft auch die Subjekte selbst als Persönlichkeiten.« (Haug 1996, 150f.)

## »Individuelle Praktik« und politischer Kampf

Die skizzierten Ansätze verweisen auf komplexe Zusammenhänge zwischen Wirtschaftsweise – Geschlechterverhältnissen – Subjektkonstruktionen und darauf, dass sich die gesellschaftlichen Entwicklungen nicht zufällig entlang dieser Trennungslinien vollziehen, die in herkömmlichen Konzeptualisierungen unsichtbar bleiben. Wir wollten auf einige – in linken Theorien oftmals vernachlässigte – Dimensionen hinweisen. Denn wir werden keine eingreifenden Theorien schaffen können, solange wir uns nicht selber als Produkt der Gesellschaft begreifen und auch bei uns selber – unseren eigenen Denkweisen und Zurechtlegungen – anfangen. Dazu müssen wir auch eine neue Praxis der theoretischen Auseinandersetzung und des Dialogs erfinden. Die Zapatistas nennen dies *caminamos preguntando* – gemeinsam fragend voranschreiten und den Weg so (er-)finden. Dies ermöglicht neue Erfahrungen, und damit neue Analysen und Erkenntnisse, welche über die Gegenwart hinausweisen. Zwar muss mit einem bestimmten Standpunkt nicht eine bestimmte Analyse verbunden sein, aber ohne die Einbeziehung marginalisierter Gruppen entstehen neue Dominanzen statt emanzipatorischer Theorieansätze. Das spiegelt sich auch in unserem alltäglichen politischen Handeln: Menschen bleiben aus politischen Gruppen weg, weil sie nicht in deren Kultur passen. Erst wenn sich diese politische Kultur verändern lässt, können sie wirklich daran partizipieren. Sind diese Menschen Frauen, Farbige, Homosexuelle, Behinderte etc., wiederholen sich Ausschlussprozesse mit den entsprechenden Folgen für emanzipatorische Prozesse.

Wenn jedoch die meistunterdrückte Subjektivität unangreifbar ist, dann ist auch diese Wahrheit gefährlich. Die Lösung kann nur eine Form von *crossover politics* sein: Dialog als eine Politikform, auf welcher alle anderen Politikformen beruhen. Nancy Caraway beschreibt einen solchen, auf Solidarität basierenden Versuch: »Crossover feminists try (but never truly succeed) to see and hear from ›other‹ vantage points« (Caraway 1991, 172). Doch Feministinnen, welche diesen Ansatz versuchten, wüssten um die Grenzen und um die Zerbrechlichkeit dieses Versuchs, sich in die Haut des/der anderen zu versetzen, weshalb sie sich nicht auf vorgetäuschte ›organische‹ Gemeinschaften stützten. Caraway versucht damit die schwierige Balance zwischen zwei konkurrierenden Ideen: auf der einen Seite eine Basis zu bilden, von welcher aus Wahrheiten zu finden sind, auf der anderen Seite diese Basis nicht zu einer unhinterfragbaren Rechtfertigung werden zu lassen (Patel 2000). Um den Gefahren von Politiken zu entkommen, die essentialistische Identitätskonzepte fortschreiben, machen Hennessy, Hall u.a. den Vorschlag der *Subjektposition*. Dieses Konzept eröffnet den Raum, das Verhältnis zu sich und zu den anderen zu reflektieren (weil es die Existenz anderer

Subjektpositionen schon immer mit enthält) und nicht Identität als Nahelegung zur unreflektierten und ungebrochenen Ausschließung fortschreibt.
»It is precisely in offering a framework for thinking this *re-contextualization* that a theory of ideology contributes to feminist praxis. In situating the historical construction of the feminine subject in a systemic analysis, it offers feminists one way to explain more fully *our* mediated and uneven historical positions. In so doing, feminism's subject is transformed from an empirical group, *women*, to the collective subject of critical discourse which pushes on the boundaries of western individualism. That the force of this critique is fed by *other* counterhegemonic discourses indicates both the historicity and the ideological limits of a feminist praxis always in the process of rearticulation.« (Hennessy 1993, 99)

Das heißt, dass Positionen als Positionierungsprozesse kenntlich gemacht werden müssen, als spezifische Erkenntnisweisen und Zusammenhänge, um andere Subjektpositionen erschließen und ihnen Bedeutung verleihen zu können. Gleichzeitig bedeutet es, dass hegemoniale Subjektpositionen nicht einfach ›ignoriert‹ oder verlassen werden können, weil sich von ihnen aus nur bestimmte Sinnzusammenhänge und Sachverhalte erschließen lassen – dass ihre Einnahme in dieser Weise nicht nur eine Nahelegung ist, sondern auch ›zwingend‹. Weil Differenzen immer Hierarchien implizieren, muss es darum gehen, Privilegien zu verlernen (Spivak 1988, 91). Dies beinhaltet den Versuch, Identitäten zu verschieben. Butler beschreibt es als »*paradoxe Aktivität*, sich eben den Kategorien zu widersetzen, durch die man konstituiert ist [...] Wir sind weder so radikal frei, dass wir uns selbst erschaffen können, noch sind wir als Werkzeug oder Effekt einer außerhalb unserer Kontrolle stehenden Macht von Grund auf determiniert. Wir sind gewissermaßen *gezwungen*, die regulierenden Bedingungen des Geschlechts ständig zu wiederholen, *wie* aber diese Wiederholung vor sich geht, ist teilweise offen. Die Tatsache, dass wir – jede von uns – die Gelegenheit zur Wiederholung solcher Normen sind, ist zugleich das Versprechen ihrer Erweiterung und Neuartikulation. Dabei handelt es sich nicht bloß um eine ›individuelle‹ Praktik, sondern um einen politischen Kampf« (Butler 1993).

## Literatur

Adorno, Theodor W. Adorno/Horkheimer, Max (1944): Dialektik der Aufklärung, Frankfurt/M. 1998
Alscher, Stefan/Habermann, Friederike/Kleiber, Tina (1998): Das Leben mit der *neuen* Mauer. Analysen und Berichte aus dem Kalten Krieg zwischen Nord und Süd, unveröffentlichte Studie zu den Auswirkungen der NAFTA auf Migration und Maquiladoraindustrie in Mexiko als Ergebnis eines ASA-Projektes in Tijuana
Baumann, Zygmunt (1996): Glokalisierung oder: Was für die einen Globalisierung, ist für die anderen Lokalisierung, in: Das Argument 217, 38. Jg., H. 5/6, 653-664
Behrend, Hanna (2000): Universalismus und Differenz, in: Utopie kreativ, H. 121/122, 1156-1161
Bourdieu, Pierre (1987): Kritik der theoretischen Vernunft, Frankfurt/M.
Bourdieu, Pierre (1990): Die männliche Herrschaft, in: Dölling, Irene/Krais, Beate (Hrsg.), Ein alltägliches Spiel. Geschlechterkonstruktion in der sozialen Praxis, Frankfurt/M. 1997, 153-217
Brenssell, Ariane (2000): Jenseits der Autonomie im Hinterland des Neoliberalismus. Sechs Anmerkungen zur Polarisierung von Handlungsmöglichkeiten als strukturellem Moment einer neuen Geographie von Macht, in: Psychologie und Gesellschaftskritik Nr. 95/96, 3-4/2000, 24. Jg., 35-52
Brenssell, Ariane /Lettow, Susanne (1995):»Doppelte Militanz«, in: Historisch kritisches Wörterbuch des Marxismus, Bd. 2, Bank bis Dummheit in der Musik, hrsg. v. Wolfgang Fritz Haug, Hamburg, 822-825
Butler, Judith (1991): Das Unbehagen der Geschlechter, Frankfurt/M.
Butler, Judith (1993):»Ort der politischen Neuverhandlung. Der Feminismus braucht ›die Frauen‹, aber er muss nicht wissen, ›wer‹ sie sind«, in: Frankfurter Rundschau vom 27.3.1993
Butler, Judith (1993a): Für ein sorgfältiges Lesen, in: Benhabib, Seyla u.a., Der Streit um Differenz. Feminismus und Postmoderne in der Gegenwart, Frankfurt/M., 122-132
Caraway, Nancy (1991):»Other« paradigms and postcolonial connections. Segregated Sisterhood: Racism and the politics of American Feminism, Knoxville, Tennessee
Deutsches Institut für Wirtschaftsforschung (DIW) (1995): Wochenbericht 23/1995, 62. Jg., Berlin
Diettrich, Ben (1999): Klassenfragmentierung im Postfordismus: geschlechtarbeitrassismusmarginalisierung, Hamburg/Münster
Engelbrech, Gerhard (1992): Berufliche Segregation. Erklärungsansätze und empirische Befunde, in: WSI-Mitteilungen 4/1992, Schwerpunkt »Ein Schritt vorwärts – zwei Schritte zurück? Gleichberechtigungspolitik in Ost und West«, 45. Jg., Köln, 187-194
Erel, Umut (1996): Is identity politics the way to achieve equality?, unpublished paper

Gramsci, Antonio (1995): Gefängnishefte Bd. 6, Heft 11, §12, Anm. 1, Hamburg
Habermann, Friederike (1996): Ökonomische Diskriminierung bzw. Privilegierung von Männern und Frauen seit 1900, Studie im Auftrage des Museums für Arbeit, Hamburg
Habermann, Friederike (1999): Mythen in Lohntüten. Frauenarbeit gilt immer noch als »Zuverdienst« und wird entsprechend niedrig bewertet, in: Männer-Wirtschaft, Dossier der *Jungle World* Nr. 10 vom 3. März 1999, 15-16
Hall, Stuart (1991): »Brave New World: the debate about post-Fordism«, in: Socialist Review 21, Nr. 1/1991, 57-64
Hall, Stuart (1993): The problem of ideology. Marxism without guarantees, in: Critical Dialogues in Cultural Studies, hrsg. von David Morley und Kuan-Hsing Chen, London/New York 1996, 25-46
Hall, Stuart (1996): Cultural studies and the politics of internationalization. An interview with Stuart Hall by Kuan-Hsing Chen, in: Critical Dialogues in Cultural Studies, hrsg. von David Morley und Kuan-Hsing Chen, London/New York 1996, 392-408
Hartsock, Nancy C.M. (1983): Money, Sex and Power. Toward a Feminist Historical Materialism, Boston 1985
Hartsock, Nancy C.M. (1998a): The Feminist Standpoint Revisited and Other Essays, Colorado/Oxford
Hartsock, Nancy C.M. (1998b): Marxist Feminist Dialectics for the 21$^{st}$ Century, in: Science & Society, Vol. 62, No. 3, 400-413
Haug, Frigga (1996): Frauenpolitiken, Berlin/Hamburg
Hennessy, Rosemary (1993): Material Feminism and the Politics of Discourse, New York/London
Ingrao, Pietro/Rossanda, Rossana (1995): Die neuen Widersprüche, in: Prokla 100, 25. Jg., Nr. 3, 409-430
Ingrao, Pietro/Rossanda, Rossana (1996), Verabredungen zum Jahrhundertende, Hamburg
Kurz, Robert (1992): Geschlechtsfetischismus. Anmerkungen zur Logik von Weiblichkeit und Männlichkeit, in: Krisis 12/92, 117-168
Kurz-Scherf, Ingrid (1992a): Geschlechterkampf am Arbeitsmarkt? Frauenperspektiven in Deutschland, in: WSI-Mitteilungen 4/1992, Schwerpunkt »Ein Schritt vorwärts – zwei Schritte zurück? Gleichberechtigungspolitik in Ost und West«, 45. Jg., Köln, 203-216
Kurz-Scherf, Ingrid (1992b): Nur noch Utopien sind realistisch. Feministische Perspektiven in Deutschland, Hrsg. Die Grünen, Bonn
Kurz-Scherf, Ingrid (1998): »Die Krise der Arbeit und die Erosion des Sozialen. Zur politischen Ökonomie der patriarchalen Dominanz in der ›Ära der Transformation‹«, in: Regenhard, Ulla (Hrsg.): Die männliche Wirtschaft: Geschlechtertrennung und Konzepte zur Frauenintegration, Berlin, 45-74
Möller, Carola (1996): Die Segnung der freien Marktwirtschaft für Frauen, in: Die neue Gesellschaft/Frankfurter Hefte, 3/96, 13. Jg., 237-245
Patel, Rajeev (2000): »Systematically Invisible Bodies: A sideways look at race,

class, and gender in feminist economics«, unpublished paper.
Saskia Sassen (1996): »Toward a Feminist Analytics of the Global Economy«, in Indiana Journal of Global Legal Studies, Vol. 4 (Fall), 7-41
Sassen, Saskia (1998): Überlegungen zu einer feministischen Analyse der globalen Wirtschaft, in: Prokla 111, 28. Jg., Nr. 2, 199-216
Scholz, Roswitha (1992): Der Wert ist der Mann. Thesen zu Wertvergesellschaftung und Geschlechterverhältnis, in: Krisis 12/92, 19-52
Scholz, Roswitha (2000): Das Geschlecht des Kapitalismus. Feministische Theorien und die postmoderne Metamorphose des Patriarchats, Bad Honnef
Schultz, Irmgard (1994): Der erregende Mythos vom Geld. Die neue Verbindung von Zeit, Geld und Geschlecht im Ökologiezeitalter, Frankfurt/New York
Smith, Dorothy (1992): »Sociological theory: writing patriarchy into feminist texts«, in: Wallace, Ruth (Hrsg.): Feminist Contributions to Sociological Theory, New York
Smith, Dorothy (1998): »Feministische Überlegungen zur politischen Ökonomie«, in: dies., Der aktive Text. Eine Soziologie für Frauen, Hamburg 1998, 20-38
Spivak, Gayatri Chakravorty (1988): »Can the Subaltern Speak?«, in: Nelson, Cary/Grossberg, Larry (Hrsg.), Marxism and the Interpretation of Culture, Urbana, 66-313; reprinted in Patrick Williams/Laura Chrisman (Hrsg.), Colonial Discourse and Post-Colonial Theory: A Reader, New York 1994, 66-111
Verein für Automations- und Arbeitskulturforschung e.V. (VAAF) (1992): Arbeit soll auch Selbstverwirklichung sein, Hamburg
Weedon, Chris (1999): Feminism, theory and the politics of difference, Oxford
Wenneras, Christine/Wold, Agnes (1997): Nepotism and Sexism in Peer-review, in: Nature, Nr. 387, 341-343
Wetterer, Angelika (Hrsg.) (1995): Die soziale Konstruktion von Geschlecht in Professionalisierungsprozessen, Frankfurt/New York
Young, Brigitte (1998): Genderregime und Staat in der globalen Netzwerkökonomie«, in: Prokla 111, 28. Jg., Nr. 2, 175-198

# Christian Brütt
# »Neoliberalismus plus«
# Re-Kommodifizierung im aktivierenden Sozialstaat

Für die Frage, ob sich bereits eine neue Regulationsweise etabliert hat, ist die Entwicklung der staatlichen Sozialpolitik ein zentraler Maßstab – zumal der Fordismus ohne eine bestimmte Form (sozial)staatlicher Regulation nicht zu denken gewesen wäre. In der Sozialpolitikforschung differieren die Einschätzungen und Ergebnisse der sozialstaatlichen Entwicklung jedoch erheblich. Sie bewegen sich zwischen diagnostiziertem Stillstand und paradigmatischem Wechsel.

Anhand eines internationalen Vergleichs von Aggregatdaten stellt Alber (1998) fest, dass Deutschland immer noch der »Politik des mittleren Weges« folge (vgl. auch Schmidt 1999). Besonders auffällig sei – wenn überhaupt – »die überdurchschnittliche Bremsung seiner Ausgabendynamik« (Alber 1998, 225). Ein Reformversagen oder eine institutionelle Trägheit, die gar zu einer »blockierten Gesellschaft« (Heinze u.a. 1999) zusammenzufassen wäre, treffe genau so wenig zu wie die These vom Sozialabbau (vgl. Alber 2000). Zudem seien die Grundmerkmale des deutschen Sozialstaats weitestgehend stabil geblieben.

Diese institutionelle Stabilität betont auch Borchert (1995) in seiner vergleichenden Studie der Auswirkungen konservativer Regierungspolitik auf die Wohlfahrtsstaaten der USA, Kanadas, der BRD und Großbritanniens. Das Materielle, Politisch-Institutionelle und das Ideologisch-Kulturelle sind drei Dimensionen einer analytische Ebene, die er in bezug zur Ebene von Struktur und Handeln zu setzen versucht. Er geht von der Annahme aus, »dass Politik heute Strukturen und Handlungsmotivationen in einer Weise verändert, die bestimmte Optionen für die Zukunft ausschließt, andere wahrscheinlicher bzw. unwahrscheinlicher macht« (Borchert 1995, 17).

Borchert konstatiert, dass der Sozialstaat mehr denn je unter dem Primat des Steuerstaates stehe, wobei es nur noch »um den Erhalt und die Funktionstüchtigkeit des Sozialversicherungs*systems* als eine von ihrem Grundgehalt als Reaktion auf soziale Probleme und Härten weitgehend befreite und damit sinnentleerte Hülle« (216) gehe. Der Abbau des Sozialstaates sei zwar strukturell gescheitert, aber seine Transformation sei eingeleitet worden und zwar vorwiegend in dem Sinne, dass endgültig mit dem keynesianischen

Wohlfahrtsstaat fordistischer Prägung gebrochen wurde: »Seine *Strukturen* sind weitestgehend intaktgeblieben, die Ausgaben sind ähnlich hoch wie bisher, doch sein Beitrag zur sozialen Sicherung schrumpft und als Instrument politischer Gestaltung, als *Projekt*, ist er klinisch tot« (334f., Herv. i.O.); also institutionelle Kontinuität bei abflachender Qualität.

Dass der »derzeitige Wandel des Wohlfahrtsstaats in Deutschland ein »Sieg des (neuen) konservativen Modells über das (alte) sozialdemokratische« sei, betonen auch Bleses und Seeleib-Kaiser (1998, 8). Anders als Borchert nähern sie sich ihrem Gegenstand nicht aus der Perspektive des Neo-Institutionalismus, sondern mit einem Ansatz, den sie aus der Verknüpfung von Wissenspolitologie und Policy-Analyse destillieren. Sie gehen davon aus, dass die aktuelle Politik mit dem Wohlfahrtsstaat weder einen auf neoliberaler Ideologie basierenden Abbau noch eine mit sozialpolitischem Stillstand einhergehende politische Blockade darstelle. Vielmehr – so ihre These – würde sich der Wohlfahrtsstaat »langsam von seinem ehemaligen und zunehmend problematisch werdenden Charakteristikum der ›Lohnarbeitszentriertheit‹ lösen und sich dafür sukzessive einer auf die Unterstützung familiärer Gemeinschaften orientierten Politik zuwenden« (8). Bezüglich der Policy-Dimension konstatieren sie Umbau und Abbau zugleich: Es vollziehe sich eine Veränderung der normativen Grundlagen wohlfahrtsstaatlicher Intervention von der Lebensstandardsicherung des Statusschutzes und der erworbenen Rechtsansprüche zur Bedürftigkeit und einheitlichen Sicherung auf allenfalls bedarfsdeckendem Niveau (21). In der Deutungsdimension konstatieren sie eine Verschiebung von der Betonung des Individualwohls zum »Allgemeinwohl«, das überwiegend mit Begriffen wie »Haushaltskonsolidierung«, »Missbrauch« und »Sparzwang« verbunden werde.

Auch Lessenich hebt hervor, dass der Umbau des Sozialstaates »schon längst im Gange« sei (1997, 211), wobei er auf einen Strukturwandel der Sozialpolitik fokussiert. Die Entwicklung des deutschen Sozialstaats sei durch eine rigide Trennung von Erwerbsarbeit und Familientätigkeit gekennzeichnet bzw. durch die »*politische Konstruktion von Barrieren* zwischen Familie und Arbeitsmarkt« (214, Herv. i.O.). Diese Relationalität der Sozialstaatlichkeit befinde sich derzeit in einem strukturellen Wandel, dem »der endogene wie exogene Zwang zu einer *flexiblen Rekonstruktion relationaler Sozialstaatlichkeit* zugrunde [liegt]« (ebd.). Letztendlich werde der Sozialstaat nicht in Bedeutungslosigkeit versinken, sondern eine »*neue, veränderte Rolle*« (218) spielen. Zwei Jahre später betont Lessenich, dass mit der vorschnellen Vergabe des Prädikats »Paradigmenwechsel« eher vorsichtig umgegangen werden müsse. Mit Verweis auf die Sozialstaatsdebatte der 70er Jahre – von der er überwiegend Lenhardt/Offe (1977) ausführlich darstellt – hebt er hervor: »Der Sozialstaat ist ein institutionalisierter Modus der permanenten politischen Akzentverschiebung zwischen Kommodifizierung und De-Kommodifizierung.« (1999, 424) Nur wenn Sozialpolitik nicht mehr in dem Zusammenhang, in der Dialektik von Kommodifizierung und Dekommodifizierung funktioniere, könne von einem Paradigmenwechsel gesprochen werden (426). Derzeit zeige der Sozialstaat kein neues, sondern nur sein anderes Gesicht: das der Kommodifizierung. Damit hängt Lessenich die Anforderungen sehr hoch: Ein veritabler Paradigmenwechsel sozialstaatlicher Regulation erfolge erst mit dem Zusammenbruch der kapitalistischen Gesellschaftsordnung.

Um einen qualitativen Wandel überhaupt feststellen zu können, muss zunächst Einigkeit darüber bestehen, was sich in Transformation befindet. Im Kern geht es hier um das sozialstaatliche Verhältnis von Lohnarbeit und Existenzsicherung, dessen institutionelle und ideelle Verankerung im deutschen Sozialstaat zunächst allgemein, anschließend speziell am Beispiel des Bundessozialhilfegesetzes (BSHG) skizziert wird. Wie sich die rot-grüne Bundesregierung die Rolle staatlicher Sozialpolitik vorstellt, soll hinsichtlich ihres Leitbildes vom »Aktivierenden Staat« dargestellt werden.

## Staatliche Regulation von Arbeit und Existenzsicherung

»Sozialpolitik ist *Gegenprinzip* zur Verwertungslogik des Kapitals«, behauptet die Arbeitsgruppe Alternative Wirtschaftspolitik in ihrem Jahresgegengutachten 1995 (118, Herv. i.O.). Sie diene der Verhinderung von oder der Kompensation eingetretener Risiken im Verwertungsprozess der Arbeitskraft und komme der Forderung nach einer größeren Gleichheit der Lebenschancen in den Dimensionen Einkommenssicherung, Gesundheit, Wohnen und Bildung nach (vgl. Bäcker u.a. 2000, 22 ff.; Döring 1995, 12f.). Für das Verhältnis von Lohnarbeit und Existenzsicherung hieße dies, dass staatliche Sozialpolitik die Existenzsicherung von der Lohnarbeit wenn nicht grundsätzlich, so doch tendenziell entkopple.

Eine solche Perspektive beleuchtet jedoch nur eine Seite des Verhältnisses von Lohnarbeit und Existenzsicherung. Lenhardt und Offe haben bereits Ende der siebziger Jahre darauf hingewiesen, dass sich eine aktive Proletarisierung bzw. die Herausbildung von Lohnarbeitern nicht automatisch ergebe, wenn sich die bisherigen Reproduktionsbedingungen der Menschen im Zuge der Industrialisierung wandeln. Sie argumentierten, dass Sozialpolitik »die staatliche Bearbeitung des Problems der dauerhaften Transformation von Nicht-Lohnarbeitern in Lohnarbeiter« (Lenhardt/Offe 1977, 101) sei. Mit der Dekommodifizierung geht sowohl historisch als funktional die Kommodifizierung der Arbeitskraft einher (vgl. Vobruba 1983, 40 ff.). Kommodifizierung als Voraussetzung für Dekommodifizierung hat Vobruba (1990, 28ff.) als lohnarbeitszentrierte Vorbehalte in der sozialen Sicherung kenntlich gemacht. Sie regeln einzeln oder kumuliert den Zugang zu den wesentlichen monetären Sozialtransfers. In Verbindung mit der Kommodifizierung steht sowohl eine Disziplinierung (vgl. Sachße/Tennstedt 1986) bzw. grundsätzliche Regulierung individueller Lebensläufe (vgl. Leibfried u.a. 1995), die erst mit ihrer Erosion unter dem Begriff »Normalarbeitsverhältnis« (NAV) in die sozialwissenschaftliche Diskussion eingegangen ist (vgl. Mückenberger 1985). Prägend für den fordistischen Sozialstaat war der kontinuierliche Lebenslauf Ausbildung – Arbeit – Rente, der eingefasst in ein spezifisches Genderregime eine optimale soziale Sicherung garantierte. In seinem normativen Gehalt umfasst das NAV eine enge Kopplung einer männlichen Erwerbsbiographie mit einer weiblichen Haushaltsbiographie: Spiegelbildlich gehörte zur »male bread winner family« die »female homemaker family«, also die »Hausfrauenehe«. Historisch in einer Allianz von bürgerlichen und proletarischen Familienvorstellungen entstanden, ergänzt der sogenannte Familienlohn das NAV (vgl. Hinrichs 1996, Wagner 2000). Am Beispiel der Sozialhilfe werde ich zu zeigen versuchen, dass sich erstens ein qualitativer Wandel sozialstaatlicher Regulation abzeichnet, der mehr ist als eine leichte Verschiebung im Kommodifizierungs-Dekommodifizierungs-Mix.

## Lohnarbeit und Existenzsicherung in der deutschen Sozialhilfe

Bereits in der Begründung der Bundesregierung zu ihrem Entwurf eines BSHG wurden die Prinzipien der Sozialhilfe deutlich hervorgehoben (vgl. BT-Drs. 3/1799, 32ff.). Allgemein wurde in diesem Zusammenhang der Gedanke des sozialen Rechtsstaats, sowie der »evolutionäre Charakter« (ebd.) der Neuordnung betont, da sie an bestehende Regelungen der Fürsorge anschloss. Speziellere Betonung erhielten die Prinzipien der Subsidiarität, der Individualisierung der Hilfe sowie der Bedarfsdeckung. Diese Prinzipen bestimmen bis heute grundsätzlich die Leistungsgewährung nach dem BSHG. Die wesentlichen Gestaltungsprinzipien der Sozialhilfe werden im Vergleich zu denen der Sozialversicherungen deutlich, welcher in Tabelle 1 schematisch und daher vereinfachend nachvollzogen werden kann.

Mit dem *Prinzip der Bedarfsdeckung* bzw. dem Prinzip der Bedarfsgerechtigkeit hebt sich die Sozialhilfe am deutlichsten von den Sozialversicherungen (SVen) ab. Leistungsauslösend wirkt nicht eine kausal festgelegte Ursache wie in den SVen, sondern allein die Bedürftigkeit.

Dass die Leistungen nach dem BSHG nicht dem sozialversicherungsrechtlichen Äquivalenzprinzip folgen, sondern final gewährt werden, legt zunächst

## Tabelle 1: Gestaltungsprinzipien von Sozialversicherungen und Sozialhilfe

| Merkmale | Sozialversicherungen | Sozialhilfe |
|---|---|---|
| erfaßter Personenkreis | abhängig Beschäftigte | StaatsbürgerInnen |
| Finanzierung | lohnbezogene Beiträge[1] | steuerfinanziert |
| Leistungsauslösung | kausal | final |
| Leistungsniveau | äquivalent zum vorherigen Lohn/Gehalt[2] | individueller Bedarf bzw. Regelbedarf |
| Leistungscharakter | Lohnersatzleistung | nachrangige Existenzsicherung |
| Sicherungskonzept | Statussicherung | Minimalsicherung |
| Gerechtigkeitsprinzip | Leistungsgerechtigkeit | Bedarfsgerechtigkeit |
| Verteilungsprinzip | intrapersonell, intergenerativ, horizontal[3] (Risikogruppen) | interpersonell, vertikal |
| Träger | (zentralisierte) Selbstverwaltung | (kommunale) »Staats«-Verwaltung |

Quelle: modifizierte Darstellung nach ADAMY/NAEGELE 1985, 96; eigene Ergänzungen

eine Entkoppelung von Lohnarbeit und Existenzsicherung nahe. Allerdings wird dieser Widerspruch zur kapitalistischen Vergesellschaftung über den Arbeitsmarkt durch weitere konstitutive Prinzipien der Sozialhilfe relativiert. Denn die Bedürftigkeit wird nicht einfach als gegeben angenommen. Vielmehr wird sie mit dem Prinzip der *Nachrangigkeit* bzw. dem *Subsidiaritätsprinzip* gekoppelt, wodurch die Sozialhilfe »die Stellung eines Ausfallbürgen« (BT-Drs. 3/1799, 37) hat. Vorrangig leistungsverpflichtet sind unterhaltspflichtige Angehörige und primär die bzw. der Bedürftige selbst, indem sie/er grundsätzlich ihre/seine Arbeitskraft zur Überwindung der Bedürftigkeit einzusetzen hat. Diese lohnarbeitszentrierten bzw. Kommodifizierungsvorbehalte sind innerhalb der Sozialhilfe durch folgende Aspekte konkretisierbar: *erstens* die Regelsätze; denn mit den Regelsätzen werden auch Chancen an einer Teilnahme am gesellschaftlichen Leben außerhalb von Lohnarbeit materiell bestimmt. Im engen Zusammenhang mit diesen ordnungspoli-

---

[1] Die Arbeitslosenhilfe bildet dabei eine Ausnahme, da sie über allgemeine Steuern finanziert wird.

[2] Eine Ausnahme vom Äquivalenzprinzip liegt mit der Gesetzlichen Krankenversicherung vor, da hier die Leistungen nicht von der Höhe der Einzahlungen direkt abhängen.

[3] »Intrapersonell« ist auf das Äquivalenzprinzip bezogen; »horizontal« bezieht sich auf die Tatsache, dass die Sozialversicherungen überwiegend eine Verteilung zwischen den Lohnabhängigen und keineswegs zwischen allen EinkommensbezieherInnen darstellt.

tischen Überlegungen steht *zweitens* das Lohnabstandsgebot. Wenn die Existenz der Individuen primär über den Markt geregelt werden soll, und jegliche Dekommodifizierung zugleich von einer grundsätzlichen Kommodifizierung abhängt, muss innerhalb dieser Logik die lohnarbeitsfreie Existenzsicherung eingeschränkt werden. Neben dem Lohnabstandsgebot drückt sich der ordnungspolitische Vorrang der Lohnarbeit *drittens* in dem Instrumentarium der »Hilfe zur Arbeit« (HzA) und *viertens* in Instrumentarien zur Sanktionierung abweichenden Verhaltens bezüglich der Vorgaben des BSHG (§ 25) aus.

### Empirie des Wandels

Die Änderungen der Sozialhilfe sind mehr als Kürzungspolitik und mehr als die oft beschriebene Entwicklung vom »Ausfallbürgen« zur »faktischen Mindestsicherung«. Sie sind Bedingung und Stütze von Niedriglohnsektoren.

#### Regelsatzkürzungen

Seit Beginn der 80er Jahre wurden die Regelsätze immer wieder gedeckelt: Das 2. Haushaltsstrukturgesetz vom 22. Dezember 1981 schrieb die Regelsätze für 1982 und 1983 auf jeweils 3 v.H. fest. Mit dem Haushaltsbegleitgesetz (1983) verschob sich die Anpassung um ein halbes Jahr und wurde auf 2 v.H. herabgesetzt. Durch das Haushaltsbegleitgesetz des folgenden Jahres beschränkte die Bundesregierung die Anpassung auf die zu erwartende Steigerung der Lebenshaltungskosten.

Zudem kann seitdem die Hilfegewährung an AsylbewerberInnen (Sachleistungen) durch Wertgutscheine erfolgen. Erst mit dem 4. Gesetz zur Änderung des BSHG wurde die Deckelung wieder aufgehoben. Der Alternative Warenkorb brachte ab Juli 1985 in den einzelnen Bundesländern eine Regelsatzerhöhung zwischen 4 und 7 v.H. Nachdem zu Beginn der 90er Jahre das die Regelsätze erhöhende Statistikmodell den Warenkorb abgelöst hatte, folgten bis zur letzten Änderung des BSHG (1996) weitere Deckelungen: Seit dem FKPG[4] sollen die Regelsätze halbjährlich festgelegt und innerhalb eines Jahres um höchstens 3 v.H. erhöht werden. Eine nochmalige Deckelung der Regelsätze vollzog das 2. SKWPG[5] durch Anpassungen, die

---

[4] Gesetz zur Umsetzung des Föderalen Konsolidierungsprogramms vom 23.06.1993
[5] Zweites Gesetz zur Umsetzung des Spar-, Konsolidierungs- und Wachstumsprogramms vom 21.12.1993

die Höhe der voraussichtlichen Entwicklung der durchschnittlichen Nettolohn und -gehaltssumme je Arbeitnehmer (der alten BRD) nicht überschreiten durften. Auch nach dem Gesetz zur Reform des Sozialhilferechts vom 23.07.1996 bleibt die Anpassung der Regelsätze gedeckelt (bei 1 v.H. pro Jahr). Auf besondere Weise änderte das »Gesetz zur Neuregelung der Leistungen an Asylbewerber« vom 30.06. 1993 die Bedarfsorientierung der Sozialhilfe. Mit dem Asylbewerberleistungsgesetz (AsylbLG) wurden bestimmte nichtdeutsche Bedürftige[6] aus dem bedarfsorientierten Existenzminimum ausgeschlossen, indem ihnen nunmehr Sachleistungen in Höhe von 360 DM für den Haushaltsvorstand und Taschengeld in Höhe von 40 DM/Monat für unter 14-jährige und 80 DM/Monat für Personen ab 14 Jahre gewährt wird. Damit liegen die Leistungen um rund 15 v.H. unter den Eckregelsätzen des BSHG.

**Lohnabstandsgebot**
In die gleiche Richtung wie die Senkung der Sozialhilfesätze zielte die Diskussion um das Lohnabstandsgebot. Mit diesem »Gebot« wird der Vorrang arbeitsmarktvermittelter »Leistungsgerechtigkeit« vor der »Bedarfsgerechtigkeit« nochmals hervorgehoben. Bereits im Gesetzentwurf der Bundesregierung zum BSHG vom 20.04.1960 (BT-Drs. 3/1799, 6, § 20 Abs. 2) war ein Lohnabstandsgebot enthalten, das jedoch im Gesetzestext nicht näher bestimmt ist.

Erst die sozial-liberale Bundesregierung fügte im Zuge des *2. Haushaltstrukturgesetzes* (2. HStrukG) vom 22.12.1981 das Lohnabstandsgebot direkt ins BSHG ein. Mit dem *FKPG* wurde der erst mit dem 2. HStrukG ins BSHG eingefügte Mehrbedarf für Erwerbstätige (§ 23 Abs. 4 BSHG) wieder gestrichen und das Lohnabstandsgebot neu gefasst. Auf der einen Seite muss nun bei der Festlegung der Regelsätze das Lohnabstandsgebot beachtet werden. Begründet wurde dies mit »strukturellen Fehlentwicklungen«, die »in nicht unerheblicher Zahl« zu einer Verletzung des Lohnabstandsgebotes geführt hätten (BT-Drs. 12/4401, 46). Auf der anderen Seite wurde statt des Mehrbedarfszuschlags für Erwerbstätige ein Freibetrag eingeführt. Bezüglich des Einkommens der SozialhilfeempfängerInnen änderte sich mit dem neuen Freibetrag nichts; bezüglich der Regelsatzfestlegung wandelten sich jedoch die definitorischen Bedingungen für einen Vergleich zwischen Lohn und Sozialhilfe.

---

[6] AusländerInnen mit Aufenthaltsgenehmigungen nach § 55 Abs. 1 AsylVfG und §§ 32, 32a und 55 AuslG

## »Neoliberalismus plus«

Das 2. *Spargesetz* (SKWPG) änderte das Lohnabstandgebot dahingehend, dass die Vergleichsgruppe bei SozialhilfeempfängerInnen auf Haushalte mit fünf Personen begrenzt wurde. Doch trotz dieser Begrenzung haben die Auswirkungen des Lohnabstandsgebots auch auf kleinere Sozialhilfehaushalte Einfluss. Denn das Lohnabstandsgebot wirkt als lohnarbeitstreibendes Korrektiv zu den Regelsätzen insgesamt, so dass es sich generell auf alle SozialhilfeempfängerInnen auswirkt. Mit jeder Verschärfung des Lohnabstandsgebots werden also die Regelsätze nach unten gedrückt (vgl. Steffen 1994, 72).

Eine erneute Verschärfung des Lohnabstandsgebots erfolgte mit dem Gesetz zur Reform des Sozialhilferechts vom 23. Juli 1996 mit der Begründnung: »In der sozialen Marktwirtschaft haben Löhne und Gehälter und Sozialhilfe in einer sinnvollen Beziehung zueinander zu stehen« (BT-Drs. 13/2440, 23).

### »Hilfe zur Arbeit«

Eine wesentliche Änderung der »bedarfsorientierten« Sozialhilfe taucht im BSHG im Bereich »Hilfe zur Arbeit« (HzA) auf. Rein funktional betrachtet ist HzA und die mit ihr verbundene Sanktionsmöglichkeit (Kürzungen der Sozialhilfe) eine Kontrolle der Arbeitsbereitschaft und eine zweite Bedarfsprüfung.[7] Ihre Ausgestaltung folgt einer gestuften Verherrschaftlichung des Verhältnisses von Sozialpolitik und Arbeit. Ausgangspunkt ist die »Normalität« der Lohnarbeit (vgl. Hoppensack/Wenzel 1985; FALZ 1998). Abweichend davon bilden die unter HzA zusammengefassten Maßnahmen eine stetig repressivere Verschärfung: a) von der Beschaffung von Arbeitsgelegenheiten, die nicht »zusätzlich und gemeinnützig« sein müssen, tariflich entlohnt und sozialversicherungspflichtig sind (§ 19 Abs. 1), b) über sozialversicherungspflichtige gemeinnützige und zusätzliche Arbeit (§ 19 Abs. 2, 1. Variante), c) hin zur zusätzlichen und gemeinnützigen Arbeit, die mit 1 bis 3 DM Mehraufwandsentschädigung pro Stunde bezahlt werden (§ 19, Abs. 2, 2. Variante), d) bis zur letzten Stufe, die vollends pädagogisiert ist und der »therapeutischen Hinführung zur Arbeit« von »Arbeitsentwöhnten« dient (§ 20).

Bis Ende der siebziger Jahre führte die HzA ein Schattendasein. Die flächendeckende Anwendung ging von Berlin aus, wo im Winter 1981/82 paki-

---

[7] Die erste Bedarfsprüfung bezieht sich auf das Einkommen der SozialhilfeempfängerInnen. Die zweite Prüfung geht davon aus, dass wahrhaftige Bedürftigkeit nur dann vorhanden ist, wenn die SozialhilfeempfängerInnen sich der HzA unterwerfen.

stanische AsylbewerberInnen Granulat von den Straßen fegen mussten. Einzelne Bezirke wie z.b. Berlin-Wedding haben diese Politik gegenüber AsylbewerberInnen bereits seit 1974 praktiziert. Seit Beginn der achtziger Jahre hat sich die HzA-Praxis sowohl quantitativ als auch strukturell geändert. Dabei sind jedoch die Einsatzorte der Arbeitsverpflichteten[8] und die Höhe der Mehraufwandsentschädigungen gleich geblieben (1 bis 3 DM/Stunde) (vgl. Hartmann 1984; DST 1994, 1997, Pilgrim 1990; Böckmann-Schewe/Röhrig 1997).

Während Anfang der achtziger Jahre Arbeitseinsätze nach Mehraufwandsentschädigungsvarianten überwogen, kommen seit Mitte der achtziger verstärkt Entgeltvarianten zur Geltung. Obwohl jetzt überwiegend sozialversicherungspflichtige Jobs im Rahmen der Sozialhilfe vermittelt werden, hat die HzA jedoch nicht den Charakter einer zweiten Bedarfsprüfung verloren. Der strukturelle Wandel liegt vielmehr in der Art und Weise, in der Slogans wie »Arbeit statt Sozialhilfe« umgesetzt werden. Offiziell soll HzA als Sprungbrett in den ersten Arbeitsmarkt dienen. Jedoch ergeben aktuelle Studien zum Verbleib von SozialhilfeempfängerInnen nach HzA-Maßnahmen ein anderes Bild. In den sechs Bundesländern, von denen diesbezügliche Daten vorliegen, erhalten nach HzA-Maßnahmen zwei Drittel der Zwangsverpflichteten wieder Sozialhilfe oder Arbeitslosengeld (vgl. Böckmann-Schewe/Röhrig 1997, 39).

Im Wesentlichen hat die HzA vier Funktionen: 1) sie subventioniert Niedriglohnsektoren in öffentlichen Arbeitsbereichen, in denen zuvor oftmals Normalarbeitsverhältnisse bestanden. Ergänzend wirkt dabei die seit 1996 im BSHG enthaltende Möglichkeit von Lohnkostenzuschüssen; 2) sie dient als finanzielle Drehscheibe: Wenn SozialhilfeempfängerInnen nach einem Jahr sozialversicherungspflichtiger Beschäftigung erwerbslos werden, erhalten sie Leistungen aus der Arbeitslosenversicherung. Somit sparen die Kommunen als Finanzierer der Sozialhilfe Kosten; 3) HzA als Element des *creaming of the poor*, frei nach dem Motto: »Die Sahne wird abgeschöpft, der Rest wird langsam sauer...« – sie segmentiert die Gruppe der SozialhilfebezieherInnen in jene, die einen »guten Job« über die sozialversicherungspflichtigen Varianten erhalten, jene die für Mehraufwandsentschädigungen von 1 bis 3 DM arbeiten müssen und jene, an denen pädagogische Maßnahmen ausprobiert werden; und 4) nach wie vor ist die HzA eine zweite Bedarfsprüfung. Insbesondere der letzte Aspekt wird durch neue Strukturen in Armutsverwaltung und Arbeitskraftregulation verstärkt.

---

[8] Grünflächenämter sowie einfache, unqualifizierte Tätigkeiten

## »Neoliberalismus plus«

Neben staatlichen Bürokratien entstanden in den letzten Jahren private Träger, sogenannte Beschäftigungsgesellschaften. Wenn SozialhilfeempfängerInnen als »arbeitsfähig« deklariert werden, müssen sie die SachbearbeiterInnen des Sozialamtes aufsuchen sowie extra eingerichtete HzA-Stabsstellen bzw. HzA-Referate oder Beschäftigungsgesellschaften. Wer diesen bürokratischen Hürdenlauf nicht schafft oder schaffen will, wird mit Kürzungen bestraft, da von nicht vorhandener Arbeitsbereitschaft ausgegangen wird. Oder die Sozialhilfeberechtigten »verzichten« von sich aus auf Sozialhilfe. Abschreckung steht vielleicht nicht im Vordergrund, ist jedoch durchaus Teil des Kalküls.[9]

**Finanzielle Repressionen: Kürzung des Existenzminimums**
In der Fassung des BSGH vom 30. Juni 1961 (BGBl. I 815 ff.) stand der § 25 im Abschnitt zwei im Unterabschnitt vier mit der Überschrift:»Folgen bei Arbeitsscheu und unwirtschaftlichem Verhalten«. § 25 hob hervor, dass bei Verweigerung zumutbarer Arbeit kein Anspruch auf Hilfe zum Lebensunterhalt (Abs. 1) in dem Sinne besteht, dass in diesem Falle »die Hilfe bis auf das zum Lebensunterhalt unerlässliche eingeschränkt« (Abs. 2) werden kann. Ergänzt wurde § 25 durch eine weitere Sanktionsmöglichkeit, die der damalige § 26 enthielt:»Unterbringung in einer Arbeitseinrichtung«. Im Gesetzesentwurf zum BSHG erläuterte die Bundesregierung den § 26:»Ziel der Unterbringung ist es, dass der Untergebrachte sich möglichst rasch bereit findet, außerhalb der Anstalt wieder den Lebensunterhalt für sich und seine Angehörigen durch Arbeit zu verdienen« (BT-Drs. 3/1799, 43). Das BSHG enthielt diese beiden Sanktionsmöglichkeiten bis zum *Dritten BSHGÄndG* vom 25.03.1974. Erst dann wurde zum einen die Überschrift des Unterabschnitts vier sowie der Arbeitseinrichtungsparagraph gestrichen, während der § 25 unverändert blieb.

Nach dieser Entschärfung der Sanktionsmöglichkeiten erhielt § 25 mit dem *FKPG* vom 23. Juni 1993 wieder eine restriktivere Fassung: zum einen wurde er in Abs. 1 direkt auch auf zumutbare Arbeitsgelegenheiten bezogen und zum anderen wurde in Abs. 2 aus einer »Kann«- eine »Soll«-Regelung. Im Gesetzentwurf der Bundesregierung zum FKPG lautete die Begründung, dass mit der Verschärfung »die Zielrichtung dieser Vorschrift, den Hilfe-

---

[9] Vgl. Heide Simonis in einem Interview zu neuen Plänen individueller Berufsfindungspläne zur Wiedereingliederung: »Viele von den Sozialhilfesuchenden melden sich dann nicht mehr. Mit den Mitteln, die deshalb nicht mehr für Sozialhilfe ausgegeben werden müssen, werden neue Arbeitsplätze in der freien Welt geschaffen.« (FR v. 19.03.2001, 5)

empfänger zur Aufgabe seines vorwerfbaren Verhaltens zu veranlassen, verstärkt werden« soll (BT-Drs. 12/4401, 81). Die bisher vor allem ins Ermessen der Sozialhilfeämter gelegte Entscheidung, ob und wie gekürzt wird, regelt seit dem *Gesetz zur Reform des Sozialhilferechts* vom 23.07. 1996 das BSHG verbindlich. Seitdem *muss* eine Kürzung bei Ablehnung einer »zumutbaren Arbeit« oder einer »zumutbaren Arbeitsgelegenheit« vorgenommen werden, die in der ersten Stufe mindestens 25 v.H. der maßgeblichen Regelsätze zu betragen hat.

Aus der Sicht der Bundesregierung war diese erneut restriktivere Novellierung notwendig, um Leistungsbereitschaft und Arbeitsethos aufrecht zu erhalten. Des weiteren spielte der Aspekt der sozialen Sicherung als »Hängematte« eine prägende Rolle: »Es geht aber auch darum, die Akzeptanz in der Gesellschaft für soziale Leistungen aufrechtzuerhalten. Die Akzeptanz schwindet, wenn die Menschen, die mit ihrer Arbeit soziale Leistungen erst möglich machen, das Gefühl haben, dass sich andere auf ihre Kosten ausruhen. Soziale Leistungen dürfen nicht zu einer falschen Bequemlichkeit führen. Das zerstört Leistungsbereitschaft und höhlt das notwendige Arbeitsethos in der Gesellschaft aus« (BT-Drs. 13/2440, 25). Ingesamt lassen sich in bezug auf die Sanktionsmöglichkeiten im BSHG feststellen, dass auf der Ebene der Gesetzesänderungen bis zu Beginn der 90er Jahre keine Ver-, sondern eher eine Entschärfung stattgefunden hat, während seit 1993 die Regelungen in zwei Schritten restriktiver formuliert wurden. Mit Blick auf die Frage nach einer Veränderung des Kommodifizierung-Dekommodifizierung-Mixes wurden sowohl durch reale Kürzungen als auch durch Verschärfungen die restriktiven Elemente der Arbeitsmarktbezug deutlicher hervorgehoben.

### Wandel in den Zielen – aktivierender Staat

In der neuren Diskussion um die Sozialhilfe wird darüber hinaus ihr Charakter als aktivierende Sozialleistung stärker hervorgehoben. Ideologischer Bezugspunkt ist das Leitbild des »aktivierenden Staates«,[10] mit dem sich die Bundesregierung (1999) ausdrücklich von dem Vorgängerkonzept des »schlanken Staates« abgrenzt. Dieses sei – so die Begründung im Kabinettsbeschluss vom 1.12.1999 »Moderner Staat – Moderne Verwaltung« – »zu sehr auf die Reduzierung öffentlicher Aufgaben beschränkt« gewesen und

---

[10] Zur überwiegend affirmativen Diskussion siehe den Sammelband Mezger/West 2000, Behrens u.a. 1995, sowie die Beiträge zum Schwerpunktheft der GMH 6/99.

## »Neoliberalismus plus«

habe so »lediglich eine negative Zielbestimmung« gehabt. Der »aktivierende Staat« soll im Unterschied zum fürsorgenden, zentralistischen, intervenierenden Staat die Gesellschaft nicht direkt steuern, sondern ihr bei ihrer »Selbstentfaltung« moderierend zur Seite stehen. Mit Stichworten wie »Supervisor«, »Moderator«, »Schmiermittel« oder »Schiedsrichter« werden die neuen Aufgaben des Staates beschrieben.[11]

In das Leitbild fließen unterschiedliche gesellschaftheoretische bzw. politiktheoretische Entwicklungen ein. Staatstheoretische Anleihen werden insbesondere bei der »sozialdemokratischen Variante« der Systemtheorie genommen, wie sie vom Bielefelder Soziologen Willke formuliert wurde. Seine Trilogie des Staates kennzeichnet einen Teil der wissenschaftlichen Diskussion bereits über seine Buchtitel: Von der »Entzauberung des Staates« (1983) zur »Ironie des Staates« (1992) bis schlussendlich zur »Supervision des Staates« (1997). Zentral war eher die politisch-ideologische »Entzauberung« des Staates als Teilsystem neben anderen Teilsystemen. Der Staat leistete nie das, was ihm als zentrale Steuerungs- und zeitweise auch Planungsinstanz zugewiesen wurde (vgl. Esser 1999). Als Instrument der Klassenherrschaft ohnehin schon abgeschrieben, drohte der Staat und mit ihm das Allgemeinwohl in der differenzierten Vielfalt eigenlogisch vor sich hin evolutionierender Teilsysteme zu versinken. Luhmanns Diktum »Fürs Überleben genügt Evolution« (1993, 645) stieß jedoch sowohl politisch – Umweltkatastrophen, Armut – als auch theoretisch auf Widerspruch. In Willkes Staatstheorie polyzentrischer Gesellschaften bedarf es einer Instanz, die die Fehlfunktionen oder besser gesagt: blinden Flecke der Teilsysteme mit Blick auf das Allgemeinwohl und der Funktionsfähigkeit ganzer Gesellschaften reguliert. Nach der systemtheoretischen Abschaffung des Staates wurde er als *primus inter pares* bzw. gesamtgesellschaftlicher Therapeut mit Supervisionsfähigkeiten wiedergeboren.[12]

Dezentrale Kontextsteuerung und Moderieren der Selbstregulierung statt direkter Eingriffe in die Teilsysteme (wie Wirtschaft, Familie, Wissenschaft) wurden zu Staatsaufgaben erhoben. Dezentrale Kontextsteuerung durch den allgemeinwohlverpflichteten Staat und Selbststeuerung der Gesellschaft tragen aber auch dazu bei, Fragen nach der Legitimität politischen Handelns an das bloße Funktionieren zu knüpfen. Macht wird als Gegenmacht des Staa-

---

[11] Zur Einbettung in die Diskussion um eine Verwaltungsmodernisierung siehe den Sammelband Behrens u.a. 1995, darin v.a. Bandemer u.a. 1995
[12] Von Beyme (1991,143) kommentierte Willkes Systemtheorie wie folgt: »Wir werden mit dem Paradoxon entlassen, dass die List der Gesellschaft zwar zur Entzauberung des Staates geführt habe. Der Staat aber entwickelte Gegenlisten in Form von Verhandlungssystemen.«

tes zur Beseitigung von Dysfunktionalitäten beansprucht. Herrschaft als kritische Kategorie der Staatstheorie kommt nicht vor. In einem partnerschaftlichen Staat, der mit seinen Bürgern um die richtige und gute Politik verhandelt, werden Grundrechte in ihrer zentralen Bedeutung als Abwehrrechte gegenüber dem Staat ideologisch an den Rand gedrängt. Dass auch in Verhandlungsrunden – ob nun altbekannt korporatistisch oder modernisiert zivilgesellschaftlich unter Einbezug von NGOs – Herrschafts- und Machtfragen eine Rolle spielen, bleibt oftmals unerwähnt oder fällt der Rhetorik zum Opfer.

Im Gegensatz zum Konzept des schlanken Staates beansprucht die Bundesregierung mit ihrem Leitbild des »aktivierenden Staates« mehr als in den Begriffen »Deregulierung« oder »Sozialabbau« zu fassen wäre. Ausgangspunkt ist im Gegensatz zu neoliberalen Vorstellungen nicht allein das für sich selbst verantwortliche Individuum, das sich auf dem Markt mit zweckrationaler Schläue zu behaupten hat, sondern ein in vielerlei Hinsicht gesellschaftlich aktives Individuum. Der sozialdemokratische »Neoliberalismus plus« verbindet stärker als der von Konservativen propagierte Familien-Homo-Oeconomicus die idealtypischen Rollen des Wirtschaft- und des Staatsbürgers. Der Wirtschaftsbürger wird entweder als Unternehmer bzw. Entrepreneur oder als Arbeitskraftunternehmer funktional, der Staatsbürger vor allem über Pflichten sozial integriert. »Allzu oft wurden Rechte höher bewertet als Pflichten«, so Schröder und Blair (1999). Wichtiger als das Einfordern von Rechten sei allemal, Verantwortung für die Gemeinschaft via Gemeinsinn zu übernehmen.

## Aktivierender Sozialstaat und Workfare

Um das Leitbild des »aktivierenden Staates« als umwälzende Neuerung darzustellen, wird häufig auf eine Sozialstaatskritik – wie z.b. die Darstellung der Sozialhilfe als »rentenähnliche Daueralimentierung« (Schulze-Böing 2000, 52) – zurückgegriffen, die ebenso häufig bereits als sachlich falsch zurückgewiesen wurde (vgl. Leibfried u.a. 1995). Zentral für eine Neubestimmung der Sozialhilfeziele ist jedoch, dass das Prinzip der Bedarfsgerechtigkeit sukzessive durch das der Leistungsgerechtigkeit ersetzt wird. Beispielhaft für die Reformdiskussion ist die Zielformulierung der Arbeits- und Sozialminister der Länder (ASMK),[13] in der die Sozialhilfe »so weit

---

[13] 77. ASMK AM 27./26.10.2000, TOP 7.1 (A): Antrag der Länder Schleswig-Holstein, Nordrhein-Westfalen, mit 16:0 Stimmen angenommen

wie möglich zu einer Leistungsbeziehung auf Gegenseitigkeit ausgestaltet werden [sollte]« (ASMK 2000).

Den diskursiven Wechsel beschreibt wiederum die ASMK (ebd.):»Während früher die ausreichende Bemessung der Hilfe im Hinblick auf die Sicherung des soziokulturellen Existenzminimums und die effiziente Abwicklung der monetären Leistungen im Mittelpunkt standen, ist in neuerer Zeit der Charakter der Sozialhilfe als soziale Dienstleistung mit dem Ziel, hilfebedürftigen Menschen zu einer von Sozialhilfe unabhängigen, selbständigen Lebensführung zu verhelfen, in den Vordergrund der Diskussion gerückt.« Workfare[14] – inzwischen als Begriff in der deutschen Diskussion angekommen – dient als Konzept des Wandels: »Auch sozialstaatlich garantiertes Transfereinkommen wie die Sozialhilfe sollte, sofern Arbeitsfähigkeit vorliegt, an die Bereitschaft zum Einsatz der eigenen Arbeitskraft gebunden werden,[15] nicht so sehr um durch Zwangskonzepte vom Bezug dieser Leistungen abzuschrecken, sondern um Menschen aktiv zu halten, sie damit zu qualifizieren und schließlich um die zunehmend in frage gestellte gesellschaftliche Akzeptanz für die Hilfe wieder dauerhaft zu sichern« (Schulze-Böing 2000: 55). Fördern und Fordern lautet dabei die Devise sozialhilferechtlicher Zielbestimmung.

Die aktivierende Sozialstaatlichkeit soll auf den Erhalt von Humankapital als Schutz vor sozialer Exklusion hinwirken. Leitbegriffe sind dabei: *adaptability* als vorausschauende Qualifizierungsmaßnahmen; *employability* als Beschäftigungsfähigkeit durch Qualifikation und *life long learning*; *entrepreneurship* als Aufbau neuer Unternehmen sowie *empowerment* als Vermeiden sozialstaatlich induzierter Abhängigkeit (vgl. Schulze-Böing 2000).[16] In den so konstruierten Workfare-Konzepten werden Begrifflichkeiten aufgenommen, die sich teilweise bereits in den alternativen und auch konservativen Sozialstaatskritiken wiederfinden,[17] hier jedoch neu eingebunden werden.[18] Jenseits der Leitbilddiskussionen haben Industriesoziologen aus den

---

[14] Zur us-amerikanischen Diskussion siehe Gebhardt 1998, Peck 1999; zur Übertragbarkeit auf Deutschland Lang/Mayer/Scherrer 1999

[15] Was, wie oben dargelegt, niemals anders war.

[16] Zusammenfassen ließen sich die Begriffe unter dem gewerkschaftlich diskutierten Konzept der »Flexicurity« (vgl. den Schwerpunkt der WSI Mitteilungen 2000, darin insbesondere Keller/Seifert 2000.)

[17] Zur Nähe und unterschieden neokonservativer und »alternativer« Sozialstaatskritik vgl. Klönne 1984

[18] Besonders in Konzepten des »Wohlfahrtspluralismus« (vgl. Evers/Olk 1996) oder bei der Wiederentdeckung von Ehrenamt und bürgerschaftlichen Engagement (vgl. Kistler u.a. 1999) spielen Ideen einer »zivilgesellschaftlichen« Eigeninitiative

Trends der vorfindbaren und sich abzeichnenden Arbeitsverhältnisse einen neuen Typus der Ware Arbeitskraft ausgemacht: den »Arbeitskraftunternehmer« (vgl. Voß/Pongratz 1998). Ihre Arbeitsplätze erfordern einen hohen Grad an Selbstorganisation, der unter betrieblichen Bedingungen eher eine »fremdorganisierte Selbstorganisation« darstellt. Im Gegensatz zur früheren Nutzung erfolgt nunmehr ein totaler Zugriff auf die Arbeitskraft; statt Teile der Eigenschaften von Arbeitskräften, wird die Arbeitsperson als ganze erfasst (ebd., 151f.). Bemerkenswert daran ist, dass diese arbeitsmarktpolitischen Diskussion nicht vor der Sozialhilfe halt machen. Beklagten Kommunen noch vor einigen Jahren die »Kommunalisierung von Arbeitslosigkeit« als sozialhilfefremde und -überfordernde Entwicklungen, fügen sie heute arbeitsmarktpolitische Zielsetzungen, die normativ auf den »Arbeitskraftunternehmer« zugeschnitten sind, v.a. im Bereich der Hilfe zur Arbeit offen in die Sozialhilfepraxis ein. Ob sich aufgrund dieser Entwicklung bereits von einer etablierten neuen Regulationsweise im Sinne eines *workfare-state* (Jessop 1994) bzw. einem *workfare-regime* (Jessop 1997) sprechen lässt, kann am Beispiel der Sozialhilfe allein nicht gesagt werden. Tendenzen, die in diese Richtung weisen, sind jedoch unverkennbar.

## Literatur

Alber, Jens (1998): Der deutsche Sozialstaat im Lichte international vergleichender Daten, in: Leviathan, 26. Jg., H. 2, 199-227

Alber, Jens (2000): Der deutsche Sozialstaat in der Ära Kohl: Diagnosen und Daten, in: Leibfried/Wagschal, 235-275

ASMK (2000): 77. Konferenz der Arbeits- und Sozialminister der Länder, Konzertierte Aktion zur Überwindung von Sozialhilfebedürftigkeit, Ms.

Ayaß, Wolfgang (1998): Pflichtarbeit und Fürsorgearbeit, in: FALZ 1998, 56-79

Bäcker, Gerhard/Bispinck, Reinhard/Hofemann, Klaus/Naegele, Gerhard (2000): Sozialpolitik und Soziale Lage in Deutschland, Bd. 1, Wiesbaden

Bandemer, Stephan von/Blanke, Bernhard/Hilbert, Josef/Schmid, Josef (1995): Staatsaufgaben – Von der »schleichenden Privatisierung« zum »aktivierenden Staat«, in: Behrens et al., 41-60

Behrens, Fritz u.a. (Hrsg.) (1995): Den Staat neu denken. Reformperspektiven für Landesverwaltungen. 2., unver. Aufl., Berlin

---

eine Rolle, die bereits unter dem Begriff »welfare mix« in der Sozialstaatsforschung oder Eigenarbeit in der Alternativökonomie-Diskussion bekannt waren und zur Zeit unter dem Begriff »Dritter Sektor« jenseits von Staat und Markt breit diskutiert werden.

Beyme, Klaus von (1991): Theorie der Politik im 20. Jahrhundert. Von der Moderne zur Postmoderne, Frankfurt/M.
Bleses, Peter/Rose, Edgar (1998): Deutungswandel der Sozialpolitik. Die Arbeitsmarkt- und Familienpolitik im parlamentarischen Diskurs, Frankfurt/New York
Bleses, Peter/Seeleib-Kaiser, Martin (1998): Von der Lohnarbeit zur Familie? Zur Veränderung der Wohlfahrtsstaatlichkeit in der Bundesrepublik Deutschland. ZeS-Arbeitspapier Nr. 4, Bremen
Böckmann-Schewe, Lisa/Röhrig, Anne (1997): »Hilfe zur Arbeit«. Analyse der Wirksamkeit öffentlich geförderter Beschäftigung für SozialhilfeempfängerInnen. Abschlußbericht des Forschungsprojekts Berlin-Brandenburg Institut für Sozialforschung und sozialwissenschaftliche Praxis e.V. Düsseldorf, Hans-Böckler-Stiftung Graue Reihe, Bd. 31
Borchert, Jens (1995): Die konservative Transformation des Wohlfahrtsstaates. Großbritannien, Kanada, die USA und Deutschland im Vergleich. Frankfurt/New York
Bundesregierung (1999): Moderner Staat – Moderne Verwaltung. Leitbild und Programm der Bundesregierung. Kabinettsbeschluss vom 1.12.1999, www.bundesregierung.de
Bundesregierung (2000): Moderner Staat – Moderne Verwaltung. Zwischenbilanz – Chancen und Veränderungen. Kabinettsbeschluss vom 22.11.2000, www.bundesregierung.de
Deutscher Städtetag (1994): Kommunale Beschäftigungsförderung. Ergebnisse einer Umfrage über Hilfen zur Arbeit nach BSHG und Arbeitsbeschaffungsmaßnahmen nach AFG, 2. überarb. Aufl., Köln
Deutscher Städtetag (1997): Kommunale Beschäftigungsförderung. Ergebnisse einer Umfrage von 1997 über Hilfen zur Arbeit nach BSHG und Arbeitsbeschaffungsmaßnahmen nach AFG, Köln
Esser, Josef (1999): Der kooperative Staat im Zeitalter der »Globalisierung«, in: Döring, Dieter (Hrsg.): Sozialstaat in der Globalisierung. Frankfurt/M., 117-144
Evers, Adalbert (2000): Aktivierender Staat. Eine Agenda und ihre möglichen Bedeutungen, in: Mezger/West, 13-29
FALZ – Frankfurter Arbeitslosenzentrum (Hrsg.)(1998): Arbeitsdienst – wieder salonfähig?. Zwang zur Arbeit in Geschichte und Sozialstaat, Frankfurt/M.
Feist, Holger (2000): Arbeit statt Sozialhilfe. Zur Reform der Grundsicherung in Deutschland, Tübingen
Gebhardt, Thomas (1998): Arbeit gegen Armut. Die Reform der Sozialhilfe in den USA, Opladen/Wiesbaden
Gebhardt, Thomas/Jacobs, Herbert/Leibfried, Stephan (1999): Sozialhilfe und Globalisierung. Die nationale politische Thematisierung von Sozial(hilfe)-politik in Deutschland und den USA, in: Backhaus-Maul, Holger (Hrsg.): Von der Sozialhilfe in die Erwerbsarbeit. Die Welfare Reform in den USA als Vorbild? Frankfurt/M., 151-190
Gottschall, Karin/Dingeldey, Irene (2000): Arbeitsmarktpolitik im konservativ-korporatistischen Wohlfahrtsstaat: Auf dem Weg zur reflexiven Deregulie-

rung, in: Leibfried/Wagschal, 306-339
Hartmann, Helmut (1984): Die Praxis der Hilfe zur Arbeit nach dem Bundessozialhilfegesetz. Eine empirische Untersuchung über den Arbeitseinsatz von Sozialhilfeempfängern, Hans-Böckler-Stiftung, Graue Reihe Nr. 20
Heinze, Rolf G. (1998): Die blockierte Gesellschaft. Sozioökonomischer Wandel und die Krise des »Modell Deutschland«, Opladen
Heinze, Rolf G./Schmid, Josef/Strück, Christoph (1999): Vom Wohlfahrtsstaat zum Wettbewerbsstaat, Opladen
Hinrichs, Karl (1996): Das Normalarbeitsverhältnis und der männliche Familienernährer als Leitbilder der Sozialpolitik. Sicherungsprobleme im sozialen Wandel, in: Sozialer Fortschritt, 45.Jg., H.4, 102-107
Hoppensack, Hans-Christoph/Wenzel, Gerd (1985): Hilfe zur Arbeit und Arbeitszwang. Sozialhilfe und administrative »Normalisierung« von Lohnarbeit, in: Leibfried/Tennstedt 1985, 249-267
Jahrbuch Arbeit und Technik (1995): Zukunft des Sozialstaats, hgg. von Werner Fricke, Bonn
Jessop, Bob (1994): The transition to post-Fordism and the Schumpeterian workfare state, in: Burrows, Roger/Loader, Brian (eds.) (1994): Towards a post-Fordist welfare state?, London, 13-37
Jessop, Bob (1997): Die Zukunft des Nationalstaats: Erosion oder Reorganisation? – Grundsätzliche Überlegungen zu Westeuropa. In: Becker, Steffen u.a. (Hrsg.): Jenseits der Nationalökonomie?, Berlin/Hamburg, 50-95
Kahrs, Horst (1998): Sozialstaatliche Arbeitspflicht und Freiwilliger Arbeitsdienst, in: FALZ 1998, 80-97
Keller, Berndt/Seifert, Hartmut (2000): Flexicurity – Das Konzept für mehr soziale Sicherheit flexibler Beschäftigung, in: WSI Mitteilungen, 53. Jg., H. 5, 291-300
Klönne, Arno (1984): Alternativ oder neokonservativ? Mehrdeutigkeiten der Sozialstaatskritik, in: Gewerkschaftliche Monatshefte, 35. Jg., H. 8, 475-485
Lang, Sabine/Mayer, Margit/Scherrer, Christoph (Hrsg.) (1999): Jobwunder USA – Modell für Deutschland? Münster
Leibfried, Stephan/Tennstedt, Florian (Hrsg.) (1985): Politik der Armut und die Spaltung des Sozialstaats. Frankfurt/M.
Leibfried, Stephan u.a. (1995): Zeit der Armut. Lebensläufe im Sozialstaat. Frankfurt/M.
Leibfreid, Stephan/Wagschal, Uwe (Hrsg.) (2000): Der deutsche Sozialstaat. Bilanzen – Reformen – Perspektiven. Frankfurt/M.
Lenhardt, Gero/Offe, Claus (1977): Staatstheorie und Sozialpolitik. Politischsoziologische Erklärungsansätze für Funktionen und Innovationsansätze der Sozialpolitik, in: Ferber, Christian von/ Kaufmann, Franz-Xaver (Hrsg.): Soziologie und Sozialpolitik, SH 19 Kölner Zeitschrift für Soziologie und Sozialpsychologie, Opladen, 98-127
Lessenich, Stephan (1999): Vorwärts – und nichts vergessen. Die neue deutsche Sozialstaatsdebatte und die Dialektik sozialpolitischer Interventionen, in: Prokla 116, 29. Jg., Nr. 3, 411-430

Luhmann, Niklas (1993): Soziale Systeme. Grundriss einer allgemeinen Theorie, 4. Auflage, Frankfurt/M.
Mezger, Erika/West, Klaus-W. (Hrsg.) (2000): Aktivierender Sozialstaat und politisches Handeln, 2. erw. Aufl. Marburg
Peck, Jamie (1999): »Help an hassle«: Mittel, Motive und Methoden lokaler Workfare-Strategien. In: Lang/Mayer/Scherrer, 192-209
Pilgrim, Anneke (1990): Die Praxis der »Hilfe zur Arbeit«. Ergebnisse einer bundesweiten Untersuchung in der »Arbeit« nach dem BSHG durch Sozialhilfeträger, BBJ-Consult Info II/1990
Sachße, Christoph/Tennstedt, Florian (1986): Sicherheit und Disziplin. Eine Skizze zur Einführung, in: dies. (Hrsg.): Soziale Sicherheit und soziale Disziplinierung, Frankfurt/M., 11-44
Schmidt, Manfred G. (1999): Immer noch auf dem »mittleren Weg«? Deutschlands Politische Ökonomie am Ende des 20. Jahrhunderts. ZeS-Arbeitspapier Nr. 7, Bremen
Schröder, Gerhard (2000): Die zivile Bürgergesellschaft. Anregungen zu einer Neubestimmung der Aufgaben von Staat und Gesellschaft, in: Neue Gesellschaft – Frankfurter Hefte, 4/2000; auch in: www.bundesregierung.de/dokumente/Rede/ix_11758.htm
Schröder, Gerhard/Blair, Tony (1999): Der Weg nach vorne für Europas Sozialdemokraten, www.spd.de/suche/archiv/perspektiven/01.html
Schulze-Böing, Matthias (1999): Aktivierung und Arbeitsmarkt. Ansatzpunkte für aktive Beschäftigungspolitik, in: GMH, 50. Jg., H. 6, 357-365
Schulze-Böing, Matthias (2000): Leitbild »aktivierende Stadt«. Konzepte zur aktivierenden Sozialpolitik und Arbeitsförderung auf kommunaler Ebene, in: Mezger/West, 51-62
Seeleib-Kaiser, Martin (1996): Der Wohlfahrtsstaat in der Globalisierungsfalle, in: Zentrum für Europa- und Nordamerika-Studien, Standortrisiko Wohlfahrtsstaat? Jahrbuch für Europa und Nordamerika-Studien, Opladen, 73-106
Steffen, Johannes (1994): Verhältnis der Regelsätze zum Arbeitseinkommen. Das Lohnabstandsgebot in der Sozialhilfe, in: Sozialer Fortschritt, 43. Jg., H. 3, 69-72
Vobruba, Georg (1983): Politik mit dem Wohlfahrtsstaat. Frankfurt/M.
Vobruba, Georg (1990): Lohnarbeitszentrierte Sozialpolitik in der Krise der Lohnarbeit, in: ders. (Hrsg.): Strukturwandel der Sozialpolitik, Frankfurt/M., 11-80
Vobruba, Georg (2000): Alternativen zur Vollbeschäftigung. Die Transformation von Arbeit und Einkommen. Frankfurt/M.
Voß, Günter G./Pongratz, Hans J. (1998): Der Arbeitskraftunternehmer. Eine neue Grundform der Ware Arbeitskraft, in: Kölner Zeitschrift für Soziologie und Sozialpsychologie, 50. Jg., H. 1, 131-158
Wagner, Alexandra (2000): Krise des »Normalarbeitsverhältnisses«? Über eine konfuse Debatte und ihre politische Instrumentalisierung, in: Schäfer, Claus (Hrsg.): Geringere Löhne – mehr Beschäftigung? Niedriglohn-Politik, Hamburg, 200-246

Willke, Helmut (1987): Entzauberung des Staates. Grundlinien einer systemtheoretischen Argumentation, in: Jahrbuch zur Staats- und Verwaltungswissenschaft, Bd. 1, Baden-Baden, 285-309

Willke, Helmut (1992): Ironie des Staates. Grundlinien einer Theorie polyzentrischer Gesellschaft, Frankfurt/Main

Willke, Helmut (1997): Supervision des Staates, Frankfurt/Main

WSI Mitteilungen (2000): Schwerpunktheft »Flexicurity«. 53. Jg., H. 5

**Notizen**

# Notizen

## Notizen

# VSA: Kapitalismuskritik

144 Seiten; DM 24,80
ISBN 3-87975-800

Jörg Huffschmid
**Politische Ökonomie
der Finanzmärkte**
248 Seiten; DM 29,80
ISBN 3-87975-736-4

Hans-Jürgen Bieling u.a.
**Flexibler Kapitalismus**
Analysen – Kritik –Politische Praxis
320 Seiten; DM 39,80
ISBN 3-87975-830-1

Prospekte anfordern!

VSA-Verlag
St. Georgs Kirchhof 6
20099 Hamburg
Tel. 040/28 05 05 67
Fax 040/28 05 05 68
mail: info@vsa-verlag.de

144 Seiten, DM 26,80
ISBN 3-87975-751-8

Joachim Hirsch/Bob Jessop/
Nicos Poulantzas
**Die Zukunft des Staates**
De-Nationalisierung, Internationalisierung, Re-Nationalisierung
200 Seiten, DM 29,80
ISBN 3-87975-828-X

M. Aglietta/J. Bischoff/P. Boccara/
W. F. Haug/J. Huffschmid/
I. Wallerstein u.a.
**Umbau der Märkte**
Akkumulation – Finanzkapital –
Soziale Kräfte
176 Seiten; DM 32,80
ISBN 3-87975-829-8

**http://www.vsa-verlag.de**

# Berliner Debatte Initial

Das Journal für den
sozialwissenschaftlichen Diskurs
aus dem Osten Berlins ist im 12. Jahrgang.

Probeheft bestellen:

redaktion@berlinerdebatte.de

**www.berlinerdebatte.de**

Call for papers: leidenschaften@berlinerdebatte.de

# Das Argument

Zeitschrift für Philosophie und Sozialwissenschaften

Herausgegeben von
Frigga Haug und
Wolfgang Fritz Haug

Heft 239: **Periodisierung des Kapitalismus**

Mit Beiträgen von
Sabah Alnasseri, Giovanni Arrighi, Ulrich Brand,
Alex Demirovic, Bob Jessop, Jason W. Moore,
Thomas Sablowski und Jens Winter

Einzelpreis DM 18,-
Jahresabo: DM 93,- (erm. DM 69,-) + Versand

Redaktion und Einzelversand:
Reichenberger Str. 150, 10999 Berlin
e-mail: redaktion@argument.de